ICVE 智慧职教　高等职业教育 新形态一体化教材

桥梁施工

▶ 主　编　蒋平江
▶ 副主编　杨　勃
　　主　审　周世军　齐红军

高等教育出版社·北京

内容提要

　　本书全面系统地介绍了当前我国桥梁施工的最新技术与工艺、典型工法以及桥梁构造与施工技术，并对各部分内容配以典型案例强化所学知识与技能。本书的内容主要包括桥梁工程基本知识、桥梁施工基本作业、桥梁基础施工、桥梁墩台施工、梁桥施工、拱桥施工、大跨度桥梁施工、涵洞施工及桥面施工等9个模块，具有教学理念新颖、工程技术先进、表现形式丰富的特点。

　　本书是道路与桥梁工程技术专业新形态一体化教材，针对重点、难点配有微课、动画、现场视频等丰富的数字化教学资源，可通过扫描书中二维码观看。用书教师如需要本书配套的课件资源，可发送邮件至 gztj@pub.hep.cn 获取。本书配套的数字课程已在智慧职教学习平台(www.icve.com.cn)上线，学习者可登录平台，搜索"桥梁施工"（陕西铁路工程职业技术学院）课程进行学习。

　　本书可作为高等职业院校交通运输、土木建筑专业大类的教学用书，也可作为相关专业及从事道路桥梁工程设计、施工及养护维修等技术人员的培训、自学及参考用书。

图书在版编目（CIP）数据

桥梁施工/蒋平江主编．---北京：高等教育出版社，2022.9（2024.8重印）

ISBN 978-7-04-059059-3

Ⅰ.①桥… Ⅱ.①蒋… Ⅲ.①桥梁施工 Ⅳ.①U445

中国版本图书馆 CIP 数据核字(2022)第131291号

QIAOLIANG SHIGONG

策划编辑 刘东良	责任编辑 刘东良	封面设计 王 琰	版式设计 马 云
责任绘图 邓 超	责任校对 吕红颖	责任印制 存 怡	

出版发行	高等教育出版社	网　　址	http://www.hep.edu.cn
社　　址	北京市西城区德外大街4号		http://www.hep.com.cn
邮政编码	100120	网上订购	http://www.hepmall.com.cn
印　　刷	北京华联印刷有限公司		http://www.hepmall.com
开　　本	787mm×1092mm 1/16		http://www.hepmall.cn
印　　张	18.75		
字　　数	450千字	版　　次	2022年9月第1版
购书热线	010-58581118	印　　次	2024年8月第2次印刷
咨询电话	400-810-0598	定　　价	48.80元

本书如有缺页、倒页、脱页等质量问题，请到所购图书销售部门联系调换
版权所有　侵权必究
物　料　号　59059-00

"智慧职教"服务指南

"智慧职教"是由高等教育出版社建设和运营的职业教育数字教学资源共建共享平台和在线课程教学服务平台,包括职业教育数字化学习中心平台(www.icve.com.cn)、职教云平台(zjy2.icve.com.cn)和云课堂智慧职教App。用户在以下任一平台注册账号,均可登录并使用各个平台。

- 职业教育数字化学习中心平台(www.icve.com.cn):为学习者提供本教材配套课程及资源的浏览服务。

登录中心平台,在首页搜索框中搜索"桥梁施工",找到对应作者(杨勃)主持的课程,加入课程参加学习,即可浏览课程资源。

- 职教云平台(zjy2.icve.com.cn):帮助任课教师对本教材配套课程进行引用、修改,再发布为个性化课程(SPOC)。

1. 登录职教云,在首页单击"申请教材配套课程服务"按钮,在弹出的申请页面填写相关真实信息,申请开通教材配套课程的调用权限。

2. 开通权限后,单击"新增课程"按钮,根据提示设置要构建的个性化课程的基本信息。

3. 进入个性化课程编辑页面,在"课程设计"中"导入"教材配套课程,并根据教学需要进行修改,再发布为个性化课程。

- 云课堂智慧职教App:帮助任课教师和学生基于新构建的个性化课程开展线上线下混合式、智能化教与学。

1. 在安卓或苹果应用市场,搜索"云课堂智慧职教"App,下载安装。

2. 登录App,任课教师指导学生加入个性化课程,并利用App提供的各类功能,开展课前、课中、课后的教学互动,构建智慧课堂。

"智慧职教"使用帮助及常见问题解答请访问help.icve.com.cn。

前　　言

本书编写遵循适应性、实践性、开放性、灵活性、模块化、信息化的原则，以支撑"三教"改革，引领高等职业教育高质量发展为目标。全书编写体系根据高职教育最新的模块化教学需求，以模块、任务的形式进行构建；内容融入了课程思政和"四新"技术，同时引入最新标准规范和典型案例，突出技能学习，图文并茂、生动有趣。按照富媒体和立体化需求，本书在"智慧职教"学习平台配套建有"桥梁施工"在线开放课程，颗粒化资源丰富，视频、动画以二维码形式融入教材，扫码即可学习，使教学、自学方便高效。

本书以真实的生产项目为载体，按照模块架构、项目导向、任务驱动设置9个模块29个任务，模块1为桥梁工程基本知识，模块2为桥梁施工基本作业，模块3为桥梁基础施工，模块4为桥梁墩台施工，模块5为梁桥施工，模块6为拱桥施工，模块7为大跨度桥梁施工，模块8为涵洞施工，模块9为桥面施工。

本书由陕西铁路工程职业技术学院蒋平江任主编，杨勃任副主编。其中模块1由陕西铁路工程职业技术学院蒋平江、陈艳茹编写；模块2由陕西铁路工程职业技术学院高晶晶、中铁北京工程局集团城市轨道交通工程有限公司阮茂青编写；模块3由陕西铁路工程职业技术学院王新利、中铁一局集团第二工程有限公司赵忠文编写；模块4由陕西铁路工程职业技术学院蒋平江、都志强编写；模块5由陕西铁路工程职业技术学院杨勃编写；模块6由陕西铁路工程职业技术学院曾绍武编写；模块7由陕西铁路工程职业技术学院刘继、陈艳茹、李军志编写；模块8和模块9由陕西铁路工程职业技术学院张裕超编写。本书由重庆大学周世军教授和陕西铁路工程职业技术学院齐红军教授担任主审。

在编写本书的过程中，陕西铁路工程职业技术学院罗建华教授和陕西职业技术学院段东旭教授提供了许多帮助和指导，编者还参考和引用了参考文献中的相关内容，在此谨向各位关心支持此项工作的老师和参考文献的作者们表示深深的谢意。

桥梁结构日新月异，施工技术复杂多样，加之编者的水平所限，书中疏漏之处在所难免，敬请批评指正。

编　者
2022年6月

目 录

模块 1　桥梁工程基本知识 …………… 1
　任务 1.1　桥梁的组成和分类 …………… 1
　任务 1.2　桥梁设计综述 ………………… 9

模块 2　桥梁施工基本作业 …………… 14
　任务 2.1　模板工程 ……………………… 14
　任务 2.2　钢筋工程 ……………………… 19
　任务 2.3　混凝土施工 …………………… 26

模块 3　桥梁基础施工 ………………… 35
　任务 3.1　浅基础施工 …………………… 36
　任务 3.2　桩基础的类型与构造 ………… 44
　任务 3.3　人工挖孔桩施工 ……………… 48
　任务 3.4　钻孔灌注桩施工 ……………… 54
　任务 3.5　承台施工 ……………………… 71

模块 4　桥梁墩台施工 ………………… 78
　任务 4.1　桥墩的类型与构造 …………… 78
　任务 4.2　桥台的类型与构造 …………… 85
　任务 4.3　桥梁墩台施工 ………………… 93

模块 5　梁桥施工 ……………………… 102
　任务 5.1　梁桥的类型与组成 …………… 102
　任务 5.2　简支梁桥的类型与构造 ……… 106
　任务 5.3　简支梁桥施工 ………………… 122
　任务 5.4　连续梁桥的类型与构造 ……… 137
　任务 5.5　连续梁桥及刚构桥施工 ……… 142

模块 6　拱桥施工 ……………………… 166
　任务 6.1　拱桥的类型与构造 …………… 166
　任务 6.2　有支架施工 …………………… 184
　任务 6.3　无支架施工 …………………… 190
　任务 6.4　钢管混凝土拱桥施工 ………… 203

模块 7　大跨度桥梁施工 ……………… 207
　任务 7.1　斜拉桥的构造 ………………… 207
　任务 7.2　斜拉桥施工 …………………… 223
　任务 7.3　悬索桥的构造 ………………… 234
　任务 7.4　悬索桥施工 …………………… 245
　任务 7.5　刚构桥概述 …………………… 254

模块 8　涵洞施工 ……………………… 258
　任务 8.1　涵洞构造 ……………………… 258
　任务 8.2　涵洞施工 ……………………… 265

模块 9　桥面施工 ……………………… 277
　任务 9.1　桥面构造 ……………………… 277
　任务 9.2　桥面施工 ……………………… 285

参考文献 ………………………………… 289

模块 1

桥梁工程基本知识

模块描述：本模块内容包括两个任务，桥梁的组成和分类；桥梁设计综述。

学习要求：通过本模块学习，结合典型桥梁施工图纸和案例，学生应掌握桥梁的组成和分类，深入理解桥梁有关术语的含义；了解《公路桥涵设计通用规范》(JTG D60—2015)相关内容，了解本课程的主要内容、要求和学习方法。

能力目标：掌握桥梁的五大部件与五小部件；掌握桥梁的分类；掌握桥梁的专业术语；掌握桥梁设计的原则；掌握桥梁作用的分类及典型代表。

思政亮点：按桥梁总长排名，全球超过一半的大跨度桥梁都出现在中国，"最长、最高"这样的纪录不断被写进世界桥梁史，它们不仅让"天堑变成通途"，更让"中国桥"成为展示中国形象的新品牌，现阶段我国桥梁在世界前十名各类型桥梁中所占的高比例说明，依靠不断增强的综合国力和自主创新能力，我国的桥梁设计建设水平不断提升，创造了多项世界第一，也为我国的经济社会发展发挥重要作用。通过本模块的学习，增强专业的认知度，激发爱国热情。

任务 1.1　桥梁的组成和分类

1.1.1　桥梁的组成（composition of bridges）

桥梁是架设在江河湖海或其他线路上，方便车辆、行人等顺利通行的建筑物（图1.1、图1.2），由"五大部件"及"五小部件"组成。

桥梁的组成

图1.1　赵州桥　　　　　　　　　图1.2　港珠澳大桥

一、五大部件

五大部件是指桥梁承受汽车、火车或其他车辆荷载的桥跨的上部与下部结构,它们是桥梁结构安全性的保证。

(1) 桥跨结构(bridge superstructure)。当线路遇到障碍(如峡谷、江河或其他线路)中断时,跨越障碍的建筑物。

(2) 支座系统(support system,图1.3)。它支承上部结构并传递荷载至桥梁墩台上,应保证上部结构在荷载、温度变化或其他因素作用下满足位移的功能需求。

(3) 桥墩(bridge pier,图1.4)。在河中或堤岸上支承两侧桥跨上部结构的建筑物。

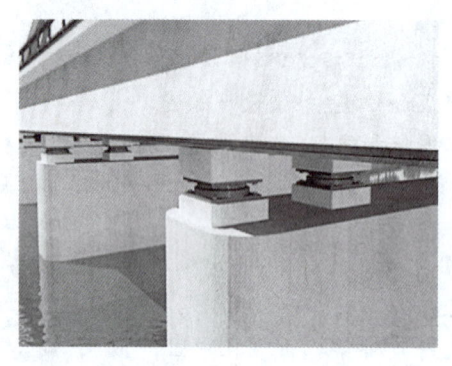

图1.3 桥梁支座系统    图1.4 桥墩

(4) 桥台(图1.5)。设在桥的两端,一端与路堤相接,并防止路堤滑塌;另一端则支承桥跨上部结构的端部。为保护桥台和路堤填土,桥台两侧常做一些防护工程。

(5) 墩台基础(图1.6)。是保证桥梁墩台安全并将荷载传至地基的结构部分。基础工程在整个桥梁工程中是比较困难的部分,而且常常需要在水中施工,因而遇到的问题也比较复杂。

图1.5 桥台    图1.6 墩台基础

前两个部件是桥梁的上部结构,后三个部件是桥梁的下部结构。

二、五小部件

五小部件都是直接与桥梁服务功能相关的部件。随着科学技术的高速发展,人们对桥梁行车的舒适性和结构物的观赏水平要求越来越高,因而国际上在桥梁设计中很重视五小部件,这不但是桥梁结构的"外观包装",更是涉及服务功能的重要问题。

（1）桥面铺装（或行车道铺装，bridge deck pavement，图1.7）。桥面铺装的平整度、厚度、强度是保证桥面结构质量的重要因素，并且铺装的耐磨性、不翘曲、不渗水是保证行车舒适的关键因素。

（2）排水防水系统（drainage waterproofing system）。为保证桥梁结构的质量，应迅速排除桥面上的积水，并使渗水的可能性降至最小限度。此外，城市桥梁排水系统（图1.8）应保证无滴水和结构上无漏水现象。

（3）栏杆（或防撞栏杆，guard bar，图1.9）。既是保证安全的构造措施，又是有利于观赏的最佳装饰件。

图1.7　桥面铺装

图1.8　桥梁排水系统

图1.9　栏杆

（4）伸缩缝（expansion joint，图1.10）。桥跨上部结构之间，或在桥跨上部结构与桥台端墙之间，设有缝隙，保证结构适应在各种因素作用下产生的变形。为使桥面上行车平顺舒适，无任何颠动，桥上要设置伸缩缝构造。特别是大桥或城市桥的伸缩缝，不但要结构牢固，外观光洁，而且需要经常扫除掉入伸缩缝中的泥土，以保证它的功能作用。

（5）灯光照明（lamplight illume，图1.11）。现代城市中标志式的大跨度桥梁都装置了多变的灯光照明，增添了光彩夺目的夜景，更为夜间车辆通行、行人通过提供了灯光保证。

图1.10　伸缩缝

图1.11　灯光照明

1.1.2 桥梁的分类

目前人们所见到的桥梁种类繁多,根据不同的分类方法可以分为不同的类型。

一、按受力结构体系分类

工程上的受力构件,主要以受拉、受压和受弯为基本受力方式。由基本构件所组成的各种结构物,在力学上也可归结为梁式、拱式、悬吊式三种基本体系以及它们之间的各种组合。桥梁的结构体系包括梁、拱、刚架、悬索与组合体系。

下面从受力特点、建桥材料、适用跨度、施工条件等方面来阐明各种体系桥梁的特点。

1. 梁式桥(beam bridge)

梁式桥(又称梁桥,图1.12)是一种在竖向荷载作用下无水平反力的结构,结构承受的内力是弯矩和剪力。由于外力(恒载和活载)的作用方向与承重结构的轴线接近垂直,故与同样跨径的其他结构体系相比,梁体内产生的弯矩最大,通常需用抗弯能力强的材料(如钢、木、钢筋混凝土等)来建造。

2. 拱式桥(arch bridge)

拱式桥(又称拱桥,图1.13)的主要承重结构是拱圈或拱肋。与梁式桥相比较,这类桥梁的最大受力特点是在竖向荷载作用下,桥墩或桥台将承受水平推力,同时水平推力的存在,可以抵消荷载所引起的拱圈(或拱肋)内的弯矩,如果拱轴线设计合理的话,拱内的弯矩可以为零。因此,与同跨径的梁相比,拱的弯矩和变形要小得多,主要以受压为主。拱桥通常可用抗压能力较强的圬工材料(如砖、石、混凝土)和钢筋混凝土等来建造。

图1.12 梁式桥

图1.13 拱式桥

拱桥的跨越能力很大,外形也较美观。为了确保拱桥能安全使用,要求地基条件良好,下部结构和地基必须能经受很大的水平推力,否则容易产生拱顶塌陷等病害。

3. 刚架桥(rigid frame bridge)

刚架桥(图1.14)也称刚构桥。刚架桥的主要承重结构. 结构是梁或板和立柱或竖墙整体结合在一起的刚架结构,梁和柱的连接处是刚性连接的,具有很大的刚性。在竖向荷载作用下,梁部主要受弯,而在柱脚处也产生水平反力,其受力状态介于梁桥与拱桥之间。因此,对于同样的跨径,在相同的荷载作用下,刚架桥的跨中正弯矩要比一般梁桥的小。刚架桥的缺点是施工比较困难,如用普通钢筋混凝土修建,梁柱刚接处较易出现裂缝。

4. 悬索桥(suspension bridge)

悬索桥(图1.15)也称吊桥。传统的悬索桥均采用悬挂在两边塔架上的强大缆索作为主要承重结构。在竖向荷载作用下,通过吊杆使缆索承受很大的拉力,通常需要在两岸桥台的后方修筑巨大的锚碇结构。

图 1.14　刚架桥

图 1.15　悬索桥

悬索桥也是具有水平反力(拉力)的结构。现代的悬索桥上,广泛采用高强度钢丝编制的钢缆,以充分发挥其优异的抗拉性能,其主梁建筑高度较小,因此结构自重较轻,能跨越超过其他任何桥型的特大跨度,目前悬索桥是跨越能力最大的桥型。悬索桥的另一特点是:成卷的钢缆易于运输,结构的组成构件较轻,便于无支架悬吊拼装。

然而,相对于其他体系而言,悬索桥的自重轻,结构的刚度差,稳定性差,在车辆动荷载和风荷载作用下,有较大的变形和振动。目前悬索桥一般只在公路桥梁上修建。

5. 组合体系桥(combined system bridge)

根据结构的受力特点,由几个不同体系的结构组合而成的桥梁称为组合体系桥。例如,斜拉桥、梁拱式组合桥等。

斜拉桥是一种主梁与斜缆相结合的组合体系的典型代表(图 1.16)。悬挂在塔柱上的被张紧的斜缆将主梁吊住,使主梁像多点弹性支承的连续梁一样工作,这样既发挥了高强材料的作用,又显著减小了主梁截面,使结构减轻而使跨越能力增大。

图 1.16　斜拉桥

组合体系桥的种类很多,但究其实质不外乎利用梁、拱、吊三种基本杆件的不同组合,上吊下撑以形成新的结构。组合体系桥梁一般都可用钢筋混凝土来建造,对于大跨径桥以采用预应力混凝土或钢材修建为宜。

二、按桥梁全长分类

我国《公路桥涵设计通用规范》规定了特大、大、中、小桥及涵洞按总长和跨径划分,见表 1.1。

表 1.1 桥梁分类

桥梁分类	多孔跨径总长 L/m	单孔跨径 L_K/m
特大桥	$L>1\,000$	$L_K>150$
大桥	$100 \leqslant L<1\,000$	$40 \leqslant L_K \leqslant 150$
中桥	$30<L<100$	$20 \leqslant L_K<40$
小桥	$8 \leqslant L \leqslant 30$	$5 \leqslant L_K<20$
涵洞	—	$L_K<5$

这种分类只能理解为一种行业管理的分类,不反映桥梁工程设计、施工的复杂性。在国际上,一般认为单孔跨径小于 150 m 的属于中小桥,大于 150 m 为大桥。而特大桥的,只与桥型有关,一般分类见表 1.2。

表 1.2 特大桥的分类

桥型	跨径 L_1/m
悬索桥	$>1\,000$
斜拉桥	>500
钢拱桥	>500
混凝土拱桥	>300

三、按桥跨结构与桥面的相对位置分类

按桥跨结构与桥面的相对位置不同,可分为上承式桥、中承式桥、下承式桥。

四、按跨越障碍的性质分类

按跨越障碍的性质不同,可分为跨河桥、跨线桥(立体交叉)、高架桥、跨海桥。

五、按主要承重结构所用的材料分类

按主要承重结构所用的材料不同,可分为木桥、钢桥、圬工桥(包括砖、石、混凝土桥)、钢筋混凝土桥、预应力混凝土桥。

六、按桥梁的用途不同分类

按桥梁的用途进行划分,可分为公路桥、铁路桥、公路铁路两用桥、农桥、人行桥、运水桥(渡槽)及其他专用桥(如通过的管路、电缆等)。

除固定式的桥梁外,还有开启桥、浮桥、漫水桥等等。

公路桥梁和铁路桥梁的差异

1.1.3 桥梁的分类桥及梁有关术语

一、净跨径(clear span)

对于梁式桥是设计洪水位上相邻两个桥墩(或桥台)之间的净距,用 L_0 表示(图 1.17);对于拱式桥是每孔拱跨两个拱脚截面最低点之间的水平距离(图 1.18)。

二、总跨径(total span)

是多孔桥梁中各孔净跨径的总和,也称桥梁孔径($\sum L_0$),它反映了桥下宣泄洪水的能力。

三、计算跨径(computed span)

对于具有支座的桥梁,是指桥跨结构相邻两个支座中心之间的距离,用 L_1 表示。

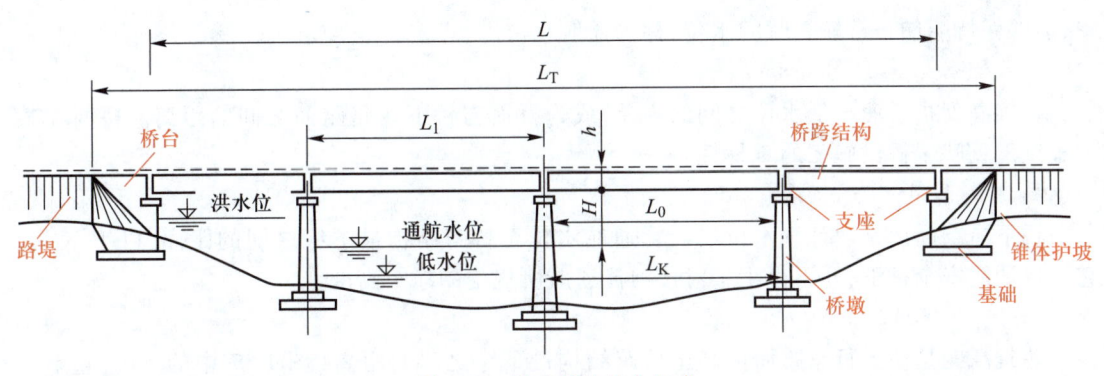

图 1.17 梁式桥的基本组成

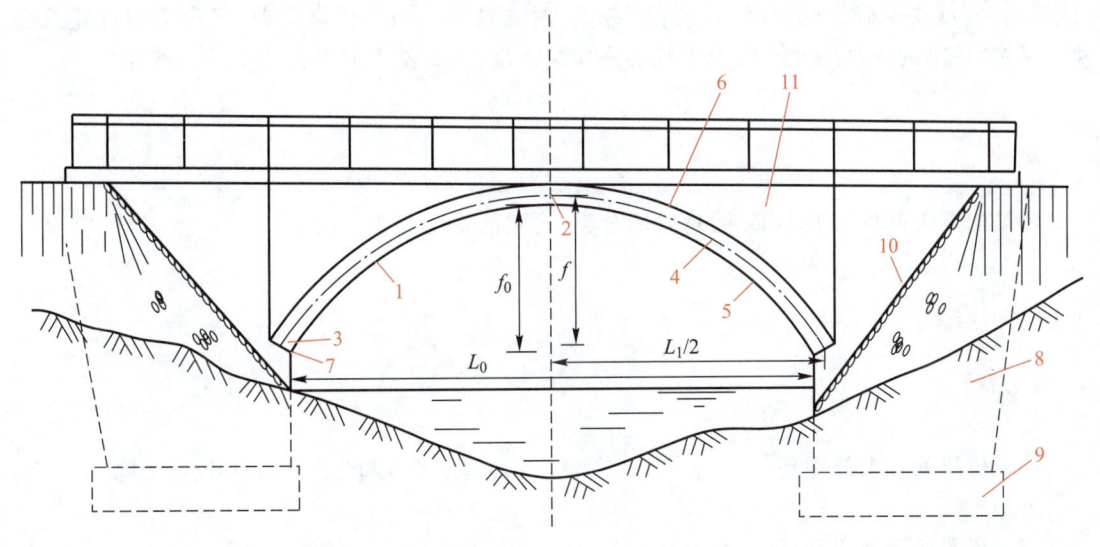

1—拱圈；2—拱顶；3—拱脚；4—拱轴线；5—拱腹；6—拱背；7—伸缩缝；8—桥台台身；9—基础；10—锥体护坡；11—拱上建筑

图 1.18 拱式桥

对于图 1.18 所示的拱式桥,是两相邻拱脚截面形心点之间的水平距离。拱圈(或拱肋)各截面形心点的连线称为拱轴线,故也就是拱轴线两端点之间的水平距离。桥跨结构的力学计算是以 L 为基准的。

四、标准跨径(standard span)

标准跨径指相邻两桥墩中线之间的距离,或桥墩中线至桥台台背前缘之间的距离。

《公路桥涵设计通用规范》规定,桥涵跨径在 50 m 及以下时,宜采用标准化跨径。桥涵标准化跨径规定如下:0.75 m、1.0 m、1.25 m、1.5 m、2.0 m、2.5 m、3.0 m、4.0 m、5.0 m、6.0 m、8.0 m、10 m、13 m、16 m、20 m、25 m、30 m、35 m、40 m、45 m、50 m。

五、桥梁全长(total length of bridge)

桥梁全长简称桥长,是桥梁两端两个桥台的侧墙或八字墙后端点之间的距离,以 L 表示。对于无桥台的桥梁为桥面系行车道的全长。

六、水位(water stage)

枯水季节的最低水位称为低水位;洪水季节时的最高水位称为高水位或洪水位。桥梁设计中按规定的设计洪水频率计算所得到的高水位,称为设计水位。在有通航要求的各级航道中,能够保持船舶正常航行时的水位,称为通航水位。

七、桥梁高度(construction depth)

桥梁高度指桥面与低水位之间的高差,或为桥面与桥下线路路面之间的距离。桥高在某种程度上反映了桥梁施工的难易性。

八、桥下净空(clearance under bridge)

桥下净空高度是设计洪水位或计算通航水位至桥跨结构最下缘之间的距离,以 H 表示,它应保证能安全排洪,并不得小于对该河流通航所规定的净空高度。

九、建筑高度(bridge height)

建筑高度是桥上行车路面标高至桥跨结构最下缘之间的距离(图1.17中的 h)。它不仅与桥梁结构的体系和跨径的大小有关,而且还因行车部分在桥上布置的高度位置而异。公路(或铁路)定线中所确定的桥面(或轨顶)标高,对通航净空顶部标高之差,又称为容许建筑高度。显然,桥梁的建筑高度不得大于其容许建筑高度,否则就不能保证桥下的通航要求。

小结

桥梁的五大部件与五小部件;桥梁的分类;桥梁的常用专业术语。

操作与练习

【习题】

1. 填空题

(1) 桥梁的五大部件是( )、( )、( )、( )和( ),五小部件是( )、( )、( )、( )和( )。

(2) 桥梁按受力体系可分为( )、( )、( )、( )和( )。

2. 问答题

(1) 简述桥梁五大部件与五小部件的各自作用。

(2) 简述桥梁的分类。

3. 名词解释

(1) 净跨径

(2) 计算跨径

(3) 标准跨径

(4) 桥梁建筑高度

【典型案例】

近年来,世界桥梁界始终流传有这么一句话:桥梁建设二十世纪七十年代以前看欧美,九十年代看日本,二十一世纪就得看中国。二十一世纪的中国桥梁,在数量和质量上都是世界第一,研究、施工水平世界一流。中国现代桥梁总数已超过100万座,新建的世界前100名高桥中,中国就占90座,更令人惊叹的是这项数据每年都在不断刷新!例如,当今世界"最深基础、最高桥塔、最大主跨、最长拉索"——苏通大桥;中国国内首座山区特大悬索桥,世界首座跨度达900 m以上的山区特大悬索桥——四渡河大桥;世界第一高桥——北盘江大桥;世界上跨度最大的拱桥——朝天门长江大桥等新的桥梁工程不断涌现,记录不断刷新。桥梁建设的水平,是技术的进步,更是综合国力增强的显著标志。

任务1.2　桥梁设计综述

1.2.1　桥梁设计的基本原则(basic principles of bridge design)

《公路桥涵通用设计规范》规定,桥梁工程的设计必须符合安全、耐久、适用、环保、经济和美观的原则,同时还考虑因地制宜、就地取材、便于施工和养护等因素。简单地说就是"安全、适用、经济、美观、环保与可持续"。

一、安全可靠(safe and reliable)

安全是设计的目的。一般在工程中需保证:
1. 桥梁结构在强度、刚度、稳定性和耐久性方面应有足够的安全储备。
2. 附属结构物(栏杆、照明等)应具有足够的安全可靠度。
3. 地震区的桥梁应达到抗震要求;通航河道中的桥梁应有足够的防撞能力。

二、适用耐久(durability and serviceability)

适用是设计的功能需求,即在规定的使用期限内要满足相应的功能要求。行车道及人行道宽度应保证车辆及人群的安全畅通,并应满足将来交通量增长的需要。桥型、跨度大小和桥下净空应满足宣泄洪水、通航或通车要求。建成的桥要保证使用年限并便于检查和维修。在通过设计荷载时要不出现大的变形和过宽的裂缝。在选择材料、保护层厚度、阻锈等方面满足不同环境类别的耐久性的要求。

三、经济合理(economical rational)

桥梁设计应体现经济上的合理性,要使造价和材料消耗为最少。要做到:
(1)遵循因地制宜,就地取材和方便施工的原则。
(2)合理选择桥型和桥位,做到造价和使用年限内养护费用综合最省。
(3)桥位选择应该使线路最短,在缩短运距的同时又能促进地区经济发展。

四、外形美观(beautiful appearance)

在适用、安全、经济的前提下,尽可能使桥梁具有优美的外形,做到统一和谐、均衡稳定、比例协调、韵律优美。一座美丽的桥梁能够成为一座城市的地标建筑、能够彰显一座城市的理念、能够提升城市的品位,但是不要把美观片面地理解为豪华的细部装饰,在这方面增加过多费用是不妥当的。

五、环保与可持续发展(environmental protection and sustainable development)

桥梁设计必须考虑环境保护和包括生态、水、空气、噪声等几方面的可持续发展,要从桥位选择、桥跨布置、基础方案、墩台外形、上部结构施工方法、施工组织设计等多方面综合考虑环保要求,采取必要的工程控制措施和技术手段,并建立环境监测保护体系,将不利影响降到最低。施工完毕后恢复植被等也是环保的要求。

1.2.2　桥梁设计的作用及其效应组合

一、作用的分类

1. 作用分类

《公路桥涵通用设计规范》将"作用"定义为"施加在结构上的一组集中力或分布

桥梁的作用

力,或引起结构外加变形或约束变形的原因"。

根据性质的不同,作用可以分为两类:一类是施加于结构上的外力,如车辆、人群、结构自重、预加力等,它们是直接施加于结构上,也就是通常所说的"荷载",亦称作"直接作用"。另一类不是以外力的形式施加于结构,如地震、基础变位、混凝土收缩和徐变,温度变化等,它们产生的效应与结构本身的特性、结构所处的环境等有关,是间接作用于结构,称作"间接作用"。

按时间的变异性和出现的可能性,作用可以分为永久作用(permanent action)、可变作用(rariable action)和偶然作用(accidental action)三类。其中:永久作用是在指结构使用期间,其量值不随时间而变化,或其变化值与平均值比较可忽略不计的作用。可变作用是指在结构使用期间,其量值随时间变化,且其变化值与平均值比较不可忽略的作用。偶然作用是指在结构使用期间出现的概率很小,一旦出现,其值很大且持续时间很短的作用。公路桥梁的作用分类如表 1.3 所示。

表 1.3 作 用 分 类

序号	作用分类	作用名称
1	永久作用	结构重力(包括结构附加重力)
2		预加力
3		土的重力
4		土侧压力
5		混凝土收缩和徐变作用
6		水的浮力
7		基础变位作用
8	可变作用	汽车荷载
9		汽车冲击力
10		汽车离心力
11		汽车引起的土侧压力
12		汽车制动力
13		人群荷载
14		疲劳荷载
15		风荷载
16		流水压力
17		冰压力
18		波浪力
19		温度(均匀温度和梯度温度)作用
20		支座摩阻力

续表

序号	作用分类	作用名称
21	偶然作用	船舶的撞击作用
22		漂流物的撞击作用
23		汽车撞击作用
24	地震作用	地震作用

2. 作用代表值（representative value of action）

作用代表值是指结构或结构构件设计时，针对不同设计目的所采用的各种作用规定值，它包括作用标准值、作用频遇值和作用准永久值等。

（1）永久作用应采用标准值作为代表值。

（2）可变作用应根据不同的极限状态，分别采用标准值、频遇值或准永久值作为其代表值。承载能力极限状态设计及按照弹性阶段设计计算结构时应采用标准值作为可变作用的代表值。正常使用极限状态按短期效应（频遇）组合设计时，应采用频遇值作为可变作用的代表值；按长期效应（准永久）组合设计时，应采用准永久值作为可变作用的代表值。

（3）偶然作用取其标准值作为代表值。

3. 作用代表值的取用

（1）永久作用的标准值，对结构自重（包括结构附加重力），可按结构构件的设计尺寸与材料的重力密度计算确定。

（2）可变作用的标准值应按《公路桥涵通用设计规范》中的规定采用。

可变作用频遇值为可变作用标准值乘以频遇值系数 φ_1。可变作用准永久值为可变作用标准值乘以准永久值系数 φ_2。

（3）偶然作用应根据调查、试验资料，结合工程经验确定其标准值。

作用的设计值规定为作用的标准值乘相应的作用分项系数。

二、作用效应组合

作用效应是指结构对所受的作用的反应，如由作用产生的结构或构件的轴力、弯矩、剪力、扭矩、位移、应力、裂缝等。

桥梁结构通常同时承受多种作用，在进行结构设计时，应考虑结构上可能同时出现的作用，按承载能力极限状态和正常使用极限状态进行作用效应组合。作用效应组合时，按照最不利原则进行设计，同时注意：

（1）只有在结构上可能同时出现的作用，才进行其效应组合。当结构或构件需做不同受力方向的验算时，则应以不同的最不利的作用效应进行组合。

（2）当可变作用的出现对结构或结构构件产生有利影响时，该作用不应参与组合。实际不可能同时出现的作用或同时参与组合概率很小的作用，可按表1.4规定的不考虑其作用效应组合。

（3）施工阶段作用效应组合，应按计算需要及结构所处条件而定，结构上的施工人员和施工机具设备应作为临时荷载加以考虑。

表 1.4　可变作用不同时组合表

作用名称	不与该作用同时参与组合的作用
汽车制动力	流水压力、冰压力、支座摩阻力
流水压力	汽车制动力、冰压力、波浪力
冰压力	汽车制动力、流水压力、波浪力
波浪力	汽车制动力、流水压力、冰压力
支座摩阻力	汽车制动力

(4)组合式桥梁,当把底梁作为施工支撑时,作用组合效应宜分两个阶段计算,底梁受荷为第一个阶段,组合梁受荷为第二个阶段。

(5)多个偶然作用不同时参与组合。

(6)地震作用不与偶然作用同时参与组合。

小结

桥梁设计的原则;桥梁作用的分类及典型代表;桥梁作用组合的原则。

操作与练习

【习题】

1. 填空题

(1)桥梁设计的基本原则是(　　)、(　　)、(　　)、(　　)、(　　)和(　　)。

(2)按时间变异性和出现的可能性,作用主要分为(　　)、(　　)和(　　)。

2. 判断题

(1)预加力是永久作用。(　　)

(2)一般所讲的荷载就是指作用。(　　)

(3)支座摩阻力是可变作用。(　　)

3. 名词解释

(1)作用

(2)作用效应

4. 问答题

(1)作用的分类主要包括哪些?

(2)为什么要进行作用效应组合?作用效应组合的原则是什么?

【典型案例】

　　钱塘江大桥是跨钱塘江的双层桁架梁桥,位于西湖之南,六和塔附近钱塘江上,是由中国桥梁专家茅以升设计和建造的中国第一座公铁两用现代化大桥。大桥始建于1934年,1937年11月建成通车;1937年12月为阻断侵华日军南下而炸毁;于1948年5月成功修复。

建成于抗日烽火之中的大桥,不仅在中华民族抗击日本侵略者的斗争中书写了可歌可泣的篇章,而且是中国桥梁建筑史上的一座里程碑,见证了近代中国的荣辱,印证了现代中国的强盛,是中国老一辈桥梁人不屈不挠、攻坚克难、开拓创新的体现,是当代桥梁建设者和同学们爱国精神和工匠精神培养源泉。大桥全长1 453 m,宽9.1 m,高7.1 m,分引桥和正桥两个部分。正桥16孔,桥墩15座。上层公路桥,宽6.1 m,两侧人行道各1.5 m。下层铁路桥长1 322.1 m,单线行车。江底的地质情况相当复杂。为使钱塘江大桥桥基稳固,需要施工人员穿越41 m厚的泥沙在9个桥墩位置打入1 440根木桩。由于木桩立于沙层之上,而且沙层又厚又硬,打轻了下不去,打重了断桩。面对这种困境,施工人员经过实地调研,决定采用抽江水在厚硬泥沙上冲出深洞再打桩的"射水法",这是世界桥梁建筑史上首次采用气压法沉箱掘泥打桩获得成功,打破了外国人认为"钱塘江水深流急,不可能建桥"的论断。建立桥墩时,为了解决钱塘江水流湍急,难以施工的状况,施工人员创立"沉箱法"。架设钢梁时,由于传统建设大桥钢梁采用"伸臂法"需要等到桥墩按照顺序全部建好之后,钢梁才能够从两岸逐步深入江心合龙。但是为了赶工期,桥墩完工的次序被打乱,因此钱塘江大桥不适合采用这种方法。为此,以茅以升为代表的施工团队虚心请教熟悉钱塘江水文规律的当地人士,充分发挥施工人员集体智慧,最终发明了"浮运法"。

模块 2

桥梁施工基本作业

模块描述：本模块内容包括三个任务：模板工程；钢筋工程；混凝土施工。

学习要求：通过本模块学习，结合典型桥梁施工图纸和案例，应掌握模板的构造，钢筋的分类，深入理解桥梁模板安装和拆卸，钢筋加工和安装，混凝土施工等有关基本作业的关键工序；了解《公路钢筋混凝土及预应力混凝土桥涵设计规范》(JTG 3362—2018)、《公路桥涵施工技术规范》(JTG 3650—2020)相关内容，了解本课程的主要内容、要求和学习方法。

能力目标：掌握桥梁施工基本作业内容；能够根据施工图和工程实际合理选择模板类型；能够组织实施钢筋工程、混凝土工程施工，具备相应质量监控的能力。

思政亮点：以极端自然环境下的桥梁工程为例，如港珠澳大桥索塔吊装，以行业精神为引领培养职业认同感和自豪感，感受"热爱祖国，忠诚事业，艰苦奋斗，无私奉献"的土木精神。树立对职业敬畏、对工作执着、对成果负责的态度，养成敬业、精益、专注、创新的工匠精神。

任务 2.1 模板工程

2.1.1 认识模板

模板施工

模板(formwork)一般指的是新浇混凝土成型的模板以及支承模板的一整套构造体系。其中，接触混凝土并控制预定尺寸、形状、位置的构造部分称为模板，支持和固定模板的杆件、桁架、连接件、金属附件、工作便桥等构成支承体系。模板工程在混凝土施工中是一种临时结构。桥墩模板如图2.1所示。

一、模板的一般技术要求

为了能保证混凝土结构的施工质量，且比较经济，模板设计、制造时应遵循下列原则：

（1）要保证构件的形状尺寸及相互位置的正确。

（2）要使模板具有足够的强度、刚度和稳定性，能够承受新浇混凝土的重量和侧压力以及各种施工荷载。支撑系统应配置水平支撑和剪刀撑，以

图2.1 桥墩模板

保证稳定性。变形应控制在一定的范围内,过大的变形,会造成结构尺寸变化,表面不平整,甚至引起混凝土的开裂等。

(3) 力求结构简单,装拆方便,不妨碍钢筋绑扎,保证混凝土浇筑时不漏浆。尽可能采用拼装式钢模板和拼装式支架,也可根据混凝土结构特点因地制宜地采用土模、砖模等简易模具。对于可连续施工的梁体或高大塔架,宜用滑动式模板。

(4) 模板应能够多次循环使用。施工中模板的套数根据工程量、施工工期、场地条件及循环使用次数确定。

二、模板的种类

模板的种类很多,可按制作材料、施工方法、用途等进行分类。

1. 按制作材料分

模板按制作材料分为木模板、钢模板、钢木混合模板、竹胶模板、铝合金模板、塑料模板、充气囊内胎模等。

2. 按模板施工方法分

模板按施工方法分为拆移式模板、活动式模板。

3. 按模板的用途分

模板按用途分为制梁模板、塔柱爬升模板、墩台模板、承台模板、柱桩离心转动模板等。

三、模板的构造

模板由面板、内外肋、拉杆、围箍、支架或拱架组成,面板及内外肋如图2.2所示。

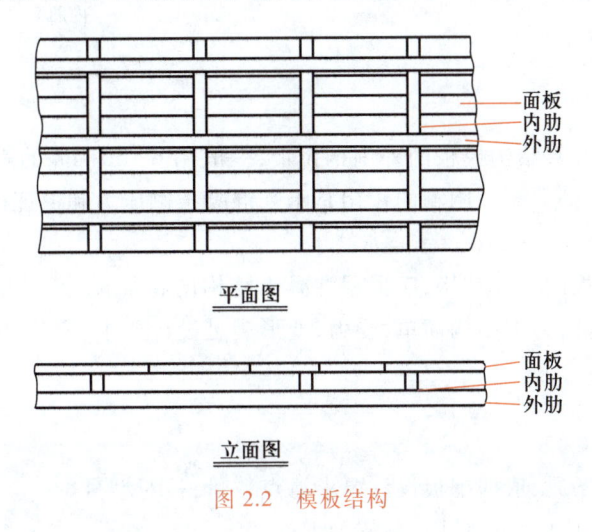

图2.2 模板结构

1. 面板(panel)

面板是支挡混凝土成型的,通常施工现场采用20~50 mm的木板或3~6 mm的钢板或其他形式的板材制成。木面板一般比较粗糙,为了使混凝土表面光滑平整,可在木板表面钉上一层白铁皮或胶合板。钢面板平整,制造的混凝土结构件表面光滑,但钢模板价格较贵。总之面板的选用主要考虑施工方便、价格低、便于重复使用、饰面效果好等因素。

2. 肋(rib)

肋是面板的加强和连接构件,分为内肋和外肋两种。内肋的作用是将面板连为一个整体,并将面板分割为较小的受力面积,以满足承力要求。外肋与内肋方向垂直,起进一步加强模板整体性的作用,并将面板力传递给支架。内外肋之间多采用螺栓固定,也可以用电焊固定(图 2.3)。

3. 钢拉杆(steel tie rod)

钢拉杆是两相对模板间的对拉钢杆。其作用是承受混凝土的侧压力,并保持模板间的相对位置,一般用 $\phi 10 \sim 20$ mm 的钢筋制成(图 2.4)。为了拆除方便和重复使用,可预埋钢管或硬质塑料管,拉杆穿于其中,用完后可抽出拉杆,管被埋入混凝土中。

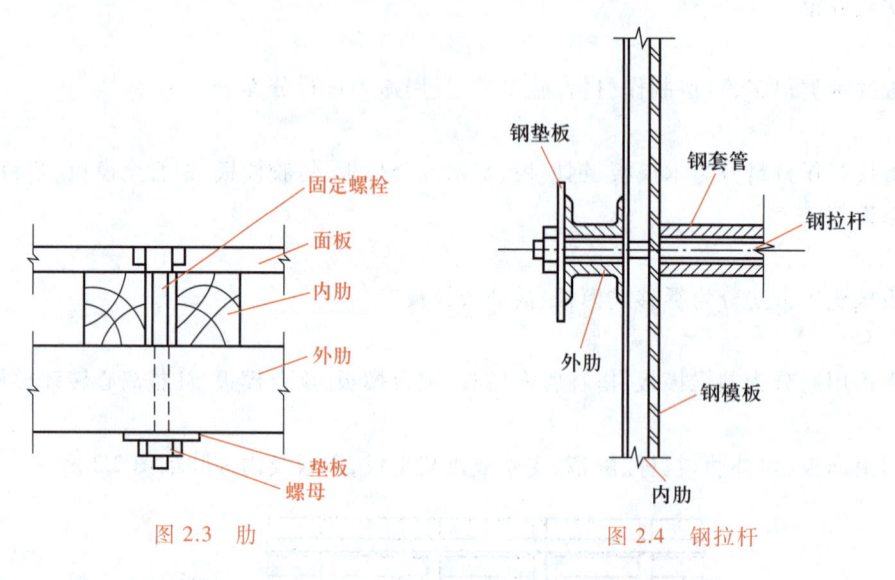

图 2.3　肋

图 2.4　钢拉杆

4. 围箍(hoop)

围箍是柱体或桥墩等结构模板的外围钢拉带,一般用 $6 \sim 50$ mm 的扁钢或 $\phi 16 \sim 20$ mm 的钢筋制成,包围在外肋的外侧。围箍的作用是承受混凝土侧压力和保证模板的几何形状。

5. 支架或拱架(support or arch centering)

支架或拱架是模板的承力结构,应根据混凝土结构的特征设计,尽量采用拼装式杆件、管支架或模板专用支承件,力求结构简单,受力、变形满足设计要求,安装、拆除方便。

2.1.2　模板安装

一、安装前的准备工作

(1) 模板进入现场后,依据配板设计要求清点数量,核对型号。
(2) 模板安装前,应熟悉设计图,备好预埋件。
(3) 向施工班组进行技术交底。
(4) 支承支柱的土壤地面,应事先夯实平整,并做好防水排水设置,准备好支柱底垫的木板。
(5) 竖向模板安装的底面应平整夯实,并采取可靠的定位措施。
(6) 模板应涂刷脱模剂,但不得使用易使其变色的油料作脱模剂。

二、模板安装的技术要求

(1) 模板与钢筋安装工作应配合进行,妨碍绑扎钢筋的模板应待钢筋安装完毕后安设。模板不应与脚手架连接(模板与脚手架整体设计时除外),避免引起模板变形。

（2）安装侧模板时,应防止模板移位和凸出。基础侧模可在模板外设立支撑固定,墩、台、梁的侧模可设拉杆固定。浇筑在混凝土中的拉杆,应按拉杆拔出或不拔出的要求,采取相应的措施。对小型结构物,可使用金属线代替拉杆。

（3）模板安装完毕后,应对其平面位置、顶部标高、节点联系及纵横向稳定性进行检查,签认后方可浇筑混凝土。浇筑时,发现模板有超过允许偏差变形值的可能时,应及时纠正。

（4）模板在安装过程中,必须设置防倾覆设施。

（5）当结构自重和汽车荷载（不计冲击力）产生的向下挠度超过跨径的1/1 600时,钢筋混凝土梁、板的底模板应设预拱度。

（6）后张法预应力梁、板,应注意预应力、自重和汽车荷载等综合作用下所产生的上拱或下挠,应设置适当的预挠或预拱。

2.1.3 模板拆除

拆除模板是混凝土成型的最后一道工序,它也关系到混凝土的施工质量,所以要认真对待,尽量避免模板破损和混凝土表面损坏。桥墩模板拆除如图2.5所示。

图2.5 桥墩模板拆除

（1）模板拆除前必须申请办理拆模手续,待混凝土强度报告出来后,混凝土达到拆模强度模板方可拆除。

（2）模板拆除前要向操作班组进行安全技术交底。拆除模板作业比较危险,拆模工作应由专人指挥,防止落物伤人,在作业范围设安全警戒线并悬挂警示牌,并设专门监护人员。

（3）模板、支架的拆除期限应根据结构物特点、模板部位和混凝土所达到的强度等级来决定,并应严格按相应的施工图设计的要求进行。

①非承重侧模板应在混凝土强度能保证其表面及棱角不致因拆模而受损坏时方可拆除,一般应在混凝土抗压强度达到2.5 MPa时方可拆除侧模板。对预应力混凝土结构,除满足上述要求之外,其侧模应在预应力钢束张拉前拆除;底模及支架在结构建立预应力后方可拆除。

②芯模和预留孔道内模,应在混凝土强度能保证其表面不发生塌陷和裂缝现象时,方可拔除,拔除时间应通过试验确定,以混凝土强度达到0.4~0.8 MPa时为宜,抽拔时不应损伤结构混凝土。

③钢筋混凝土结构的承重模板、支架,应在混凝土强度能承受其自重力及其他可能的叠加荷载时,方可拆除。当构件跨度不大于4 m时,混凝土强度达到设计强度等级的50%后,方可拆除;当构件跨度大于4 m时,混凝土强度达到设计强度等级的75%后,方可拆除。

④ 如设计上对拆除承重模板、支架另有规定,应按照设计规定执行。

模板拆除时的技术要求如下:

(1) 模板拆除应按设计要求的顺序进行,设计无规定时,应遵循先支后拆、后支先拆的顺序,拆除时严禁将模板从高处向下抛扔。

(2) 卸落支架应按拟定的卸落程序进行,分几个循环卸完,卸落量开始宜小,以后逐渐增大。在纵向应对称均衡卸落,在横向应同时一起卸落。在拟定卸落程序时应注意以下事项:

① 在卸落前应在卸架设备上画好每次卸落量的标记。

② 梁式桥上部结构支架宜从跨中向支座依次循环卸落;悬臂梁应先卸挂梁及悬臂的支架,再卸无铰跨内的支架。

(3) 墩、台模板宜在其上部结构施工前拆除。拆除模板、卸落支架时,不允许用猛烈敲打和强扭等方法进行。

(4) 模板、支架拆除时,不得损伤混凝土结构。

(5) 模板、支架拆除后,应维修整理,分类妥善存放。

2.1.4 模板施工安全注意事项

(1) 进入施工现场人员必须戴好安全帽,高空作业人员必须佩戴安全带,并应系牢。经医生检查认为不适宜高空作业的人员,不得进行高空作业。

(2) 工作前应先检查使用的工具是否牢固,扳手等工具必须用绳链系挂在身上,钉子必须放在工具袋内,以免掉落伤人。工作时要精神集中,防止钉子扎脚和空中滑落。

(3) 安装与拆除5 m以上的模板,应搭脚手架,并设防护栏杆,防止上下在同一垂直面操作。高空、复杂结构模板的安装与拆除,事先应有安全措施。

(4) 二人抬运模板时要互相配合,协同工作。传递模板、工具应用运输工具或绳子系牢后升降,不得乱抛。组合钢模板装拆时,上下应有人接应。钢模板及配件应随装拆随运送。

(5) 支撑、牵杠等不得搭在脚手架上。通道中间的斜撑、拉杆等应设在1.8 m高以上。

(6) 支模过程中,如需中途停歇,应将支撑、搭头、柱头等钉牢。拆模间歇时,应将已活动的模板、牵杠、支撑等运走或妥善堆放,防止因踏空、扶空而坠落。

(7) 高空作业要搭设脚手架或操作台,上、下要使用梯子,不许站立在墙上工作;不准站在大梁底模上行走。操作人员严禁穿硬底鞋作业。

(8) 装拆模板时,作业人员要站立在安全地点进行操作,防止上下在同一垂直面工作;操作人员要主动避让吊物,增强自我保护和相互保护的安全意识。

(9) 拆模必须一次性拆清,不得留下无撑模板。拆下的模板要及时清理,堆放整齐。

(10) 拆除平台底模时,不得一次将顶撑全部拆除,应分批拆下顶撑,然后按顺序拆下搁栅、底模,以免发生模板在自重荷载下一次性大面积脱落。

(11) 在模板垂直运输时,吊点必须符合载重要求,以防坠落伤人。拆模时,临时脚手架必须牢固,不得用拆下的模板作脚手板。脚手板搁放必须牢固平整,不得有空心板,以防踏空坠落。混凝土板上的预留孔,应在施工组织设计时就做好技术交底(预设钢筋网架),以免操作人员从孔中坠落。

小结

模板的组成和分类;模板的安装和拆卸;施工预拱度。

操作与练习

【习题】

1. 填空题

(1) 模板主要由( )、( )、( )、( )、支架或拱架组成。

(2) 制作钢模板常用的钢板厚度为( )mm。

(3) 模板按制作材料可分为( )、( )、( )、( )、( )、铝合金模板、土模、砖模、充气囊内胎模等。

2. 名词解释

预拱度

【典型案例】

某公路桥为 30 m+60 m+30 m 现浇简支 T 梁桥,采用满堂式钢管支架现浇,基础为桩承式结构,梁体混凝土设计为 C40,主墩承台几何尺寸为 3 m×6 m×8 m(长×宽×高)。其承台钢筋绑扎和模板安装方案如下:

(1) 钢筋绑扎(冷却管安装)。当垫层混凝土强度达到设计强度75%后,根据设计要求及《公路桥涵施工技术规范》中3.2章节相关规定进行测量放线,并在垫层面上放出承台(桩间系梁)的中心十字线或边角线,并用钢钉等工具做好标记,以便钢筋绑扎及模板定位、校核使用。

对于承台冷却管,需按设计要求进行安装。冷却管焊接应牢固、密实,不应漏水。

(2) 模板安装。承台模板采用定型钢模板,用对拉螺栓及辅助支撑固定,保证足够的强度、刚度和平整度。模板用汽车起重机起吊安装,模板拼缝紧密、表面平整、清洁,支撑牢靠,涂刷脱模剂均匀。

任务 2.2 钢筋工程

2.2.1 钢筋的品种及选用

一、钢筋的品种

在钢筋混凝土及预应力混凝土结构中,使用的钢筋种类很多。钢筋通常按生产工艺、化学成分、机械性能等来分类。

1. 按生产工艺分类

钢筋按生产工艺可分为热轧钢筋(hot rolled steel bar)、冷拉钢筋(cold-stretched steel bar)、冷拔低碳钢丝(cold drawn low carbon steel wire)、碳素钢丝(carbon steel wire,由含碳量在 0.25%~0.60%,含磷及硫量小于 0.05% 的优质碳素钢制成)、刻痕钢丝(indented wire)、热处理钢筋(heat-treated steel bar)及钢绞线(steel strand)。

钢筋加工

2. 按化学成分分类

钢筋按化学成分可分为碳素钢钢筋、普通低合金钢钢筋。

3. 按使用性能和力学性能分类

钢筋按使用性能和力学性能可分为普通钢筋和预应力用钢材。

4. 按钢筋外形分类

钢筋按外形可分为光面钢筋、螺纹钢筋、刻痕钢筋、精轧螺旋钢筋。

5. 按供应形式分类

钢筋按供应形式可分为圆盘钢筋(直径为 6~10 mm)和直条钢筋(直径 16~30 mm)两种。

6. 按直径分类

钢筋按直径可分为钢丝(直径 3~5 mm)、细钢筋(直径 6~10 mm)、中粗钢筋(直径 12~20 mm)和粗钢筋(直径大于 20 mm)。

二、钢筋的选用

公路桥涵混凝土结构的钢筋应按下列规定采用：

（1）钢筋混凝土及预应力混凝土构件中的普通钢筋宜选用 HPB300、HRB400、HRB500、HRBF400 和 RRB400 钢筋，预应力混凝土构件中的箍筋应选用其中的带肋钢筋；按构造要求配置的钢筋网可采用冷轧带肋钢筋。

（2）预应力混凝土构件中的预应力钢筋应选用钢绞线、钢丝；中、小型构件或竖、横向用预应力钢筋，可选用预应力螺纹钢筋。

2.2.2 钢筋的验收及保管

钢筋的质量是影响钢筋混凝土结构的质量和使用安全的重要因素，施工中必须加强对钢筋的管理、检查和验收，以确保使用合格的钢筋。

1. 钢筋验收

钢筋应具有出厂质量证明书和试验报告单。每捆(盘)钢筋上均应有标牌，并按批号及直径分批验收。验收时应查对标牌与实物是否相符，检查外观是否合格，按规定抽取试样进行机械性能试验，合格的方可使用。

2. 钢筋保管

钢筋在运输过程中应避免锈蚀、污染和被压弯；钢筋在装卸搬运过程中，应采用机械或人工将钢筋抬起运送至指定地点，严禁抛掷和长距离拖拉；在工地存放时，应按不同品种、规格、分批分别堆置整齐，不得混杂，并应设立识别标志，存放的时间不宜超过 6 个月；存放场地应有防、排水设施，且钢筋不得直接接置于地面，应垫高或堆置在台座上，顶部应采用合适的材料予以覆盖，防止水浸和雨淋。

2.2.3 钢筋加工

钢筋加工是指对所用钢筋进行除锈、调直、切断、弯曲和接长等处理。

1. 钢筋除锈

钢筋因表面未做处理容易生锈，影响混凝土的黏结及削弱钢筋截面积和降低强度。钢筋表面上的油渍、漆污和锤击能剥落的浮皮、铁锈应清除干净。带有颗粒状或片状的老锈的钢筋不得使用。

2. 钢筋调直

钢筋应平直无局部弯折。对于成盘的钢筋或发生弯曲的钢筋均应调直后方可使用。

钢筋调直分人工调直和机械调直。人工调直常用绞盘拉伸、横口扳手和大锤敲击等方法。机械调直常用的有钢筋调直机和卷扬机拉伸调直。当采用冷拉方法调直钢筋时,HPB300 钢筋的冷拉率不宜大于 2%,HRB400 钢筋的冷拉率不得大于 1%。

3. 钢筋切断

钢筋的切断应采用常温切断,不得用加热切断。钢筋切断时,有机械切断和人工切断两种。人工切 ϕ16 mm 以下钢筋,可用手动切断器;切 ϕ32 mm 以上的钢筋可用大锤和剁子或用钢锯锯断。

4. 钢筋弯曲

钢筋的弯曲应在常温下进行,不允许加热弯曲,也不得采用锤击弯折。钢筋弯折点不得有裂缝,弯曲形状不应在平面上发生翘曲现象。

钢筋弯曲亦有手工弯制和机械弯制(图 2.6)两种方法。手工弯制适用于少量及小直径钢筋的弯制,其余情况均宜采用机械弯制。钢筋因弯曲或弯钩会使其长度变化,因此配料时,要考虑其长度的增减,使加工的钢筋符合受力要求和满足保护层的要求。

图 2.6 机械弯制钢筋

对于常用钢筋下料长度计算如下:

(1)直钢筋下料长度为结构长度减保护层厚度加弯钩增加长度。

(2)弯起钢筋下料长度为直段长度加斜段长度加弯钩增加的长度减弯曲调整值。

(3)箍筋下料长度为箍筋周长加弯钩增加长度加或减弯曲调整值。

弯钩增加长度与弯钩的内径大小及钩形有关。弯钩有三种形式,即半圆钩、直弯钩和斜弯钩。通常取弯钩内径为 $2.5d$(钢筋直径为 d),则半圆弯钩增加长度为 $6.25d$,直弯钩增加长度为 $3.5d$,斜弯钩增加长度为 $4.9d$。

弯起钢筋增加长度与弯起角度、曲率半径有关。受力主钢筋制作和末端弯钩形状见表 2.1。

箍筋的末端应做弯钩,弯钩的形状应符合设计规定。且弯曲直径:HPB300 钢筋应不小于箍筋直径的 2.5 倍,HPB400 钢筋应不小于箍筋直径的 5 倍;有抗震要求的结构,不应小于箍筋直径的 10 倍。弯钩的形式,如设计无要求时可按图 2.7a、b 加工;有抗震要求的结构,应按图 2.7c 加工。弯制钢筋时宜从中部开始逐步向两端弯曲,弯钩必须一次弯成,不得反复弯折。加工完毕后的钢筋,应放置在棚内的架垫上,避免锈蚀及污染。

表 2.1 受力主钢筋制作和末端弯钩形状

弯曲部位	弯曲角度	形状图	钢筋种类	弯曲直径 D	平直段长度
末端弯钩	180°		HPB300	≥2.5d	≥3d
	135°		HRB400 HRBF400 HRB500 RRB400	≥5d	≥5d
	90°		HRB400 HRBF400 HRB500 RRB400	≥5d	≥10d
中间弯折	≤90°		各种钢筋	≥20d	—

(a) 90°/180°　　(b) 90°/90°　　(c) 135°/135°

图 2.7 箍筋弯钩

2.2.4 钢筋的接头

热轧钢筋除了 12 mm 以下的钢筋采用圆盘缠绕外,其余钢筋的单根长度为 9 m、8 m 和 6 m 等。而实际结构的制造长度不可能限于这些长度,这就需采用接头的方法延长。钢筋接头的类型主要有绑扎接头、焊接接头、冷压接头、锥形螺纹接头等。

1. 绑扎接头

绑扎接头是指接头钢筋相互搭接,在搭接部分的中心及两端位置用铁丝绑扎结实。绑扎接头操作方便,但不够结实且钢筋接头搭接较长。绑扎接头仅当钢筋构造复杂施工困难时方可采用,绑扎接头的钢筋直径宜不大于 28 mm,对轴心受压或偏心受压构件中的受压钢筋可不大于 32 mm;轴心受拉和小偏心受拉构件不应采用绑扎接头。

2. 焊接接头

焊接接头是最主要的接头方式,具有操作简单、可靠度高、费用低等优点。

(1) 普通混凝土中直径大于 25 mm 的钢筋,宜采用焊接。

(2) 钢筋的纵向焊接应采用闪光对焊(HRB500 钢筋必须采用闪光对焊)。当缺乏闪光对焊条件时,可采用电弧焊、电渣压力焊、气压焊。但电渣压力焊仅可用于竖向钢筋的连接,不得用于水平钢筋和斜筋的连接。钢筋的交叉连接,无电阻点焊机时,可采用手工电弧焊。各种预埋件T形接头钢筋与钢板的焊接,也可采用预埋件钢筋埋弧压力焊。钢筋焊接的接头形式、焊接方法、适用范围应符合现行《钢筋焊接及验收规程》(JGJ 18)的规定。

(3) 每批钢筋焊接前,应选定焊接工艺和焊接参数,必须根据施工条件进行试焊,合格后方可正式施焊。焊接时,对施焊场地应有适当的防风、雨、雪、严寒的设施,冬期施焊应按冬期施工的要求进行。焊工必须持焊工考试合格证上岗。

(4) 钢筋接头采用搭接或帮条电弧焊时,宜采用双面焊缝。双面焊缝困难时,可采用单面焊缝。

(5) 钢筋接头采用搭接电弧焊时,两钢筋搭接端部应预先折向一侧,使两接合钢筋轴线一致。接头双面焊缝的长度不应小于 $5d$,单面焊缝的长度不应小于 $10d$(d 为钢筋直径)。

钢筋接头采用帮条电弧焊时,帮条应采用与主筋同级别的钢筋,其总截面面积不应小于被焊钢筋的截面积。帮条长度,如用双面焊缝不应小于 $5d$,如用单面焊缝不应小于 $10d$(d 为钢筋直径)。

(6) 凡施焊的各种钢筋、钢板均应有材质证明书或试验报告单。焊条、焊剂应有合格证,各种焊接材料的性能应符合现行《钢筋焊接及验收规程》的规定。各种焊接材料应分类存放和妥善管理,并应采取防止腐蚀、受潮变质的措施。

(7) 电渣压力焊、气压焊、预埋件钢筋埋弧压力焊的技术规定及电弧焊中的坡口焊、窄间隙焊、熔槽帮条焊和钢筋与钢板焊接的技术规定参照现行《钢筋焊接及验收规程》的规定执行。

(8) 受力钢筋的连接接头应设置在内力较小处,并错开布置,对于绑扎接头,两接头间距离不小于1.3倍搭接长度。对于焊接接头和机械连接接头,在接头长度区段内,同一根钢筋不得有两个接头。配置在接头长度区段内的受力钢筋,其接头的截面面积占总截面面积的百分率应符合表 2.2 的规定。

表 2.2 接头长度区段内受力钢筋接头面积的最大百分率

接头型式	接头面积最大百分率/%	
	受拉区	受压区
主钢筋绑扎接头	25	50
主钢筋焊接接头	50	不限制

注:1. 焊接接头长度区段内是指 $35d$(d 为钢筋直径)长度范围内,但不得小于 500 mm,绑扎接头长度区段是指1.3倍搭接长度。

2. 在同一根钢筋上应尽量少设接头。

3. 装配式构件连接处的受力钢筋焊接接头可不受此限制。

4. 绑扎接头中钢筋的横向净距不应小于钢筋直径且不应小于 25 mm。

5. 环氧树脂涂层钢筋绑扎搭接长度,对受拉钢筋应至少为涂层锚固长度的 1.5 倍且不小于 375 mm;对受压钢筋为无涂层钢筋锚固长度的 1.0 倍且不小于 250 mm。

(9)电弧焊接和绑扎接头与钢筋弯曲处的距离不应小于10倍钢筋直径,也不宜位于构件的最大弯矩处。

3. 钢筋机械连接

钢筋机械连接(rebar mechanical splicing)技术是一项新型钢筋连接工艺,被称为继绑扎、电焊之后的"第三代钢筋接头",具有接头强度高于钢筋冷挤压母材、速度比电焊快5倍、无污染、节省钢材20%等优点。

钢筋的机械连接宜采用镦粗直螺纹、滚轧直螺纹或套筒挤压接头,且适用于HRB400、HRBF400、HRB500和RRB400热轧带肋钢筋。

(1)镦粗直螺纹接头:是利用镦机将钢筋端部先行墩粗,再用套丝机在钢筋的墩粗段上制作螺纹,然后用连接套对接钢筋。

(2)滚轧直螺纹接头:是利用钢筋的冷作硬化原理,在滚丝机滚轧螺纹过程中提高钢筋材料的强度,补偿钢筋净截面面积减小给强度造成的损失,使滚轧后的钢筋接头能与钢筋母材保持基本等强。滚轧直螺纹接头加工主要采用直接滚轧和剥肋滚轧两种。

(3)套筒挤压连接接头:通过挤压力使连接件钢套筒塑性变形与带肋钢筋紧密咬合形成的接头。有两种形式,径向挤压连接和轴向挤压连接。由于轴向挤压连接现场施工不方便及接头质量不够稳定,没有得到推广;而径向挤压连接技术,连接接头得到了大面积推广使用。

2.2.5 钢筋骨架及网片的组成和安装

钢筋骨架(steel frame)的绑扎与安装在施工现场有三种情况:全部钢筋为散筋,在现场绑扎成钢筋网或钢筋骨架;在预制厂绑焊成网片,运至现场后再绑扎成整片或骨架;在预制厂绑焊成钢筋骨架,运到现场后直接起吊安装就位。

对集中加工、整体安装的半成品钢筋和钢筋骨架,在运输时应采用适宜的装载工具,并应采取增加刚度、防止其扭曲变形的措施。

钢筋网片和骨架(图2.8)的绑扎或焊接,宜优先选用先绑扎预制,后安装就位的方法,避免在结构模内绑扎钢筋,影响结构主体施工。但预制网片和骨架时,应考虑网片骨架的重量及刚度,以及起吊能力。

钢筋网片、骨架焊接或绑扎前,应先熟悉施工图纸,核对需绑焊钢筋的钢号、直径、形状、规格及数量是否正确。在钢筋上划线,准备绑扎用的铁丝、绑扎工具及绑扎架,制定绑扎、焊接顺序。

1. 钢筋网绑扎方法

(1)钢筋的交叉点应用直径0.7~2 mm的铁丝或镀锌铁丝按逐点改变绕丝方向的方式(8字形分布)交错绑扎结实,或按双对角线(十字形)方式绑扎结实,以免网片歪斜变形。

(2)除设计特殊规定外,受力主筋应与箍筋垂直。

图2.8 T形梁钢筋骨架

(3)大面积网片可在地坪或平台上划线绑扎。为了保证运输、安装过程中网片不发生歪斜和变形,可补入适量的辅助钢筋,如斜杆、横撑等,或使用吊装扁担吊装就位。

2. 钢筋网焊点布置

钢筋网焊点布置应符合设计规定,当设计无规定时,应符合下列要求:

(1)焊接骨架时所有钢筋相交点必须焊接。

(2)当焊接网片只有一个方向受力时,受力主筋与两端边缘的两根锚固横向钢筋的全部相交点必须焊接;当焊接网两个方向受力时,则四周边缘的两根钢筋的全部相交点均应焊接,其余的相交点可间隔焊接。

3. 钢筋骨架和网片的运输和吊装

为保证安装质量和加快施工进度,可将钢筋网或骨架分块或分段绑扎,运至现场拼装。分块或分段的大小应根据结构配筋特点和起吊能力而定,一般钢筋网的分块面积以 6~20 m²,骨架分段长度以 6~12 m 为宜。大型钢筋或骨架除绑扎临时加固筋外,还可采用型钢加固。吊点位置也应根据网片或骨架的尺寸、重量和刚度而定,要保证网片或骨架吊装过程中不发生变形。

4. 拼装焊接方法

骨架的焊接拼装应在稳固的工作平台上进行,具体操作如下:

(1)拼装时应按设计图放大样,放样时应考虑焊接变形和预拱度,并检查焊接接头质量。

(2)拼装时,在需要焊接的位置用楔形卡卡住,先进行点焊固定,然后进行焊缝施焊。焊接时要保持钢筋轴线在同一平面上。

(3)施焊顺序由中部向两端对称地进行,或由骨架下部向上部进行。相邻的焊缝采用分区对称跳焊,不得顺方向一次焊成,药皮应随焊随去。

5. 钢筋骨架的支垫

为保证钢筋骨架或钢筋网的位置符合保护层厚度的要求,应在外层钢筋与模板间设置垫块。

(1)混凝土垫块应不低于结构本体混凝土的强度,并应有足够的密实性。采用其他材料制作垫块时,除应满足使用强度的要求外,其材料中不应含有对混凝土产生不利影响的成分。垫块的制作厚度不应出现负误差,正误差应不大于 1 mm。

(2)用于重要工程或有防腐蚀要求的混凝土结构或构件中的垫块,宜采用专门制作的定型产品,且该类产品的质量应符合本条第(1)款的规定。

(3)垫块应相互错开、分散设置在钢筋与模板之间,但不应横贯混凝土保护层的全部截面进行设置。垫块在结构或构件侧面和底面所布设的数量应不少于 4 个/m²,重要部位宜适当加密。

(4)垫块应与钢筋绑扎牢固,且绑丝及其丝头均不应进入混凝土保护层内。

(5)混凝土浇筑前,应对垫块的位置、数量和紧固程度进行检查,不符合要求时应及时处理,应保证钢筋的混凝土保护层厚度满足设计要求。

小结

钢筋的存放;钢筋的加工;钢筋的接头形式;钢筋骨架的运输及安装。

操作与练习

【习题】

1. 填空题

（1）冷压接头连接适用于（　　）mm 螺纹钢筋的连接。

（2）钢筋按外形分（　　）钢筋、（　　）钢筋、（　　）钢筋（　　）钢筋。

（3）电焊接头是最主要的接头方式,具有（　　）、（　　）、（　　）等优点。

2. 简答题

（1）施工现场钢筋堆放、保管时应注意哪些问题？

（2）钢筋的接头形式有哪几种？

【典型案例】

某高速公路桥梁9座总长3 572 m,桥梁结构形式为30 m和40 m的简支T梁,共计1 020片,桥梁基础均为钻孔桩,桥墩结构形式为圆柱墩、矩形实心墩及空心墩,最高墩高81.1 m。桥梁工程桩基础钢筋笼制作、安装作业如下。

任务 2.3　混凝土施工

2.3.1　认识混凝土

混凝土（concrete）是以水泥和水组成的水泥浆体为黏结介质,将分散其间的不同粒径的粗、细集料胶结起来,在一定的条件下,硬化成为具有一定力学性能的一种人工石材。它具有耐久、耐火、可模性强、材料来源广、价格低等优点。混凝土材料主要由水泥、集料、水、混合材料组成。

2.3.2　混凝土施工的一般概念

1. 工作性

优质的新拌混凝土应该具有:满足输送和浇筑振捣要求的流动性;不为外力作用产生脆断的可塑性;不产生分层、泌水的稳定性和易于浇筑振捣密实的易密性。

2. 凝结时间

混凝土的凝结时间取决于水泥浆的凝结时间。初凝（initial setting time）为水泥加水拌和时起至水泥浆开始失去可塑性的时间;终凝（final setting time）是从水泥加水拌和时起,到标准稠度净浆完全失去塑性的时间。终凝时间不宜太长,以减少混凝土脱模时间,加快施工进度。施工中一般要求初凝时间不得早于45 min,终凝时间不得迟于12 h,混凝土的凝结硬化速度除了受水泥的凝结硬化速度影响外,还受到水泥用量、混凝土的加水量、施工温度、所掺加外加剂的性能等因素的影响。

3. 强度

混凝土凝结硬化后具有一定的强度,并随龄期的增长而增大。通常是早期增长快,后期增长缓慢,如养护不当,后期强度还可能下降。一般以28 d的抗压强度作为混凝土强度的标准,用以在施工中控制和评定混凝土强度的混凝土立方体抗压强度,是采用标准尺寸（150 mm×150 mm×150 mm）的立方体试块进行抗压强度试验测得的。

（1）高强度混凝土（high strength concrete）：是指强度等级 C60 及以上的混凝土。

（2）高性能混凝土（high performance concrete）：是指采用混凝土的常规材料、常规工艺，在常温下，以低水胶比、大掺量优质掺合料和严格的质量控制措施制作的，具有良好的施工工作性能且硬化后具有高耐久性、高尺寸稳定性及较高强度的混凝土。

（3）大体积混凝土（mass concrete）：是指体积较大的、可能由胶凝材料水化热引起的温度应力导致有害裂缝的结构混凝土。

2.3.3 混凝土的拌制

混凝土的拌制就是将配制的原料分别投入拌和机械进行拌和，使各种材料充分混合，形成均匀的拌合料。混凝土的拌制过程主要有配料、投料、搅拌和出料四大步骤。

1. 配料

拌制混凝土配料时，宜采用自动计量装置，各种衡器精度符合要求，计量应准确。计量器具应定期检定，经大修、中修或迁移至新的地点后，也应进行检定。对砂、石的含水率应经常进行检测，以此调整砂、石和水的用量。雨天施工应增加测定次数，据此调整骨料和水的用量。配料数量误差应控制在一定的范围之内，允许偏差（以质量计）见表 2.3。

表 2.3 配料数量允许偏差

材料类别	允许偏差/%	
	现场拌制	预制场或集中搅拌站拌制
水泥、混合材料	±2	±1
粗、细骨料	±3	±2
水、外加剂	±2	±1

2. 投料

放入搅拌机的第一盘混凝土材料应含有适量的水泥、砂和水，以覆盖拌和筒的内壁而不降低拌合物所需的含浆量。每一工作班正式称量前，应对计量设备进行重点校核。计量器应定期检定，经大修、中修或迁移至新的地点后，也应进行检定。

拌和混凝土时，为减少水泥黏附在搅拌机筒内或造成水泥飞扬的损失，投料时宜先投入砂料，再投入水泥，最后投入石料，并开始加水，这样水泥被夹在砂石层中，减少了水泥的损失量，且拌和得更均匀。

3. 搅拌

大型结构物混凝土应使用卧轴式、行星式或逆流式带有自动计量装置的搅拌机械搅拌。机械搅拌时，最短搅拌时间应按设备出厂说明书的规定，并经试验确定。零星、少量工程的低标号塑性混凝土也可在不渗水、平整耐磨的平板上进行人工拌和。

机械拌制过程中使用的混凝土搅拌机，有自落式和强制式两类。为了保证混凝土质量，特规定了各种机械的最短搅拌时间（表 2.4）。

混凝土搅拌完毕后，应按下列要求检测混凝土拌合物的各项性能：

（1）混凝土拌合物的坍落度，应在搅拌地点和浇筑地点分别取样检测，每一工作班或每一单元结构物不应少于两次。评定时应以浇筑地点的测值为准。如混凝土拌合物从搅拌机出料

表 2.4　混凝土最短搅拌时间

搅拌机类别	搅拌机容量/L	混凝土坍落度/mm <30	30~70	>70
		混凝土最短搅拌时间/min		
自落式	≤400	2.0	1.5	1.0
	≤800	2.5	2.0	1.5
	≤1200	—	2.5	1.5
强制式	≤400	1.5	1.0	1.0
	≤1500	2.5	1.5	1.5

起至浇筑入模的时间不超过 15 min 时,其坍落度可仅在搅拌地点取样检测。在检测坍落度时,还应观察、检查混凝土拌合物的均匀性、黏聚性和保水性。

（2）根据需要还应检测混凝土拌合物的其他质量指标,并应符合其他规定。

2.3.4　混凝土的运输

运输能力应与混凝土的凝结速度和浇筑速度相匹配,应使浇筑工作不间断且混凝土运到浇筑地点时仍能保持其均匀性及适宜浇筑的坍落度。混凝土的运输宜采用搅拌运输车或在条件允许时采用泵送方式输送,对于寒冷、严寒或炎热的天气情况,搅拌运输车的搅拌罐和泵送管应有保温或隔热措施;采用吊斗或其他方式运输时,运距宜不超过 100 m 且不得使混凝土产生离析。

混凝土的运输时间不宜超过表 2.5 的规定时间。

表 2.5　混凝土运输时间限制

气温/℃	无搅拌设施运输/min	有搅拌设施运输/min
20~30	30	60
10~19	45	75
5~9	60	90

混凝土运至浇筑地点后如发生离析、严重泌水或坍落度不符合要求时,应进行第二次搅拌。但搅拌过程中不得任意加水,确有加水必要时,应同时加水泥,以保证原水灰比不变。如二次搅拌仍不符合要求,则不得使用。

混凝土的运输方法较多,但选择哪种方法,应根据现场的条件和运输距离等决定。

混凝土泵送是近些年混凝土输送方法中最理想的方法。可以同时解决混凝土的水平和垂直运输,并减少中间过程。这种管道形式的运输不受气候及场地影响,机械化程度高,效率高。目前所使用的大型号混凝土输送泵,可将混凝土水平输送 800 m,垂直输送 300 m,有效地解决了超高建筑混凝土运输问题。

1. 混凝土泵送的主要设备

混凝土泵送的主要设备有:混凝土泵或混凝土泵车、输送管及布料装置。混凝土泵按驱动方式可分为活塞式和挤压式两大类。活塞式泵是采用机械或液压驱动活塞产生往复运动压送混凝土。其特点是工作可靠、结构简单、输送距离长。挤压式泵是通过泵内的两个星式转动的回转橡胶滚轮挤压泵体内橡胶软管中的混凝土,而产生输送压力。

2. 泵送混凝土施工注意事项

(1) 合理布置输送管道,必须保证有足够长度的水平管,其长度为垂直管长度的1/4,并要求平顺、内壁光滑、接口严密不漏浆。

(2) 根据混凝土的输送距离、高度及输送量,选择泵送混凝土的配合比和所采用泵的型号及管径。优化集料级配,减少空隙率仍是改善混凝土可泵性的最经济有效的措施。

(3) 每次开始作业前,应先以水泥浆,或与泵送混凝土配合比相同,但粗骨料减少50%的混凝土通过管道,使管壁润滑。润滑用的水泥应分散布料,不得集中浇筑在同一处。

(4) 混凝土的供应宜使输送混凝土的泵能连续工作,泵送的间歇时间宜不超过15 min。

(5) 输送过程中,应保持受料斗内储存足够的混凝土,防止吸入空气形成空气栓塞。如果管内已经吸入了空气,应立即反泵吸出混凝土至料斗中重新搅拌,排出空气后再泵送。

(6) 当混凝土泵出现压力升高且不稳定、油温升高、输送管明显振动等现象而泵送困难时,不得强行泵送,应立即查明可能造成堵管的原因。

(7) 泵送作业结束后,应将管内混凝土及时排空,用清洗球或麻袋从料斗放入,开动泵机从出口送出,以清洗泵机和管道。

2.3.5 混凝土浇筑

混凝土浇筑(concrete pouring)是施工关键而复杂的工序,对混凝土构件质量优劣起着十分重要的作用。它必须保证混凝土具有良好的密实性和完整性,以满足混凝土设计所确定的强度和耐久性等各项要求。在浇筑混凝土前,首先应分析所需浇筑的混凝土结构特点,选定合适的浇筑方法,考虑分段、分区以及各段、区的灌注次序,然后编制施工工艺和制订技术措施,确保施工灌注的顺利进行。

1. 混凝土浇筑的准备工作

(1) 应根据结构物的大小、位置制订符合实际的浇筑工艺方案(施工缝设置、浇筑顺序、降温防裂措施、保护层的控制等)。

(2) 应对支架(拱架)、模板、钢筋、支座、预拱度和预埋件进行检查,并做好记录,符合要求后方可浇筑。

(3) 模板内的杂物、积水和钢筋上的污垢应清理干净。模板如有缝隙,应填塞严密,模板内面应涂刷脱模剂,木模板应预先湿润。

(4) 浇筑混凝土前,应检测混凝土的均匀性和坍落度。

在完成以上准备工作,并经有关部门检验签证后,方可开始进行混凝土施工灌注。在灌注过程中,应设专人检查模板、支架、钢筋、预埋件和预留孔洞等状态,以便在发现变形等情况时能及时修整。

2. 混凝土浇筑时温度的控制

(1) 在炎热天气时,混凝土入模温度不宜高于28 ℃,当估计混凝土绝热温度不低于45 ℃时,浇筑温度需进一步降低。还应避免模板和新浇混凝土受阳光直射,模板与钢筋温度以及周围温度不宜超过40 ℃。

(2) 当气温符合冬季施工要求时,应按有关冬季施工要求进行施工。

3. 混凝土拌合物倾落高度的控制

混凝土拌合物自高处倾卸时,其自由下落高度不宜超过 2 m;当超过 2 m 时,应采用串筒、溜管(槽)或振动溜管(槽)等设施;倾落高度超过 10 m 时,除设串筒、溜管等设施外,还应设减速装置;串筒、溜管等距出料口下面的拌合物自由下落高度不宜超过 1 m,串筒侧向横拉距离不宜超过 2 m,且最下两节筒应保持垂直。串筒采用薄钢板制作,上口直径约 30 cm,下口直径约 25 cm,长 70~75 cm,各筒之间用钩环连接。

4. 混凝土分层灌注厚度

灌注混凝土的厚度超过振捣器作用深度时,应分层灌注和振捣,以保证混凝土密实度。混凝土的分层浇注厚度,应根据混凝土结构形状、钢筋布置、卸料方法及振捣方法等情况决定,但不超过表 2.6 的规定。分层灌注时,为保证上下层之间连为一体,应在下一灌注层混凝土初凝或能重塑前灌注完成。在倾斜面上浇筑混凝土时,应从低处开始逐层扩展升高,并保持水平分层。上下层同时灌注时,上下层前后灌注距离应大于 1.5 m。

表 2.6 混凝土分层浇筑厚度

振捣方法		浇筑层厚度/mm
用插入式振捣器		300
用附着式振捣器		300
用表面振捣器	无筋或配筋稀疏时	250
	配筋较密时	150

5. 混凝土浇筑间歇允许时间

混凝土的浇筑宜连续进行,因故中断间歇时,其间歇时间应小于前层混凝土的初凝时间或能重塑时间。混凝土的运输、浇筑及间歇的全部时间宜不超过表 2.7 的规定;超出时应按浇筑中断处理,并应留置施工缝,同时应作出记录。

表 2.7 混凝土的运输、浇筑及间歇的全部允许时间   单位:min

混凝土强度等级	气温≤25 ℃	气温>25 ℃
≤C30	210	180
>C30	180	150

6. 对钢筋密布及外形变化处的灌注

在钢筋密布及预埋件多的部位进行混凝土灌注时,应特别注意。当混凝土较干硬时,为避免出现钢筋阻碍混凝土下沉而产生空洞麻面等情况,可适当加大混凝土的坍落度,提高混凝土的流动性,保证灌注密实。在预埋件多、结构外形变化大的地方,应细心灌注,避免碰撞预埋件,并充分振捣密实,保证灌注质量。

7. 接缝混凝土施工

混凝土结构施工时,灌注混凝土应连续进行,尽量减少间歇时间。如果需间歇且时间在混凝土初凝时间之内,可认为连续施工。如果间歇时间超过其限制时间,在新旧混凝土连接处将产生薄弱层,影响混凝土结构的强度。因此需按混凝土接缝处理。施工缝(construction joint)

易成为结构上的弱点(抗剪力的弱点),所以施工缝的布设位置,应事先研究确定,未经许可,不得随意设置施工缝。

施工缝处在继续灌注混凝土前,应将旧混凝土表面进行凿毛处理,清除表面的水泥薄膜、松动石子或松散的混凝土层,并用压力清水冲洗干净,使表面保持湿润但无积水。

2.3.6 混凝土振捣

混凝土振捣(concrete vibration)分为人工振捣和机械振捣两种,除少量塑性混凝土可用人工振捣外,一般应采用振捣器机械振捣。振捣的目的是为了使混凝土充填到模型内的每个角落,并减少混凝土骨料间的空隙,使其密实,且使混凝土与钢筋有良好的黏结,满足结构受力的要求。

混凝土振捣机械按其工作方式不同,可分为插入式振捣器、附着式振捣器、表面振捣器和振动台(图2.9)。

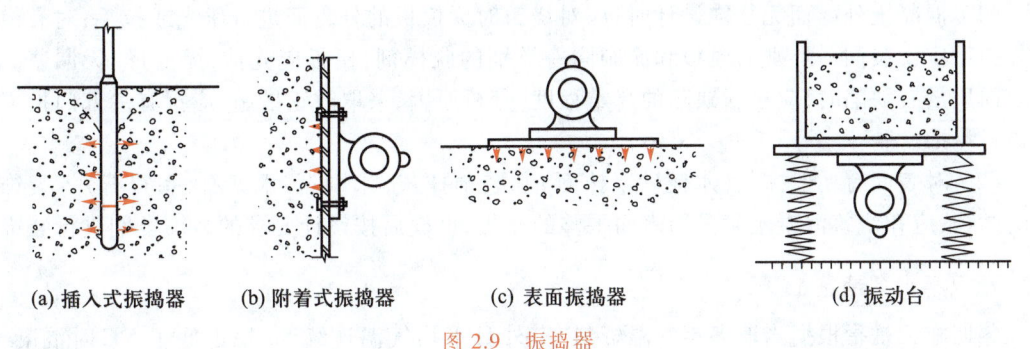

(a) 插入式振捣器　(b) 附着式振捣器　(c) 表面振捣器　(d) 振动台

图 2.9 振捣器

2.3.7 混凝土养护

在混凝土的硬化过程中所采取的保护和促进硬化的措施被称之为混凝土养护(concrete curing)。

混凝土养护对其质量影响很大。养护不良的混凝土,由于水分很快散失,水化作用停止,强度将无法增长,其外表干缩开裂,内部结构分散,抗渗性、耐久性也随之降低,甚至引起严重的质量问题。混凝土养护方法有自然养护法、蒸汽养护法及干热养护法。

1. 自然养护法

自然养护法就是在平均气温高于+5 ℃的条件下,在一定时间内保持混凝土湿润状态。在一般气温情况下,养护应在浇注后10~12 h内开始进行。可采用清洁草帘、麻袋、湿砂等材料覆盖其外露面,使混凝土经常保持潮湿状态,直到规定养护时间。对采用硅酸盐水泥、普通硅酸盐水泥或矿渣水泥拌制的混凝土,养护不得少于7 d;对掺用缓凝型外加剂或有抗渗性要求的混凝土,养护不得少于14 d。

养护水要洒均匀,不出现干湿不均现象,洒水次数以能使混凝土保持潮湿状态为度。通常15 ℃气温时的最初三天,白天每2 h一次,夜间不少于2次。

2. 蒸汽养护法

蒸汽养护法就是以锅炉生产的饱和低压蒸汽为介质,输入养护混凝土的密闭棚室内,与空气混合形成湿热空气。由于湿热空气温度高于混凝土温度,而对混凝土进行热交换,传导于混凝土内部而使其升温，在较高的温度和湿度下，混凝土迅速凝固、硬化、增长强度。一般混凝土蒸汽养护可分为四个阶段，即静养、升温、恒温、降温。

3. 干热养护法

干热养护法是采用直接加热而不需要蒸汽介质的养护方法。常用的有红外线养护、电热养护、太阳能养护以及热拌混凝土热模养护等。干热养护法的原理是采用外加热的方法，在混凝土尚未凝结之前，使混凝土表面温度升高，尽快将混凝土内的自由水蒸发掉。

除上述方法之外，混凝土养护还可以采用覆膜法，这种养护方法适用于地下结构或基础施工，其缺点是28d强度偏低约8%，同时由于成膜很薄，起不到隔热防冻的作用。在混凝土施工中，还可以采用塑料薄膜封盖，并保持塑料薄膜内有凝结水，可有效地起到对混凝土的养护作用。

2.3.8 混凝土修饰

（1）混凝土外露面无装饰设计时，应对浇筑时无模板的外露面进行压光或拉毛；对有模板的外露面应安装同一类别的模板和涂刷同一类别的脱模剂，模板应光洁，无变形、无漏浆。发现表面质量有缺陷时，应根据缺陷的严重程度，分析原因，采取改正措施，应报有关部门批准后再进行修饰。

（2）对表面有一般抹灰（水泥砂浆抹面）和装饰抹灰（水刷石、水磨石、剁斧石）等装饰设计的结构，应在浇筑混凝土时采用表面平整的模板，拆模后按设计要求的装饰类别进行装饰。

2.3.9 混凝土冬期施工

冬期施工是指根据当地多年气温资料，室外日平均气温连续5d稳定低于5℃时混凝土、钢筋混凝土、预应力混凝土和砌体工程的施工。

采用冬期混凝土施工措施的目的是解决低温对混凝土施工的影响。冬期进行混凝土施工，必须采取保暖加热措施，维持混凝土正常凝结温度，避免早期遭受冻害，使混凝土能够迅速、有效地凝结硬化。冬期施工的混凝土，在遭受冻结之前，其强度（临界抗冻强度）不应低于设计强度的30%。

1. 混凝土养护方法的选择

冬期施工的混凝土，应根据工程类别、气象条件、材料来源、施工条件等，通过热工计算及经济技术分析，选择适当的养护方法及措施。常用的养护方法有：蓄热法、暖棚法、蒸汽养护法和低温早强混凝土法等。当经济技术允许时，也可采用电热法或其他养护方法。

（1）蓄热法。蓄热法是以保温覆盖为主，其养护的热量来自加热的原材料及水泥的水化热量，通过保温覆盖防止和减缓热量的散失，以延缓混凝土冷却速度，使混凝土强度在必要的温度里增长，达到设计的强度。

采用蓄热法施工时，应优先采用加热水的方法，这是因为水的比热比砂石大，且加热的设备简单。

（2）暖棚法。搭设暖棚应使用保暖材料，如草帘、草袋等，暖棚遮盖要严密。棚内采用暖气或火炉加热，使暖棚内温度保持在10℃左右。使用火炉采暖时，应注意防火、排烟，对混凝土表面要加以覆盖并保持湿润，防止干热空气造成混凝土表面龟裂及二氧化碳气体碳化而使表面疏松。

（3）低温早强混凝土法。低温早强混凝土是在普通混凝土中掺入少量的外加剂，结合加热原材料和采取覆盖的保温措施,在初始养护的短时间内于正温下硬化,获得一定早期强度后,不需其他加热措施就能使混凝土在一定负温下继续硬化并获得临界抗冻强度。

常用的早强抗冻剂为氧化钙和氯化钠。其作用是增大水泥中石灰的溶解度,加速水泥凝结和硬化,使混凝土早强,尽快获得抗冻能力,并能降低混凝土的冰点,起到抗冻作用。氯盐的掺量应根据混凝土结构灌注后最初 3d 内预计达到的最低气温而定。在钢筋混凝土中掺用氯盐应同时掺用阻锈剂,防止钢筋锈蚀。

低温早强混凝土搅拌前,应用热水或蒸汽冲洗搅拌机,搅拌时间为常温搅拌时间的 1.5 倍。混凝土的出机温度不低于 10 ℃,入模温度不低于 5 ℃。严格控制混凝土的水灰比,加强灌注振捣,负温下外盖保温层,严禁浇水。

2. 冬期混凝土施工注意事项

(1)配制冬期施工混凝土,应优先选用硅酸盐水泥或普通硅酸盐水泥,其强度等级不应低于 42.5,最小水泥用量不少于 300 kg/m³。采用较小的水灰比和较低的坍落度,以减少拌和用水量。

(2)在冬季条件下拌制混凝土时,骨料的温度应保持在 0 ℃ 以上,不应含有冰雪等冻结物,拌和用水的温度不应低于 5 ℃。在采用热拌时,应先将水加热,其次是骨料,水泥不得直接加热。

(3)拌和设备宜设置在温度不低于 10 ℃ 的厂房内,拌和前应用热水刷洗,并清除残余水。拌和时间应适当延长,一般较常温施工延长 50%。应尽量缩短运输时间,减少热量损失。当混凝土达到抗冻强度,并能安全承受其自重及施工荷载后,方可拆模。

(4)人工加热养护的混凝土,如养护完毕后气温尚在零下,应在混凝土冷却至 5 ℃ 以下后,方可拆除模板和保温层。

(5)当环境温度低于 -10 ℃ 时,在灌注混凝土前,应将直径大于或等于 25 mm 的钢筋和大型金属预埋件加热。模板及钢筋上附着的冰雪须全部清除。

2.3.10 混凝土夏季施工

当日平均气温高于 30 ℃ 时,混凝土施工应采取以下措施:

(1)夏季混凝土施工应尽量安排在每日早晚或晚间进行,这是一天中气温较低、阳光照射较弱的时段,能减小温度的影响。

(2)拌制混凝土时,应选用温度较低的骨料和拌和用水。如果材料温度过高,可采用加冰水及冲淋石料的降温方法。在配合比不变的情况下,适当调整拌和用水量。掺用缓凝型减水剂,减少单位水泥用量,以降低水化热。

(3)混凝土的运输时间应尽量缩短,并采取必要的措施,防止阳光暴晒混凝土,造成混凝土温度升高,坍落度损失。

(4)混凝土灌注前,应对模板充分润湿和降温,但表面不得积水。加快灌注速度,减薄分层厚度,以保证初凝前完成灌注混凝土。

(5)灌注混凝土后,应尽早加以覆盖,并增加洒水次数,以降低混凝土温度,洒水应均匀喷洒,不得出现干湿不均的情况。

(6)对于大体积混凝土施工,因其水化热不易释放,可采用预埋冷却水管进行降温散热等措施。

总之，对于夏季混凝土施工应有足够的重视，采取必要的措施，以确保混凝土的施工质量。

2.3.11 混凝土质量检查

1. 施工准备工作的检查

（1）混凝土浇筑前应检查浇筑基面的处理质量和钢筋、模板的安装质量。

（2）检查各种原材料的质量，测定砂、石含水量，并测定混凝土的初凝时间、终凝时间及坍落度等。

2. 拌和及灌注混凝土过程中的检查

（1）混凝土组成材料的外观、配件和拌和情况，每一工作班至少检查2次，必要时随时抽样试验。

（2）混凝土的和易性及坍落度，每工作班至少检查2次。

（3）检验和评定混凝土强度的试件应在灌注地点随机取样，其取样频率、标准成型方法及标准养护条件，均应符合现行国家标准。

3. 混凝土灌注后的检查

（1）混凝土的养护检查。

（2）混凝土外露面或装饰质量的检查。

（3）结构的位置、变形和沉降的检查。

小结

混凝土施工原材料的选择；混凝土的配置；混凝土的拌制；混凝土的运输；混凝土的浇筑；混凝土的养护。

操作与练习

【习题】

1. 填空题

（1）混凝土的工作性是指（　　）、（　　）、（　　）和（　　）。

（2）混凝土的搅拌、运输、浇筑必须在混凝土的（　　）时间完成。一般规定，混凝土的终凝时间不得（　　）（选择早或晚）于12 h。

【典型案例】

某高速公路基础浇筑用混凝土采用搅拌运输车运至现场，吊车配合料斗送入模。

混凝土的浇筑环境温度不低于5 ℃或最低温度不低于0 ℃，局部温度也不高于+40 ℃，否则采用经监理工程师批准的相应防寒或降温措施。在下层混凝土初凝或能重塑前浇筑完上层混凝土。

模块 3

桥梁基础施工

模块描述：本模块包含五个任务：浅基础施工；桩基础的类型与构造；人工挖孔桩施工；钻孔灌注桩施工；承台施工。

学习要求：通过本模块学习，结合典型桥梁的施工图纸和案例，学生能够掌握灌注桩、浅基础及承台的施工方法。

能力目标：具备编制浅基础及承台施工方案、指导现场施工的能力；具备编制灌注桩施工方案、指导现场施工的能力；能够读懂桥梁桩基础构造图和钢筋配置图，具备复核工程量的能力；能够读懂桥梁浅基础及承台的构造图、钢筋配置图，具备复核工程量的能力；

思政亮点：以钱塘江大桥、平潭海峡大桥的基础施工为例，桥涵桩基础施工浇筑混凝土24小时连续不间断施工，需要施工员具有吃苦耐劳、连续作战的敬业精神。引导学生养成严肃认真的工作作风，避免出现工程质量事故；培育学生刻苦钻研精神，具备分析和解决桥梁施工中的技术问题的能力。

桥梁基础直接坐落在岩石或土地基上，是桥梁下部结构的重要组成部分。桥梁基础的作用是承受上部结构传来的全部荷载，并把它们和下部结构荷载传递给地基。因此，要求桥梁基础要有足够的强度、刚度和整体稳定性，使其不产生过大的水平变位或不均匀沉降。

与房屋建筑基础相比，桥梁基础埋置相对较深，主要原因有2个：

（1）从上部传递到基础上的荷载集中而强大，由于浅层土一般比较松软，难以承受住这种集中荷载，所以有必要把基础向下延伸，使其置于承载力较高的地基上，以能够满足承载力的要求。

（2）对于水中基础，由于河床会受到水流的冲刷，桥梁基础从设计角度要求必须有足够的埋深，以防止基础底面被冲刷而造成桥梁结构不稳定产生沉陷或倾覆事故。一般规定桥梁的浅基础、沉井、承台等基础的基底应埋置在河床最低冲刷线以下至少2~5 m。对于冻胀土地基，基底应在冻结线以下至少0.25 m。对于陆地墩台基础，除考虑地基冻胀要求外，还要考虑生物和人类活动及其他自然因素对表土的破坏，基底应在地面以下不少于1.0 m。

按《公路桥涵施工技术规范》(JTG/T 3650—2020)中的分类，桥梁基础施工分为灌注桩、沉井基础、浅基础及承台。本模块将灌注桩分为桩基础的类型与构造、人工挖孔桩、钻孔灌注桩施工三个任务。

任务 3.1　浅基础施工

3.1.1　浅基础概述

浅基础(shallow foundation)一般指基础埋深 3~5 m,或者基础埋深小于基础宽度的基础,且只需排水、挖槽等普通施工即可建造的基础。其结构形式一般为刚性实体,自上而下逐层放大,因此,又称为扩大基础。

3.1.2　支护目的

(1)保证基坑四周土体的稳定性,同时满足地下室施工有足够空间的要求,这是土方开挖和地下室施工的必要条件。

(2)保证基坑四周相邻建筑物和地下管线等设施在基坑支护和地下室施工期间不受损害,即坑壁土体的变形,包括地面和地下土体的垂直和水平位移要控制在允许范围内。

(3)通过截水、降水、排水等措施,保证基坑工程施工作业面在地下水位以上。

3.1.3　一般规定

基坑施工前,应全面了解水文、地质、周边构筑物和地下管线等情况,确定开挖方式,制订专项施工方案。

基坑开挖前应根据水文、地质、开挖方式及施工环境条件等因素,验算基坑边坡的稳定,确定是否对坑壁采取支护措施。当基坑深度较小且坑壁土层稳定时,可直接放坡开挖;坑壁土层不稳定且有地下水影响,或放坡开挖场地受到限制,或放坡开挖工程量过大时,应按设计要求对坑壁进行支护,设计未要求时,应结合实际情况选择适宜的坑壁支护方案,并应进行支护的专项设计。

基坑的开挖施工如需爆破,爆破作业的安全管理应符合现行《爆破安全规程》(GB 6722)的规定。

开挖基坑所产生的弃土应进行妥善处置,不得阻塞河道、影响泄洪、污染环境。

3.1.4　基本规定

(1)基坑边缘的顶面应设置防止地面水流入基坑的设施。

(2)基坑开挖时,应对基坑边缘顶面的各种荷载进行严格限制,并应在基坑边缘与荷载之间设置护道,基坑深度小于或等于 4 m 时护道的宽度应不小于 1 m;基坑深度大于 4 m 时护道的宽度应按边坡稳定计算的结果进行适当加宽,水文和地质条件较差时应采取加固措施。

(3)挖基施工宜安排在枯水或少雨季节进行。基坑的开挖应连续施工,对有支护的基坑应采取防碰撞的措施;基坑附近有其他结构物时,应有可靠的防护措施。

(4)在开挖过程中进行排水时,应不对基坑的安全产生影响;确认基坑坑壁稳定的情况下,方可进行基坑内的排水。排水困难时,宜采用水下挖基方法,但应保持基坑中原有的水位高程。

(5)采用机械开挖时应避免超挖,宜在挖至基底前预留一定厚度,再由人工开挖至设计高程;如超挖,则应将松动部分清除,并应对基底进行处理。

(6)基坑开挖施工完成后不得长时间暴露、被水浸泡或被扰动,应及时检验其尺寸、高程和基底承载力,检验合格后应尽快进行基础工程的施工。

3.1.5 支护方法

一、不支护坑壁

1. 垂直开挖

不用支撑和放坡直接开挖,这种开挖方式省工省时,灌注基础时还可采用满坑灌注,节约了模板及其制作、拆卸工时,是一种非常好的施工方法。但只有在坑壁为岩石或黏土类土,而开挖深度又不大时才能采用,见图3.1。

2. 放坡开挖

地基土为砂类土,不可能垂直开挖,或者虽为黏土类土,但开挖深度超过了垂直开挖允许深度时,则应采用放坡开挖。开挖过深的基坑还应加设护道,如图3.2所示。

图3.1 垂直开挖

图3.2 放坡开挖

基坑坑壁坡度宜按地质条件、基坑深度、施工方法等情况确定。在天然土层上开挖基坑,开挖深度在5 m以内,施工期较短,基坑底在地下水位线以上,且土的湿度正常,构造均匀,采用放坡开挖时坑壁的坡度可采用表3.1的数值。当深度大于5 m或土质较差有可能使坑壁不稳定而引起坍塌时,可将边坡适当放缓,或加设平台。若基坑顶有动载时,则基坑边缘至动载之间,至少要留有1 m宽的护道。当动载过大时,宜增宽护道或采取加固措施。当土的湿度可能引起坑壁坍塌时,坑壁坡度应缓于该湿度下土的天然坡度。

表3.1 基坑坑壁坡度

坑壁土类别	坑壁坡度		
	坡顶无荷载	坡顶有静荷载	坡顶有动荷载
砂类土	1∶1	1∶1.25	1∶1.5
卵石、砾类土	1∶0.75	1∶1	1∶1.25
黏性土、粉质土	1∶0.33	1∶0.5	1∶0.75
极软岩	1∶0.25	1∶0.33	1∶0.67
软质岩	1∶0	1∶0.1	1∶0.25
硬质岩	1∶0	1∶0	1∶0

注:1. 坑壁有不同土层时,基坑坑壁坡度可分层选用,并酌设平台。
    2. 坑壁土的类别按现行《公路土工试验规程》(JTGE40)划分;岩面单轴抗压强度小于5 MPa、为5~30 MPa、大于30 MPa时,分别定为极软、软质、硬质岩。
    3. 当基坑深度大于5 m时,基坑坑壁坡度可适当放缓或加设平台。

当有地下水时,地下水位以上的基坑部分可放坡开挖;地下水位以下部分,若土质易坍塌或水位在基坑底以上较高时,应采用加固土体或降低地下水位等方法开挖。

基坑为渗水性的土质基底时,坑底的平面尺寸应根据排水要求(包括排水沟、集水井、排水管网等)和基础模板所需基坑大小确定。

二、支护坑壁

当基坑开挖较深、土质松软、含水量又较大时,若还要采用放坡开挖,不仅土石方量大,不经济,还会因坡度不易保持、场地受到限制或影响邻近建筑物的安全而不能施工,则必须对坑壁进行支护。

1. 深层搅拌水泥土围护墙

深层搅拌水泥土围护墙是采用深层搅拌机就地将土和输入的水泥浆强行搅拌,形成连续搭接的水泥土柱状加固体挡材,见图3.3。水泥土围护墙的优点是坑内一般无需支撑,便于机械化快速挖土;水泥土围护墙具有挡土、止水的双重功能,通常较经济,且施工中无振动、无噪声、污染少、挤土轻微,在闹市区内施工更显其优越。但是,水泥土围护墙的位移相对较大,尤其在基坑长度大时,一般须采取中间加墩、起拱等措施;另外,其厚度较大,只有在周围环境允许时才能采用,施工时还要注意防止影响周围环境。适用于闹市区工程。

图3.3 深层搅拌水泥土围护墙施工

2. 高压旋喷桩

高压旋喷桩所用的材料亦为水泥浆,它是利用高压经过旋转的喷嘴将水泥浆喷入土层与土体混合,形成连续搭接的水泥加固体,相互搭接形成排桩,用来挡土和止水,见图3.4。施工占地少、振动小、噪声较低,但容易污染环境,成本较高,对于特殊的不能使喷出浆液凝固的土质不宜采用。适用于施工空间较小的工程。

图3.4 高压旋喷桩施工

3. 钻孔灌注桩

钻孔灌注桩是指在工程现场通过机械钻孔、钢管挤土或人力挖掘等手段在地基土中形成桩孔，并在其内放置钢筋笼、灌注混凝土而做成的桩，依照成孔方法不同，灌注桩又可分为沉管灌注桩、钻孔灌注桩和挖孔灌注桩等几类。钻孔灌注桩具有承载能力高、沉降小等特点。钻孔灌注桩的施工，因其所选护壁形式的不同，有泥浆护壁施工法和全套管施工法两种。具体施工工艺见任务3.4钻孔灌注桩施工。多用于坑深7~15 m的基坑工程，适用于软黏土质和砂土地区。

4. 地下连续墙

地下连续墙也是一种特殊的桥梁基础形式，它于20世纪50年代开发成功。经过几十年的发展，地下连续墙的技术已经相当成熟。

地下连续墙是基础工程在地面上采用一种挖槽机械，沿着深开挖工程的周边轴线，在泥浆护壁条件下，使用专门的成槽机具，开挖出一条狭长的深槽，清槽后，在槽内吊放钢筋笼，然后用导管法灌筑水下混凝土筑成一个单元槽段，如此逐段进行，逐步在地下筑成一道连续的钢筋混凝土墙壁，作为截水、防渗、承重、挡水结构，见图3.5。地下连续墙用以作为基坑开挖时防渗、截水、挡土、抗滑、防爆和对邻近建筑物基础的支护结构，以及直接成为承受上部结构荷载的基础的一部分，后者可称为地下连续墙井箱基础。

图 3.5　地下连续墙施工

3.1.6　开挖基坑

一、准备工作

临开挖之前应认真做好各项准备工作，首先要根据地质、地貌、水文情况及现场环境，确定开挖方式，编制施工组织计划，拟定单项开工报告，报监理工程师审批；同时对施工测量放线，尤其对相对位置和坐标应进行最后核对，确保准确无误；准备好基础施工所需的设备、材料、机具和相应配套设施；道路、电力、通信和用水要保证通畅，砂石、水泥和钢材等材料供应正常，凡与工程有关的事项均应协调妥当，保障开工后顺利实施。

二、基坑开挖

在条件允许的情况下，应首选机械开挖。机械开挖不仅能提高挖基速度，同时能解决提升和运输问题，人力仅用来修整边坡和清底，这样可以数倍的提高工效。只有在松散的沙层中用机械开挖不易保持边坡稳定和地下水比较旺盛的条件下，才考虑用人工开挖。

开挖时，一般应分层开挖。有地下水渗出时，应在基础范围以外先挖排水沟、集水井，然后再开挖基坑。排水沟和集水井应随基坑开挖而逐层下降,尽量做到基坑不积水,以利施工。对傍山的谷架桥施工,首先应根据设计交付的地质、水文资料,结合实际勘察,估计开挖安全边坡,审查明挖方法是否可行。如不合适,应改变基础设计;如可行,最好安排在枯水季节施工。而且施工时应集中人力物力,安排日夜不停顿作业,限期完工。

开挖前应培训员工,熟悉工具性能和安全操作规程。经常进行安全教育,避免造成人身伤亡事故和机具破损。须爆破时,应严格控制炮眼深度、装药量,严禁用裸露药包爆破,以免飞石打坏机具设备,震塌基坑边坡和围堰。

基坑的弃土,除用来填平施工场地,改造施工环境外,多余的土体应运至适当的地方堆放。

施工过程中,发现地质、水文情况与设计不符,应及时上报进行设计变更。

在基坑开挖过程中,必须随时检查开挖尺寸、位置,不能发生错误;也必须严密观察地质变化,注意随时修正基坑尺寸。

3.1.7 加固坑壁

基坑坑壁可采用喷射混凝土、锚杆挂网喷射混凝土、预应力锚索和土钉支护等方式进行加固。

锚杆、预应力锚索和土钉支护,均应在施工前按设计要求进行抗拉拔力的验证试验,并确定适宜的施工工艺。

采用土钉支护加固坑壁时,施工前应制订专项施工方案和施工监控方案,配备适宜的机具设备。土钉支护中的开挖、成孔、土钉设置及喷射混凝土面层等的施工可按现行《基坑土钉支护技术规程》(CECS96)的规定执行。

不论采用何种加固方式,均应按设计要求逐层开挖、逐层加固,坑壁或边坡上有明显出水点处应设置导管排水。施工要求应符合现行《公路路基施工技术规范》(JTG/T 3610)的相关规定。

一、喷射混凝土护壁

对基坑开挖深度小于 10 m 的较完整中风化基岩,可直接喷射混凝土加固坑壁,喷射混凝土之前应将坑壁上的松散层或岩渣清理干净。

将欲开挖的墩址场地整平,放设基坑的开挖线,并在基坑的开挖线外侧周围,就地灌注深 1 m、厚 0.4 m 的混凝土护筒。筒口应高出地面 0.1~0.2 m,以加固坑口,并防止地表水和杂物掉入坑内。

混凝土护壁适用于深度较大的各种圆形、稳定性较好、渗水量少的基坑。采用掺有速凝剂的混凝土浆用喷射器向坑壁喷射,喷射的混凝土能早期与坑壁形成具有一定强度的支护层。喷射混凝土的厚度,主要取决于地质条件、渗水量、基坑直径及开挖深度等因素,可据表 3.2 选定。基坑较大和较深时取较大值,一般为 5~8 cm。开挖基坑与喷射混凝土均分节进行,每节高 0.5~1.5 m。分层开挖时,先挖除 1,开挖深度视土质而定,在 0.5~1.5 m 之间。尔后立即喷射混凝土,等混凝土达到一定强度后,可挖除 2,喷射 2。这样分层挖 1 喷 1、挖 2 喷 2,周而复始,直到设计标高。对极易坍塌的流砂、淤泥层,仅用喷射混凝土护壁往往不足以稳定坑壁,遇此情况,可先在坑壁上打入木桩,或在已打好成排的木桩上编制竹篱,在有大量流砂处塞以草袋,然后喷射 15~20 cm 厚的混凝土,即可防止坍塌。

表 3.2　喷层参考厚度　　　　　　　　　　　　　　　单位:cm

地质条件	渗水情况		
	无水基坑	有少量渗水基坑	有大量渗水基坑
粉砂流砂淤泥	10~15	15(加少量木桩)	15~20(加较多木桩及塞草袋竹片)
砂黏土	5~8	8~10	15~20(加较多木桩及塞草袋竹片)
黏砂土	3~5	5~8	15~20(加较多木桩及塞草袋竹片)
卵碎石土	3~5	5~8	15~20(加较多木桩及塞草袋竹片)
砂夹卵石	3~5	5~8	8~10(加较多木桩及塞草袋竹片)

对于无水或少水的坑壁,在每节高度范围内,喷护混凝土应由下部向上部成环进行,这样对少量渗水的土层,一经喷护即能完全止水;对涌水的坑壁,喷护混凝土则应由上部向下部成环进行,以保证新喷的混凝土不致被水冲坏。一次可能喷设的厚度,主要取决于土层与混凝土的黏结力,以及渗水量的大小。如果一次喷射不能达到规定的厚度,则应等待上一次喷层终凝后,再行补喷,直到规定的厚度为止,见图3.6。

施工过程中应经常注意检查护壁,如有变形开裂或有空壳脱皮等现象应立即加厚补喷或凿除重喷,以确保坑内施工安全。

图 3.6　喷射混凝土护壁施工

二、锚杆挂网喷射混凝土

采用锚杆挂网喷射混凝土加固坑壁时,各层锚杆进入稳定层的长度、间距和钢筋的直径应符合设计要求。孔深小于或等于 3 m 时,宜采用先注浆后插入锚杆的施工工艺;孔深大于 3 m 时,宜先插入锚杆后注浆。锚杆插入孔内后应居中固定,注浆应采用孔底注浆法,注浆管应插至距孔底 50~100 mm 处,并随浆液的注入逐渐拔出,注浆的压力宜不小于 0.2 MPa。锚杆挂网喷射混凝土护壁施工见图 3.7。

图 3.7　锚杆挂网喷射混凝土护壁施工

1. 施工准备

严格按照设计图纸尺寸精确放样,确定边坡开挖线。边坡开挖完成后检验其边坡坡度、顺直度以及边坡的稳定性,做好施工记录。

清理现场,修整边坡,坡面如有较大裂缝、凹坑时应先补牢固,使坡面平顺整齐。人工搭设钢管架,做好工作平台,钢管架应支设在牢固的原始基岩上,并予以加固。

2. 锚杆施工

钻孔前应根据设计要求定出孔位,作出标记,选用相应的 GBJ-100 型潜水钻,钻孔应圆而直,钻孔方向按变更设计图纸要求施工。钻孔施工完毕后,进行清孔,孔深应比设计深度深 20 cm。孔深及孔径检验合格后,方可进行下一道工序施工。

锚杆施工前应检查锚杆材料的质量、规格、类型及性能等是否合格,按设计要求截取杆体,如有弯曲的用调直机调直,且除掉杆体上的铁锈、油质等。锚杆的安装在初喷混凝土后及时进行,经现场监理检验合格后进行锚杆注浆,灌注纯水泥浆强度不小于 25 MPa,灌浆工艺采用孔底返浆法。

3. 挂网

在孔内水泥浆充分凝固达到龄期后挂网,钢筋网按设计要求制作成 30 cm×30 cm 的网片,骨架筋与锚杆逐点绑扎,或与其他固定装置连接牢固;每段喷层内钢筋连续配置,各级钢筋之间的竖筋用对钩连接,竖筋与框架筋之间用钢丝绑扎,坡面至下段钢筋网搭接长度大于 30 cm 且焊接。在喷射混凝土时,钢筋网不得晃动,边坡每隔 20~25 m 必须设置一道伸缩缝,缝宽 2 cm,内填沥青防水材料。

4. 喷射混凝土

选择适宜的喷射机和相应的配套设备,作业前进行试喷,以调整决定适中的水灰比。

喷射作业时分段、分片按由上而下的顺序进行;喷浆嘴必须垂直于坡面,并与坡面保持 1.0 m 左右的距离。当喷浆混凝土厚度大于 6 cm 时,宜分两层喷射,其厚度要均匀,并取试件。喷层周围与未防护坡面的衔接处做好封闭处理,防止水分侵入。喷射的灰体达到初凝后,立即开始洒水养护,并持续 7~10 天。喷射作业严禁在雨天进行,并应加强工作人员的劳动保护。

三、土钉支护

土钉支护亦称土钉墙,是一种边坡稳定式的支护,见图 3.8。其作用与被动的具备挡土作用的上述围护墙不同,它是起主动嵌固作用,增加边坡的稳定性,使基坑开挖后坡面保持稳定。

图 3.8 土钉墙支护施工

在基坑开挖坡面,用机械钻孔或洛阳铲成孔,孔内放钢筋,并注浆,在坡面安装钢筋网,喷射厚 80~100 mm 的 C20 混凝土,使土体、钢筋与喷射混凝土面板结合,成为深基坑。施工工艺一般为先锚后喷或先喷后锚两种方式。

土钉支护施工设备较简单,比用挡土桩锚杆施工简便;施工速度较快,节省工期,造价较低。

其适用范围是:地下水位较低的黏土、砂土、粉土地基,主要用于土质较好地区,基坑深度一般在 15 m 以内。

3.1.8 基底处理

一、基底检验

基坑开挖至设计高程后,或采用特殊处理方法完毕后,应立即按照有关规定报请监理工程师及质检部门进行验收。质量合格后,方可进行基础结构施工。基底检验的主要内容有:

(1)检查基底的平面位置、尺寸、高程是否符合设计要求。基底高程容许误差应符合:土质,+50 mm;石质,-200 mm。

(2)基底地质情况、承载力与设计资料是否相符。

(3)基底的排水及基坑浸泡程度。

(4)修建在山坡上的基础,检验山坡是否稳定;持力层是否稳定,岩石地基是否有倒坡虚悬现象。

(5)开挖基坑和基底处理施工过程中有关施工记录和试验资料等。

检验基底可采用直观判断、静力触探、挖试坑或钻探等方法,以确定地基是否稳定,地基承载力是否满足设计要求。

二、基底处理

为了使地基与基础接触良好,共同有效地工作,在基坑开挖至设计高程时,应针对不同的地质情况,对基底面进行处理。

1. 未风化岩石基底

对未风化岩层开挖至岩石面后,应清除岩面松碎石块,凿出新鲜岩面,并用水冲洗干净,岩面不得存有淤泥、苔藓等表面附着物。岩面倾斜时,应将岩面凿成平面或凿成台阶。对基坑内岩面有部分破碎带时,应会同设计人员研究处理,采用混凝土封填或设混凝土拱等方法进行处理,以满足承载力的要求。

2. 风化岩石基底

岩石的风化对其承载力影响很大。在开挖至风化岩层时,应会同设计人员认真观察其风化程度,检查基底是否符合设计承载力要求。按设计要求适当凿去风化表层,或清理到新鲜岩面,将基坑填满封闭,防止岩层继续风化。

3. 碎石或砂类土层

将基底修理平整并夯实,砌筑基础圬工时,先铺一层 2 cm 厚水泥砂浆。

4. 黏土基底

基坑开挖时,先留 20~30 cm 深度不挖,以防地面、地下水渗流至基面,浸泡基面,降低强度。砌筑前,再用铁锹铲平。如基底原状土含水量较大或在施工中浸水泡软,可向基坑中夯入 10 cm 以上厚度的碎石,但碎石顶面不得高于基底的设计高程。对于基底土质不均,部分软土层厚度不大时,可挖出后换填砂土,并分层夯实。

3.1.9 浇筑混凝土

浅基础的基底为非黏性土或干土时,在施工前应将其润湿,并应按设计要求浇筑混凝土垫层,垫层顶面不得高于基础底面设计高程;地基为淤泥或承载力不足时,应按设计要求处理后方可进行基础的施工;基底为岩石时,应采用水冲洗干净,且在基础施工前应铺设一层不低于基础混凝土强度等级的水泥砂浆垫层。

浇筑混凝土垫层的目的：一是为了方便基础支模施工和绑扎钢筋的需要，不致发生局部沉降；二是为了保证基础底面的平整。

浅基础的施工宜采用钢模板。混凝土宜在全平截面范围内水平分层进行浇筑，且机械设备的能力应满足混凝土浇筑施工的要求；当浇筑量过大设备能力难以满足施工要求，或大体积混凝土温控需要时，可分层或分块浇筑。

小结

浅基础的一般规定及基本规定；浅基础开挖的支护方法；浅基础基坑坑壁的加固措施；浅基础的地基处理措施；浅基础混凝土浇筑的技术要求。

操作与练习

【习题】

1. 填空题

（1）浅基础的开挖方式有（　　）、（　　）和（　　）。

（2）浅基础开挖支护的方式有（　　）、（　　）、（　　）和（　　）。

（3）基坑坑壁可采用（　　）、（　　）、（　　）和（　　）等方式进行加固。

2. 问答题

（1）基坑施工前的测量工作都包括哪些内容？

（2）简述地下连续墙的施工工艺。

（3）浅基础基底检验哪些主要内容？

【典型案例】

重庆嘉陵江大桥主桥为 135 m+220 m+135 m 三跨预应力混凝土连续刚构桥，5 号墩为交界墩，基础埋深 8.5 m 左右，要求基础锚固岩层内 4.0 m。浅基础埋置较深，岩层上部覆盖层开挖施工采用高压旋喷桩进行防护开挖，岩层采用爆破法施工。施工中每侧考虑预留 1.5 m 左右的工作面进行开挖，施工中应严格按照基坑开挖的要求进行施工，满足施工技术规范及安全规程的要求。

任务 3.2　桩基础的类型与构造

3.2.1　桩基础概述

基础工程除浅基础外，还有深基础，桩基础（pile foundation）是深基础的一种，它是由桩和承台构成的基础类型，见图 3.9。与浅基础相比，其构造形式、设计理论、传力方式、施工方法都有很大的不同。其传力方式为上部结构的荷载通过承台座板和桩传递到地基中。桩基础的施工需要较复杂的机具和设备，但可以节省材料和减少浅基础的开挖土方量，施工过程中不会遇到浅基础中的防水、防渗漏等复杂问题，并且承载力高，沉降量小且均匀，可以承受较大的垂直和水平荷载，是桥梁工程中经常采用的一种基础形式。

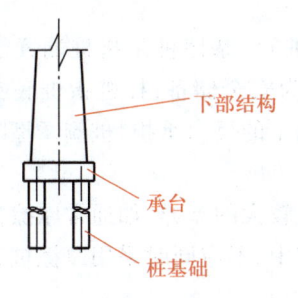

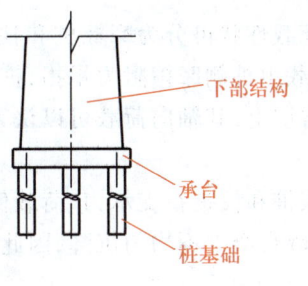

图 3.9 桥梁桩基础的组成

3.2.2 桩基础特点

桥梁桩基础的特点见表 3.3。

表 3.3 桥梁桩基础的特点

优点	缺点
1. 承载力高； 2. 沉降量小； 3. 能承受一定的水平荷载和上拔力，稳定性好； 4. 可以提高地基基础的刚度、改变其自振频率； 5. 可提高建筑物的抗震能力； 6. 便于实现基础工程机械化和工业化	1. 比浅基础造价高； 2. 受施工环境影响； 3. 比预制桩施工噪声大； 4. 钻孔灌注桩的泥浆需运走； 5. 附近有建筑时，有一定干扰； 6. 深基坑中做桩必须有围护

桩基础的突出优点为：承载力高、变形量小、抗液化、抗拉拔能力强。

3.2.3 桩基础适用范围

（1）水上建筑物，深持力层，高地下水位。
（2）建筑物荷载较大，地基上部软弱而下部不太深处埋藏有坚实地层时。
（3）高层建筑或其他重要的建筑物，不允许地基有过大的沉降或不均匀沉降时。
（4）高耸建筑物或构筑物对限制倾斜有特殊要求时。
（5）建筑物为敏感性结构，而地基土极不均匀时。
（6）大型或精密的机械设备基础，对沉降或沉降速率有严格要求。
（7）地震区，以桩基作为结构抗震措施时。
（8）采用其他地基基础形式会遇到施工困难时（排水不易，流砂，开挖困难）。
（9）采用其他地基基础形式不经济时。

3.2.4 桩基础类型

一、按桩的材料分

有钢筋混凝土桩、预应力混凝土桩、钢桩、组合材料桩等。桥梁工程中的桩基础多采用钢筋混凝土和预应力混凝土桩。在同一桩基中，如果采用不同的直径、不同的材料和长度相差过大的基桩，不仅设计复杂，而且在施工中容易产生差错。除因地形、地质条件特殊外，一般不宜采用长度相差过大的桩。

二、按桩的承载性状分

按桩的承载性状可分为摩擦桩和柱桩(又称端承桩)。摩擦桩是指桩端置于较软的土层中,其轴向荷载由桩侧摩擦阻力承担,桩底土的反力作为安全储备;柱桩指桩底支承在弱风化或微风化的岩层上,其轴向荷载可以认为是全部由桩底土的反力承担,桩侧摩擦阻力作为安全储备。

由于摩擦桩和柱桩在支承力、荷载传递等方面都有较大的差异,如通常摩擦桩的沉降大于柱桩,会导致墩台产生不均匀沉降,因此,在同一桩基础中,不应同时采用摩擦桩和柱桩。

三、按桩的施工方法分

按桩的施工方法可分为打入(或振动下沉)桩和就地钻(挖)孔灌注桩。打入(或振动下沉)桩一般采用预制桩,经锤击(或振动)将桩沉入土中;就地钻(挖)孔灌注桩是在现场就地钻(挖)孔,将钢筋笼放置孔内,灌注混凝土成桩。

四、按桩轴方向分

按桩轴方向可分为竖直桩和斜桩。当水平外力较大时,可以采用斜桩,斜桩有单向和多向斜桩之分。目前由于施工技术的原因,钻(挖)孔灌注桩通常都设计为竖直桩。

五、按承台底面所处的位置分

按承台底面所处的位置可分为高承台桩和低承台桩。高承台桩指承台底面位于地面或局部冲刷线以上的桩基础,如图 3.10 所示;低承台桩指承台底面位于地面或局部冲刷线以下的桩基础,如图 3.11 所示。

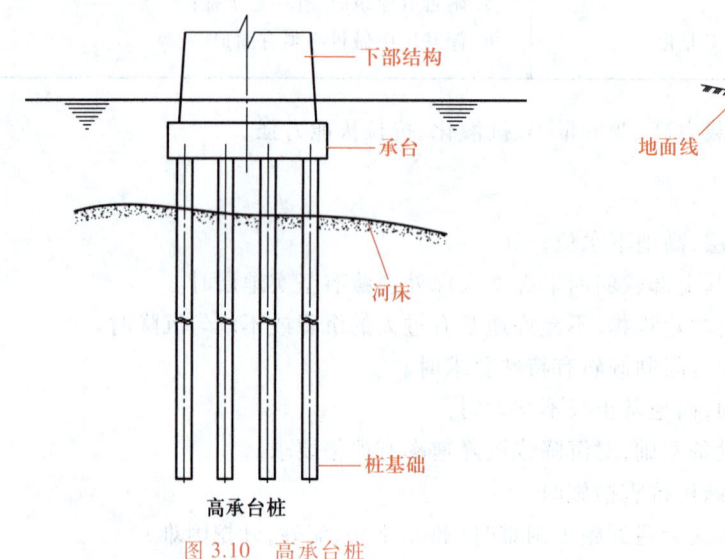

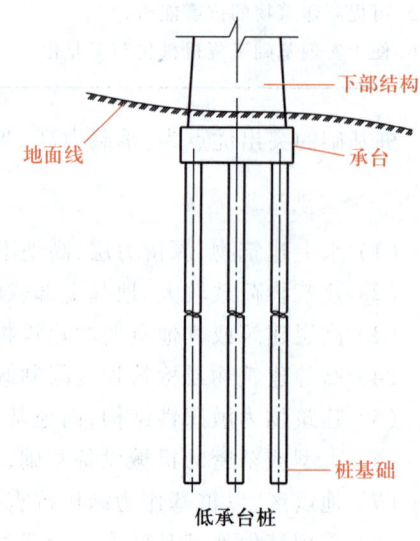

图 3.10 高承台桩

图 3.11 低承台桩

六、按桩的布置形式分

按桩的布置形式可分为排架桩或群桩桩基。当桩基只有单根或仅在与水平力作用平面相垂直的同一平面内有几根(即单列桩)时,称为单桩或排架桩基,多用于桥跨较小和墩台不高的情况;当桩基排列的行数和列数均不少于 2 的桩基,称为群桩桩基。

3.2.5 桩基础平面布置

钻孔灌注桩的设计桩径一般采用 1.2~2.5 m;挖孔灌注桩的直径或边宽不宜小于 1.25 m。

桩在承台中的平面布置多采用行列式，以利于施工；如果承台底面积不大，需要排列的桩数较多，按行列式布置不下时，可采用梅花形排列。如下部结构为圆形，承台结构基本也设置为圆形，桩基础按环形布设，如图3.12所示。

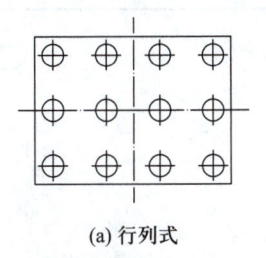

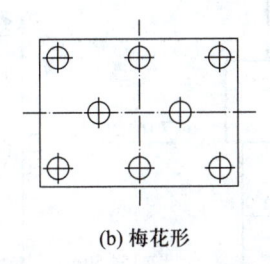

(a) 行列式　　　　　　(b) 梅花形　　　　　　(c) 环形

图 3.12　桩基础的平面布置

桩的中距应符合以下要求：

(1) 摩擦桩。锤击、静压沉桩，在桩端处的中距不应小于桩径（或边长）的3倍，对于软土地基宜适当增大；振动沉入砂土内的桩，在桩端处的中距不应小于桩径（或边长）的4倍。桩在承台底面处的中距不应小于桩径（或边长）的1.5倍。

(2) 端承桩。支承或嵌固在基岩中的钻（挖）孔桩中距，不应小于桩径的2.0倍。

小结

桩基础的特点；桩基础的适用范围；桩基础的类型；桩基础的平面布置形式。

操作与练习

【习题】

1. 填空题

(1) 桥梁桩基础按桩的承载性状分为（　　）和（　　）。
(2) 桥梁桩基础按承台底面所处的位置分为（　　）和（　　）。
(3) 桥梁桩基础按桩的施工方法分可分为（　　）和（　　）。

2. 问答题

(1) 桩基础的类型有哪些？说明桩基础的适用范围。
(2) 简述柱桩和摩擦桩的异同。

【典型案例】

重庆嘉陵江大桥主桥为135 m+220 m+135 m 三跨预应力混凝土连续刚构桥，6号墩为主墩，为水中基础。主墩基础为群桩基础，桩基础布置形式为梅花形，共计13根，直径250 cm，桩长10 m，按嵌岩桩设计，桩基础横向桩间距6.0 m，纵向间距7.5 m。承台结构尺寸为21.0 m×29.0 m，高4.5m 的矩形承台。

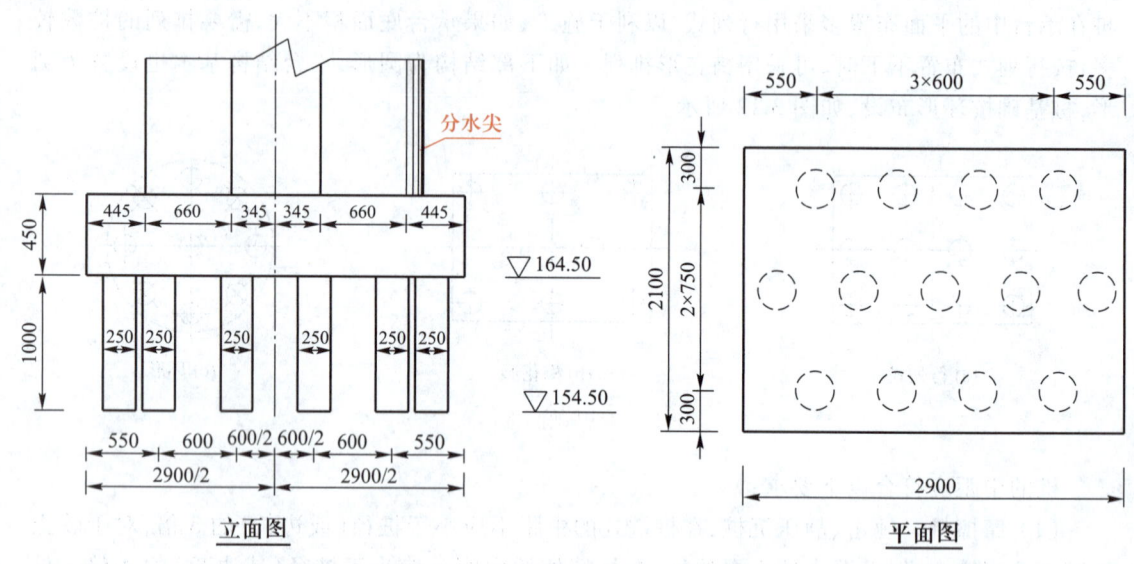

图 3.13　桩基础示意图(单位:cm)

任务 3.3　人工挖孔桩施工

3.3.1　人工挖孔桩概述

人工挖孔灌注桩也被称为人工挖孔桩或挖孔桩,是采用人力挖掘成孔,然后安放钢筋笼浇筑混凝土成桩的施工方法,一般用于桥梁、房屋等基础处理,也常应用于边坡加固治理工程中的抗滑桩。

人工挖孔灌注桩适用于无地下水或有少量地下水且较密实的土层或风化岩层中,或无法采用机械成孔或机械成孔非常困难且水文、地质条件允许的地区。岩溶地区和采空区不宜采用人工挖孔施工;孔内空气污染物超过现行《环境空气质量标准》(GB 3095)规定的三级标准浓度限值,且无通风措施时,不得采用人工挖孔施工;桩径或最小边宽度小于1 200 mm时不得采用人工挖孔施工。

3.3.2　施工特点

人工挖孔桩施工方便、速度较快、不需要大型机械设备,挖孔桩要比木桩、混凝土打入桩抗震能力强,造价比冲击钻机冲孔、旋钻机钻孔、旋挖钻钻孔节省。

人工挖孔桩的成孔机具操作简单,作业时振动和噪声较小,可多桩同时施工,适用范围广。但桩孔内环境恶劣,工人劳动强度大,危险性极高,安全保障差,安全和质量显得尤为重要。

人工挖孔灌注桩优缺点见表3.4。

表 3.4　人工挖孔灌注桩优缺点

优点	缺点
(1)地质情况可直接观察; (2)成孔及浇筑质量易于控制; (3)工艺简单,适用范围广; (4)成本较低	(1)劳动强度大; (2)施工速度慢; (3)安全风险高; (4)受外界条件影响大

3.3.3 施工流程

人工挖孔桩属于危险性较大的工程,施工前应编制专项施工方案并按规定进行审批。

桩孔挖掘前要认真研究地质资料,分析地质情况。对可能出现的流砂、流泥及有害气体等情况,应制订针对性的安全措施,必要时召开专家论证会进行论证。

主要施工工艺包括施工准备、桩位定位、开挖桩孔、浇筑护壁混凝土、钢筋笼加工、灌注桩身混凝土、检测桩身完整性等。

施工前应统筹,根据施工工期、人员及机械设备情况合理安排开挖工作面。同一墩台各桩开挖的顺序,可视地层性质、桩位布置及间距确定,桩间距较大、地层紧密,不需爆破时,可对角开挖,反之宜单孔开挖。如果桩孔为梅花形布置时,宜先挖中孔,再开挖其他各孔,成孔后应立即浇筑桩身混凝土。

如同一墩台孔深不一致时,一般先施工比较浅的桩孔,后施工深一些的桩孔。因为一般桩孔越深,难度相对越大,较浅的桩孔施工完成后,能够稳定上部土层,减少深孔施工时的压力。为加快工期也可以同时展开所有工作面进行开挖施工。

人工挖孔桩基础施工工艺流程图

3.3.4 施工工艺

一、施工准备

1. 平整场地

开挖前,桩基周围(尤其是上坡方向)的危石、浮土及其他各种不安全因素,必须清除,平整场地时应因地制宜,不宜大量开挖土石,也不能影响临近的墩台基础施工。在陡坡地带的下坡方向可采用搭平台的方式来扩大场地,开挖前,所有的桩孔四周应做好临时防护(图3.14)。

2. 挖排水沟、搭防雨棚

为了防止雨水侵入桩孔,应在孔口上方搭设防雨棚,防雨棚的高低大小应与提升设备相适应,并且在孔口四周挖好排水沟,如果有经常性地面水,排水沟应作防渗铺砌。

3. 布置出渣道路

弃土地点应离孔口 10 m 以外,因此在孔口至卸渣处应布置出渣车道或平车轨道,并要求这些道路能用于下钢筋笼和混凝土灌注。

图 3.14 平整场地

二、测量放样

在场地三通一平的基础上,依据设计提供的控制点、加密点和基础平面布置图,测定桩位轴线方格控制网和高程基准点。确定好桩位中心,以中心为圆心,以桩身半径加护壁厚度为半径画出上部的圆周。撒石灰作为桩孔开挖尺寸线。

同时采用测量护壁混凝土顶高程,确定开挖深度。

桩位定好后,必须经测量等相关部门进行复查,办好预检手续后开挖。

三、开挖桩孔

开挖桩孔应从上到下逐层进行,先挖中间部分的土方,然后向周边扩挖,有效控制开挖桩孔的截面尺寸。每节的高度应根据土质条件而定,以 80~100 cm 为宜。

挖孔过程中,应经常检查桩身净空尺寸和平面位置。孔的中轴线偏斜不得大于孔深的0.5%,截面尺寸必须满足设计要求,孔壁不必修成光面,以增加桩壁的摩擦力,孔口平面位置与设计桩位偏差不得大于 5 cm。开挖时遇有大孤石或岩层,严禁裸露使用药包爆破,以免震坏支承造成孔壁坍塌。孔内爆破应采用浅眼爆破。炮眼深度,硬岩层不得超过 0.4 m,软岩层不得超过 0.8 m;孔内爆破应采用电引或导爆管起爆,孔深大于 5 m 时,必须采用电雷管引爆。爆破前应对炮眼附近的支撑采取防护措施。放炮后,施工人员下井前,应事先测定孔底有无毒气,如有应迅速排除。

孔内应经常检查有害气体的浓度,当二氧化碳浓度超过 0.3%,其他有害气体超过允许浓度或孔深超过 10 m 时,均应设置通风设备。

每挖完一节,必须根据桩孔口上的轴线吊直、修边使孔壁圆保持上下顺直一致。

从第二节开始,利用提升设备运土,桩孔内人员必须戴安全帽,地面人员必须系好安全带。吊桶离开孔上方 1.5 m 时,推动活动安全盖板,掩蔽孔口,防止卸土的土块、石块等杂物坠落孔内伤人。吊桶在小推车内卸土后,再打开活动盖板,下放吊桶装土。

四、支护孔壁

(1) 支护壁模板、附加钢筋:为防止桩孔壁塌方,确保安全施工,成孔井圈设计为钢筋混凝土。护壁的厚度和混凝土强度等级必须满足设计要求。模板固定,可以在每节模板的上下端各设一道圆弧形的、用槽钢或角钢做成的钢圈作为内侧支撑,防止内模因受张力而变形。不设水平支撑,以方便操作。

(2) 护壁模板采用拆上节支下节依次周转使用。模板上口留出高度为 200 mm 的混凝土浇筑口。

(3) 首节护壁(图 3.15)以高出地坪 300 mm 为宜,壁厚比下面护壁厚度增加 100~150 mm,便于挡土、挡水,上下护壁间的搭接长度不得少于 50 mm。桩位轴线和高程均应标定在第一节护壁上口。

(4) 桩孔护壁每挖完一节以后立即浇筑混凝土(图 3.16~图 3.18)。人工浇筑,人工捣实,坍落度控制在 70~90 mm,确保孔壁的稳定性,根据土质情况,尽量使用速凝剂,尽快达到设计强度要求。发现护壁有蜂窝、漏水现象时,及时加以堵塞或导流,防止孔外水通过护壁流入孔内,保证护壁混凝土强度及安全。护壁混凝土应根据气候条件,浇灌完必须经过 24 h 后方可拆模。

图 3.15 首节护壁支护

图 3.16 支护孔壁模板

图 3.17　首节护壁浇筑　　　　　　　　图 3.18　护壁混凝土浇筑

（5）每节桩孔护壁做好以后，必须将桩位十字轴线和标高测设在护壁的上口，然后用十字线对中，吊线坠向井底投设，以半径尺杆检查孔壁的垂直平整度。随之进行修整，孔深必须以基准点为依据，逐根进行引测。保证桩孔轴线位、标高、截面尺寸满足设计要求。

（6）护壁混凝土等级不应低于 C25，当作为桩身混凝土的一部分时，不应低于桩身混凝土的强度等级。

五、安装设备

（1）第一节桩孔成孔以后，即着手在桩上口架设垂直运输支架（图 3.19）。要求搭设稳定、牢固，首先要考虑到进料出渣灵活方便，拆卸方便。

（2）安装吊桶、照明、活动盖板、水泵和通风机。在安装滑轮组及吊桶时，注意使吊桶与桩孔中心位置重合，作为挖土时能直观控制桩位中心和护壁支模的中心线。井底照明采用 16 V 低压防水照明灯具。桩孔上人员密切观察桩孔下人员的情况，互相呼应，切实预防安全事故的发生。桩孔口安装水平推移的活动盖板，当桩孔内有人挖土时，应掩好安全盖板，防止杂物掉下砸伤人。无关人员不得靠近桩孔口边。吊运土时，再打开安全盖板。

（3）人员上下应有安全绳梯。绳梯是指在两根平行的绳子中间横向而等距离地拴上若干短木棍，再用 1000 目细绳编织而成，见图 3.20。

图 3.19　安装提升设备　　　　　　　　图 3.20　安装上下绳梯

六、检查验收

检查桩位中心轴线及标高：以桩孔口的定位线为依据，逐节校测。

挖孔至设计高程后，孔底不应积水，并应进行孔底处理，做到平整，无松渣、污泥等软层。

当地质情况与设计不符时,应与监理、设计单位研究处理。

挖孔桩终孔并对孔底处理后,应对桩身直径、孔底标高、桩位中心轴线、桩孔垂直度等进行检验,具体见表3.5。

表3.5 人工挖孔桩成孔允许偏差

序号	项目	允许偏差/mm	检验方法
1	桩身直径	±10	拉线和尺量检查
2	孔底标高	±10	吊线和尺量检查
3	桩位中心轴线	±10	全站仪检测
4	桩孔垂直度	3‰L,且不大于50	探孔器检测

注:L为桩长。

做好施工记录,办理隐蔽验收手续,并经监理工程师或建设单位项目负责人组织勘察、设计单位检查签字后方可进行封底施工。以免浸泡土层软化。

七、吊装钢筋笼

(1)钢筋笼一般采取现场分节制作,每节长度为9~18 m,钢筋骨架应绑扎牢固,主筋平直,箍筋圆顺,尺寸准确。钢筋笼主筋连接宜优先采用机械连接,当采用单面搭接焊连接时,单面焊接焊缝长度为10d,轴心相对,接头应错开35d且不小于500 mm,同一截面内,接头数量不得超过钢筋总面积的50%。钢筋笼内环钢筋与纵向钢筋连接采用电弧焊,钢筋笼外环钢筋与纵向钢筋的连接采用绑扎,为防止钢筋笼变形,笼内设加劲支撑。为保证钢筋笼位置正确和混凝土保护层厚度,在笼的四周纵向筋每隔3 m加焊一钢筋耳环,作钢筋笼定位控制用。钢筋笼加工偏差见表3.6。

表3.6 人工挖孔灌注桩钢筋笼加工允许偏差

序号	项目	允许偏差/mm	检验方法
1	钢筋笼主筋间距	±10	尺量检查
2	钢筋笼箍筋间距	±10	尺量检查
3	钢筋笼直径	±10	尺量检查
4	钢筋笼长度	±50	尺量检查

(2)钢筋笼按设计要求配置长度,采用吊车或塔吊将其扶直放入孔内,见图3.21、图3.22。吊放钢筋笼时,要对准孔口,直吊扶稳、缓慢下沉,避免碰撞孔壁。遇到有两段钢筋笼连接时,应采用机械连接,接头数按50%错开,以确保钢筋位置正确,保护层厚度符合要求。

(3)钢筋笼放到设计位置时,应采取定位措施进行固定。

八、灌注混凝土

(1)桩体混凝土灌注要从桩底到顶标高一次完成。孔内无积水时,混凝土自由倾落高度应满足最新规范要求,不大于9.0 m,超过时宜采用串筒等辅助设施进行灌注。宜采用插入式振动器和人工捣实相结合的方法,以保证混凝土的密实度,见图3.23。

(2)孔深较大时宜采用混凝土导管浇筑,以免混凝土离析,影响混凝土整体强度。

图 3.21　钢筋笼接长

图 3.22　钢筋笼吊装就位

(3) 孔内有积水且无法排净时,宜按水下混凝土灌注的要求施工。

(4) 在灌注桩身混凝土时,相邻 10 m 范围内的挖孔作业停止,并不得在孔底留人。

(5) 混凝土浇筑到桩顶时,应适当超过桩顶设计标高,以保证在剔除浮浆后,桩顶标高符合设计要求。桩顶上的插筋应保持设计尺寸,垂直插入。

九、成桩

桩基灌注完成后,对孔口进行防护,见图 3.24。7 天后,应按设计要求对桩基的完整性进行超声波透射检测。按 1% 对桩基础进行钻孔取芯检测。

图 3.23　灌注混凝土

图 3.24　孔口防护

小结

人工挖孔桩施工的特点;人工挖孔桩的施工流程;人工挖孔桩的施工工艺及技术要求。

操作与练习

【习题】

1. 填空题

(1) 开挖桩孔应(　　)逐层进行,先挖中间部分的土方,然后向周边扩挖,有效控制开挖桩孔的(　　)。

(2) 人工挖孔桩施工孔内施工人员必须佩戴(　　),地面人员必须系好(　　)。

2. 问答题

(1) 人工挖孔桩基础开挖施工中应注意什么问题？

(2) 人工挖孔桩成孔允许偏差应检查哪些项目？各自的检验方法有哪些？

(3) 人工挖孔桩灌注混凝土应注意什么问题？

【典型案例】

重庆嘉陵江大桥主桥为 135 m+220 m+135 m 三跨预应力混凝土连续刚构桥，引桥北碚岸采用 4×40 m 预应力混凝土简支梁，桥面连续，双柱式圆墩，桩基础；东阳岸采用 4×40 m 预应力混凝土简支梁+20 m 预应力混凝土空心板，桥面连续，双柱式圆墩，桩基础。引桥桩基直径 2.0 m，桩长 20～28 m，采用人工挖孔桩进行施工。施工时严格按照施工技术规范和安全规程进行。做好孔口防护，安全绳梯符合要求，运输设备搭设稳定；控制开挖深度、护壁混凝土厚度、混凝土浇筑符合要求。

任务 3.4　钻孔灌注桩施工

3.4.1　钻孔灌注桩概述

钻孔灌注桩是指采用不同的钻孔方法，在地基土中形成一定直径的桩孔，达到设计标高后，并在其内放置钢筋笼，灌注混凝土形成的桩基础。

3.4.2　施工特点

钻孔灌注桩的施工作业简单，水中、陆地均可施工，特别是对于处理复杂地层中的基础，有较显著的特点。

(1) 与沉入桩中的锤击法相比，施工噪声和振动要小得多；

(2) 能建造比预制桩的直径大得多的桩；

(3) 在各种地基上均可使用；

(4) 施工质量的好坏对桩的承载力影响很大；

(5) 因混凝土是在泥水中灌注的，因此混凝土质量较难控制；

(6) 费工费时，成孔速度慢，泥渣污染环境。

3.4.3　钻机类型

一、冲击钻机

1. 简易正循环冲击钻机

钻架可自制，购置带离合器的双滚筒卷扬机、钢丝绳、单绳滑轮、实体四翼或五翼钻头、转向装置（合金套、转向环）、掏渣筒等组成简易冲击钻机，进行正循环钻孔，见图 3.25。

2. 全液压冲击反循环钻机

全液压冲击反循环钻机（图 3.26）是利用冲击钻头对岩石进行较高频率的冲击，使岩石产生破碎，然后利用反循环排渣方式及时将破碎岩屑第一时间排出孔外。冲击钻头由两根钢绳平衡连接，无论起、下钻都非常方便，大大缩短了辅助时间。

二、旋转钻机

1. 正循环旋转钻机

正循环旋转钻机（图 3.27）是用泥浆泵将泥浆以一定压力通过空心钻杆顶部，从钻杆底部

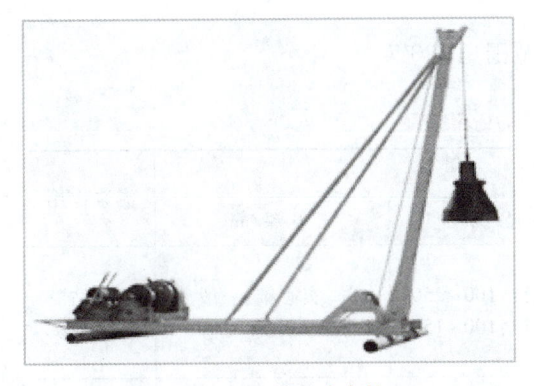

图 3.25　正循环冲击钻

图 3.26　反循环冲击钻

喷出，底部的钻锥在旋转时将土壤搅松成为钻渣，被泥浆悬浮，随泥浆上升而溢出流至孔外的泥浆槽，经过沉淀池中沉淀净化，再循环使用。

2. 反循环旋转钻机

反循环旋转钻机(图 3.28)的泥浆的循环方式则正好相反，泥浆由孔外流入孔内，由真空泵或其他方法(如空气吸泥机等)将钻渣通过钻杆中心从钻杆顶部吸出，或将吸浆泵随同钻锥一同钻进，从孔底将钻渣吸出孔外。

图 3.27　正循环旋转钻机

图 3.28　反循环旋转钻机

三、旋挖钻机

旋挖钻机示例见图 3.29、图 3.30。

图 3.29　旋挖钻机一

图 3.30　旋挖钻机二

四、适用范围

冲击钻机、旋转钻机及旋挖钻机的适用范围见表3.7。

表 3.7　各种钻孔方法的适用范围

钻孔方法	适用范围			泥浆作用
	土层	孔径/cm	孔深/m	
冲击钻机	黏性土、砂类土、砾石、卵石、漂石、松散卵石、较软岩石、岩溶地区钻孔	实心锥:100~250 空心锥:100~150	实心锥:一般小于60(最大80)	悬浮钻渣并护壁
正循环旋转钻机	黏性土、粉砂、细、中、粗砂,含少量砾石、卵石(含量少于20%)的土、软岩	100~250	30~100	悬浮钻渣并护壁
反循环旋转钻机	黏性土、砂类土、含少量砾石、卵石(含量少于20%,粒径小于钻杆内径2/3)的土软岩	100~500	用真空泵<35,用气举式可达200	护壁
旋挖钻机	土层强度不高,最大粒径不大于20 cm的各种土层	100~350	60~135	护壁

钻机的选型宜根据孔径、孔深、桩位处的水文和地质情况、施工环境条件等因素综合确定,所选用的钻机及钻孔方法应能满足施工质量和施工安全的要求。

3.4.4　施工流程

在钻孔桩较多的大桥或者特大桥,宜先进行试钻及静载试验,以确定承载力,选择机具和钻头,拟定施工工艺。

3.4.5　施工工艺

一、施工准备

(1)桩位位于旱地时,可在原地适当平整并填土压实形成工作平台。

(2)位于浅水区时,宜采用筑岛法施工,筑岛面积应按钻孔方法、钻机大小要求确定。

(3)位于深水区时,宜搭设钢制平台,当水位变动不大时,亦可采用浮式平台,但在水流急或潮位涨落较大的水域,不应采用浮式平台。平台底宜在施工水位以上并应牢固稳定,能支承钻机和完成钻孔作业。如水流平稳,钻机可设在船上钻孔,但应锚固稳定。

(4)各类施工平台的平面面积大小,应满足钻孔成桩作业的需要;其顶面高程应高于桩施工期间可能的最高水位1.0 m以上,在受波浪影响的水域,尚应考虑波高的影响。

(5)钢制固定式施工平台应牢固、稳定,应能承受钻孔桩施工期间的全部静荷载和动荷载。平台应进行专项施工设计,并应符合下列规定:

① 对钢管桩施工平台,钢管桩的位置偏差宜在300 mm以内,倾斜度宜在1%以内;平台的顶面应平整,各连接处应牢固。

② 利用双壁钢围堰或钢套箱等作为钻孔桩的施工平台时,应验算平台结构的刚度和稳定性;利用钢护筒搭设钻孔施工平台时,除应对钢护筒的受力情况进行验算外,应使其位置保持准确、相互连接稳定、倾斜度不超过允许偏差;采用冲击钻机成孔时,钢护筒不宜兼作工作平台。

③ 平台位于有冲刷的河流或水域,且当有超过设计允许冲刷深度的风险时,应采取必要的措施对其基础进行冲刷防护;位于有流冰、漂浮物的河段时,应设置临时防撞设施,保证平台在施工期间的稳定。

④ 在通航水域中搭设的平台,除应有临时防撞措施外,尚应设置明显的安全警示标志。

⑤ 水中施工平台均应配备水上救生设施。

二、护筒埋设

(1) 护筒宜采用钢板卷制。在陆上或浅水区筑岛处的护筒,其内径应大于桩径至少 200 mm,壁厚应能使护筒保持圆筒状且不变形;在水中以机械沉设的护筒,其内径和壁厚的大小,应根据护筒的平面、垂直度偏差要求及长度等因素确定,并应在护筒的顶、底口处采取适当的加强措施,保证其在沉设过程中不变形;对参与结构受力的护筒,其内径、壁厚及长度应符合设计的规定。一般钢护筒壁厚为 6~12 mm,见图 3.31。

(2) 护筒在埋设定位时,除设计另有规定外,护筒中心与桩中心的平面位置偏差应不大于 50 mm,护筒在竖直方向的倾斜度应不大于 1%;对深水基础中的护筒,在竖直方向的倾斜度宜不大于 1/150,平面位置的偏差可适当放宽,但应不大于 80 mm。在旱地和筑岛处设置护筒时,可采用挖坑埋设法实测定位,且护筒的底部和外侧四周应采用黏土回填并分层夯实,使护筒底口处不致漏失泥浆;在水中沉设护筒时,宜采用导向架定位,并应采取有效措施保证其平面位置、倾斜度的准确,以及护筒接长连接处的焊接质量,焊接连接处的内壁应无突出物,且应耐拉、压,不漏水。

图 3.31 埋设钢护筒

(3) 护筒顶宜高于地面 0.3 m 或水面 1.0~2.0 m,同时应高于桩顶设计高程 1.0 m。在有潮汐影响的水域,护筒顶应高出施工期最高潮水位 1.5~2.0 m,并应在施工期间采取稳定孔内水头的措施;当桩孔内有承压水时,护筒顶应高于稳定后的承压水位 2.0 m 以上。

(4) 护筒的埋置深度在旱地或筑岛处宜为 2~4 m,在水中或特殊情况下应根据设计要求或桩位的水文、地质情况经计算确定。对有冲刷影响的河床,护筒宜沉入施工期局部冲刷线以下 1.0~1.5 m,且宜采取防止河床在施工期过度冲刷的防护措施。

(5) 护筒埋置深度应符合下列规定:

① 在岸滩上,黏性土、粉土不小于 1 m,砂类土不小于 2 m。当表面土层松软时,宜将护筒埋置在较坚硬密实的土层中至少 0.5 m。

② 水中筑岛,护筒宜埋入河床面以下 1.0 m 左右。在水中平台上设置护筒,可根据施工最高水位、流速、冲刷及地质条件等因素确定。必要时打入不透水层。

③ 在岸滩上埋设护筒,应在护筒四周回填黏土,并分层夯实。埋设完成后应及时覆盖(图 3.32)。

④ 可用锤击、加压、振动等方法下沉护筒。在水中平台上下沉护筒,应有足够高的导向设备,控制护筒位置(图3.33、图3.34)。

图 3.32　覆盖钢护筒

图 3.33　定位钢护筒

⑤ 护筒允许偏差:顶面位置为 5 cm,斜度为 1%。

三、钻机就位

安装钻机时,底架应垫平,保持稳定,不得产生位移和沉陷。钻机顶端应用缆风绳对称拉紧。钻头或者钻杆的中心与护筒顶面中心的偏差不得大于 5 cm。

(1)冲击钻机一般都是利用钻机本身的动力与安设的地锚配合,将钻机移动大致就位,再用千斤顶将机架顶起,准确定位,使起重滑轮、钻头与护筒中心在同一垂直线上,以保证钻机的垂直度。

图 3.34　插打钢护筒

(2)旋转钻机就位。当立好钻架并调整和安设好起吊系统后,使起重滑轮和固定钻杆的卡孔与护筒中心在同一垂直线上,将钻头吊起,徐徐放进护筒,开启卷扬机把转盘吊起,将钻头调平并对准钻孔。

四、泥浆制备

1. 泥浆

护壁泥浆是由高塑性黏性土或膨润土和水拌和的混合物,并根据需要掺入少量的其他物质,如增重剂、分散剂、增黏剂及堵漏剂等,以改善泥浆的品质。在钻孔时,泥浆将钻孔内不同土层中的空隙渗填密实,使孔内漏水减少到最低程度,以保持护筒内较稳定的水压,泥浆的密度大于水的密度,在桩孔中的液面一定要高出地下水位 0.5~1 m,由此产生的液柱压力可以平衡地下水压力,并对孔壁形成一定的侧压力,同时泥浆中胶质颗粒的分子,在泥浆的压力下渗入孔壁表层的孔隙中,形成一层泥皮,促使孔壁胶结,从而起到防止坍孔、保护孔壁的作用。除此之外,在泥浆循环排土时,还有携渣、润滑钻头、降低钻头发热、减少钻进阻力等作用。

在工程施工中,如果泥浆太稠,会增大钻头的阻力,影响钻进的速度,而且增加在孔壁或钢筋上的泥浆附着量,还会增加清孔工作的难度;反之,泥浆太稀,排渣能力将会降低,护壁的效果也会降低。所以应根据工程的具体情况,选择适当的泥浆指标。在黏性土中钻孔,当塑性指数大于15,浮渣能力能满足施工要求时,可利用孔内原土造浆护壁。冲击钻机钻孔,可将黏土加工后投入孔中,利用钻头冲击造浆。

2. 泥浆指标

（1）比重（相对密度）。正循环旋转钻机、冲击钻机使用管形钻头钻孔时,入孔泥浆比重可为1.1~1.3;冲击钻机使用实心钻头钻孔时,孔底泥浆比重:黏土、粉土不宜大于1.3,大漂石、卵石层不宜大于1.4,岩石不宜大于1.2;反循环旋转钻机入孔泥浆比重可为1.05~1.15。

（2）黏度。入孔泥浆黏度,一般地层为16~22 s,松散易坍地层为19~28 s。

（3）含砂率:新制泥浆不宜大于4%。

（4）胶体率:不应小于95%。

（5）pH:应大于6.5。

3. 注意事项

泥浆原料宜选用优质黏土,有条件时,可优先采用膨润土造浆。为了提高泥浆的黏度和胶体率,可在泥浆中投入适量的烧碱或碳酸钠,其掺量由试验决定。造浆后应试验全部性能指标,在钻进中,应随时检查泥浆比重和含砂率,并填写泥浆试验记录表。

钻孔过程中,应随时对孔内泥浆的性能进行检测,不符合要求时应及时调整。

钻孔泥浆宜进行循环处理后重复使用,减小排放量。对重要工程的钻孔桩施工,宜采用泥沙分离器进行泥浆的循环。泥浆池见图3.35、图3.36。

图3.35 泥浆池一　　　　　图3.36 泥浆池二

施工完成后废弃的泥浆应采取先集中沉淀再处理的措施,严禁随意排放,污染环境。

五、钻进

1. 钻进前注意事项

钻机就位前,应对钻孔的各项准备工作进行检查;钻机安装后,其底座和顶端应平稳,钻机顶端应用缆风绳对称拉紧,钻头或钻杆的中心与护筒顶面中心的偏差不得大于5 cm。

不论采用何种方法钻孔,开孔的孔位必须准确;开钻时应慢速钻进,待导向部位或钻头全部进入地层后,方可正常钻进。钻机在钻进施工时不应产生位移或沉陷,否则应及时处理。

分级扩孔钻进施工时应保持桩轴线一致。对于孔径较大的桩基,冲击钻机钻孔可以采用分径成孔的办法,但分径一般为两次。旋转钻机钻孔,可分为一次成孔,先导钻后扩钻或先钻后扫等方法施工。

钻孔时,各个工序应紧密衔接,互不干扰,如采用多机作业时,应事先拟定钻孔顺序、钻机移动线路图。通常为了提高效益保证质量,把钻孔、安放钢筋笼、灌注水下混凝土三道工序连续完成后,再移动钻机。

2. 钻进操作

钻机钻孔时,孔内水位宜高于护筒底脚 0.5 m 以上或者地下水位以上 1.5~2.0 m;钻进时,起落钻头速度宜均匀,不得过猛或骤然变速,孔内出土,不得堆积在钻孔周围。因故停钻时,孔口应加护盖。钻孔应一次成孔,不得中途停顿,钻孔达到设计深度后,应对孔位、孔径、孔深和孔形等进行检查,并填写钻孔记录表,孔位偏差不应大于 10 cm。

(1) 冲击钻机钻孔。采用冲击钻机冲击成孔时,应小冲程开孔,并应使初成孔的孔壁坚实、竖直、圆顺,能起到导向的作用。待钻进深度超过钻头全高加冲程后,方可进行正常的冲击。冲击钻进过程中,应采取有效措施防止坍孔;掏取钻渣和停钻时,应及时向孔内补浆,保持水头高度。

冲击钻孔的程序,就是钻进→清孔→投泥(泥浆)→钻进的反复循环以及辅助作业(检查孔径、钻具、修理机械设备、补焊接头等)的交错过程,关键问题是掌握冲程大小和清孔时机。钻进过程中,必须勤松绳、少量松绳,因为松多了减少冲程,松少了可能打空锤,损坏机具。在冲孔过程中要勤掏渣,使钻头经常冲击新鲜地层,勤保养机具,勤检查钢丝绳和钻头磨损情况,经常检查转向装置是否灵活,预防发生安全质量事故。每次松绳量,应根据地质情况、钻头形式、钻头质量决定;应经常检查桩孔,钻进时应有备用钻头,轮换使用,钻头直径磨耗超过 1.5 cm 时,应及时更换、修补钻头,更换新钻头前必须检查到孔底,方可放入新钻头。

吊钻的钢丝绳必须选用软性、优质、无死弯和无断丝者,安全系数不小于 12。钢丝绳和钻头的连接必须牢固,主绳与钻头的钢丝绳搭接时,两根绳径应相同,捻扭方向必须一致;为防止冲击振动使邻孔孔壁坍塌或影响邻孔已经浇筑混凝土的凝固,应等待邻孔混凝土浇筑完毕并达到 2.5 MPa 抗压强度后方可开钻。

在碎石类土、岩层中宜用十字形钻头,在黏性土、砂类土层中宜用管形钻具;在砂类、卵石类、碎石类土层中,泥浆比重应大一些,可用 1.5 左右,冲程可以较大;在黏性土层中,冲程不宜过大。在钻进到砂层或淤泥层时,应多投黏土并掺片石、卵石投入孔内,用小冲程将黏土和片石、卵石挤进孔壁加固。

在岩层中钻进,可用大冲程,在不损坏钻头的情况下,可以高提猛击,增加冲击能量,加快进度,冲程一般在 3 m 以上,但不能过高,泥浆比重一般在 1.3 左右。如果岩层倾斜,可向孔内回填与岩层硬度相同的片石、卵石,必要时可回填混凝土高约 0.3~0.5 m,凝固后,用小冲程快打的方式,待冲平岩面后,方可加大冲程钻进,以免发生钻孔偏斜。

孔内遇到坚硬的大漂石时,可回填硬度与漂石相当的片石、卵石后,高提猛击,或用大小冲程交替冲击,能将大漂石破碎成钻渣或挤进孔壁,如不见效,则应考虑水下爆破的方式,破碎大漂石。

当采用分径成孔时,第一级成孔的钻头直径可为第二级(设计孔径)钻头直径的 40%~60%,第二级成孔,则用第二级钻头在已经成孔的第一级钻孔中扩钻。由于小孔造成了临空面,故扩孔较快,但也会产生较大粒径的土石填于孔底,造成难以钻进的情况,所以,可在第二级钻孔前,向第一级孔内填塞 1/3~1/2 孔深。在实际操作中,常根据地质情况和孔的具体情况,用勤换钻头,钻一段小孔扩一段孔的办法,交替进行到设计孔深。

掏渣筒的主要作用是捞取被冲击钻头破碎的孔内钻渣。它主要由提梁、管体、阀门和管靴等组成。

(2)正循环旋转钻机钻孔。正循环法是从地面向钻管内注入一定压力的泥浆,泥浆压送到孔底后,与钻孔产生的泥渣搅拌混合,然后经由钻管和孔壁之间的空腔上升并排出孔外,混有大量泥渣的泥浆可以重复使用。正循环钻机主要由动力机、泥浆泵、卷扬机、转盘、钻架、钻杆、水龙头和钻头等组成。正循环法的泥浆循环系统由泥浆池、沉淀池、循环槽、泥浆泵等设备组成,并有排水、清洗、排污等设施。钻机安装就位后,经检查合格,就可在钻杆上端接装提引水龙头,然后在水龙头上端连接输浆胶管,并将提引水龙头的吊环挂到滑车吊钩上。取走转盘中心方形套,将吊起的钻杆放入转盘内,并将钻头连接在钻杆下端。

开始钻进前,应先启动泥浆泵,使泥浆进行循环,然后开动转盘,旋转正常后,即可进行钻进。初钻时,应稍提起钻杆,不可钻进太快,并要经常检查钻杆的垂直度,以保证钻孔竖直。在不同土层应根据具体情况控制调节钻进的速度。每钻进 2 m 或地层变换处,均应捞取钻渣样品,查明土层类别,并做好记录。

(3)反循环旋转钻机钻孔。反循环法是将钻孔时孔底混有大量泥渣的泥浆通过钻管的内孔抽吸到地面,新鲜的泥浆则由地面直接注入桩孔。反循环吸泥法有三种方式:空气提浆法、泵举反循环和泵吸反循环,前两种方法较常用。反循环钻机由钻头、加压装置、回转装置、扬水装置、接续装置和升降装置等组成。

空气提浆法是在钻管底端喷吹压缩空气,当吹口沉至地下 6~7 m 时即可压气作业,气压一般控制在 0.5 MPa,由此产生比重较小的空气与泥浆的混合体,形成管内水流上升,即"空气升液"。当钻至设计标高后,钻机停止运转,压气出浆继续工作至泥浆密度达到规定值为止。

泵举反循环为反循环排渣中最为先进的方法之一,它由砂石泵随主机一起潜入孔内,可迅速将切碎泥渣排出孔外,钻头不必切碎土成为浆状,钻进效率很高。它是将潜水砂石泵同主机连接,开钻时采用正循环开孔,当钻深超过砂石泵叶轮位置以后,即可启动砂石泵电机,开始反循环作业。当钻至设计标高后,停止钻进,砂石泵继续排泥,达到要求为止。

泵吸反循环是将钻管上端用软管与离心泵连接,并可连接真空泵,吸泥时用真空将软管及钻杆中的空气排出,再启动离心泵排渣。首先,启动主卷扬机,用吊钻杆销具把提引水龙头和第一节钻杆吊起并放进钻盘方孔中,在钻杆下端连接好钻头,在上端连接好提引水龙头。把钻头降入护筒中,在转盘内装好方形套夹紧钻杆。将钻头提高距孔底约 20 cm,关紧出水控制阀和沉淀室放水阀,使管路封闭。打开真空管路阀门,使气水畅通,然后启动真空泵,抽出管路内的气体,把水引进泥石泵。然后按照程序启动泥石泵,达到规定压力后,打开出水控制阀,把管路中的泥水混合物排到沉淀池,待反循环流动形成后,启动钻机并选择适当挡位驱动钻杆顺时针旋转开始钻进。钻杆下入井孔后,先停止转盘转动,并使反循环延续 1~2 min,然后停止泥石泵接长钻杆。对于不同的土层可以采用不同挡位的钻速钻进,在钻进过程中应做好钻进记录。

(4)旋挖钻机钻孔。旋挖钻机适用于各种土质地层、砂性土、砂卵砾石层和中等硬度以下基岩的施工。施工前根据不同的地质情况选用不同类型的钻头。

钻孔时,要及时向孔内补充浆液,以保持足够的泥浆压力。套管跟随钻进时,套管底口与钻头旋挖深度相适,确保不超挖。

钻孔作业过程中,观察主机所在地面和支腿支承处地面变化情况,发现下沉现象及时停机处理。因故停机时间较长时,及时采取措施。

开始钻进时,进尺适当控制,在护筒刃角处,低档慢速钻进,使刃角处有坚固的泥皮护壁。钻至刃角下 1 m 后,按土质以正常速度钻进。如护筒土质松软发现漏浆时,提起钻锥,向孔中倒入黏土,再放入钻锥倒转,使胶泥挤入孔壁堵住漏浆孔隙,稳住泥浆继续钻进。

在对细砂层钻进过程中,钻头提升须缓慢,钻杆转速减到低档,配合护壁液施工,通过钻头的离心力,使该高分子材料凝聚在孔壁,形成一层富有韧性的胶合薄膜,使孔内泥浆不会渗漏,防止孔壁崩塌,达到稳定钻进的效果。

3. 排渣

被钻头冲碎的钻渣,一部分和泥浆一起被挤进孔壁,大部分悬浮在钻孔下部的泥浆中,需要清除到孔外。在开孔阶段,为了使钻渣泥浆尽量挤入孔壁,应少排渣,待钻进 4~5 m 后应勤清孔。孔底沉渣太厚,就会影响钻头冲击新鲜土层,同时会使泥浆变稠,吸收钻机钻进能量,影响钻进尺度。一般情况下,每钻进 0.5~1 m 排渣一次,也可以根据土层和钻进尺度进行清孔。

排渣时应注意下列事项:

及时向孔内增加泥浆或清水,以保证水头高度。如果是向孔内投放黏土自行造浆,应逐渐投放黏土,不宜一次倒进很多黏土,以免发生吸钻。

在黏土来源困难的地方,应采取措施,将泥浆流回孔中重复利用,节省黏土。

六、清孔

钻孔灌注桩在终孔后,应对桩孔的孔位、孔径、孔形、孔深和倾斜度进行检验;孔径、孔形、倾斜度和孔底沉淀厚度宜采用专用仪器检测,孔深可采用专用测绳检测。采用钻杆测斜法量测桩的倾斜度时,量测应从钻孔平台顶面起算至孔底。符合要求后方可清孔。

清孔方法应根据设计要求、钻孔方法、机具设备条件和地层情况决定。清孔可采用下列方法:

(1)抽渣法:适用于冲击钻机和冲抓钻机造孔。

(2)吸泥法:适用于冲击钻机造孔,单土质松软孔壁容易坍塌时,不宜采用。

(3)换浆法:正、反循环旋转钻机宜使用换浆法清孔。抽渣或吸泥时,应及时向孔内注入清水或新鲜泥浆,保持孔内水位,避免坍孔。换浆法的清孔时间,以排出泥浆的含砂率与换入泥浆的含砂率接近为度。

不论采用何种清孔方法,在清孔排渣时,必须保持孔内水头,防止坍孔。

柱桩的清孔应射水(或射风)冲射孔底 3~5 min,翻动沉淀物,然后立即浇筑水下混凝土,射水(风)压力应比孔底压力大 0.05 MPa。

清孔分为一次清孔和二次清孔。第一次清孔的目的是使孔底沉渣厚度、循环泥浆中含钻渣量和孔壁泥皮厚度符合质量和设计要求,也为灌注水下混凝土创造良好的条件。

清孔后,泥浆的比重宜控制在 1.03~1.10,对冲击成孔的桩可适当提高,但宜不超过 1.15,黏度宜为 17~20 Pas,含砂率宜小于 2%,胶体率宜大于 98%。孔底沉淀厚度应不大于设计的规定;设计未规定时,对桩径小于或等于 1.5 m 的摩擦桩宜不大于 200 mm,对桩径大于 1.5 m 或桩长大于 40 m 以及土质较差的摩擦桩宜不大于 300 mm,对支承桩宜不大于 50 mm。

在吊入钢筋骨架后,灌注水下混凝土之前,应再次检查孔内泥浆的性能指标和孔底沉淀厚度,如不符合规范要求(即上条规定),应进行第二次清孔(图 3.37),符合要求后方可灌注水下混凝土。

大直径钻孔灌注桩应采用泥浆净化装置(图3.38)进行清孔,不得采用加深钻孔深度的方式代替清孔。

图3.37 二次清孔施工

图3.38 泥浆净化装置

七、吊放钢筋笼

清孔后采用检孔器或成孔检测仪检测孔深和倾斜度(图3.39、图3.40),对孔深、孔位等进行自检、专检并报请监理检查,填写终孔检查证,合格后吊放钢筋笼。

钢筋笼在钢筋车间内长线胎模上或者专业加工机械上分节段制作(图3.41),用加长平板车通过施工便道运输到墩位处,由吊机起吊在孔位处对接安装。

图3.39 检孔器检孔

图3.40 成孔检测仪检孔

钢筋笼节段主筋对接采用机械连接。制作安装时主筋接头按50%错开,同时确保主筋位置准确。

钢筋笼制作时,每隔一定长度设置型钢加强环和十字撑,安装时用专用的起吊工具起吊,避免钢筋笼起吊变形,在下放时拆除。

下放时,要对准孔位徐徐下放,不得硬放,以防碰撞孔壁引起坍孔(图3.42)。如遇不易放下时,可能是孔壁某处有伸出之物卡住,此时可以转动一个方向或略加摇晃。钢筋笼就位前后,应牢固定位,并应检查有无坍孔现象,以便及时处理。

安装钢筋骨架时,不得直接将钢筋骨架支承在孔底,应将其吊挂在孔口的钢护筒上,或在孔口地面上设置扩大受力面积的装置进行吊挂,且不应采用钢丝绳或其他容易变形的材料进行吊挂。安装时应采取有效的定位措施,减小钢筋骨架中心与桩中心的偏位,使钢筋骨架的混

图 3.41 加工钢筋笼

图 3.42 吊放钢筋笼

凝土保护层满足要求。

八、灌注混凝土
1. 准备工作

应按水下混凝土灌注数量和灌注速度的要求配齐施工机具设备,设备的能力应能满足桩孔在规定时间内灌注完毕的要求,且应保证其完好率,对主要设备应有备用。

水下混凝土宜采用钢导管灌注,导管内径宜为 200~350 mm。导管使用前应进行水密承压试验(图 3.43)和接头抗拉试验,严禁采用压气试压。进行水密试验的水压应不小于孔内水深 1.3 倍的压力,亦应不小于导管壁和焊缝可能承受灌注混凝土时最大内压力 p 的 13 倍,p 可按下式计算:

图 3.43 导管水密承压试验

$$p = \gamma_c h_c - \gamma_w h_w$$

式中:p——导管可能受到的最大内压力,kPa;

γ_c——混凝土拌合物的重度,取 24 kN/m;

h_c——导管内混凝土柱最大高度,m,以导管全长或预计的最大高度计;

γ_w——桩孔内水或泥浆的重度,kN/m;

h_w——桩孔内水或泥浆的深度,m。

2. 混凝土配合比

水泥可采用火山灰水泥、粉煤灰水泥、普通硅酸盐水泥或硅酸盐水泥;粗集料宜选用卵石,如采用碎石宜适当增加混凝土配合比中的含砂率,粗集料的最大粒径应不大于导管内径的 1/6~1/8 和钢筋最小净距的 1/4,同时应不大于 37.5 mm;细集料宜采用级配良好的中砂。

混凝土的初凝时间应根据气温、运距及灌注时间长短等因素确定,并满足现场使用要求。混凝土可经试验掺配适量缓凝剂。

混凝土拌合物应具有良好的和易性,灌注时应能保持足够的流动性,坍落度宜为 160~220 mm,且应充分考虑气温、运距及施工时间的影响导致的坍落度损失。

3. 首批混凝土计算

水下混凝土的灌注时间不得超过首批混凝土的初凝时间。

混凝土运至灌注地点时,应检查其均匀性和坍落度等,不符合要求时不得使用。

首批灌注混凝土的数量应能满足导管首次埋置深度1.0 m以上的需要,所需混凝土数量可按下式和图3.44计算:

$$V=\frac{\pi D^2}{4}(H_1+H_2)+\frac{\pi d^2}{4}h_1$$

式中:V——灌注首批混凝土所需数量,m³;

D——桩孔直径,m;

H_1——桩孔底至导管底端间距,m,一般为0.3~0.4 m;

H_2——导管初次埋置深度,m;

d——导管内径,m;

h_1——桩孔内混凝土达到埋置深度H_2时,导管内混凝土柱平衡导管外(或泥浆)压力所需的高度,即$h_1=H_w\gamma_w/\gamma_c$;

H_w——桩孔内水或泥浆的深度,m。

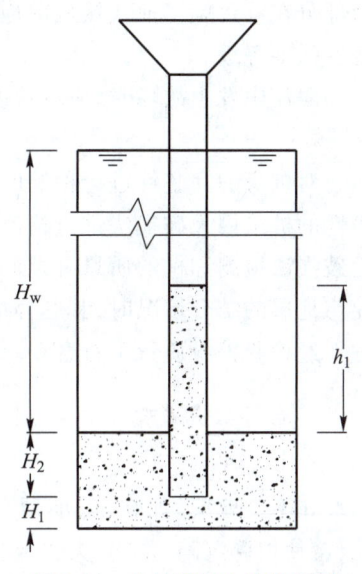

图3.44 首封混凝土计算简图

4. 灌注混凝土

首批混凝土入孔后,应连续灌注(图3.45),不得中断。

在灌注过程中,应保持孔内的水头高度。导管的埋置深度宜控制在2~6 m,并应随时测探桩孔内混凝土面的位置,及时调整导管埋深;在确保能将导管顺利提升的前提下,方可根据现场的实际情况适当放宽导管的埋深,但最大埋深应不超过9 m。应将桩孔内溢出的水或泥浆引流至适当地点处理,不得随意排放。

灌注时应采取措施防止钢筋骨架上浮。当灌注的混凝土顶面距钢筋骨架底部以下1 m左右时,宜降低灌注速度;混凝土顶面上升到骨架底部4 m以上时,宜提升导管,使其底口高于骨架底部2 m以上后再恢复正常灌注速度。

图3.45 灌注水下混凝土

采用全护筒钻机施工的桩在灌注水下混凝土时,护筒应随导管的提升逐步上拔,上拔过程中除应保证导管的埋置深度外,同时应使护筒底口始终保持在混凝土面以下。施工时应边灌注、边排水,并应保持护筒内的水位稳定。

对变截面桩,应在灌注过程中采取措施,保证变截面处的水下混凝土灌注密实。

采用全护筒钻机施工的桩在灌注水下混凝土时,护筒应随导管的提升逐步上拔,上拔过程中除应保证导管的埋置深度外,同时应使护筒底口始终保持在混凝土面以下。施工时应边灌注、边排水,并应保持护筒内的水位稳定。

混凝土灌注至桩顶部位时,应采取措施保持导管内的混凝土压力,避免桩顶泥浆密度过大而产生泥团或桩顶混凝土不密实、松散等现象;在灌注将近结束时,应核对混凝土的灌入数量,确定所测混凝土的灌注高度是否正确。灌注桩桩顶高程应比设计高程高出不小于 0.5 m,当存在地质条件较差、孔内泥浆密度过大、桩径较大等情况时,应适当提高其超灌的高度;超灌的多余部分在承台施工前或接桩前应凿除,凿除后的桩头应密实、无松散层,混凝土应达到设计规定的强度等级。

灌注中发生故障时,应尽快查明原因,确定合适的处置方案,进行处理。

九、成桩

对桩身的完整性进行检验时,检测的数量和方法应符合设计或合同的规定。宜选择有代表性的桩采用无破损法进行检测,重要工程或重要部位的桩宜逐桩进行检测;设计有规定或对无破损法检测和桩的质量有疑问时,应采用钻取芯样法对桩进行检测;当需检验柱桩的桩底沉淀与地层的结合情况时,其芯样应钻至桩底 0.5 m 以下。

经检验桩身质量不符合要求时,应研究处理方案,报批处理。

3.4.6 常见钻进事故

一、坍孔(孔壁坍落)

在不良地层(如软土、细砂、粉砂及松软堆积层)中钻孔,容易发生坍孔。在开钻阶段坍孔,会使护筒沉陷、歪斜,失去导向作用,造成偏孔;在正常钻进中坍孔,会造成扩孔及埋钻事故;在灌注混凝土时坍孔,则会造成断桩。当在钻进中发现孔内水位突然下降、水面冒细密水泡,钻具进尺很慢(或不进尺),有异常声响等现象时,表示可能发生了孔壁坍落现象,应立即停钻处理。钻孔中发生坍孔后,应查明原因和位置,进行分析和处理。坍孔不严重时,可加大泥浆比重继续钻进,严重者回填重钻。

1. 坍孔原因

(1) 护壁泥浆面高度不够或者泥浆密度和浓度不足,对孔壁的压力小,起不到可靠的护壁作用。

(2) 护筒的埋置深度不够(埋设在砂或者粗砂层中)或者护筒周围未用黏土回填夯实。

(3) 钻头、抽渣筒经常撞击孔壁。

(4) 孔内水头高度不够或者向孔内加水时,流速过大并直接冲刷孔壁。

(5) 射水(风)时压力太大,延续时间太长引起孔壁(尤其是护筒底附近)坍孔。

(6) 钻头转速过快或空转时间过久,易引起钻孔下部坍塌。

(7) 安放钢筋笼时碰撞了孔壁。

(8) 排除较大障碍物形成较大的空洞而漏水使孔壁坍塌。

(9) 清孔吸泥时风压、风量过大、工序衔接不紧、拖延时间等也易引起坍孔。

2. 预防和处理方法

(1) 坍孔主要是由于施工操作不当造成的,以下六句话可供预防坍孔时参考:"埋设护筒是关键,莫把孔内水位变,把好泥浆质量关,孔口周围水不见,吸泥射水掌握好,精心操作处处严"。

(2) 将护筒的底部置入黏土中 0.5 m 以上。

(3) 在松散的粉砂土或流砂地层中钻进,应控制进尺,选用较大密度、黏度、胶体率的优质泥浆,在有地下水流动的流砂地层,选用比重大、黏度高的泥浆。

(4) 钻进中,桩孔内保持足够的水头高度,埋设的护筒符合规定,终孔后仍保持一定的水头高度并及时灌注水下混凝土,向桩孔内注水时,水管不直接射向孔壁。

(5) 成孔速度应根据地质情况选取。

(6) 坍塌严重者,须用黏土加片石回填至坍塌部位以上0.5m重钻;必要时,也可下钢套管护壁,在灌注水下混凝土时,随灌随将套管拔出。

(7) 发生孔口坍塌时,立即拆除护筒并回填钻孔,重新埋设护筒后再钻进。发生钻孔内坍塌时,根据地质情况,分析判断坍孔的位置。然后用砂黏土混合物回填钻孔到超出坍塌位置以上为止,并暂停一段时间,使回填土沉积密实,水位稳定后,再继续钻进。

二、斜孔

1. 产生原因

(1) 场地不平或场地松软。

(2) 桩机就位安装不平稳。

(3) 冲击桩机振动较大,造成桩机倾斜。

(4) 桩锤的重心与钢丝绳不在同一条中心线上。

(5) 杂填土中,含有大量建筑垃圾和碎石块,打桩时经常遇到地下障碍物使桩机钻头偏位。

(6) 施工单位管理混乱,技术力量薄弱,桩基施工前没有进行技术交底,没有按规范编制施工组织方案,施工过程中遇到异常情况没有及时与设计单位沟通,更没有采取相应的技术措施,有些特殊的地质情况也可能造成桩孔偏位。

2. 预防和处理的方法

(1) 施工前场地平整压实。

(2) 桩机安装就位时应确保平整。

(3) 采用合适的操作方法,减少桩机的振动。

(4) 校正桩锤的重心,保证与钢丝绳在同一中心线上。

(5) 遇见地下障碍物时要放低桩锤高度,重锤低击,减少桩锤的摆动。

(6) 加强管理措施,施工前要编制施工方案,对施工人员进行技术交底,遇见特殊地质情况及时与设计、勘察沟通解决。

三、卡钻

卡钻分为上卡和下卡两种。

1. 产生原因

(1) 上卡多由于坍孔落石,使钻头卡在距孔底一定高度上,往上提不动,但可以向下活动。如果出现探头石,提钻过猛,会使钻刃挤入孔壁被卡住,这时,钻头既提不上来又放不下去。

(2) 下卡是钻头在孔底被卡住,上下都不能活动。产生下卡的主要原因是由于钻头严重磨损未及时焊补,形成孔径上大下小,孔壁倾斜,此时如用焊补后的钻头(直径增大)钻孔,很可能被孔壁挤紧而卡住。另外,孔底形成较深的十字槽也会造成下卡。

2. 预防和处理的方法

(1) 要经常检查钻头直径,如磨损超过规定(小于直径3 cm)时应及时焊补。

(2) 发生卡钻后,应查清被卡的位置和性质,不可强提硬拉,以免造成断绳掉钻,或越卡越紧的不利情况。

(3) 对于落石引起的上卡,可放松并摇动大绳使钻头慢动或转动再上拉;因探头石引起的上卡,可用小钻头把探头石冲碎或用重物冲动钻头使之下落,转动一定角度再上提,如在孔底卡钻,则须下钢丝绳套住钻头,利用另立的小扒杆(或吊车)绞车与钻机上的大绳一起同时上提。

(4) 钻头下卡时,先用吸泥机吸泥和清除钻渣,强提前必须加上保护绳,防止拉断大绳而掉钻,强提支撑使用枕木垛时,它的位置要离开孔口一定距离,以免孔口受压而坍塌。如钻机的起重能力不够,为了加大上拔力可以采用:滑车组、杠杆、滑车与杠杆联合使用、千斤顶等起重设备提钻。

(5) 处理卡钻时为防止孔口受压发生坍塌,可用枕木在孔口两侧各搭枕木垛一个。搭枕木垛时,底层的枕木应垂直孔口安放,各枕木之间用扒钉钉牢,成为一个整体结构;两枕木垛之间应加支撑,保持两枕木垛的稳定,横梁所采用的型钢(或钢轨)规格,应根据跨度、工地存料情况确定。用千斤顶顶拔时,应慢慢进行,不可一直顶拔,以减少土的压力和摩阻力。

四、掉钻

1. 产生的原因

(1) 卡钻时强提、强扭。

(2) 操作不当使钢丝绳或钻杆疲劳断裂。

(3) 钻杆接头不良或滑丝。

(4) 电动机接线错误,使不应反转的钻机反转,钻杆松脱。

(5) 冲击钻头合金套质量差,钢丝绳拔出。

(6) 转向环、转向套等焊接处断开。

(7) 钢丝绳与钻头连接钢丝夹子数量不足或松弛等。

2. 预防和处理的方法

(1) 在钻进过程中,一定要遵守操作规程,并勤检查,发现问题应及时进行处理,并在接头处设钢丝绳保险,或在钻杆上端加焊角钢、钢筋环等。

(2) 在钻进中,如发现缓冲弹簧突然不伸缩,钢丝绳松弛,则表明钻头掉落,应立即停机检查,找出原因,测量掉钻部位,探明钻头在井中的情况,立即组织人力进行处理,以防时间过长,沉渣埋住钻头。

(3) 掉钻后,钻头可采用捞叉、捞钩、绳套、夹钳等工具捞取。常用的方法有:① 套绳法:用钢丝绳套将钻杆拉出;② 钩取法:冲击和冲抓钻头顶上预先焊有钢筋环或打捞横梁等可用钩子钩起;③ 平钩法:钻杆折断后,将平钩旋入孔内,使其朝一个方向旋转,卡住钻杆后,将钻杆拉出;④ 打捞钳法:将打捞钳送入孔中,夹住钻杆提出;⑤ 捞锥器法:将捞锥器系在钢丝绳上,在孔内上下提动,卡住钻头提出孔外;⑥ 电磁打捞法:用电磁打捞器吸住钻头,提出孔外。

五、钻杆折断

钻杆折断的处理虽不很困难,但如处理不及时,钻头或钻杆在孔底留置时间过长,会发生埋钻或埋杆的更大事故。

1. 产生的原因

(1) 由于钻杆的转速选用不当,使钻杆所受的扭转或弯曲等应力增大而折断。

(2) 钻具使用过久,各处的连接螺纹磨损过甚,使钻杆接头的连接不牢固,发生折断。

(3) 使用弯曲的钻杆也易发生断钻杆事故。

(4) 在坚硬地层中,钻杆钻进过快,使钻杆超负荷操作。

2. 预防和处理的方法

(1) 不使用弯曲的钻杆,各节钻杆的连接和钻杆与钻头的连接螺纹完好。

(2) 接长后的钻杆必须在同一铅垂线上。

(3) 不使用接头处磨损过甚的钻杆。

(4) 钻进过程中,应控制钻进速度;遇到复杂的地层,应由有经验的工人操作钻机。

(5) 钻进过程中要经常检查钻具各部分的磨损情况和接头强度是否足够,不合要求者,应及时更换。

六、钢筋笼上浮

1. 产生的原因

(1) 当混凝土灌注至钢筋笼下,若此时提升导管,导管底端距离钢筋笼仅有 1 m 左右的距离时,由于灌注的混凝土自导管流出后冲击力较大,推动了钢筋笼上浮。

(2) 由于混凝土灌注过程钢筋笼内导管埋深较大时,其上层混凝土因灌注时间较长,已接近初凝表面形成硬壳,混凝土与钢筋笼有一定握裹力,如果此时导管底部未及时提到钢筋笼底部以上,混凝土在导管流出后将以一定的速度向上顶升,同时也带动钢筋笼上移。

2. 预防和处理的方法

(1) 加快混凝土灌注速度,缩短灌注时间,或掺外加剂,防止混凝土顶层上升至钢筋笼时流动性变小,当混凝土上升到接近钢筋笼下端时,控制导管埋深在 2.0 m(规范底线即可),应放慢浇筑速度,减小混凝土面上升的动能作用,以免钢筋笼被顶托而上浮。灌注混凝土过程中,应随时掌握混凝土灌注的标高及导管埋深,当混凝土埋过钢筋笼底端 2~3 m 时,应及时将导管提至钢筋笼底端以上。导管在混凝土面的埋置深度一般宜保持在 2~6 m,在确保能将导管顺利提升的前提下,方可根据现场的实际情况适当放宽导管的埋深,但最大埋深应不超过 9 m。

(2) 当发现钢筋笼开始上浮时,应立即停止灌注,并准确计算导管埋深和已浇混凝土标高,提升导管后再进行灌注,上浮现象即可消除。

七、埋管

1. 产生的原因

导管埋入混凝土过深,或导管内外混凝土已经初凝使导管与混凝土间摩阻力过大,或因提管过猛将导管拉断。

2. 预防和处理的方法

要严格控制埋管深度,一般不得超过 6~8 m;在导管上端安装附着式振动器,拔管前或停灌时间较长时,均应适当振捣,使导管周围的混凝土不致过早地初凝;首批混凝土掺入缓凝剂,加速灌注速度;导管接头螺栓事先应检查是否牢固;提升导管时不可猛拔。

八、断桩

1. 产生的原因

(1) 混凝土灌注时导管提升量过大,泥浆侵入混凝土内形成夹泥混凝土。

(2) 清孔时未将沉渣冲净即开始混凝土灌注,桩底形成松软土。

(3) 混凝土灌注时因故中断,桩身产生断裂面。

(4) 灌入混凝土质量低劣。

（5）出现堵管而未及时排除。

2. 预防和处理的方法

（1）控制导管始终在混凝土内。

（2）严格按规程检查沉渣厚度，并清孔后及时灌注混凝土。

（3）灌注前认真检查各作业环节和岗位，制订有效的预防措施，保证灌注作业连续完成。

（4）加强混凝土质量管理。

（5）混凝土初凝前可采用冲刷法、沉管法等接桩法；混凝土初凝后可采用冲刷法和嵌入式接桩法。

堵管原因及处理措施

小结

钻孔灌注桩的施工特点；钻孔灌注桩的钻机类型及适用范围；钻孔灌注桩的施工流程；钻孔灌注桩的施工工艺及技术要求；钻孔灌注桩的常见钻进事故及处理措施。

操作与练习

【习题】

1. 填空题

（1）桩基础施工方法有（　　）和（　　）。

（2）桩基础施工中钻机的类型有（　　）、（　　）、（　　）和（　　）。

2. 问答题

（1）钻孔桩施工准备中应注意哪些主要问题？

（2）钻孔桩钻进过程中要注意什么问题？

（3）试述正循环、反循环钻机施工的区别。

（4）如何检查已成桩孔的垂直度、成孔尺寸？

（5）灌注水下混凝土时，如何防止钢筋笼上浮？

（6）试述灌注水下混凝土过程中的注意事项。

（7）清孔的方式有哪些？

（8）桩基础施工中的安全注意事项是什么？

（9）简述桩基础钻进过程中常见故障及解决方案。

（10）假设某桥墩设计桩长为 50 m，桩基础直径为 1.8 m。护筒直径 2.1 m，埋深 5 m。导管顶部距离桩顶 3.5 m，导管顶部高出护筒 0.5 m。

① 试确定初次灌注混凝土的最少需求量，并画出计算详图。

② 试计算灌注完成该桩所需要的混凝土方量，混凝土损耗按 2% 考虑。

【典型案例】

苏通大桥主墩基础由 131 根直径 2.8 m/2.5 m 的钻孔灌注桩组成，桩呈梅花形布置，按照摩擦桩设计，桩长 114~117 m。施工时采用导向架定位钢护筒，搭设钻孔施工平台，采用气举反循环回转钻机进行钻孔灌注桩施工。施工过程中对钢护筒偏差、钻进速度、泥浆比重、黏度及含砂率进行控制;成孔后对钻孔深度、钻孔直径检测;钢筋笼采用机械连接接长;计算首批混凝土方量;控制超灌高度。

任务 3.5　承台施工

3.5.1　承台施工概述

桥梁墩台的基础工程,由承台和桩群组成。

承台(bearing platform)指的是为承受、分布由墩身传递的荷载,在桩基顶部设置的连接各桩顶的钢筋混凝土平台。高桩承台一般用于港口、码头、海洋工程及桥梁工程。低桩承台一般用于工业与民用房屋建筑物。桩头一般伸入承台 0.1~0.15 m,并有钢筋锚入承台。承台上再建柱或墩,形成完整的传力体系。

承台的作用,是将各桩桩顶连接成一个整体,以支承墩台,将墩台所受的荷载传给桩基。因此,承台必须具有足够的强度和刚度,一般采用矩形和圆形,为钢筋混凝土结构。其平面形式和尺寸,决定于墩台身底面的形式和尺寸,也与桩的布置和数量有密切的关系。承台板的厚度和配筋根据受力情况决定,承台的厚度不宜小于 1.5 m,混凝土的强度等级采用 C25~C40。

3.5.2　陆地承台施工

陆地承台施工参考任务 3.1 浅基础施工。

3.5.3　水中承台施工

水中承台施工在工程实际中一般采用钢板桩、钢套箱和钢吊箱进行。

一、钢板桩围堰

在河水较深或覆盖层较厚的情况下,木板桩已经不能适应,应采用钢板桩围堰。钢板桩适用于砂类土、半干硬性黏土、碎石类土等土层,并可打入风化岩面。

1. 常用的钢板桩

钢板桩的断面形式有多种,其中最常用的有槽型、直线型和 Z 型,如图 3.46 所示。其中槽型钢板桩的截面模量较大,能抵抗较大的水、土压力,而且插打方便。槽型钢板桩的规格及计算数据见表 3.8。直线型钢板桩的截面模量小,不宜用于承受水平力的围堰,在承受拉力的圆形筑岛围堰中最适用,施工方便。Z 型钢板桩的特点同槽型,但必须两块或几块组成插打,施工较不方便。

钢板桩的出厂长度一般为 6 m、9 m、12 m、15 m、18 m,根据现场施工需要选择或焊接接长。接头的强度不能低于钢板桩本身截面的强度。钢板桩外面加劲板的下端应刨成楔形,避免插桩时遇到阻力。

2. 钢板桩施工工艺

(1)钢板桩施工方法。钢板桩施工一般采用机械手或 50t 履带吊机配合吊 DZ90 振动锤进行,水中钢板桩围堰的插打见图 3.47、图 3.48。

钢板桩围堰范围比承台周边尺寸大 1.0 m 左右,钢板桩套型锁口,锁口内涂上润滑黄油,两桩锁口连接转角 10°~15°,摩擦力小,防渗性较好,四个转角位置采用焊接的 T 型钢板桩。围堰内支撑一般采用钢管桩,围堰及斜撑采用双拼工字钢,见图 3.49。内支撑根据设计进行安

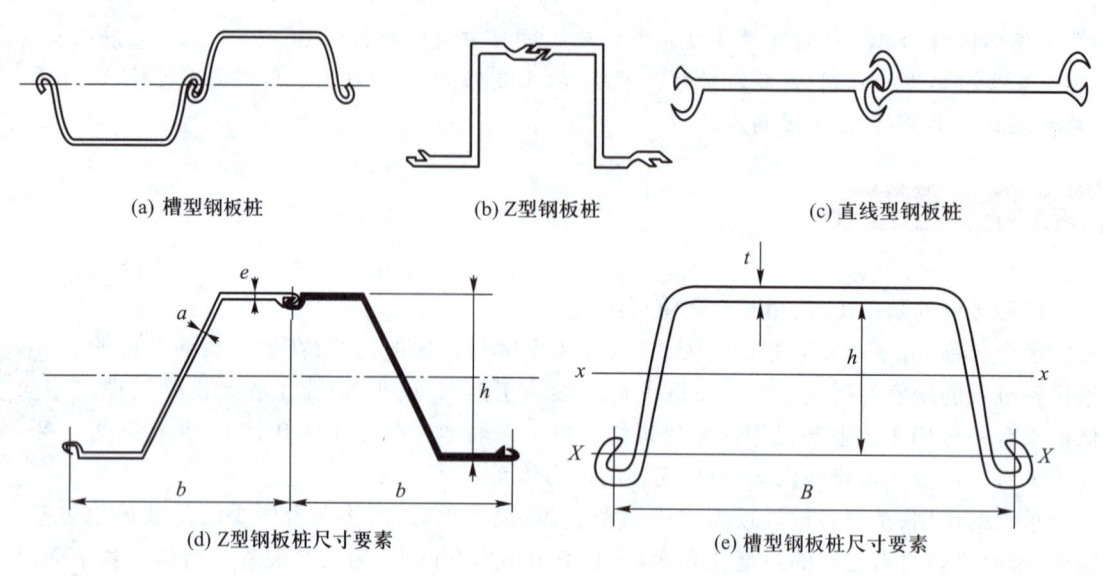

(a) 槽型钢板桩　　(b) Z型钢板桩　　(c) 直线型钢板桩

(d) Z型钢板桩尺寸要素　　(e) 槽型钢板桩尺寸要素

图 3.46　常用钢板桩类型

表 3.8　常用槽型钢板桩技术规格及计算数据表

型号	尺寸			每块钢板桩			
	有效宽度 B/mm	有效高度 h/mm	厚度 t/mm	截面积 /cm²	截面二次力矩/cm⁴	截面模数 /cm³	单位净重 /(kg/m)
拉森-Ⅱ	400	100	10.5	61.18	1240	152	48.0
拉森-Ⅲ	400	125	13.0	76.42	2220	223	60.0
拉森-Ⅳ	400	170	15.5	96.99	4670	362	76.1

注：1. 表中截面没有考虑因钢板桩的锁口在中立轴处产生的减弱。
2. 一般应根据出厂说明书所载的数据应用。

图 3.47　振动锤插打钢板桩　　　　图 3.48　机械手插打钢板桩

放，围堰焊接在钢板桩牛腿上，内支撑与围堰之间采用焊接的方式进行连接，以加大围堰抵抗土侧压力的能力。

内支撑及围堰施工完成后进行承台开挖，一般采用挖掘机开挖与高压射水配合进行。围堰内经过吸泥整平后进行测量,测点分布与导管位置大致相同,基底标高须符合设计要求,局部高低允许偏差为±40 cm。清出的淤泥及时用运输车外运,在指定的弃土场弃土。

当基坑开挖至承台底设计高度时,根据基底土质情况须进行地基处理。施工时,根据土质情况将基坑底超挖0.5~1 m。然后采用泵车按照先进行上游钢板桩底部附近浇筑的原则,进行封底混凝土施工,基底处理后的标高不能高于承台底设计标高,顶面同时需抹平,处理后的基底与钻孔桩连为整体。基坑底四周必须设置排水沟和积水坑,以便将坑内积水及时抽出,见图3.50。

图3.49 安装内支撑及围堰　　图3.50 泥浆泵清理作业

（2）钢板桩围堰的施工还应符合下列规定：

① 钢板桩的材质、性能和尺寸应符合产品的相应规定。钢板桩在存放、搬运和起吊时,应采取措施防止其变形及锁口损坏。经过整修或焊接后的钢板桩,应采用同类型的短桩进行锁口通过试验,合格者方可继续使用。

② 钢板桩施打前应设置测量观测点,控制其施打的定位。

③ 钢板桩在施打前,其锁口宜采用止水材料抹缝,防止在使用过程中漏水。

④ 施打钢板桩应有导向装置,应能保证桩的位置准确。施打顺序应按既定的施工技术方案进行,并宜从上游开始分两头向下游方向合龙。施打时应随时检查其位置和垂直度是否准确,不符合要求的应立即纠正或拔起重新施打。施打完成后所有钢板桩的锁口均应闭合。

⑤ 同一围堰内采用不同类型的钢板桩时,宜将不同类型桩的各半拼焊成一根异型钢板桩,分别与相邻桩进行连接。接长的钢板桩,其相邻桩的接头位置应上下错开。

⑥ 拔除钢板桩之前,应向堰内注水使堰内外的水位保持平衡。拔桩应从下游侧开始逐步向上游侧进行,拔除的钢板桩应对其锁口进行检修并涂油,堆码妥善保存。

二、套箱围堰

1. 钢套箱围堰施工工艺

（1）加工。钢套箱组件的制作宜在工厂进行,按工艺设计将模板制成后拼装,然后分组、编号、上油保护。所用橡胶防水垫圈和连接螺栓等设专箱存放,与钢套箱钢模一起运送到工作平台待用组装。

（2）拼装及下沉。将第一节放入水中定位,然后拼装第二节,下沉,再继续拼装下一节,直至全部拼装完成,下沉就位。

(3)清底。钢套箱沉至设计标高,灌注封底混凝土之前,要对底板进行清理,整平河床面。

2. 钢套箱的施工要求

(1)对有底钢套箱,除应进行结构的计算和验算外,尚应针对套箱内抽干水后的工况进行抗浮验算。钢套箱采用悬吊方式安装时,应验算悬吊装置及吊杆的强度是否满足受力要求。

(2)钢套箱应根据现场设备的起吊能力和移运能力确定采用整体式或装配式制作,制作时应采取防止接缝渗漏的措施。

(3)钢套箱下沉就位时,在下沉过程中应保持平稳,当采用多个千斤顶吊放时,应使各千斤顶的行程同步,且宜设置导向装置或利用已成桩作为导向的承力结构进行准确定位。钢套箱就位后应对其平面位置和高程进行精确调整,并应及时予以固定;当水流速度过大会使套箱的位置发生改变时,应具有稳定套箱的可靠措施。

(4)有底钢套箱在浇筑封底混凝土之前,应对底板和钢护筒的表面进行清理,并应采用适宜的止水装置或材料对底板与桩基之间的缝隙进行封堵。

(5)钢套箱内的排水应在封底混凝土符合设计规定的强度后或达到设计强度的80%及以上时方可进行,在封底混凝土未达到规定强度之前,应打开套箱上设置的连通器,保持套箱内外水头一致,排水时不应过快,并应在排水过程中加强对套箱情况变化的监测;对有底钢套箱,必要时可设反压装置抵抗过大的浮力。

(6)钢套箱侧壁兼作承台模板时,其位置和尺寸应符合承台结构的允许偏差规定。

三、双壁钢围堰

双壁钢围堰施工一般为先桩后围堰法进行承台施工,也有为了渡洪而先施工围堰后进行桩基础施工的。本节按照先桩后围堰法介绍施工流程。

1. 双壁钢围堰施工工艺

(1)加工制作(图3.51)。制造钢围堰的钢料、焊条等主要材料应符合设计文件并附有出厂合格证。钢围堰制造、拼装、接高的所有焊缝必须严格按设计和规范要求进行焊接,所有焊缝除满足设计要求外,还必须在焊缝处涂煤油作水密检查,确保不漏水。围堰加工分块根据设计要求进行,每节围堰的基本单元体进行编号,以便拼装时对号入座。

(2)运输。围堰侧板在岸上加工,由汽车经过栈桥运至墩位处,用履带吊逐块吊装就位,并作临时固定,然后逐块栓接围堰面板,再进行焊接,使围堰形成整节,焊缝处涂煤油作水密检查,最后用螺栓连接围堰内临时钢支撑。

(3)拼装及下沉(图3.52)。首节围堰拼装好以后,由安装于桩顶吊架上的精轧螺纹钢提

图 3.51 钢围堰加工制作　　　　图 3.52 钢围堰拼装及下沉

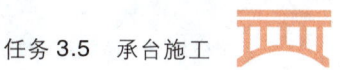

住围堰,拆除围堰下沉范围内的平台,利用螺纹钢开始下沉围堰,并向围堰夹层中注水,围堰上口位于平台顶面附近时,停止下沉,将围堰固定于平台上,再将第二节围堰面板逐块吊装至第一节围堰上,先栓接、后焊接各条焊封,焊封检查合格后,再继续放松螺纹钢、注水下沉,如此循环直至围堰刃口达到设计标高。如果靠自重围堰入土深度达不到设计标高,可采用围堰加载法等方法使围堰下沉至设计标高。

(4) 纠偏。如果围堰在下沉过程中发生偏位时,采用围堰夹层不对称注水、围堰不对称加载等方法进行纠偏。

2. 双壁钢围堰施工要求

(1) 围堰的双壁间距应根据下沉时需要克服的浮力、土层摩擦力及基底抗力等经计算确定,并应在双壁之间分设多个对称的、横向互不相通的隔水仓。

(2) 双壁钢围堰兼作钻孔平台时,应将钻孔施工产生的全部荷载及各种工况加入围堰结构的最不利荷载组合中进行设计和验算。钢围堰需度汛或度凌施工时,应制订稳定和防撞击、防冲刷的可靠方案,并应进行相应的验算。

(3) 双壁钢围堰结构的制作宜在工厂按设计要求进行,各节、块应按预定的顺序对称组装拼焊,制作完成后应进行焊接质量检验,并应进行水密性试验。

(4) 围堰应根据现场的水文、地质和通航等情况,设置可靠的定位系统和导向装置。

(5) 围堰下沉至设计高程,在灌注封底混凝土之前,应对河床面进行清理和整平。围堰置于岩面上时,宜将岩面整平;基岩岩面倾斜或凹凸不平时,宜将围堰底部制作成与岩面相应的异形刃脚,增加其稳定性并减少渗漏。

四、封底

围堰施工完成后,需要对围堰底部进行封底施工,见图3.53。封底施工采用刚性导管法进行水下混凝土封底,封底施工时应符合下列要求:

(1) 封底混凝土的原材料、配合比等可按钻孔灌注桩水下混凝土的相关规定执行。每根导管开始灌注时所用的混凝土坍落度宜采用下限,首批混凝土需要数量应通过计算确定。

(2) 灌注封底水下混凝土时,需要的导管间隔及根数,应根据导管作用半径及封底面积确定。采用多根导管灌注时,其灌注的顺序应进行专门设计,并应采取有效措施防止发生混凝土夹层;若同时灌注,当基底不平时,应逐步使混凝土保持大致相同的高程。

图 3.53 浇筑封底混凝土

(3) 在灌注过程中,导管应随混凝土面升高而逐步提升,导管的埋深宜与导管内混凝土下落深度相适应,且宜不小于《公路桥涵施工技术规范》(JTG/T 365—2020)中的规定。同时应根据混凝土的堆高和扩展情况,调整坍落度和导管埋深,使每盘混凝土灌注后形成适宜的堆高和不陡于1∶5的流动坡度。抽拔导管时应防止导管进水。

(4) 水下混凝土面的最终灌注高度,应比设计值高出150 mm以上。

五、绑扎钢筋

承台施工前应进行桩基等隐蔽工程的质量验收,桩顶的混凝土面应按水平施工缝的要求凿毛,桩头预留钢筋上的泥土及鳞锈等应清理干净。承台基底为软弱土层时,应按设计要求采取措施,避免在浇筑承台混凝土过程中产生不均匀沉降。

承台钢筋施工按照设计图纸要求进行钢筋加工、安装,见图 3.54,且应符合《公路桥涵施工技术规范》(JTG/T 365—2020)中的规定。

图 3.54　绑扎承台钢筋

六、浇筑混凝土

水中承台一般为大体积混凝土,大体积混凝土的施工应提前制订专项施工方案,并应对混凝土采取温度控制措施。大体积混凝土的浇筑、养护和温度控制应符合下列规定:

(1)施工前应根据原材料、配合比、环境条件、施工方案和施工工艺等因素,进行温控设计和温控监测设计,并应在浇筑后按该设计要求对混凝土内部和表面的温度实施监测和控制。对大体积混凝土进行温度控制时,应使其内部最高温度不高于 75 ℃,内表温差不大于 25 ℃,混凝土表面与大气温差不大于 20 ℃。

(2)大体积混凝土可分层、分块浇筑,分层、分块的尺寸宜根据浇筑能力合理确定;当结构尺寸相对较小或能满足温控要求时,可全断面一次浇筑。

(3)分层浇筑时,在上层混凝土浇筑之前应对下层混凝土的顶面作凿毛处理,并应采取措施将各层间的浇筑间歇期控制在 7 d 以内。

(4)分块浇筑时,块与块之间的竖向接缝面应平行于结构物的短边,并应在浇筑完成拆模后按施工缝的要求进行凿毛处理。

(5)大体积混凝土的浇筑宜在气温较低时进行,但混凝土的入模温度应不低于 5 ℃;热期施工时,宜采取措施降低混凝土的入模温度,且其入模温度宜不高于 28 ℃。

(6)大体积混凝土的温度控制宜按照"内降外保"的原则,对混凝土内部采取设置冷却水管通循环水冷却(图 3.55),对混凝土外部采取覆盖蓄热或蓄水保温等措施进行(图 3.56)。在混凝土内部通水降温时,进出口水的温差宜小于或等于 10 ℃,且水温与内部混凝土的温差宜不大于 20 ℃,降温速率宜不大于 2.0 ℃/d;利用冷却水管中排出的降温用水在混凝土顶面蓄水保温养护时,养护水温度与混凝土表面温度的差值应不大于 15 ℃。

(7)大体积混凝土采用硅酸盐水泥或普通硅酸盐水泥时,其浇筑后的养护时间宜不少于 14 d,采用其他品种水泥时宜不少于 21 d。在寒冷天气或遇气温骤降天气时浇筑的混凝土,除应对其外部加强覆盖保温外,尚宜适当延长养护时间。

图 3.55 布设冷却管　　　　　　　　　图 3.56 浇筑承台混凝土

小结

水中承台的围堰形式；水中承台的封底施工措施及技术要求；水中承台混凝土的浇筑要求及养护措施。

操作与练习

【习题】

1. 填空题

（1）水中围堰主要有（　　）、（　　）和（　　）等3种。

（2）钢板桩最常用的断面形式有（　　）、（　　）和（　　）。

2. 问答题

（1）承台的主要作用是什么？

（2）钢套箱的施工工艺包含哪些内容？

（3）大体积混凝土施工时控制温度的原则有哪些内容？

【典型案例】

南昌生米大桥全长3 062 m，主桥全长606 m，主桥桥面净宽39.0 m，双向六车道加非机动车道。主桥上部结构采用两孔钢管拱混凝土系杆拱，全长606 m，其中主跨径228 m，两侧边拱跨径75 m。31#墩是主桥主墩，共28根直径2.5 m的钻孔桩，呈梅花形布置，设计桩长29.826 m，钻岩深度22 m。承台长55.6 m，宽14.2 m，高4.5 m。主墩基础采用先钻孔后施工承台的方式进行。承台施工采用单壁无底钢套箱的方式进行，施工中对钢套箱的拼装、位置、下放高度、偏差、封底混凝土厚度进行控制，满足施工技术规范及安全技术规程要求。

模块 4

桥梁墩台施工

模块描述：本模块内容包括三个部分，任务1桥墩的类型与构造；任务2桥台的类型与构造；任务3桥梁墩台施工。

学习要求：通过本模块学习，结合典型桥梁施工图纸和案例，认识各种墩台，掌握各类墩台的构造及适用条件，以及掌握桥梁墩台施工方法的选择、工作流程，编制墩台施工方案，能够组织管理墩台施工。

能力目标：掌握桥梁墩台施工内业的基本知识；读懂桥梁墩台构造图和钢筋配置图；掌握桥梁墩台的施工方法的选择、工作流程，编制墩台施工方案。

思政亮点：以2021年12月湖北境内沪渝高速匝道桥梁侧翻事故为例，感受事故的危害性和工程建设的重要性，重视桥梁墩台构造的设计和施工要求，防止因桥墩施工质量把控不严，导致桥梁使用年限缩短，甚至出现垮塌事故，同时正向激励，要有专业的眼光，严格遵守规范，全面考虑各种不利因素，增强自身辨别是非的能力。树立诚实守信、精益求精的职业素养。

任务 4.1　桥墩的类型与构造

4.1.1　认识桥墩

桥墩是在两孔和两孔以上的桥梁中，除两端与路堤衔接的桥台外其余的中间支撑结构。桥墩是桥梁结构的重要组成部分，决定着桥跨结构在平面上和高程上的位置，承担着桥梁上部结构产生的荷载，并将荷载有效地传递给地基基础，起着"承上传下"的作用。桥梁墩台见图4.1、图4.2。

公路桥墩认知

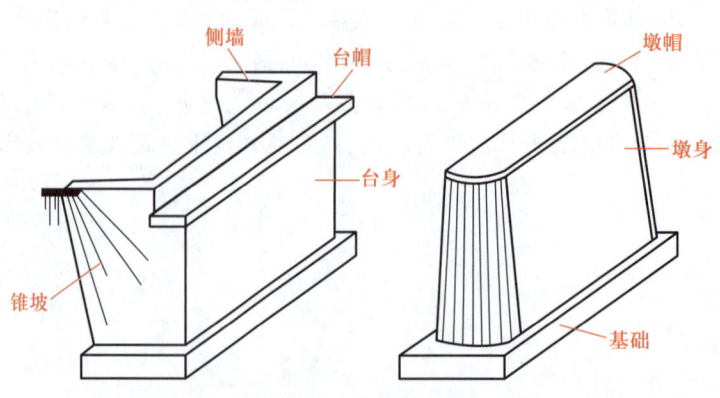

图 4.1　桥梁墩台

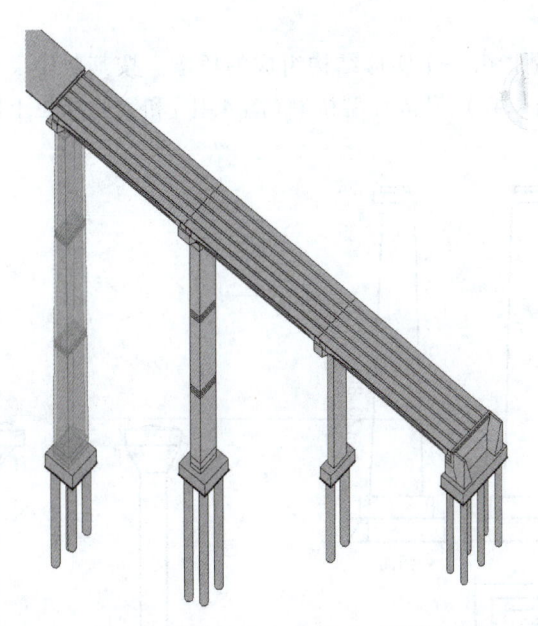

图 4.2　桥梁墩台（BIM 技术建模简图）

它承受上部结构自重和作用于其上的车辆荷载，并将荷载传到地基上，而且还承受流水压力、水面以上风力以及可能出现的冰荷载、船只、排筏等漂流物的撞击力等。因此，桥墩不仅自身应具有足够的强度、刚度和稳定性，而且对地基的承载能力、沉降量、地基与基础之间的摩擦阻力等提出一定的要求，以避免在上述荷载作用下产生危害桥梁整体结构的水平位移、竖向位移和转角位移。

4.1.2　桥墩的类型与构造

桥墩按其构造可分为实体墩、空心墩、柱式墩、排架墩、框架墩；按其截面形状可分为矩形、圆形、圆端形、尖端形及各种组合截面组合而成的空心桥墩（图 4.3）；按其受力特点可分为刚性墩和柔性墩；按施工工艺可分为就地砌筑或浇筑桥墩和预制安装桥墩。

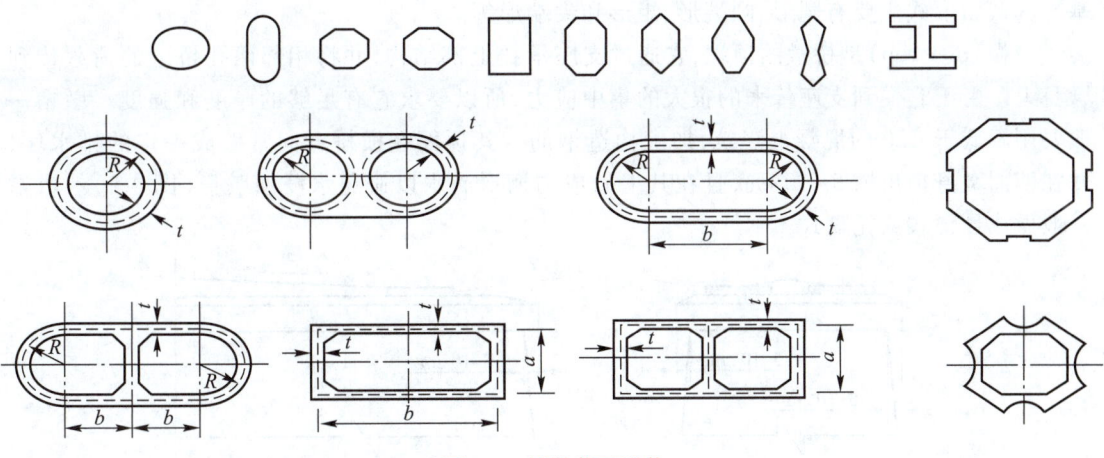

图 4.3　桥墩截面形状

一、实体墩

实体墩(solid pier)是指由一个实体结构组成的桥墩。按其截面尺寸或刚度及重力的不同又可分为重力式桥墩(图 4.4a)、实体轻型桥墩(图 4.4b)和钢筋混凝土薄壁墩。

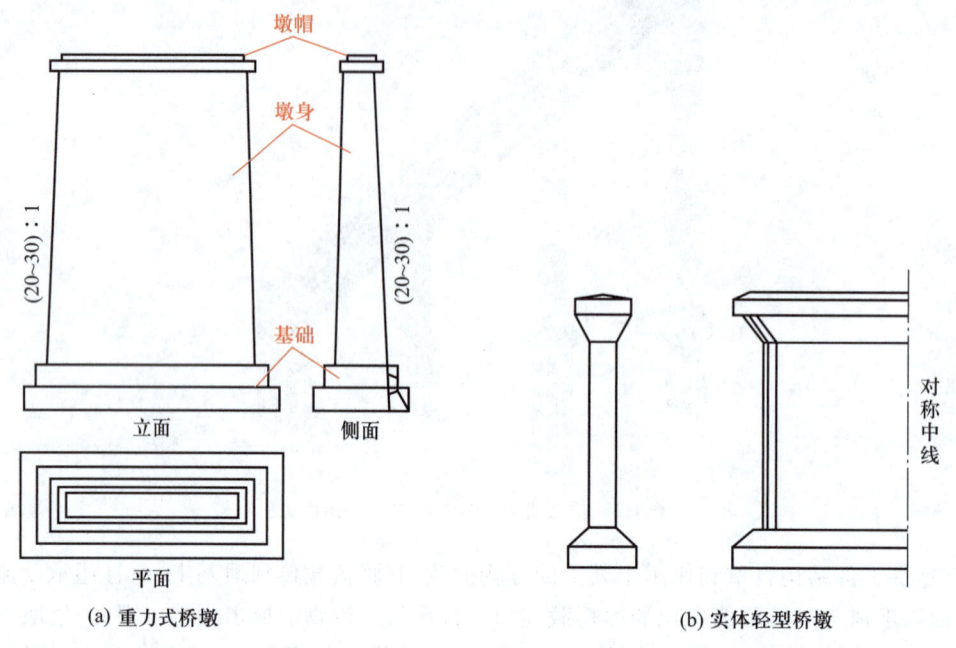

(a) 重力式桥墩　　(b) 实体轻型桥墩

图 4.4　实体墩

1. 重力式桥墩(gravity pier)

一般为采用混凝土或石砌的实体结构。墩身上设墩帽,下接基础。它的特点是充分利用圬工材料的抗压性能,借自身的较大截面尺寸和重量承受竖直方向和水平方向的外力,具有坚固耐久、施工简易、取材方便、节约钢材等优点。缺点是圬工量大、对地基要求高、外形粗大笨重、减少桥下有效孔径、增大地基负荷;当桥墩较高、地基承载力较低时尤为不利。适用于荷载较大的大、中型桥梁或流冰、漂浮物多的河流中,以及沙石料丰富的地区和基岩埋深较浅的地基。其截面形式主要有圆形、圆端形、矩形和尖端形等。

墩帽(pier cap)是桥墩的顶端,它通过支座承托上部结构,并将相邻两孔桥上的荷载传到墩身上。由于它受到支座传来的很大的集中应力,所以要求它有足够的厚度和强度。墩帽一般要用不低于 C20 的混凝土浇筑,加配构造钢筋。其顶面在横桥方向常做成一定的排水坡,并在四周墩身顶出檐 5～10 cm,且在其上做成沟槽形滴水以避免水浸蚀墩身(图 4.5)。墩帽一般做成悬臂式或托盘式。

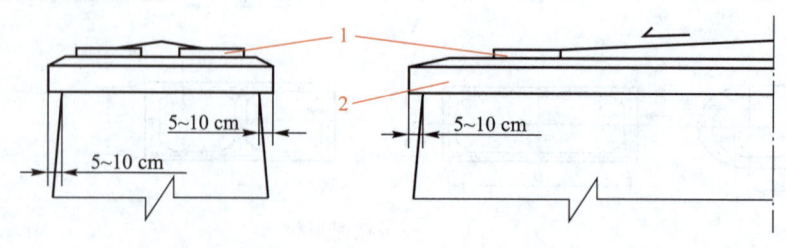

1—支座;2—墩帽

图 4.5　墩帽构造

墩身(pier body)是桥墩的主体部分,可用混凝土、片石混凝土浇筑,也可用石料或混凝土预制块砌筑。墩身的主要尺寸包括墩高、墩顶面、墩底面的平面尺寸和墩身侧坡。墩身平面形状常做成圆端形或尖端形,无水岸墩或高架桥也可做成矩形,在水流与桥梁斜交时还可做成圆形。

2. 实体轻型桥墩(solid light pier)

与重力式桥墩相比,其圬工体积显著减小,自重减小,因而其抗冲击能力较低,不宜用于流速大并夹有大量泥沙的河流或可能有航船、冰等漂浮物撞击的河流中。一般用于中小跨径的桥梁。

3. 钢筋混凝土薄壁墩(reinforced concrete thin-walled pier)

由于重力式桥墩重力大,当地基土质条件较差时,为了减轻地基的应力,可考虑采用钢筋混凝土薄壁墩,薄壁墩高度一般不大于 7 m,墩身厚度约为 30~50 cm,通常用托盘式墩帽,两端为半圆头。

二、空心墩

空心墩(hollow pier)是指墩身截面存在镂空现象的桥墩(图 4.6)。镂空的目的是为了减少圬工数量,使结构更经济,减轻桥墩自重,降低对地基承载力的要求,适用于软弱地基桥墩。但镂空有一个基本前提,即保证桥墩截面强度和刚度足以承担和平衡外力,从而保证桥墩的稳定性。主要有两种形式,一种为部分镂空实体桥墩;另一种为薄壁空心桥墩。

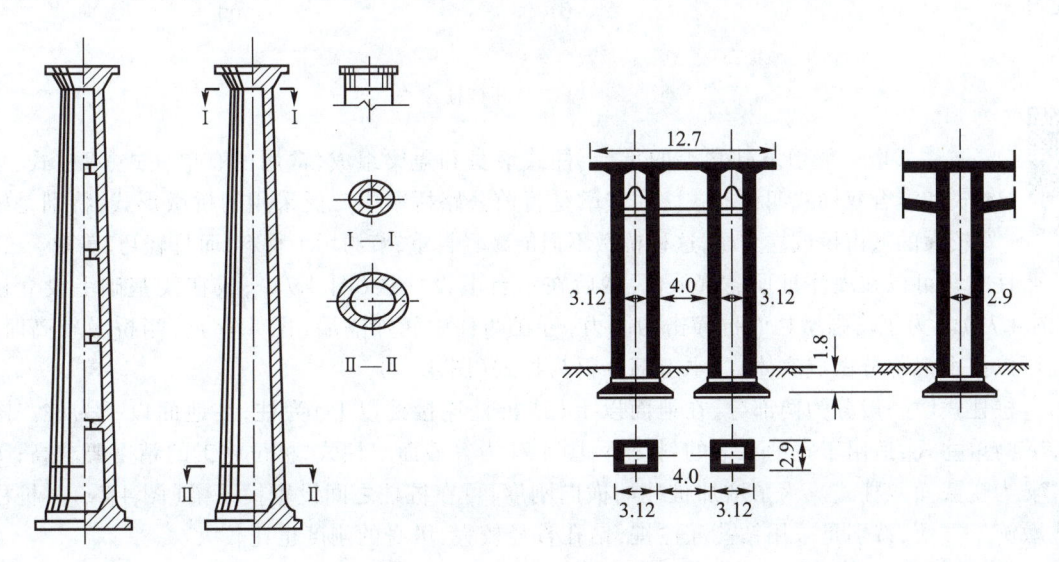

图 4.6 圆形空心墩和方形空心墩

部分镂空实体桥墩,是在重力式桥墩基础上镂空中心一定数量的圬工体积,仍保持实体桥墩的基本特点,如较大的轮廓体形、较大的圬工结构和少量的钢筋等。具体镂空的部位受到一定条件限制,如在墩帽下一定高度范围内,为保证上部结构荷载安全有效地传递给墩身壁,应设置一定的实体过渡段;在空心部分与实体部分交界处应设置倒角或配置构造钢筋,从而避免墩身传力过程中产生的局部应力集中问题;对于受船只、漂流物撞击或易磨损、需防流冰撞击的墩身部分,一般不镂空。

薄壁空心桥墩是采用强度高、墩身壁较薄的钢筋混凝土构筑而成的空格形桥墩。其基本结构形式与部分镂空实体桥墩相似。这种构件大幅度减少了墩身自重,减少了地基的负荷,从而减少了自身的截面尺寸,使结构在外观上变得更加轻盈。

三、柱式墩和桩柱式墩

柱式墩(column pier)和桩柱式墩(pile pier)是公路桥梁广泛应用的桥墩形式(图 4.7),它能减轻墩身重力、节约圬工材料、施工方便、外形又较美观。

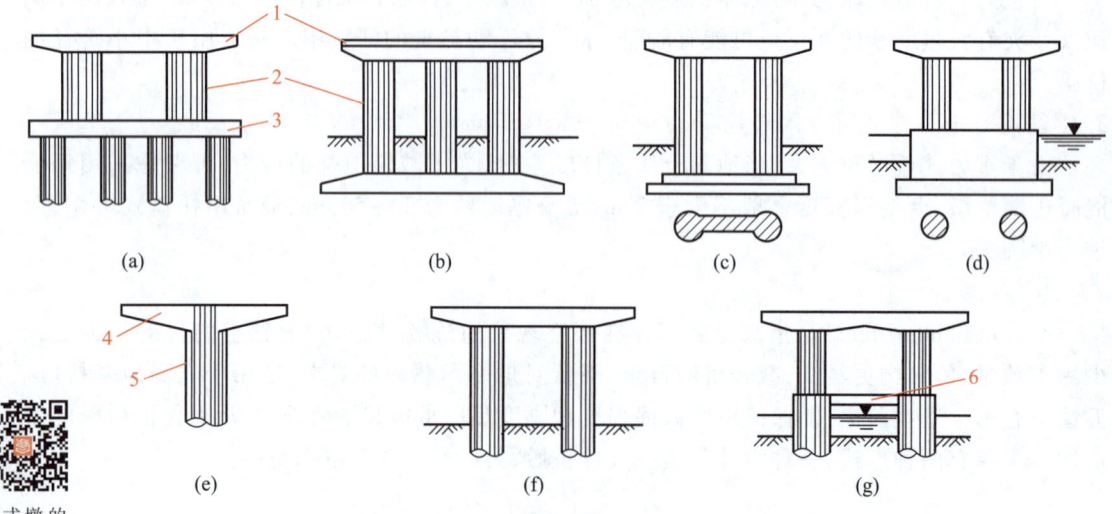

1—盖梁;2—立柱;3—承台;4—悬臂盖梁;5—单立柱;6—横系梁

图 4.7　柱式墩和桩柱式墩

柱式墩一般由基础之上的承台、柱式墩身和盖梁组成,常用的有单柱式、双柱式、哑铃式和混合双柱式四种形式。柱式墩是目前公路桥梁中广泛采用的桥墩形式,特别是桥宽较大的城市桥或立交桥,这种桥墩不但能减轻自重,节约圬工材料,而且轻巧、美观。

柱式墩可以在灌注桩顶浇筑承台,然后在承台上设立柱(图 4.7a);或在浅基础上设立柱(图 4.7b)。为了增强墩柱间抗撞击的能力,可在两柱中间加隔墙(图 4.7c)。当桥墩较高时,也可以把水下部分做成实体式,水上部分仍为柱式(图 4.7d)。

桩柱式墩一般分为两部分,在地面以上(或桩柱连接处以上)为柱,在地面以下为桩。图 4.7e 为单柱式,适用于宽度不大的斜交桥;图 4.7f 为等截面双柱式,桩位施工的精度要求高;图 4.7g 为变截面双柱式。为了增加桩柱的横向刚度,可在桩柱之间设置横系梁(图 4.7g)。桩柱式墩施工方便,特别是采用钻孔灌注桩,钻孔直径较大,墩身的刚度也比较大。

盖梁(bent cap)是柱式墩的墩帽,一般用 C20~C30 的钢筋混凝土就地浇筑,也有采用预制安装或预应力混凝土。盖梁的横截面形状一般为矩形或 T 形。盖梁宽度根据上部构造形式、支座间距和尺寸等确定。盖梁高度一般为梁宽的 0.8~1.2 倍。盖梁的长度应大于上部构造两边梁(或边肋)间的距离,并应满足上部构造安装时的要求。

为使桩柱与盖梁(或承台)有较好的整体性,桩柱顶一般应嵌入盖梁(或承台)15~20cm,露出桩柱顶的主筋可弯成与铅垂线约成 15°顺斜角的喇叭形,伸入盖梁(或承台)中,构造钢筋伸入桩内与主筋连接。

四、柔性排架墩

柔性排架墩(flexible bent pier)是桥墩轻型化的途径之一,一般布设在两端具有刚性较大桥台的多跨桥中,由单排或双排的钢筋混凝土柱与钢筋混凝土盖梁连接而成,全桥除一个中墩设置活动支座外,其余墩台均采用固定支座(图4.8)。

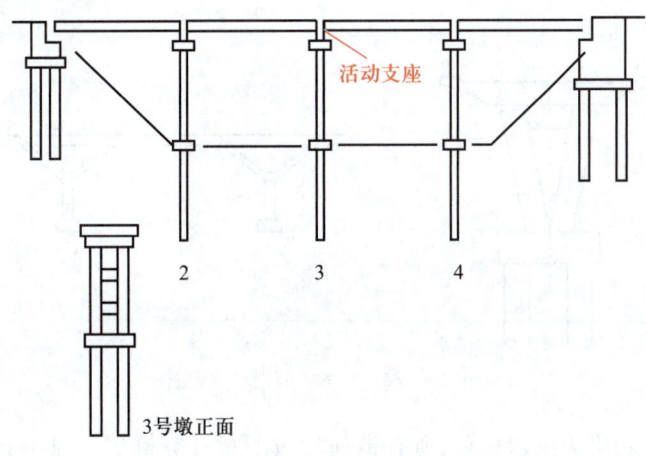

图4.8 柔性墩的布置

考虑到柔性墩在布置上只设一个活动支座,当桥孔数较多且桥较长时,柔性墩固定支座的墩顶位移量过大而处于不利状态,活动支座的活动量也大,刚性桥台的支座所受的水平力也大。因此,多跨长桥采用柔性墩时宜分成若干联,每联设置一个刚性墩(台)。两个活动支座之间或刚性台与第一个活动支座间称为一联(图4.9)。

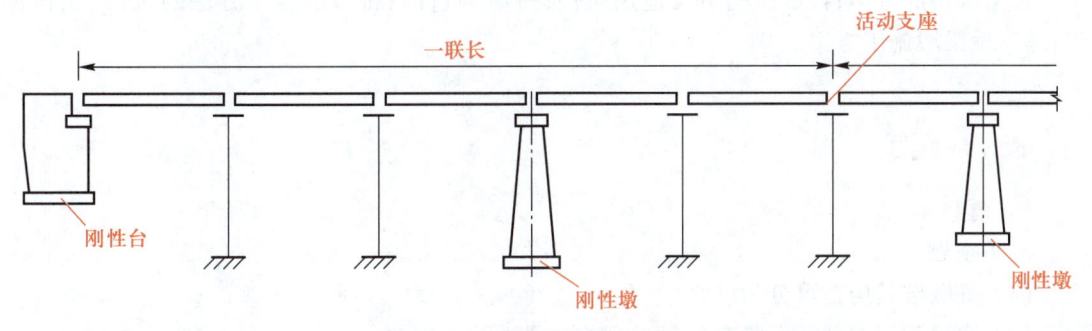

图4.9 多跨柔性墩的布置

柔性排架墩的主要特点是,上部结构传来的水平力(制动力、温度影响力等)按各墩台的刚度分配到各墩台,作用在每个柔性墩上的水平力较小,而作用在刚性墩台上的水平力很大,因此,柔性桩墩截面尺寸得以减小。柔性排架墩多用于墩高为5~7 m,跨径13 m以下,桥长50~80 m的中小型桥中。不宜用在山区河流或漂流物严重的河流。

柔性排架桩墩分单排架墩和双排架墩。单排架墩一般用于高度不超过4.0~5.0 m;桩墩高度大于5.0 m时,为避免行车时可能发生的纵向晃动,宜设置双排架墩;当承受桩上荷载或支座布置等条件限制不能采用单排架墩时,也可采用双排架墩;当采用钻孔灌注桩时,可采用单排架墩。

五、框架墩

框架墩(frame pier)采用钢筋混凝土或预应力混凝土等压挠或挠曲构件组成平面框架代替墩身,支承上部结构,必要时可做成双层或多层框架。这是较空心墩更进一步的轻型结构,如 V 形墩、Y 形墩(图 4.10)、X 形墩都属于框架墩的一种。不仅结构轻巧美观,给桥梁建筑增添了新的艺术造型,而且使桥梁的跨越能力提高,缩短了主梁的跨径,降低了梁高,但其结构复杂,施工比较麻烦。

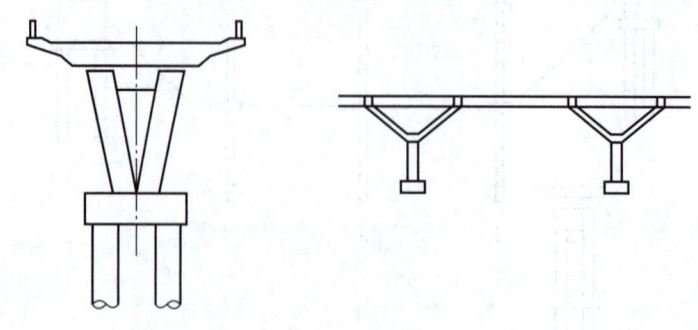

图 4.10 框架墩(V 形墩、Y 形墩)

框架墩形式较多,均为压弯构件,所有钢筋均应通过计算确定。对于有分叉的桥墩来说,可用墩帽,也可无墩帽。无墩帽时,分叉张开角一般应小于 90°,有墩帽时,张角可略大些,视受力情况而定。

小结

桥梁墩台的分类;桥墩的构造及适用条件;桥墩构造图;桥墩的施工方法的选择、工作流程;编制桥梁墩施工方案。

操作与练习

【习题】

1. 填空题

(1) 桥墩按其构造可分为(   )、(   )、(   )、(   )和(   );

(2) 桥墩常用的截面形状有(   )、(   )、(   )和(   )。

(3) 桥墩的组成有(   )、(   )和(   )。

2. 问答题

(1) 简述桥墩的类型及其适用条件。

(2) 简述重力式桥墩的特点。

(3) 简述桥墩的作用。

(4) 柱式墩的特点有哪些。

(5) 简述桩柱式墩的组成部分及作用。

【典型案例】

刘溪河 2 号大桥设计为六车道整体式桥梁,起止里程为 K142+765～K143+101,桥梁全长 336 m,孔跨布置为:1×25+2×30+(72+125+48)m,1×25+2×30 m 为预应力混凝土先简支后连续 T 梁。引桥 1、2、3 号墩下部结构采用双柱式桥墩,如图 4.11 所示,其中 1 号墩左右幅及 2 号墩右幅墩柱为直径 1.3 m 圆柱,2 号墩左幅为直径 1.6 m 圆柱,3 号墩左右幅设计为直径 2 m 圆柱。圆柱墩墩高最高为 16.2 m,最低为 2.5 m,柱间距设计为 9 m,墩高(含盖梁高)大于 7 m 时设置桩顶系梁,墩柱设计为 C35 混凝土,系梁设计为 C30 混凝土。

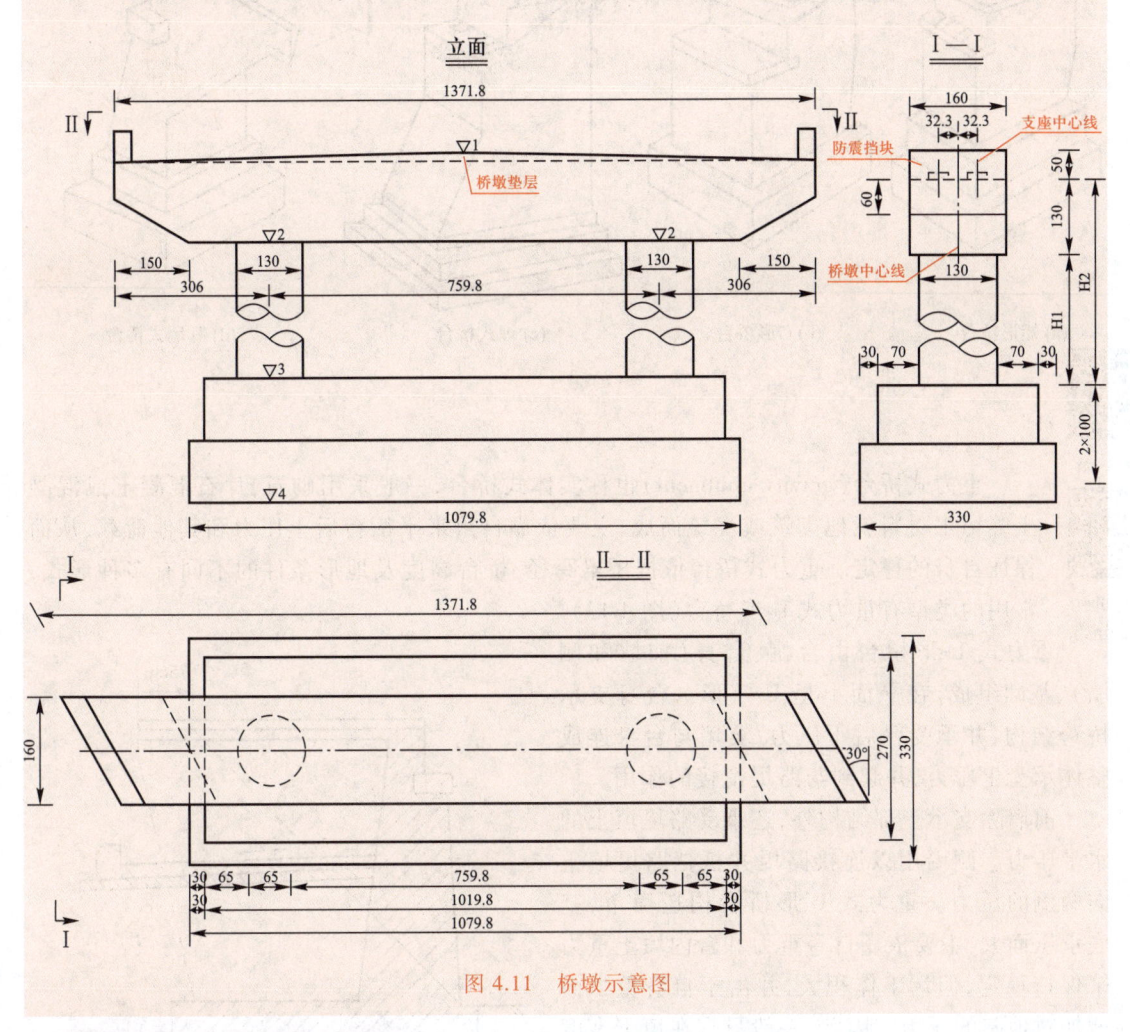

图 4.11 桥墩示意图

任务 4.2　桥台的类型与构造

4.2.1　认识桥台

桥台(图 4.12)是设置在桥的两端,用于支承桥跨结构并与两岸接线路堤衔接的构造物。桥台既要承受桥梁边跨结构和桥台本身结构自重和作用于其上的车辆荷载,并将荷载传到地基上,又要挡土护岸,而且还要承受台背填土及填土上车辆荷载所产生的附加土侧压力。因此,桥台不仅自身应具有足够的强度、刚度和稳定性,而且对地基的承载能力、沉降量、地基与基础之间的摩擦阻力等提出一定的要求,以避免在上述荷载作用下产生危害桥梁整体结构的水平位移、竖向位移和转角位移。

4.2.2　桥台的类型与构造

桥台通常按其形式划分为:重力式桥台、轻型桥台、框架式桥台、组合式桥台和承拉桥台。

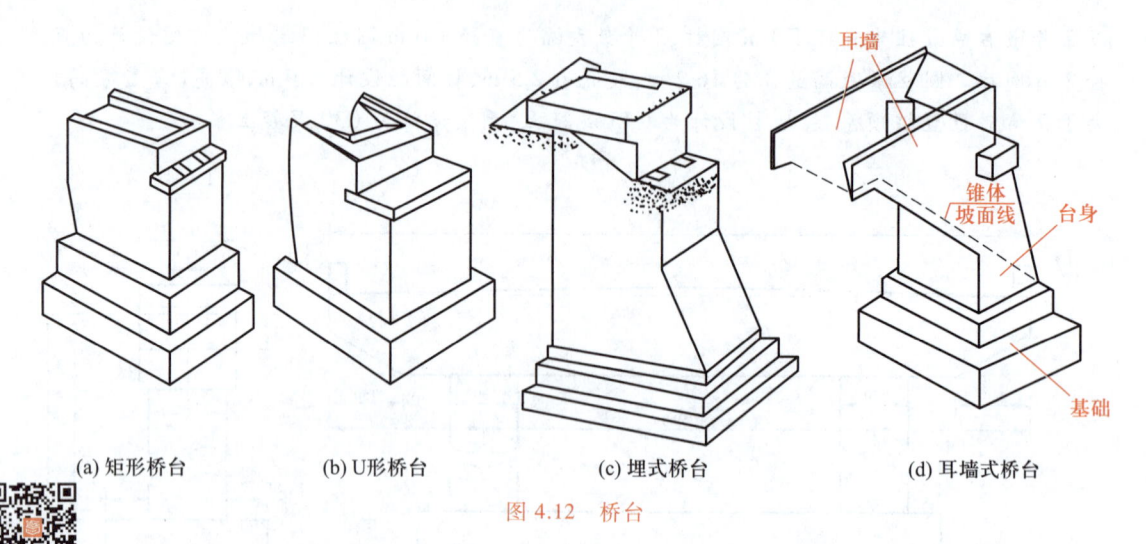

(a) 矩形桥台　　(b) U形桥台　　(c) 埋式桥台　　(d) 耳墙式桥台

图 4.12　桥台

一、重力式桥台

重力式桥台(gravity abutment)也称实体式桥台,一般采用砌石、片石混凝土或混凝土等圬工材料就地砌筑或浇筑而成,主要依靠自重来平衡台后土压力和其他荷载,从而保证自身的稳定。重力式桥台依据桥梁跨径、桥台高度及地形条件的不同有多种形式,常用的类型有重力式U形桥台(图 4.13)。

重力式U形桥台由台帽、台身(前墙和侧墙)、基础组成,在平面上呈U字形。台身支承桥跨结构,并承受台后土压力;翼墙与台身连成整体承受土压力,并起到与路堤衔接的作用。

前墙除支承上部结构外,还承受路堤填土的水平压力。侧墙用以连接路堤并抵挡路堤填土向两侧的压力。重力式U形桥台构造简单,基底承压面大,主要依靠自身重力和台内填土重力来保持稳定,但圬工体积大,并由于自身重力而增加对地基的压力。因此,一般只宜在填土高度和跨径不大的桥梁中采用。

U形桥台台心应填透水性良好的土,如砂性土或砂砾。台内一定高度处设黏土隔水层,设置向台后方向的斜坡,并通过盲沟将水排向路基外。

二、轻型桥台

轻型桥台(light abutment)通常采用圬工材料或钢筋混凝土。从结构形式上分,轻型桥台有埋置式桥台、八字式和一字式桥台、薄壁轻型桥台和支撑梁轻型桥台。

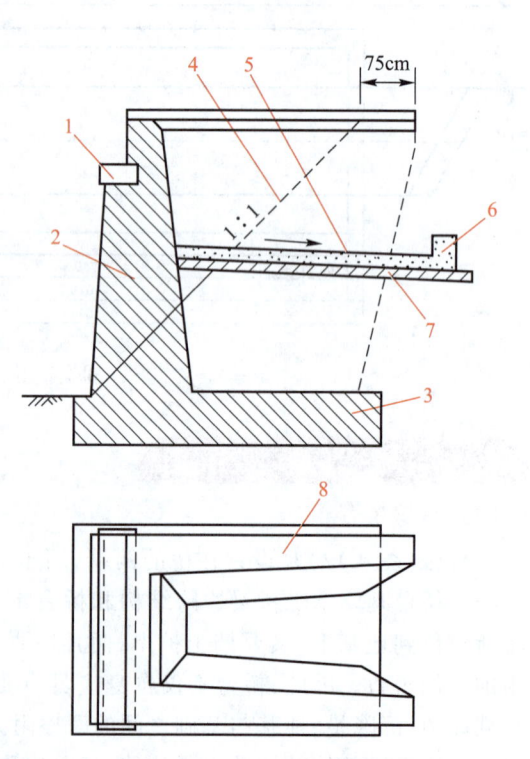

1—台帽;2—前墙;3—基础;4—锥形护坡;5—碎石;6—盲沟;7—夯实黏土;8—侧墙

图 4.13　重力式U形桥台

1. 埋置式桥台(embedded abutment)

埋置式桥台是将台身埋在台前锥形护坡中,只露出台帽,以安放支座和上部结构,不另设翼墙,仅由台帽两端的耳墙与路堤衔接(图4.14),分为直立式和后倾式。由于台身埋入土中,利用台前锥坡产生的土压力来抵消台后的主动土压力,可以增加桥台的稳定性,桥台的尺寸也相应减小。但埋置式桥台的锥坡挡水面积大,对桥孔下的过水面积有所压缩。埋置式桥台的台身为圬工实体,台帽及耳墙采用钢筋混凝土。台身埋置于锥形护坡内,利用锥形护坡填土抵消部分台后填土压力。因此,埋置式桥台圬工数量较省,但由于锥形护坡深入桥孔,压缩河道,有时需要增加桥长。它适用于桥头为浅滩,锥形护坡受冲刷较小,填土高度在 10 m 以下的中等跨径的多跨桥中。

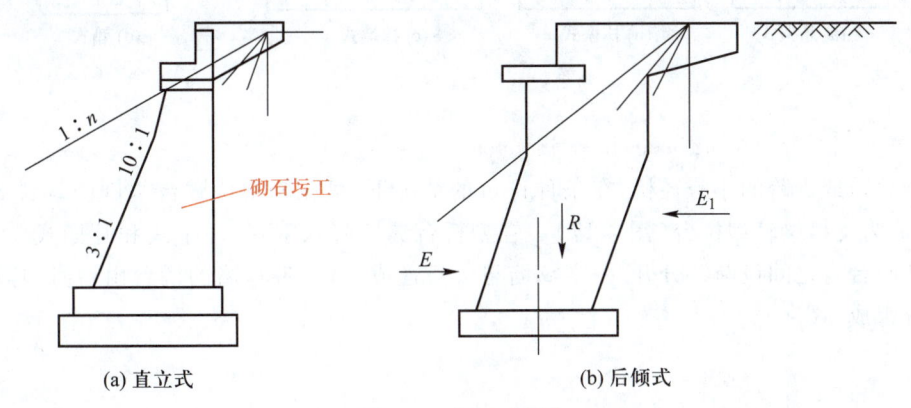

图 4.14 埋置式桥台

2. 八字式和一字式桥台(flare wing-walled abutment and head wall abutment)

台身两侧为独立的翼墙,一般将台身与翼墙分开,其间设变形缝。当台身与翼墙斜交时则为八字式桥台;当台身与翼墙在同一平面时则为一字式桥台(图4.15)。

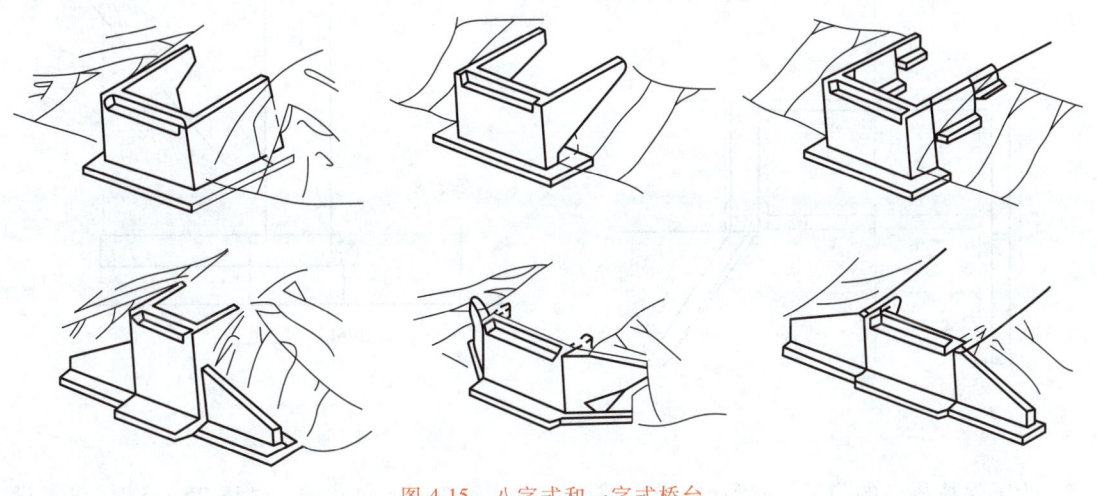

图 4.15 八字式和一字式桥台

八字式和一字式桥台的翼墙除挡住路堤填土外,还起着引导水流的作用。

3. 薄壁轻型桥台(thin-walled light abutment)

薄壁轻型桥台常用的形式有悬壁式、扶壁式、撑墙式和箱式(图 4.16),其主要特点是利用钢筋混凝土结构的抗弯能力来减少圬工体积从而使桥台轻型化。

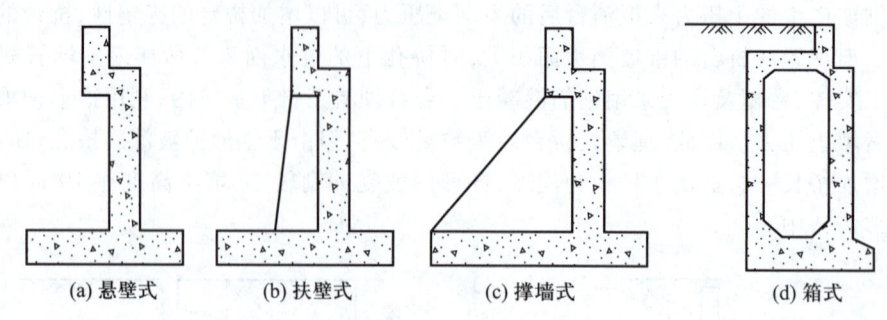

图 4.16 薄壁轻型桥台
(a)悬壁式 (b)扶壁式 (c)撑墙式 (d)箱式

4. 支撑梁轻型桥台(support beam light abutment)

对于单跨或少跨的小跨径桥,在条件许可的情况下,可在轻型桥墩台基础间设置 3~5 根支撑梁,成为支撑梁轻型桥台(图 4.17)。轻型桥台翼墙有八字式、一字式和耳墙式。八字形的八字墙与台身之间设断缝分开,一字翼墙与台身连成一体,带耳墙的桥台由台身、耳墙和边柱三部分组成(图 4.18)。

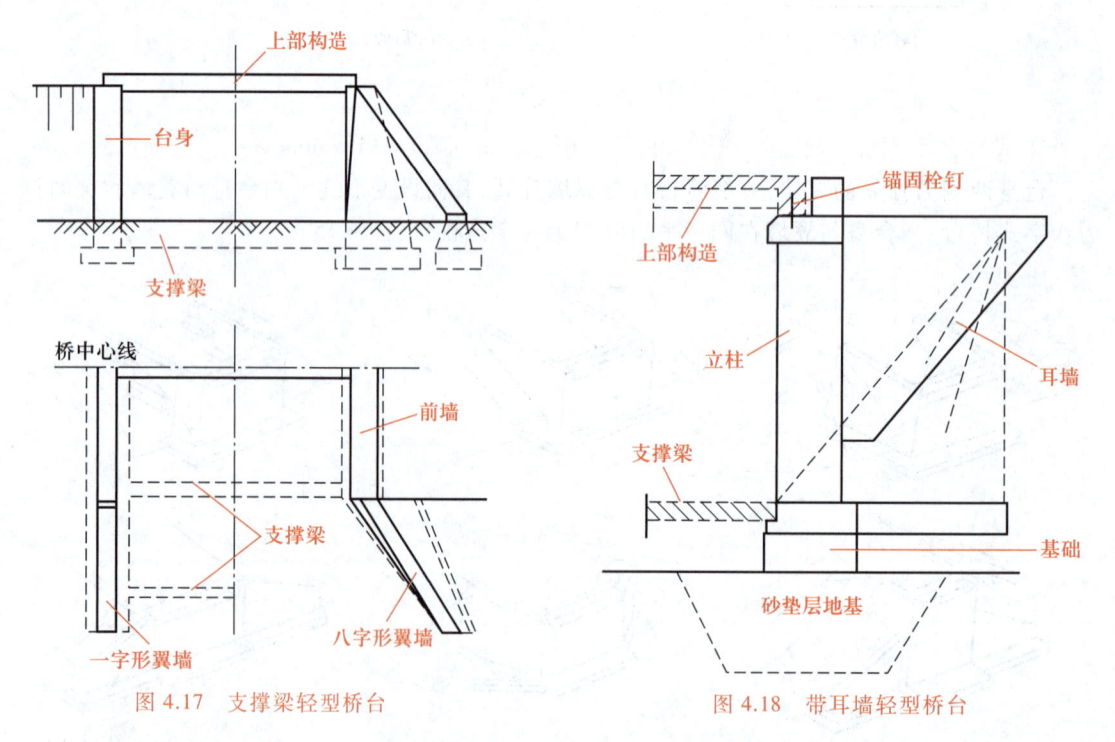

图 4.17 支撑梁轻型桥台

图 4.18 带耳墙轻型桥台

为了保持桥台的稳定,一般均需设支撑梁。当基础能嵌入风化岩层 15~25 cm 时,可不设支撑梁。较常见的钢筋混凝土薄壁轻型桥台,由扶壁式挡土墙和两侧的薄壁侧墙构成。

三、框架式桥台

框架式桥台(frame abutment)由台帽、桩柱、基础(或承台)组成,是一种在横桥方向呈框架式结构的桩基础轻型桥台。桩基埋入土中,所受土压力较小,适用于地基承载力较低,台身高度大于 4 m、跨径大于 10 m 的梁桥。其构造形式有双柱式、多柱式、肋墙式、半重力式、双排架式和板凳式等。

双柱式桥台台帽置于立柱上,台帽两端设耳墙以便与路堤衔接,是一种结构简单、圬工数量小的桥台形式,适用于填土高度小于 5m 的情况(图 4.19)。当填土高度大于 5 m 时,用少筋薄墙代替立柱支承台帽,即成为墙式桥台(图 4.20)。若墙中设骨架肋,则又成为肋墙式桥台。当水平力较小时,桥台可采用双排架式或板凳式,它由台帽、台柱和承台组成(图 4.21)。其中柱有两排,以形成抗推力偶。

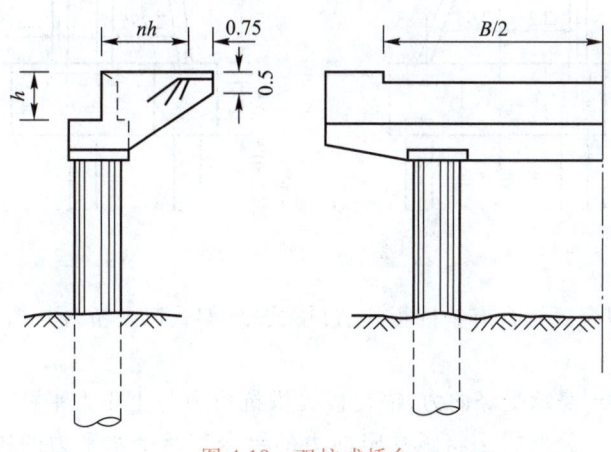

图 4.19 双柱式桥台

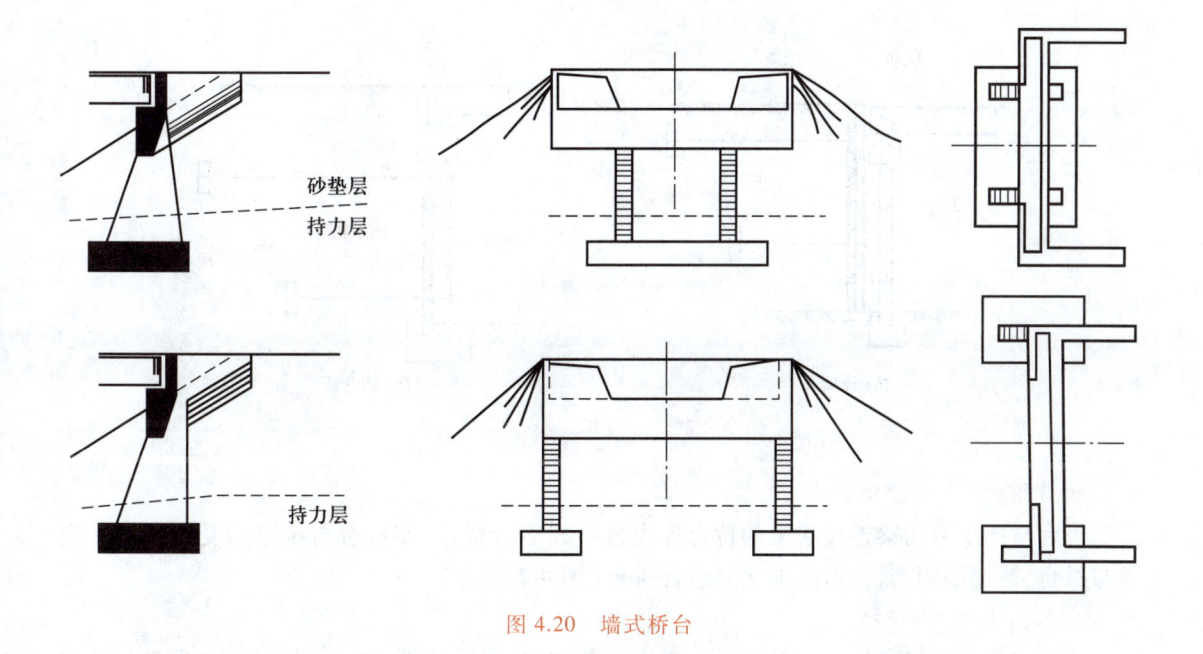

图 4.20 墙式桥台

四、组合式桥台

为使桥台轻型化,桥台本身主要承受桥跨结构传来的竖向力和水平力,而台后的土压力由其他结构来承担,这就形成了由分工不同的结构组合而成的桥台,即组合式桥台(combined

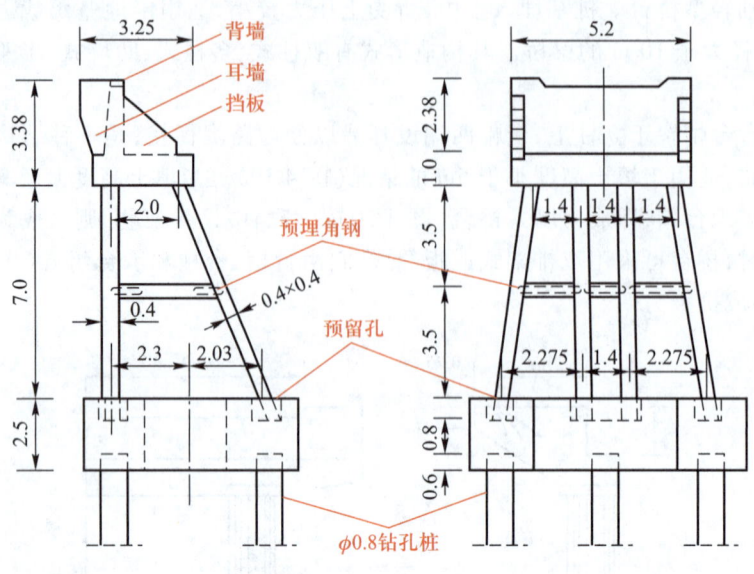

图 4.21 排架装配式桥台

abutment）。常见的组合式桥台有锚锭板式、过梁式、框架式以及桥台与挡土墙组合式等。

1. 锚锭板式桥台

锚锭板式桥台由台身承受竖向力,锚锭板提供抗拔力与土压力平衡。根据结构不同又有分离式与结合式之分。分离式是将承受竖向力的台身与承受水平力的锚锭板和挡土结构分开;而结合式是将这两部分结合在一起,台身兼做立柱和挡土板(图 4.22)。

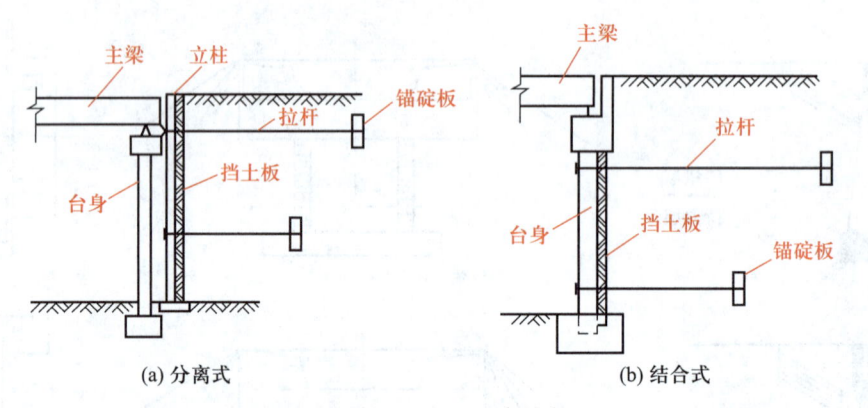

(a) 分离式 (b) 结合式

图 4.22 锚锭板式组合桥台

2. 过梁式、框架式组合桥台

桥台与挡土墙用梁连接起来的桥台称为过梁式组合桥台,使桥台与桥墩的受力相同。当梁与桥台、挡土墙刚结,则形成框架式组合桥台(图 4.23)。

3. 桥台与挡土墙组合桥台

桥台与挡土墙组合桥台由轻型桥台支承上部结构,台后设挡土墙承受土压力,台身与挡土墙分离,受力明确。当地基条件比较好时,也可将桥台与挡土墙放在同一基础之上(图 4.24)。这种桥台主要优点是可以不压缩河床,但构造比较复杂。

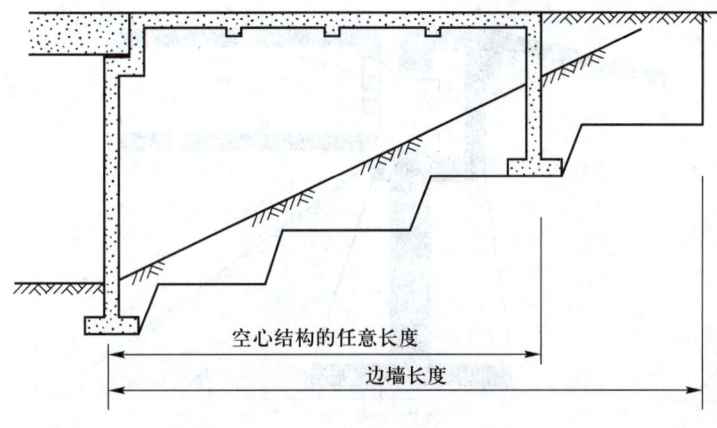

图 4.23　框架式组合桥台

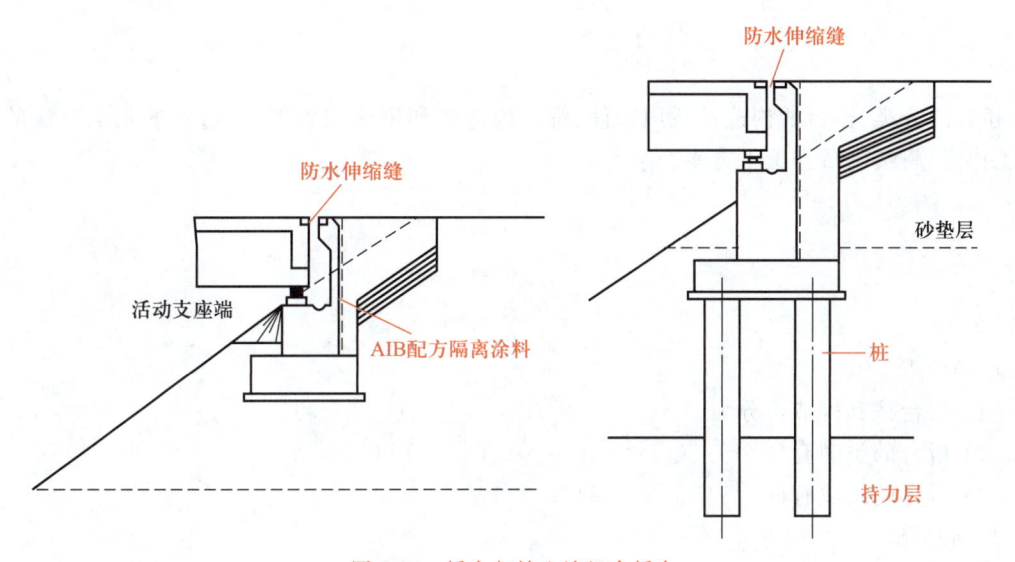

图 4.24　桥台与挡土墙组合桥台

组合桥台包括台身和台座两部分。台身基础承受竖向力,一般采用桩基或沉井基础;拱的水平推力主要由后座基底的摩阻力及台后的土侧压力来平衡。因此,台座基底标高应低于拱脚下缘标高。台身与后座间受力密切配合,并设沉降缝以适应两者的不均匀沉降。结构尺寸及配筋需经计算确定,分别依据其受力状况和结构特点予以分析处理,如按柱或挡土墙考虑等。

五、承拉桥台

在桥梁中,根据受力的需要,要求桥台具有承压和承拉的功能,按照这种受力要求设计的桥台就是承拉桥台(bearing abutment,图 4.25)。

图 4.25 所示桥梁的上部结构通常为单箱单室截面,箱梁的两个腹板延伸至桥台形成悬臂腹板,它与桥台顶梁之间设氯丁橡胶支座受拉,悬臂腹板与台帽之间设氯丁橡胶支座支承上部结构。

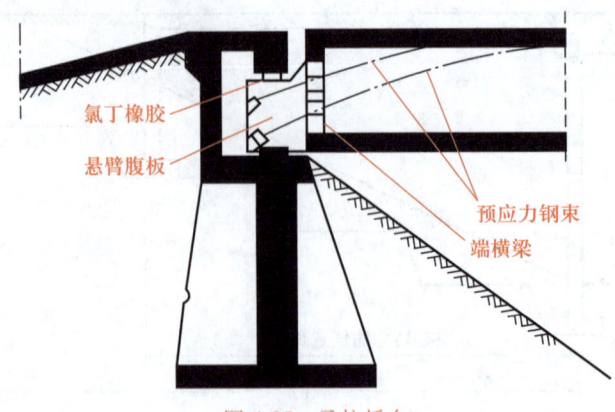

图 4.25 承拉桥台

小结

桥台的分类;桥台的构造及适用条件;桥台构造图和钢筋配置图;桥墩台的施工方法的选择、工作流程;编制桥台施工方案。

操作与练习

【习题】

1. 填空题

(1) 桥台按其构造可分为(　　)、(　　)、(　　)、(　　)和(　　);

(2) 桥台的类型有(　　)、(　　)、(　　)、(　　)和(　　)。

(3) 桥台的组成有(　　)、(　　)和(　　)。

2. 问答题

(1) 简述桥台的类型及其适用条件。

(2) 简述重力式桥台的特点。

(3) 简述桥台的作用。

(4) 轻型桥台的特点有哪些?

(5) 简述轻型桥台的组成部分及作用。

【典型案例】

××高速公路合同段共有桥梁16座,2号桥为主线上跨规划地方路而设,孔跨布置为右幅3孔20 m结构连续预应力混凝土T形桥梁,平面位于$R=1\ 112.8$ m的右偏圆曲线上,采用3孔一联连续结构,全桥共设2道伸缩缝,起点桩号K6+248.96,止点桩号K6+315.04,桥长66.08 m。全桥0#、3#桥台设计为肋板式桥台,肋板式桥台模板采用定型钢模板,内用φ12钢筋连接,保证模板具有足够的强度、刚度、稳定性,支撑牢固,其中01#、31#肋板高6.308 m,02#、32#肋板高6.5 m,如图4.26所示。

图 4.26 桥台示意图

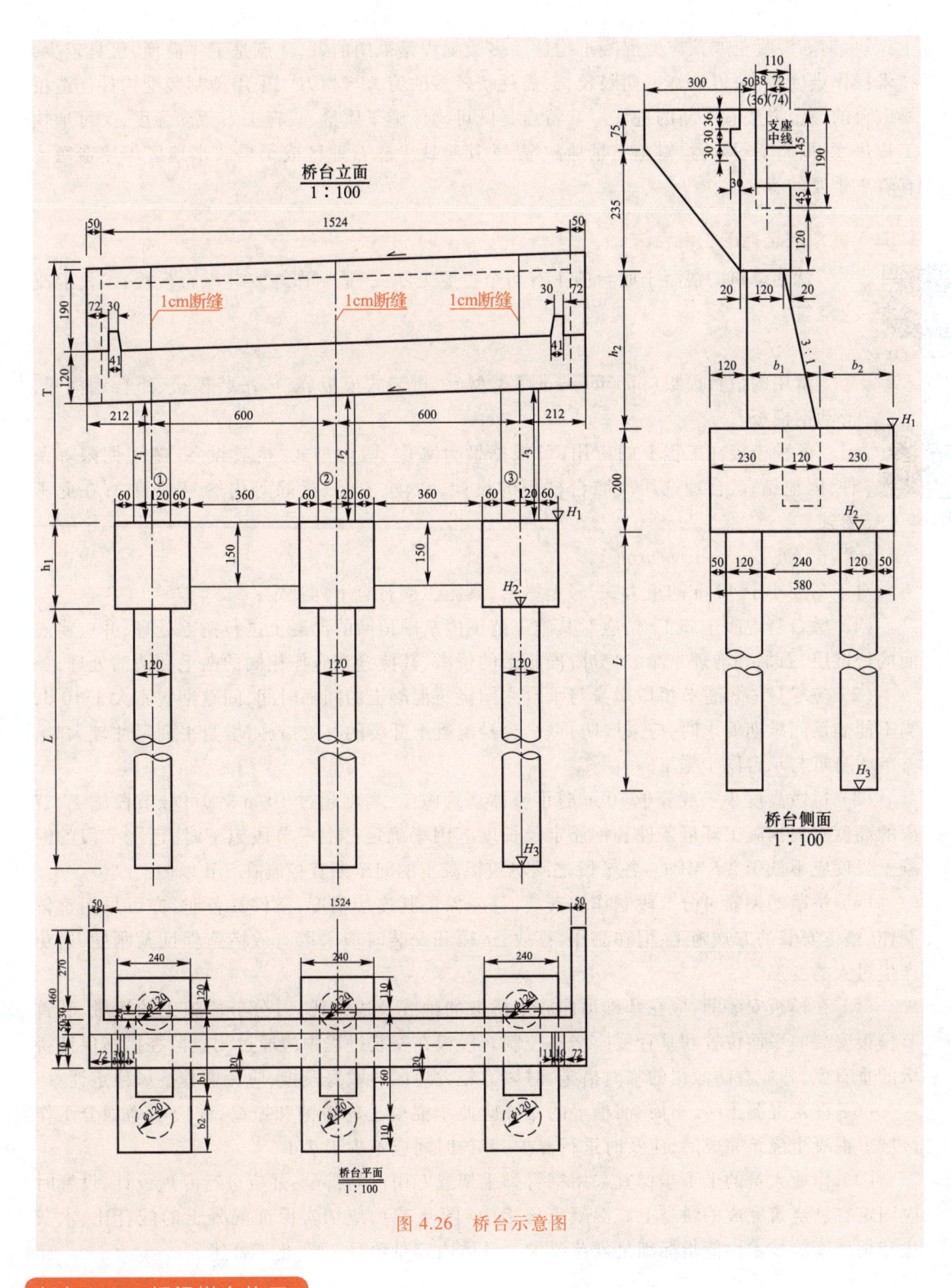

任务 4.3 桥梁墩台施工

桥梁墩台施工方法通常分为两大类:一类是现场就地浇筑与砌筑;一类是拼装预制的混凝

土砌块、钢筋混凝土或预应力混凝土构件。多数工程是采用前者,优点是工序简便,机具较少,技术操作难度较小;但是施工期限较长,需耗费较多的劳力与物力。采用预制装配构件建造桥梁墩台的施工方法有了新的进展。其特点是既可确保施工质量、减轻工人劳动强度,又可加快工程进度、提高工程效益,对施工场地狭窄,尤其对缺少砂石地区或干旱缺水地区等建造墩台有着更重要的意义。

4.3.1 就地浇筑混凝土墩台施工

就地浇筑的混凝土墩台施工有两个主要工序,一是制作与安装墩台模板;二是混凝土浇筑。

一、墩台模板

常用的墩台模板(pier formwork)类型有:拼装式模板、整体吊装模板、组合钢模板、滑动钢模板。

各种模板在工程上的应用,可根据墩台高度、墩台型式、机具设备、施工期限等条件,因地制宜,合理选用。墩台模板的设计、制作、安装、拆除等内容见项目 2,在此不赘述。

二、混凝土浇筑(concrete pouring)

对于高度小于 40 m 的重力式、轻型墩台,其施工应符合下列规定:

(1)墩台身混凝土施工前,应对其施工范围内基础顶面的混凝土进行凿毛处理,并应将表面的松散层、石屑等清理干净,对分阶段施工的桥墩,其接缝亦应作相同的凿毛和清洁处理。

(2)应尽量缩短首节桥墩墩身与承台之间浇筑混凝土的间隔时间,间歇期宜不大于 10 d,当不能满足间歇期要求时,应采取防止墩、台身混凝土开裂的有效措施,墩身平面尺寸较大时,首节墩身可与承台同步施工。

(3)桥墩高度小于或等于 10 m 时可整体浇筑施工,高度超过 10 m 时,可分节段施工,节段的高度宜根据施工环境条件和钢筋定尺长度等因素确定。上一节段施工时,已浇节段的混凝土强度应不低于 2.5 MPa。各节段之间浇筑混凝土的间歇期宜控制在 7 d 以内。

(4)桥墩的钢筋可分节段制作和安装,且应保证其连接精度,条件具备时,亦可采用整体制作、整体安装的方式施工,但在制作、存放、运输和安装时应采取有效措施保证其刚度,避免产生过大的变形。

(5)在模板安装前,应在基础顶面放出桥墩的轴线及边缘线,对分节段施工的桥墩,其首节模板安装的平面位置和垂直度应严格控制。模板在安装过程中应通过测量监控措施保证桥墩的垂直度,并应有防倾覆的临时措施,对风力较大地区的墩身模板,应考虑其抗风稳定性。

(6)浇筑混凝土时,串筒、溜槽等的布置应便于混凝土的摊铺和振捣,并应明确划分工作区域。混凝土浇筑完成后,应及时进行养护,养护时间应不少于 7 d。

(7)作业人员的上下步梯宜采用钢管脚手架或专用产品搭设,并应进行专项设计,设置时应固定在已浇筑完成的墩身上。混凝土施工中(图 4.27),应切实保证混凝土的配合比、水灰比和坍落度等技术性能指标满足规范要求。具体内容见项目 2,在此不赘述。

三、墩台帽、盖梁、系梁和挡块

墩台帽、盖梁、系梁和挡块的施工应在墩、台身质量检验合格后方可进行,对墩台帽、盖梁、系梁施工所采用的托架、支架或抱箍等临时结构,应进行受力分析计算与验算。支架宜直接支

图 4.27 重力式桥墩施工

承在承台顶部,当必须支承在承台以外的软弱地基上时,应对地基进行妥善加固处理,并应对支架进行预压。

在墩台帽、盖梁、系梁与墩身的连接处,模板与墩台身之间应密贴,不得出现漏浆现象。钢筋安装施工时,应避免在钢筋的接头处起弯,并应保证钢筋的混凝土保护层厚度。对支座垫石的预埋钢筋及上部结构所需要的预埋件,其位置应准确。挡块施工时其位置的测量放样定位应准确,模板应牢固且在浇筑混凝土时应不产生移位,施工过程中应采取措施防止对墩、台身成品造成损伤和污染。

四、盖梁、系梁施工方案比选

由于桥梁盖梁的结构形式、桥墩的高度以及现场施工条件的不同,使得桥梁盖梁施工时的方法多种多样,比较常见的有预埋型钢法、落地支架法、抱箍法和横穿钢棒法等几种施工方法。

1. 预埋型钢法

预埋型钢法适用于桥墩较高,跨数较多,外观要求不高,并且技术水平高的施工企业。具体做法是先在桥墩钢筋处焊接型钢作为盖梁底模的主要承重构件。支架、模板及整个盖梁的重量通过钢支撑及预埋件传至墩柱。型钢作为主要的承重构件,型钢可以是工字钢、槽钢、圆钢等,也可以预埋钢板,其优点是节省支架,工期较短,质量好控制,且不受盖梁下通行的影响,缺点是型钢对墩柱质量有影响,同时需要较大的起吊能力,如图 4.28 所示。

2. 落地支架法

落地支架法适用于桥下地基承载力较好,盖梁数量较少,尽量在无水条件下,墩高 10 m 以内的情况。支架可采用万能杆件也可采用支架

图 4.28 预埋型钢法

杆件搭设，盖梁施工时所有临时设施重量及盖梁重量均由支架承受，直接将荷载传至地面。其优点是不需要大型起重设备，施工工序简单，对墩柱外观质量无任何影响，缺点是工期较长，需要支架多，成本也高，地基沉降和支架变形难以控制，对盖梁下通行有影响，如图4.29所示。

3. 抱箍法

抱箍法是桥梁孔数较多时应优先考虑采用的常用方法（图4.30），一般根据施工单位的材料、设备、人员情况来选用。具体做法是采用两块半圆形钢板制成围箍，用高强螺栓连接，在其

图4.29 落地支架法

图4.30 抱箍法

平台处搭设横梁，再铺设盖梁底板、安放钢筋骨架、吊装侧模与端模。利用在墩柱上的适当部位安装抱箍并使之与墩柱夹紧产生的最大静摩擦力来克服临时设施及盖梁的重量。要求抱箍安装在墩柱上时必须与墩柱密贴，保证二者间有足够的摩擦力，以安全地传递荷载。其优点是克服了预埋法对墩柱质量的影响，抱箍的安装高度可随墩柱高度变化，不需要额外的调节装置。对地基承载力无要求，对盖梁下通行无影响。缺点是钢抱箍一次性成本投入较大。对抱箍质量要求比较高。

4.3.2 高桥墩施工

公路通过深沟宽谷或大型水库时，采用高桥墩施工（high bridge pier construction）能使桥梁更为经济合理，不仅可以缩短线路，节省造价，而且可以提高营运效益，减少日常维护工作。高桥墩通常是指高度在40 m以上的桥墩，高桥墩施工具有高度大、圬工数量多、高空作业多及作业条件差等特点。而且随着墩身高度的增加，施工周期、工程成本以及安全风险因素也会相应增加，这也进一步加大了高桥墩柱桥梁的施工难度。高桥墩可分为实体墩、空心墩与钢架墩。

一、高桥墩的特点

施工周期长、模板和机械设备的投入大、高桥墩施工定位控制难度大、高桥墩施工接缝的处理要求高。

二、高桥墩常用的施工方法

高桥墩的施工设备与一般桥墩所用设备大体相同。但其模板却另有特色，一般有滑动模板（滑模）、爬升模板（爬模）、翻升模板（翻模）等几种。

1. 滑模施工(slip-form construction)

滑模装置由模板、操作平台、液压提升和垂直运输等四大系统组成(图4.31、图4.32),是预先在墩身混凝土结构中埋置钢管(支承杆),利用千斤顶与提升架将滑升模板的全部施工荷载转至支承杆上,待混凝土具备规定强度后,通过自身液压提升系统将整个装置沿支承杆上滑,模板定位后又继续浇筑混凝土并不断循环的一种施工工艺。

图4.31 滑模施工　　　图4.32 滑模装置

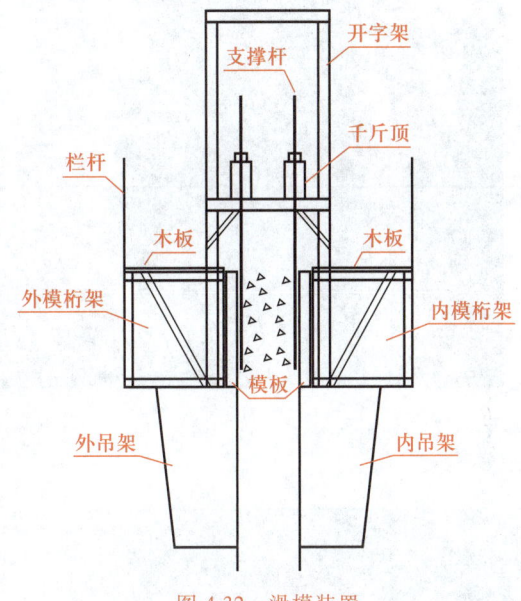

滑模适宜浇筑低流动度或半干硬性混凝土,同时由于其工作原理,滑模施工要求结构物结构形式单一、断面变化少、无局部凸出物及其他预埋件等物体,应用范围较为狭窄。适用于等截面或变截面的实体或薄壁空心墩。其优点是施工速度快,安全度高,缺点是经济投入较大,施工质量相对较差;不便于在施工和养护期间对桥墩混凝进行保温和蒸汽养护。

2. 爬模施工(climbing-form construction)

爬模综合了大模板与滑升模板工艺,主要由爬升装置、外组合模板、移动模板支架、上爬架、下吊架、内爬架、模板及电气、液压控制系统等部分构成(图4.33)。自爬模的顶升运动通过液压油缸对导轨和爬架交替顶升来实现,导轨和爬模架互不关联,二者之间可进行相互运动。当爬模架工作时,导轨和爬模架都支撑在埋件支座上,两者之间无相对运动。爬模适用于浇筑钢筋混凝土竖直或倾斜结构,如墙体、桥梁墩柱、索塔塔柱等,范围较广,其优点是桥墩实体及外观质量好,缺点是经济投入较大,施工进度相对较慢。不便于在施工和养护期间对桥墩混凝土进行保温和蒸汽养护。

3. 翻模施工(over-form construction)

翻模是以墩身作为支承主体,上层模板支承在下层模板上,循环交替上升的施工工艺(图4.34)。分为塔吊翻模和液压翻模两种,前者工作平台支撑于钢模板的牛腿支架或横竖肋背带上,通过塔吊提升模板及工作平台;后者工作平台与模板是分离的,工作平台支撑于提升架上,模板的提升靠固定于墩身主筋上的手动葫芦来完成。

翻模适用于等截面或变截面的实体或薄壁空心墩等,范围较广。其优点是桥墩实体及外

模块 4　桥梁墩台施工

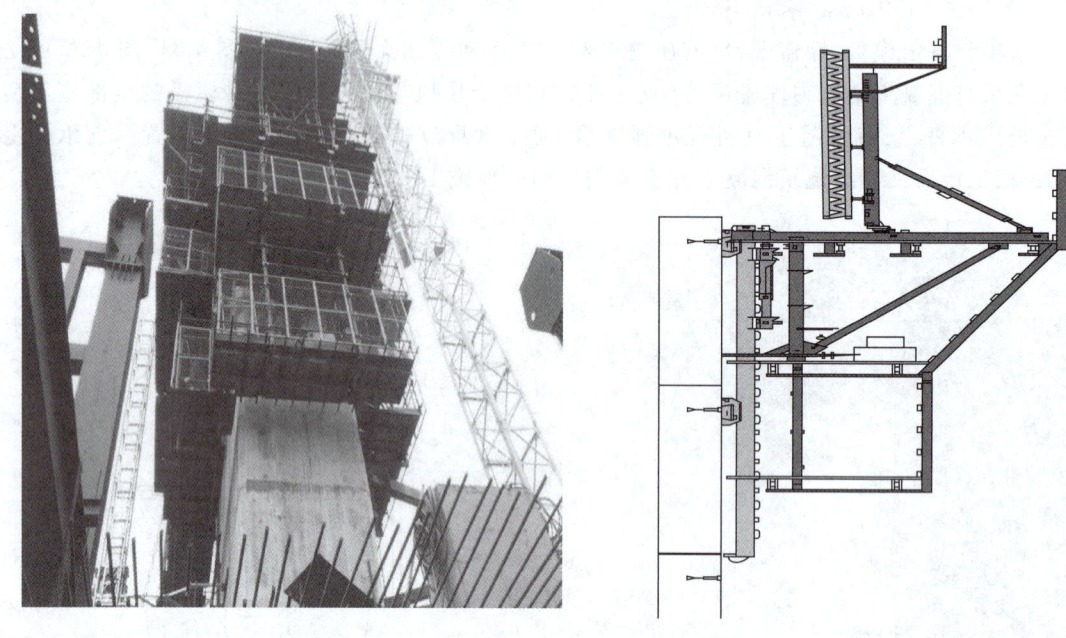

图 4.33　爬模施工

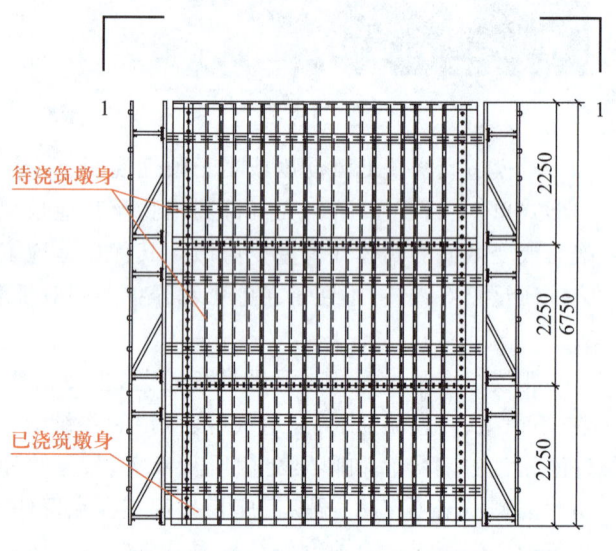

图 4.34　翻模施工

观质量好且经济投入较小,缺点是施工进度相对较慢。不便于在施工和养护期间对桥墩混凝土进行保温和蒸汽养护。

三、高桥墩施工技术要点

（1）施工前应编制专项施工方案,对各项临时受力结构和临时设施应进行必要的施工设计计算和验算。

（2）宜设置塔吊或其他可靠的起重设备,用于施工期间钢筋或其半成品材料以及其他材料的垂直起吊运输。

(3) 施工过程中宜设置施工电梯作为运送作业人员和小型机具、操作工具的垂直运输设施。

(4) 塔吊和施工电梯的平面位置宜根据环境条件和桥墩的结构特点进行比较选择,其布置除应方便施工操作外,亦不应影响到其他作业的安全。塔吊和施工电梯均应有可靠的附墙安全措施。

(5) 模板体系宜根据施工的环境条件、桥墩截面形式的特点、分节段施工高度、施工作业人员的经验等因素综合选择确定。模板的施工要求应符合项目2中的规定。

(6) 绑扎和安装钢筋时,应在作业面设置具有外围护的操作平台,当采用劲性骨架辅助钢筋安装时,劲性骨架宜在地面上制作好后再起吊就位安装。整体制作安装的钢筋应有保证刚度防止变形的可靠措施。钢筋的主筋宜采用机械方式连接,机械连接的施工要求应符合项目2中的规定。

(7) 混凝土的垂直输送宜采用泵送方式,泵管可沿已施工完成的墩身或搭设专用支架进行布设,而不应布设在塔吊和施工电梯上。

(8) 混凝土的浇筑施工要求应符合项目2中的规定,每一节段混凝土的养护时间应不少于7 d。养护用的水管可布设在墩身上,且应与电缆分开设置。

(9) 高桥墩施工前应编制测量控制方案,施工过程中应对墩身的平面位置和垂直度进行监控,条件具备时宜采用激光铅垂仪进行控制。施工测量中应考虑日照对墩身扭转的影响,当日照影响较大时,测量宜在夜间气温相对稳定的时段进行。

4.3.3 装配式墩台施工

装配式墩台适用于山谷或跨越平缓无漂流物的河沟、河滩等情况,特别是在工地干扰多、施工场地狭窄,缺水与砂石供应困难地区,其效果更为显著(图4.35)。装配式墩台的优点是:结构形式轻便,建桥速度快,圬工省,预制构件质量有保证等。目前经常采用的有柱式、管节式和环圈式墩台等。

图 4.35 装配式桥墩施工

一、柱式墩施工

装配式柱式墩是将桥墩分解成若干轻型部件,在工厂或工地集中预制,再运送到现场装配成桥墩。施工工序为预制构件、安装连接和混凝土养护等。其中拼装接头见图4.36,装配式柱式墩拼装接头是关键工序,既要牢固、安全,又要结构简单、便于施工。

图4.36 装配式柱式墩拼装接头

1. 常用的拼装接头

（1）承插式接头:将预制构件插入相应的预留孔内,插入长度一般为1.2~1.5倍的构件宽度,底部铺设2 cm砂浆,四周以半干硬性混凝土填充。常用于立柱与基础的接头连接。

（2）钢筋锚固接头:构件上预留钢筋或型钢,插入另一构件的预留槽内,或将钢筋互相焊接,再灌注半干硬性混凝土。多用于立柱与顶帽处的连接。

（3）焊接接头:将预埋在构件中的铁件与另一构件的预埋铁件用电焊连接,外部再用混凝土封闭。这种接头易于调整误差,多用于水平连接杆与立柱的连接。

（4）扣环式接头:相互连接的构件按预定位置预埋环式钢筋,安装时柱脚先坐落在承台的柱心上,上下环式钢筋互相错接,扣环间插入U形短钢筋焊牢,四周再绑扎钢筋一圈,立模浇注外围接头混凝土。要求上下扣环预埋位置正确,施工较为复杂。

（5）法兰盘接头:在相互连接的构件两端安装法兰盘,连接时将法兰盘连接螺栓拧紧即可。要求法兰盘预埋位置必须与构件垂直。接头处可不用混凝土封闭。

2. 装配式柱式墩台注意事项

（1）墩台柱构件与基础顶面预留环形基座应编号,并检查各个墩、台高度是否符合设计要求;基杯口四周与柱边的空隙不得小于2 cm。

（2）墩台柱吊入基杯内就位时,应在纵横方向测量,使柱身垂直度或倾斜度以及平面位置均符合设计要求;对重大、细长的墩柱,需用风缆或撑木固定,方可摘除吊钩。

（3）在墩台柱顶安装盖梁前,应先检查盖梁预留槽眼位置是否符合设计要求,否则应先修凿。

（4）柱身与盖梁（顶帽）安装完毕并经检查符合要求后,可在基杯空隙与盖梁槽眼处灌筑稀砂浆,待其硬化后,撤除楔子、支撑或风缆,再在楔孔中灌填砂浆。

二、装配式墩台的允许偏差

《公路桥涵施工技术规范》(JTG/T 3650—2020)规定,构件安装前必须检查其外形和构件的预埋件尺寸和位置,其允许偏差不得超过设计规定;构件安装就位完毕后,经过检查校正符合要求,才允许焊接或浇筑混凝土以固定构件;分段安装的构件继续安装时,必须在先安装的构件固定和受力较大的接头混凝土达到设计要求的强度后方可进行(一般应达到设计强度的 70%)。装配式墩台完成时的允许偏差为:

(1) 墩台柱埋入基座内的深度和砌块墩、台埋置深度,必须符合设计规定。
(2) 墩台倾斜为 0.3%H(H 为墩台高),最大不得超过 20 mm。
(3) 墩台顶面高程±10 mm;墩、台中线平面位置±10 mm;相邻墩、台柱间距±15 mm。

小结

桥梁墩台的施工方法的选择、工作流程;桥梁盖梁施工的方法;编制桥梁墩台施工方案。

操作与练习

【习题】

1. 填空题

(1) 桥墩施工的方法有(　　)和(　　)。
(2) 桥墩盖梁施工的方法有(　　)、(　　)、(　　)和(　　)。
(3) 装配式柱式墩施工的关键工序是(　　),它的类型有(　　)、(　　)、(　　)、(　　)、(　　)。

2. 问答题

(1) 简述就地浇筑桥墩工艺。
(2) 简述桥梁墩台有哪些施工方法。
(3) 高桥墩施工的方法有哪些?
(4) 墩台常用的模板类型有哪几种?
(5) 柱式墩施工要点和注意事项有哪些?

【典型案例】

某高速公路桥梁,引桥 1~3 号,7~9 号墩为圆形双柱式桥墩,墩高 10~26 m,主桥 4~6 号墩为矩形空心薄壁墩,墩高 35~70 m,引桥采用整体拼装模板,主桥墩采用翻升法施工。墩系梁、盖梁施工采用抱箍、预埋型钢牛腿等方法,在墩柱施工到设计标高后,开始墩系梁施工,系梁采用支架或者托架施工。

模块 5

梁桥施工

模块描述：本模块内容包括5个部分，任务1梁桥的类型与组成；任务2简支梁桥的类型与构造，任务3简支梁桥施工，任务4连续梁桥的类型与构造，任务5连续梁桥及刚构桥施工。

学习要求：通过本模块学习，结合典型桥梁施工图纸、案例及相关的信息化资源，应掌握梁桥的类型和构造，深入掌握梁桥预制装配化施工和悬臂施工等常用施工方法。

能力目标：能判别梁桥的类型，熟悉梁桥的结构构造要求；读懂各种典型梁桥构造图和钢筋配置图；掌握梁桥常用施工方法的比选、工作流程、质量控制措施；能编制梁桥各种典型施工方法的施工方案；能组织简支梁桥预制与架设施工；能组织进行连续梁桥悬臂施工。

思政亮点：以目前最典型的桥梁工程项目为例，通过梁桥先张法和后张法施工工艺的学习，感受桥梁建设方案选择的严谨性，工艺过程的复杂性，质量控制的严格性等特点，进而促进职业精神和工匠精神培养，增强专业的认知度，激发专业热情。列举支架倒塌案例，总结出事故往往是疏忽导致，以此引出一丝不苟、精益求精的工匠精神。工作态度关乎人的生命，时刻注意安全，施工安全无小事。

任务5.1 梁桥的类型与组成

梁式桥在垂直荷载的作用下，支座只产生垂直反力，承重结构以抗弯为主。混凝土梁桥则是采用了抗压性能好的混凝土和抗拉性能好的钢筋结合在一起而建成的。它以钢筋混凝土和预应力钢筋混凝土为主材，充分发挥了混凝土和钢筋各自的优势，能很好地适应结构抗弯受力特性；材料成本低，设计较成熟，因而在桥梁中应用非常广泛。梁桥主要有按承重结构的截面形式，按承重结构的静力体系，按有无预应力，按施工方法分类等四种分类方式。

一、按承重结构的截面形式分类

按承重结构的截面形式分类，混凝土梁桥分为板桥、肋梁桥和箱梁桥三类。

1. 板桥(slab bridge)

板桥是目前公路桥梁中广泛应用的一种桥型。它构造简单、受力明确、施工方便，而且建筑高度较小。但位于受拉区域的混凝土材料不但不能发挥作用，反而增大了结构的自重，跨度大时就显得笨重而不经济。简支板桥横截面包括整体式矩形实心板、装配式实心板、装配式空心板。

整体式矩形实心板(图5.1a、b)一般用于跨径在8 m以下的板桥。具有形状简单、结构整体刚度大等优点,但施工时需现浇混凝土,受季节气候影响大,需要大量模板和支架。使用最广泛的装配式实心板桥(图 5.1c),由几块预制的实心板利用板间企口缝填入混凝土而进行横向连接。装配式空心板(图 5.1d)用于大于或等于 10 m 跨径的板桥。由于截面被显著挖空,减轻了板的自重,扩大了板的跨径,与整体式板相比可缩短施工工期,一般采用先张或后张预应力混凝土结构。

图 5.1e 所示为一种装配-整体组合式板桥,它利用预制构件安装就位后作为底模,再在其上浇注混凝土结合成整体。构造复杂,结构整体性差,现在已很少采用。

2. 肋梁桥(rib beam bridge)

肋梁桥既充分利用了扩展的混凝土桥面板的抗压能力,又有效地发挥了集中布置在梁肋下部的受力钢筋的抗拉作用,从而使结构构造与受力性能达到理想的统一。因此具有更大的抵抗荷载弯矩能力,肋与肋之间处于受拉区域的混凝土得到很大程度的挖空,显著减轻了梁的自重。中等跨径(20~40 m)的梁桥通常采用肋板式梁桥。

图 5.2a 和图 5.2b 所示为整体式肋梁桥的横截面形状,可根据钢筋混凝土体积最小的经济原则来确定其截面尺寸。装配式肋梁桥,考虑到起重设备的能力,预制和安装的方便,一般采用主梁间距在 2.0 m 以内的多梁式结构。图 5.2c 所示为装配式 T 形梁横截面。

3. 箱梁桥(box girder bridge)

横截面呈一个或几个封闭箱形结构的梁桥称为箱梁桥,有能承受正、负弯矩的足够的混凝土受压区。箱梁桥的另一重要特点,是在一定的截面面积下能获得较大的抗弯惯性矩,而且抗扭刚度也特别大,在偏心活载作用下各梁肋的受力比较均匀。因此箱形截面能适用于较大跨径的悬臂梁桥和连续梁桥以及斜拉桥,箱梁截面有单箱单室(图 5.3a)、单箱双室或多室(图 5.3b)、新型组合箱梁(图 5.3c),箱梁桥可以是变高度,也可以是等高度,目前多用于预应力混凝土连续箱梁,有桥面接缝少、梁高小、刚度大、整体性强、外形美观、便于养护、行车舒适等特点。

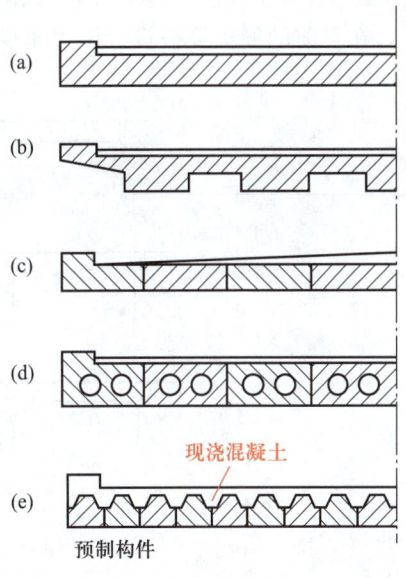

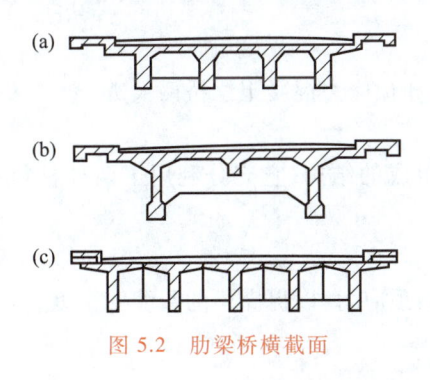

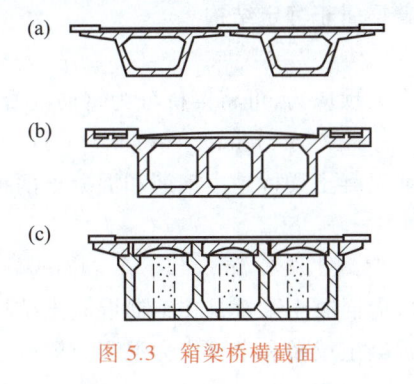

图 5.1 板桥横截面

图 5.2 肋梁桥横截面

图 5.3 箱梁桥横截面

二、按承重结构的静力体系分类

按承重结构的静力体系分类,可将梁桥分为简支梁桥、连续梁桥和悬臂梁桥三大类。

1. 简支梁桥(simply supported bridge)

简支梁桥是梁桥中应用最早、使用最广泛、构造最简单的一种桥型(图 5.4a)。简支梁属静定结构,在荷载作用下各截面均产生正弯矩,最易设计为各种标准跨径的装配式结构,且施工工序少,架设方便。施工管理工作简化,降低施工费用。桥墩上需在每跨支承部位设置支座。在目前的简支梁桥设计中为减少桥面伸缩缝的数量常采用桥面(铺装层)连续结构。

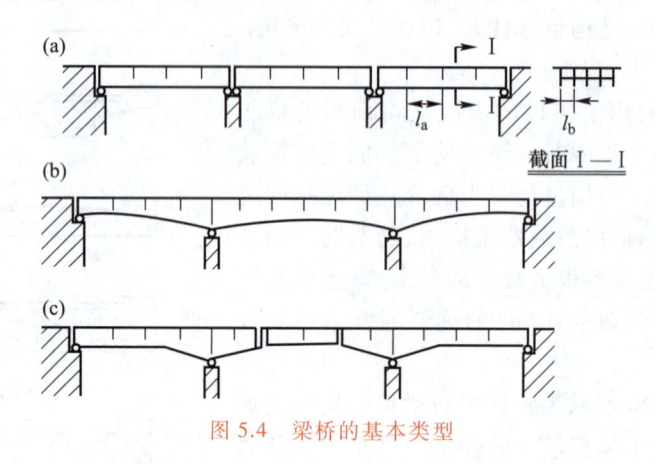

图 5.4 梁桥的基本类型

2. 连续梁桥(continuous beam bridge)

连续梁桥的主要特点是:承重结构(板、T形梁或箱梁)不间断地连续跨越几个桥孔而形成超静定结构(图 5.4b)。连续孔数一般不宜过多,当桥梁孔数较多时,需要沿桥长分建成几组(或称几联)连续梁。连续梁由于荷载作用下支点截面产生负弯矩,从而显著减小跨中的正弯矩,梁内受力较同跨径的简支梁、悬臂梁桥均匀,不但可减小跨中的建筑高度,而且能节省钢筋混凝土数量,桥梁跨径增大时,这种节省就更加显著。

3. 悬臂梁桥(cantilever beam bridge)

悬臂梁桥的主体是桥跨结构固结在桥墩上的悬臂结构。仅一端悬出者称为单悬臂梁(图 5.4c),两端均悬出者称为双悬臂梁。对于较长的桥,还可以借助简支在悬臂端部的挂梁与悬臂梁一起组合成多孔桥。在力学性能上,设置挂梁的悬臂梁桥悬臂根部产生的负弯矩减小了跨中正弯矩,节省材料用量,跨中设置剪力铰的悬臂梁桥只产生负弯矩,且悬臂根部弯矩值很大。悬臂梁属于静定结构。

三、按有无预应力分类

按有无预应力,可将梁桥分为钢筋混凝土梁桥和预应力混凝土梁桥两大类。

1. 钢筋混凝土梁桥(reinforced concrete beam bridg)

钢筋混凝土梁桥是由钢筋和混凝土两种材料组成的结构,它充分利用了两种材料各自的优点。

2. 预应力混凝土梁桥(prestressed concrete bridge)

预应力混凝土梁桥是在钢筋混凝土结构内施加预应力,以提高梁的裂缝安全度,包括部分预应力混凝土梁桥和全预应力混凝土梁桥。

四、按施工方法分类

按施工方法,可将梁桥分为整体现浇式梁桥、预制装配式梁桥和组合式梁桥三类。

1. 整体现浇式梁桥(integral cast girder bridge)

整体现浇式梁桥的全部建桥工作都在施工现场进行。由于全桥在纵向和横向都是现场整体浇筑,所以整体性好,刚度大,易于做成复杂形状(如曲线桥、斜交桥),但施工速度慢,工业化程度低,又要耗费较多的支架和模板等材料,目前除了弯、斜桥外,一般情况下较少采用。

2. 预制装配式梁桥(prefabricated girder bridge)

预制装配式梁桥的上部结构在预制工厂或工地预制场分块预制,再运到现场吊装就位,然后在接头处把构件连接成整体。图 5.1 c、d 和图 5.2 c 所示为常用的装配式板桥和肋梁桥的横截面形式。装配式梁桥的预制构件采用工厂化施工,受季节影响小,施工速度快、工期短、质量易保证、安装方法多,而且还能与下部工程同时施工,加快了施工进度,并能节约支架和模板的材料,现已广泛采用。

3. 组合式梁桥(combined beam bridge)

组合式梁桥也是一种装配式的桥跨结构,如图 5.3c 所示,不过它是用纵向水平缝将桥梁分割成 I 字形的梁肋或开口槽形梁和桥面板,桥面板再借纵横向的竖缝划分成在平面内呈矩形的预制构件。

小结

梁桥的分类,典型梁桥的分类方式和构造特点;各种典型桥梁的适用条件和构造形式。

操作与练习

【习题】

1. 填空题

(1)梁桥主要承受( )方向的力。

(2)梁桥按照施工方法可分为( )、( )和( )。

2. 问答题

(1)钢筋混凝土梁桥和预应力混凝土梁桥各有什么特点?

(2)梁桥按照静力体系划分主要有哪几种类型?各适用于什么条件?

(3)板桥按横截面形式分为几种?

(4)简支梁桥按主梁的横截面形式可分为哪几种类型?

(5)预制装配式施工的箱梁桥有哪些优点?

【典型案例】

空心板桥通用图跨径为:6 m、8 m、10 m、13 m、16 m、20 m,采用简支和先简支后连续(1、3、5 跨),先张和后张预应力混凝土。斜度包括:0°、15°、30°、45°(包括正交、斜交两套图)。桥宽:24.5 m;分幅:12 m。上部构造形式均采用9板式,板间距均为 1.26 m,全断面总体布置如图 5.5 所示,单板断面尺寸如图 5.6 所示。

图 5.5 空心板全断面总体布置

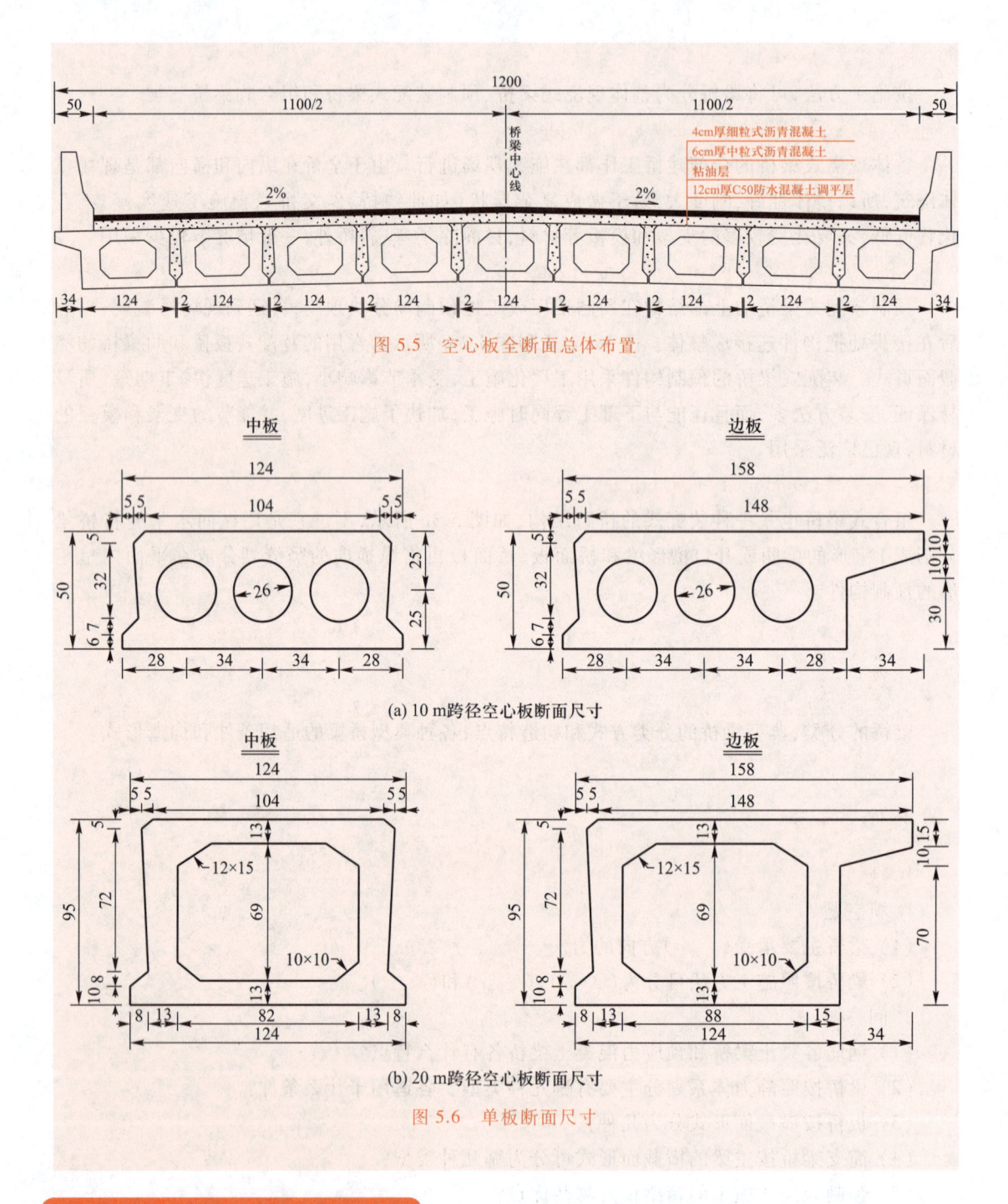

(a) 10 m 跨径空心板断面尺寸

(b) 20 m 跨径空心板断面尺寸

图 5.6 单板断面尺寸

任务 5.2 简支梁桥的类型与构造

5.2.1 板桥构造

简支梁桥

板桥是小跨径钢筋混凝土桥中最常用的形式之一,因建成后上部构造的外形像一块薄板而得名,板桥的优点是建筑高度最小,外形简单,施工方便,既便于现场整体浇筑,又便于在工厂或施工现场成批预制,装配式板桥构件还具有重量小、架设方便等特点。对于高等级公路和城市立交工程,板桥又能够满足斜、弯、坡及 s 形、喇叭形等特殊构造要求。但它的主要缺点是跨径不宜过大。钢筋混凝土简支板桥的标准跨径不大于 13 m,连续板桥的标准跨径不大于 16 m。预应力混凝土简支板桥的标准跨径不大于 25 m,连续板桥的标准跨径不大于 30 m。

一、整体式简支板桥的构造

整体浇筑的简支板桥一般做成实体式等厚度的矩形截面(图 5.7 矩形截面),为了减轻自重也可做成肋板式截面(图 5.7 矮肋式截面)。整体式板桥具有整体性能好,横向刚度大,而且易于浇筑成各种形状的优点。缺点是一般为实心截面,材料使用率较低,施工时需要搭设支架,工期较长。

板的纵、横向也产生较大的弯矩。因此当板较宽时,除了配置纵向的受力钢筋外,尚应计算配置横向的受力钢筋。修建宽桥时,为了防止由于温度变化和混凝土收缩引起的纵向裂纹,板中线分开,做成双幅桥面。

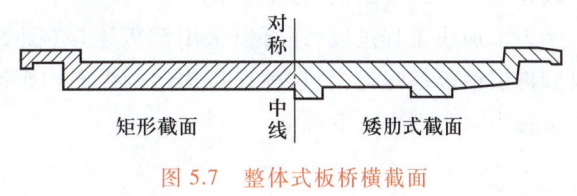

图 5.7 整体式板桥横截面

二、装配式简支板桥的构造

装配式结构均存在块件划分和横向连接问题,所谓块件划分,是指将一个承重结构划分成多个预制板块,使它们不但适于吊装运输,而且结构稳定、受力合理等。

1. 矩形实心板桥(rectangular solid slab bridge)

矩形实心板桥适用于跨径不大于 8 m,板高 0.16~0.36 m 的情况(图 5.8)。这种板桥是目前最常用的,它具有形状简单、施工方便、建筑高度小、施工质量易于保证等优点。

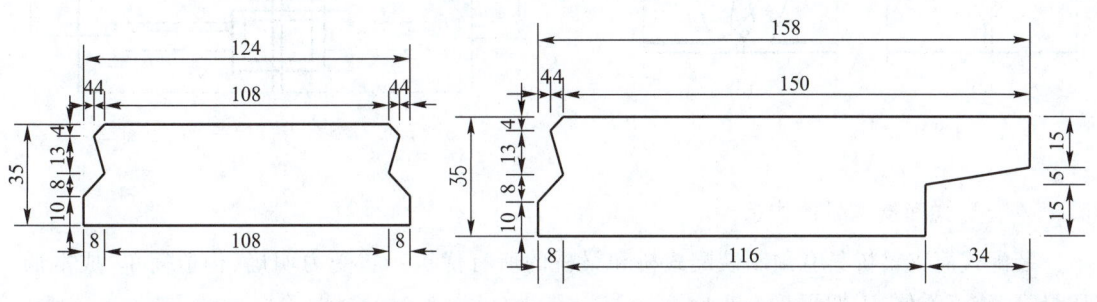

图 5.8 6 m 跨径实心板断面尺寸

2. 空心板桥(hollow slab bridge)

当跨径增大时,实体矩形截面就显得不甚合理,因而将截面中部部分挖空,做成空心板(图 5.9),这样不仅能减轻自重,而且能充分合理地利用材料。

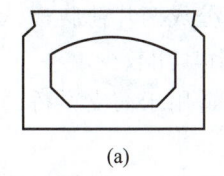

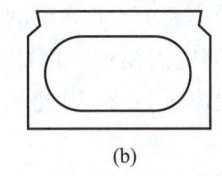

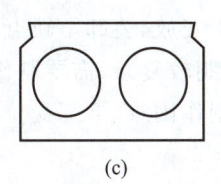

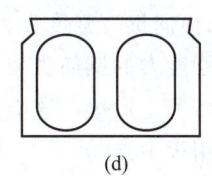

图 5.9 空心板截面形式

3. 装配式板的横向连接(horizontal connection of assembled plates)

装配式板桥板块之间必须采用横向连接构造,以保证板块共同承受车辆荷载。常用的横向连接方式有企口式混凝土铰连接和钢板焊接连接。

企口式混凝土铰连接,常用的型式有圆形、菱形和漏斗形三种(图5.10a、b、c)。当装配板安装就位后,用与预制板同一强度等级的细骨料混凝土将预留的圆形、棱形或漏斗形企口填筑密实。铰的上口宽度应满足施工时使用插入式振动器的需要,铰槽的深度宜为预制板高度的2/3。为保证板块共同工作,预制板内应预埋钢筋深入铰内。为了加强块件间和板与桥面铺装层的连接,共同参与受力,可将块件中钢筋伸出板面与相邻块件伸出的钢筋互相搭接绑扎,并浇筑在混凝土铺装层内(图5.10d)。

为了加快工程进度,还可以采用钢板连接(图5.11)。在接缝两侧的板面预埋钢板,安装板后再用钢板搭焊连接,这种连接构造的纵向中距通常为80~150 cm。根据受力情况,钢板间距从跨中向支点由密变疏。

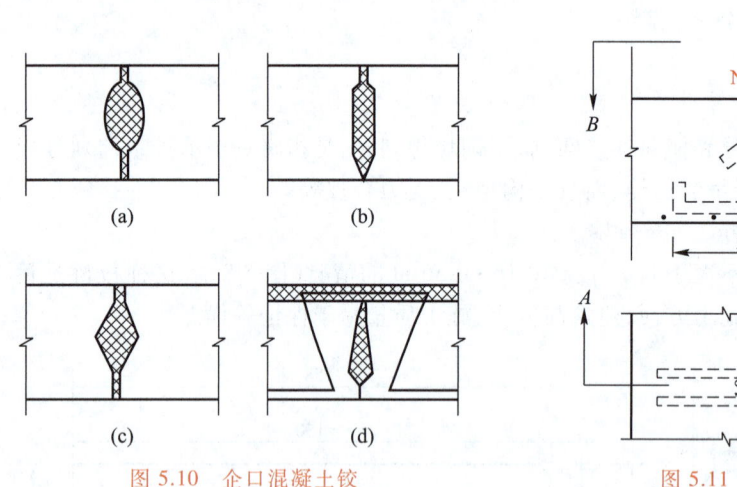

图5.10 企口混凝土铰

图5.11 钢板连接构造(单位:cm)

5.2.2 装配式简支梁桥的构造

装配式简支梁桥具有预制装配式桥和梁桥的所有优点。它受力明确、构造简单、成本低、质量高、施工方便、工期短。

一、装配式简支梁桥的类型

按承重结构的横截面形式不同,可分为装配式简支板桥、肋梁桥和箱梁桥三大类。肋梁桥可分为∏形梁、I形梁、T形梁、箱形梁等多种。

(1)∏形梁(图5.12a)。块件之间常用穿过腹板的螺栓相连。这类梁的优点是截面横向稳定,横向抗弯强度大,便于安放、装卸。缺点是受力不好,主梁梁肋被分成两片薄腹板,难以安放刚度大的钢筋骨架;预制较复杂,需要制作和固定内模板。因此实际应用较少。

(2)I形梁。这类梁制作困难、下部受拉区混凝土过多,因此不太适用于简支梁桥,实践中应用很少。

(3)T形梁。这类梁应用广泛,无论是钢筋混凝土还是预应力混凝土简支梁桥均适用。它的优点有:① 主梁梁肋能够配刚度较大的钢筋骨架;② 下部混凝土很少,混凝土基本集中

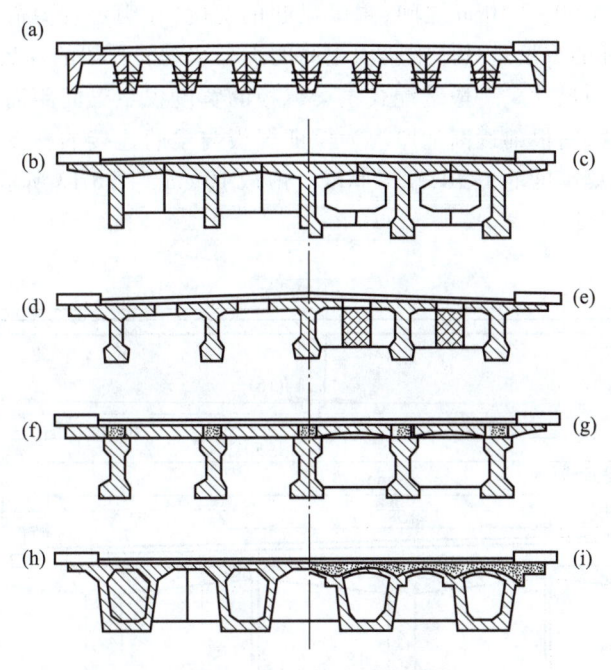

图 5.12 装配式简支梁桥横截面

在上部受压区,主钢筋则集中在下部,这样能很好地适应简支梁的受力特点;③ 通过横隔梁将主梁连接起来,能保证其整体性。不足之处是:截面形状不够稳定,运输安装都需要临时支架固定。装配式钢筋混凝土 T 形梁常用如图 5.12b、c 所示的截面形式,常用跨径为 20~50 m。

(4)箱形梁(图 5.12h)。应用最广,下部的受拉区混凝土不参与工作,而箱形截面下部底板较大,增加了自重;箱形梁预制较复杂,预应力混凝土简支梁桥需要更均匀的受力,而箱形截面恰能满足安放预应力筋的要求。箱形截面的抗扭能力和横向抗弯刚度都很大,形状稳定,安放、装卸很方便。箱形梁封闭截面,预制施工较复杂,成本稍高。

二、装配式钢筋混凝土简支梁桥的构造

1. 梁的构造要求

(1)预制 T 形梁或箱形梁翼缘悬臂端的厚度不应小于 100 mm;当预制 T 形梁之间采用横向整体现浇连接时或箱形梁设有桥面横向预应力钢筋时,其悬臂端厚度不应小于 140 mm。T 形和 I 形梁,在与腹板相连处的翼缘厚度,不应小于梁高的 1/10,当该处设有承托时,翼缘厚度可计入承托加厚部分厚度;当承托底坡的 $\tan \alpha > 1/3$ 时,取 1/3。

(2)箱形梁顶板与腹板相连处应设置承托;底板与腹板相连处应设倒角,必要时也可设置承托。

(3)T 形、I 形梁或箱形梁的腹板宽度不应小于 160 mm。

装配式钢筋混凝土简支梁桥上部结构是由几根 T 形截面的主梁组成,通过设在横隔梁下方和横隔梁翼缘板处的焊接钢板连接成整体。

2. 构造布置与尺寸

(1)主梁布置与尺寸。对于设计给定的桥面宽度(包括行车道和人行道宽度),如何选定主梁的间距(或片数),这是上部构造在横断面布局中首先要解决的问题。

主梁间距一般在 1.60~2.50 m 之间,主梁梁肋的宽度,在满足抗剪需要的前提下,一般都做得较薄,以减轻构件的重量。具体视梁内主筋的直径和钢筋骨架的片数而定。

(2)主梁翼缘板与尺寸。一般装配式主翼板的宽度视主梁间距而定,翼板通常都做成变厚度的,即端部较薄,向根部逐渐加厚。为保证翼板与梁肋连接的整体性,翼板与梁肋衔接处的厚度应不小于主梁高度的 1/10,端部厚度一般取 10 cm。图 5.13 所示 20 m 的装配式 T 形梁桥纵、横截面主要尺寸。

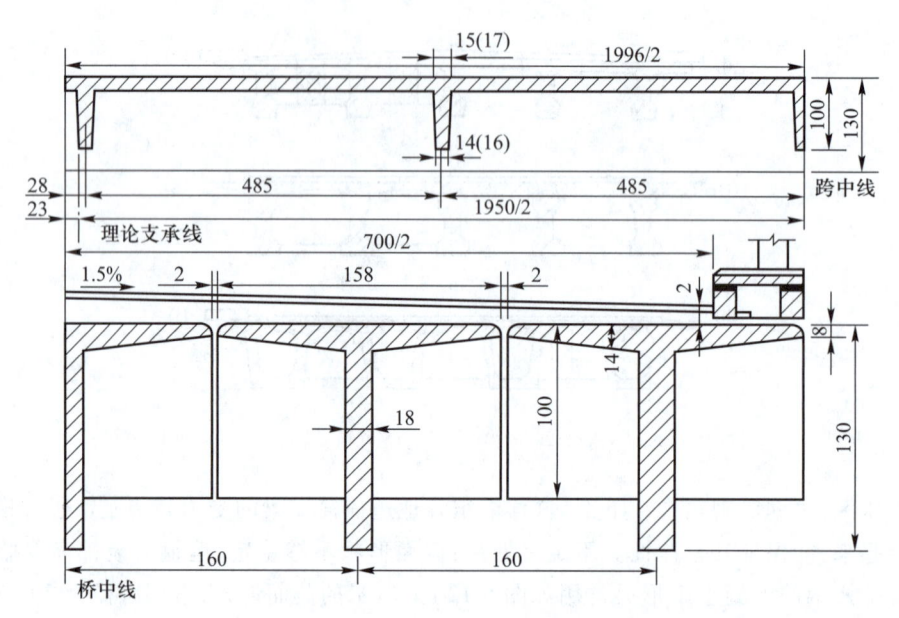

图 5.13　标准跨径为 20 m 的装配式 T 形梁桥纵、横截面(单位:cm)

3. 主梁的钢筋构造

(1)梁肋的钢筋构造:装配式 T 形简支梁桥的钢筋可分为纵向主钢筋、斜钢筋、架立钢筋、箍筋和分布钢筋等几种。

① 纵向主钢筋位于简支梁肋的下缘,承受纵向正弯矩的下部拉力作用,从跨中到两端,随着弯矩减小,主钢筋也减少,在适当的位置处切断或弯起。为保证主筋在梁端有足够的锚固长度和加强支承部分的强度,钢筋混凝土梁端支点处,应至少有 2 根且不少于总数 1/5 的下层受拉主钢筋通过。斜钢筋是指其轴线大致斜向 45°,从梁底到梁顶的主筋,主要承受梁体的剪力。架立钢筋布置在梁肋的上缘,主要起固定箍筋和斜钢筋并使梁内全部钢筋形成立体或平面骨架的作用。

② 箍筋的主要作用是承受主梁剪力,其次是构造布置的需要。钢筋混凝土梁中应设置直径不小于 8 mm 且不小于 1/4 主钢筋直径的箍筋,在支座中心向跨径方向长度相当于不小于一倍梁高范围内,箍筋间距不宜大于 100 mm。

③ 分布钢筋有两种情况。一是位于梁肋侧面箍筋外侧的纵向防裂分布钢筋,它主要是防止因混凝土收缩和梁体拉应力等引起的开裂;二是其他位置处的普通分布钢筋,主要起构造布置作用。

④ 钢筋保护层。为了防止钢筋受到大气影响而锈蚀,并保证钢筋与混凝土之间的黏结力充分发挥作用,钢筋到混凝土边缘需要设置保护层。普通钢筋和预应力直线形钢筋的最小混凝土保护层厚度不应小于钢筋的公称直径,且应符合表 5.1 的规定。

表 5.1 普通钢筋和预应力直线形钢筋最小混凝土保护层厚度　　　　单位:mm

序号	构件类别		环境条件		
			I	II	III、IV
1	基础、桩基承台	基坑底面有垫层或侧面有模板(受力主筋)	40	50	60
		基坑底面无垫层或侧面无模板(受力主筋)	60	70	85
2	墩台身、挡土结构、涵洞、梁、板、拱圈、拱上结构(受力主筋)		30	40	45
3	人行道杆件、栏杆(受力主筋)		20	25	30
4	箍筋		20	25	30
5	缘石、中央分隔带、护栏等行车道构件		30	40	45
6	收缩、温度、分布、防裂等表层钢筋		15	20	25

注：对于环氧树脂涂层钢筋，可按环境类型 I 取用。

当受拉区主筋的混凝土保护层厚度大于 50 mm 时，应在保护层内设置直径不小于 6 mm、间距不大于 100 mm 的钢筋网。

⑤ 钢筋骨架。在装配式 T 形梁中，主钢筋数量较多，可将钢筋叠置，并与斜钢筋、架立钢筋一起焊接成钢筋骨架(图 5.14)。骨架整体性好，能保证钢筋与混凝土共同工作，使主钢筋重心位置较低，方便施工入模安装。

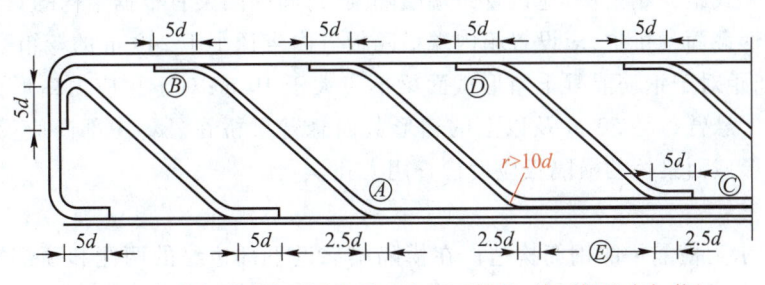

图 5.14 焊接钢筋骨架(图中尺寸为双面焊缝，单面焊缝应加倍)

（2）翼缘板内的钢筋构造。T 形梁翼缘板内的受力钢筋沿横向布置在板的上缘，以承受悬臂的负弯矩(图 5.15)。依据《公路钢筋混凝土及预应力混凝土桥涵设计规范》(JTG 3362—2018)规定，在垂直于受力钢筋方向应设置分布钢筋。板内主筋的直径不小于 10 mm，每米板宽内不少于 5 根。

三、横隔梁(板)

1. 横隔梁(板)[transverse beam (plate)]的作用

端横隔梁有利于增加制造、运输和安装阶段构件的稳定，且能加强主梁端部的整体性；设置中横隔梁的梁桥，有利于荷载横向均匀分布，且可以减轻翼板接缝处的纵向开裂现象。横隔梁在装配式 T 形、箱形梁桥中起着保证各根主梁相互连接成整体的作用，可增加截面横向刚度，限制畸变应力，但是箱梁本身有很多抗扭刚度，所以横隔板可以比 T 形梁少。

2. 横隔梁(板)的设置要求

（1）当梁跨径稍大时，应该在四分点处及跨径内其他部位增设 1~3 道中横隔梁，间距采用 5~6 m 为宜，不大于 10 m。在装配式 T 形梁桥中，应设置跨端和跨间横隔梁。当梁间横向

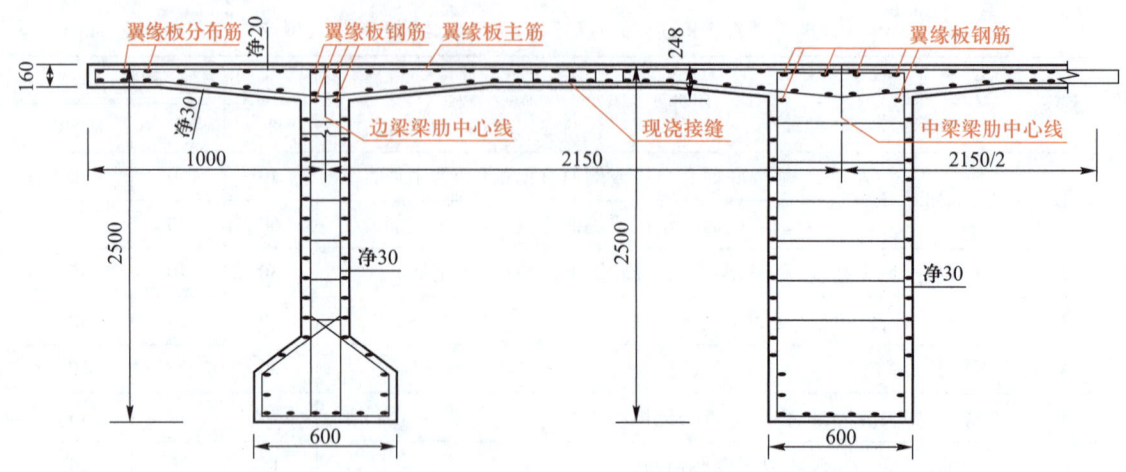

图 5.15 T 形梁的钢筋布置

采用刚性连接时,横隔梁间距不应大于 10 m。

(2) 跨中横隔梁的高度应保证具有足够的抗弯刚度,通常可做成主梁高度的 3/4 左右,梁肋下部呈马蹄形加宽时,横隔梁延伸至马蹄形加宽处。从梁体运输和安装阶段的稳定要求来看,端横隔梁适宜做成与主梁同高。横隔梁的肋宽通常采用 12~20 cm,宜做成上宽下窄和内宽外窄的楔形,以便于脱模。

(3) 在装配式组合箱梁中,应设置跨端横隔梁,跨间横隔梁宜根据结构的具体情况设置。

(4) 在箱形截面梁桥中,应设置箱内端横隔板。内半径小于 240 m 的弯箱梁应设跨间横隔板,其间距对于钢筋混凝土箱形截面梁不应大于 10 m;对于预应力箱形截面梁则需经结构分析确定。悬臂跨径 50 m 及以上的箱形截面悬臂梁桥在悬臂中部尚应设跨间横隔板。条件许可时箱形截面梁桥的横隔板应设检查用人孔。

3. 横隔梁的钢筋构造

图 5.16 所示为横隔梁的钢筋构造。在横隔梁靠近下部边缘的两侧和顶部翼板内均埋有焊接钢板,在每根横隔梁上缘配置 2 根受力钢筋,下缘配置 4 根受力钢筋,焊接钢板与横隔梁的受力钢筋焊在一起形成钢筋骨架,当 T 形梁安装就位后即可在横隔梁的预埋钢板上再加焊盖接钢板使其连成整体。横隔梁的箍筋是抵抗剪力的。

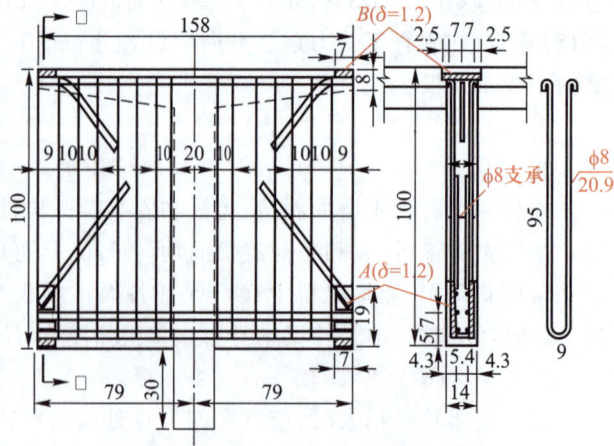

图 5.16 横隔梁钢筋构造(尺寸单位:除钢筋直径为 mm 外;其余均为 cm)

四、装配式主梁的连接构造

在设有端横隔梁和中横隔梁的装配式 T 形梁桥中,横隔梁对主梁的横向连接与相互之间的共同受力具有非常重要的作用。因此接头要有足够的强度,以保证结构的整体性,在运营过程中不致因车辆反复作用和冲击作用而松动。其连接的方式有以下几种。

1. 钢板连接

当 T 形梁安装就位后,在横隔梁靠近下部边缘的两侧和顶部的翼板内预埋钢板(此钢板和横隔梁受力钢筋焊接一起),再加焊盖接钢板使其连成整体(图 5.17)。相邻横隔梁之间的缝隙要用水泥砂浆填满,所有外露钢板也应用水泥砂浆封盖,以防钢板锈蚀。焊接后立即就能承受荷载但是要有专用设备,桥下施工难度较大。

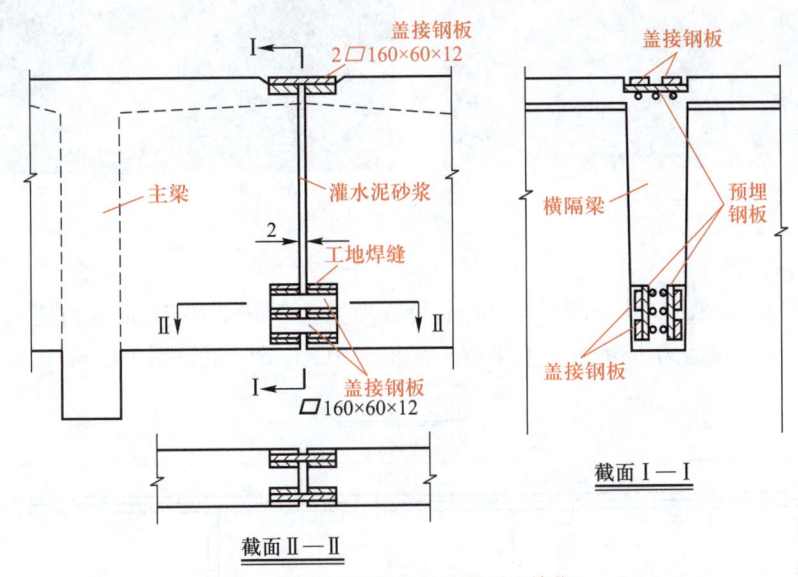

图 5.17 横隔板的钢板接头构造(单位:mm)

2. 钢筋扣环连接(图 5.18)

这种接头的做法是:横隔梁在预制时在接缝处伸出钢筋扣环 A,安装时在相邻构件的扣环两侧再安上腰圆形的扣环 B,在形成的圆环内插入短分布钢筋后就地现浇混凝土封闭接缝,接缝宽度为 20~50 cm。此接头连接整体性好、强度高,但需在结构上现浇混凝土,接头施工后不能立即承受荷载。这种连接构造往往也用于主梁间距较大翼缘板部分现浇混凝土连接的 T 形梁,并能有效缩减预制构件尺寸和重量。

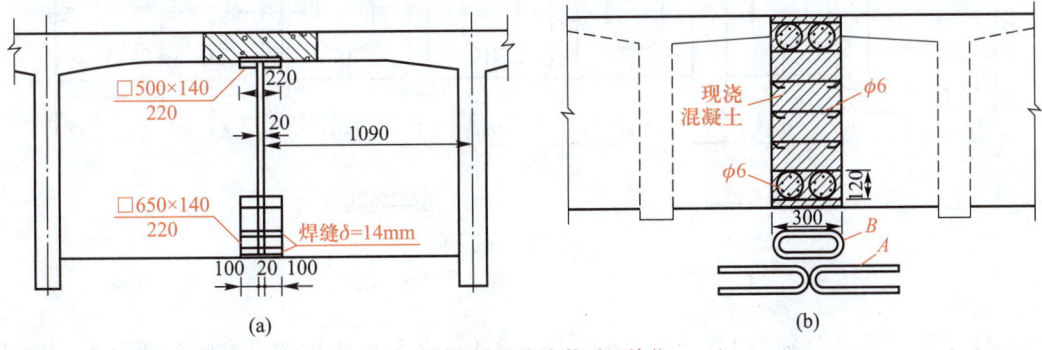

图 5.18 横隔板的接头构造(单位:mm)

五、装配式预应力混凝土简支梁桥的构造

我国编制了后张法装配式预应力混凝土简支梁桥的标准设计,标准跨径为 20 m、25 m、30 m、35 m、40 m、50 m。预应力混凝土简支梁桥的横截面类型,基本上与钢筋混凝土梁桥相似,通常也做成 T 形(图 5.19)和箱形。

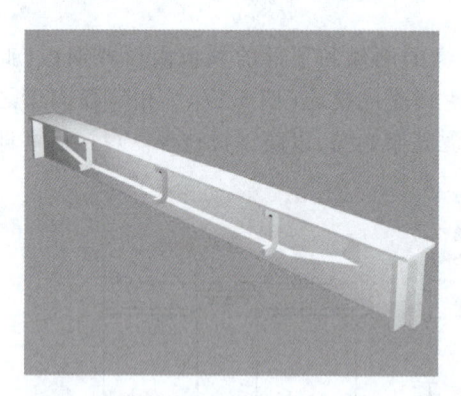

图 5.19 预应力钢筋混凝土 T 形梁构造图

1. 构造布置与尺寸

(1)主梁间距。图 5.20 是跨径为 30 m,桥面净宽为 7 m+2×0.75 m 人行道的标准设计构造布置图。装配式预应力混凝土 T 形梁桥上部构造中,主梁间距采用 1.6 m。

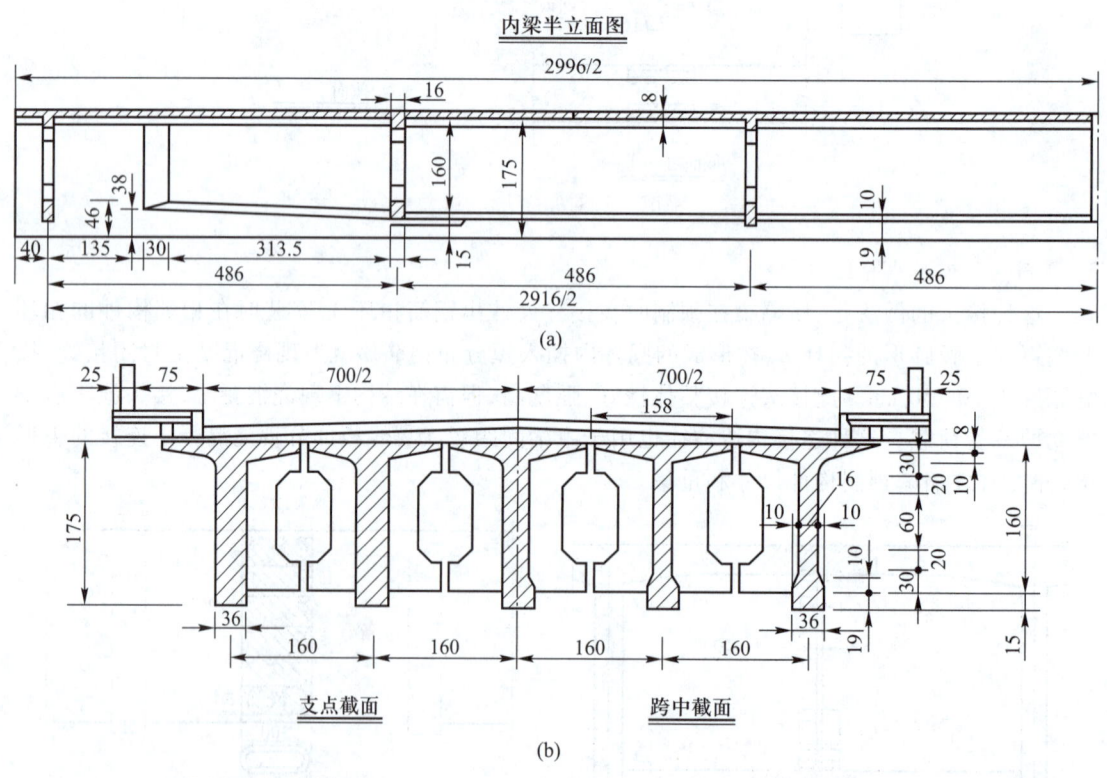

图 5.20 跨径为 30 m 预应力钢筋混凝土 T 形梁构造布置(单位:cm)

(2)梁高。梁高分别为 1.5 m、1.7 m、2.0 m、2.3 m、2.5 m,主梁的高度随截面形式、主梁片

数及建筑高度的不同而不同。对于常用的等截面简支梁,高跨比可在 1/25~1/15 内选取。

（3）肋宽。肋宽一般由构造决定,原则上要满足保护层的要求,所以最小厚度设计要求为:① 腹板内无预应力筋时,采用 20 cm;② 腹板内有预应力管道时,采用 25~30 cm;③ 腹板内有锚头时,采用 25~30 cm;④ 大跨度预应力混凝土箱梁,腹板厚度可从跨中向支点加宽,以承受支点较大剪力,一般采用 30~60 cm,甚至可以达到 1 m 左右。

（4）马蹄。预应力混凝土简支 T 形梁的梁肋下部通常加宽做成马蹄形,以便预应力筋的布置和满足承受很大预压力的需要。为了配合预应力筋的起弯、在梁端布置预应力筋的锚具和安放张拉千斤顶,在靠近支点处腹板也要加宽至与马蹄部分同宽,加宽范围最好达一倍梁高（离锚固端）左右,这样就形成了沿纵向腹板厚度发生变化、马蹄部分也逐渐加高的变截面 T 形梁。一般跨径中部肋宽采用 16cm,肋宽不宜小于肋板高度的 1/15。

为了防止在施工和运输中使马蹄部分产生纵向裂缝,除马蹄面积不宜小于全截面的 10%~20% 以外,尚应满足:① 马蹄部分的宽度为肋宽的 2~4 倍,并注意马蹄部分（特别是斜坡区）的管道保护层不宜小于 60 mm。② 马蹄全宽部分高度加 1/2 斜坡区高度为梁高的 15%~20%,斜坡宜陡于 45°。同时应注意马蹄部分不宜过高、过大,否则会降低截面形心,减少偏距,并导致降低抵消自重的能力。

2. 预应力钢筋配筋

先张法预应力混凝土构件宜采用钢绞线、螺旋肋钢丝作预应力钢筋。在先张法预应力混凝土构件中,预应力钢绞线之间的净距不应小于其公称直径的 1.5 倍。直线管道的净距不应小于 40 mm,且不宜小于管道直径的 60%;对于预埋的金属或塑料波纹管和铁皮管,在直线管道的竖直方向可将两管道叠置。管道内径的截面面积不应小于 2 倍预应力钢筋截面面积。

后张法预应力混凝土构件的曲线形钢丝束、钢绞线束的锚下最小直线段长度宜取 0.80~1.50 m。压浆用水泥浆,抗压强度不应低于 50 MPa。为减少收缩,可通过试验掺入适量膨胀剂。在预加应力施加完毕后,埋封于梁体内的锚具其周围应设置构造钢筋与梁体连接,然后浇筑混凝土封锚。封锚混凝土强度等级不应低于构件本身混凝土强度等级的 80%,且不低于 C30。

3. 纵向预应力筋布置

（1）布置方式。图 5.21a 所示为全部主筋直线形布置,构造简单,适用于先张法施工。缺点是支点附近无法平衡的张拉负弯矩会在梁顶出现过大的拉应力,导致梁顶开裂。有时为减小此应力,可根据弯矩的变化,将纵向预应力筋按需要截断。

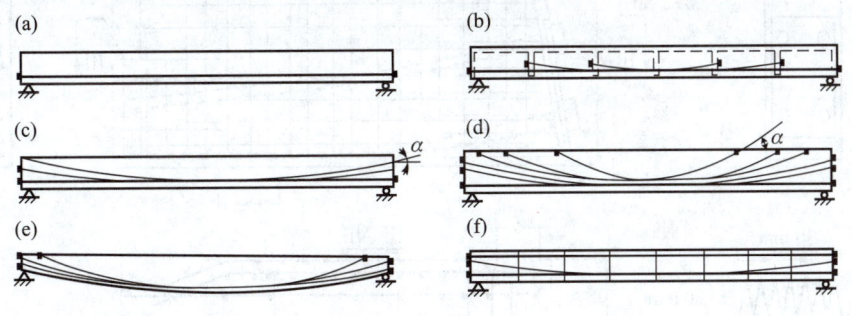

图 5.21 简支梁纵向预应力筋布置方式

图 5.21b 所示为直线形预应力筋的后张法梁,为减少梁端附近的负弯矩并节省钢材,可将主筋在中间截面截断。此时应将预应力筋在横隔梁处平缓地弯出梁体,以便进行张拉和锚固。

这种布置的特点是主筋用量省,但预应力筋没有充分发挥抗剪作用,且梁体在锚固处的受力和构造也较复杂。

当预应力筋数量不太多时,为使张拉工序简便,通常都将预应力筋全部弯至梁端锚固(图5.21c)。这种布置的预应力筋弯起角不大,可以减少摩擦损失,但梁端受预应力较大。

对预应力筋数量较多的情况,可以将一部分预应力筋弯出梁端(图5.21d)。此方法能缩短预应力筋的长度,但预应力筋的弯起角较大,摩擦损失较大。

大跨度桥梁为了减轻自重而配合荷载弯矩图形设计变高度鱼腹形梁(图5.21e)。这种结构因模板结构、施工和安装较复杂,一般很少采用。

图5.21f为预应力混凝土串联梁,梁顶附近的直线形只在安装过程中梁顶出现拉应力而布置。

(2)预应力筋总的布置原则。在保证梁底保护层厚度的前提下,尽量使预应力筋的重心靠下;在满足构造要求的同时,预应力筋尽量相互紧密靠拢,使构件尺寸紧凑。

4. 非预应力筋的布置

(1)布置要求。装配式预应力混凝土简支梁桥内的配筋除了主要的纵向预应力筋外,还有一些非预应力钢筋,如:架立钢筋、箍筋、水平分布钢筋、承受局部压力的钢筋和其他构造钢筋等。预应力混凝土梁设置竖向预应力钢筋时,其纵向间距宜为500~1 000 mm。

(2)预应力筋的锚固:在先张法预应力混凝土构件中,对于单根预应力钢筋,其端部应设置长度不小于150 mm的螺旋筋;对于多根预应力钢筋,在构件端部10倍预应力钢筋直径范围内,应设置3~5片钢筋网。后张法预应力混凝土构件的端部锚固区(图5.22),在锚具下面应采用带喇叭管的锚垫板和加强钢筋网(约等于梁高的长度内)的配筋构造。

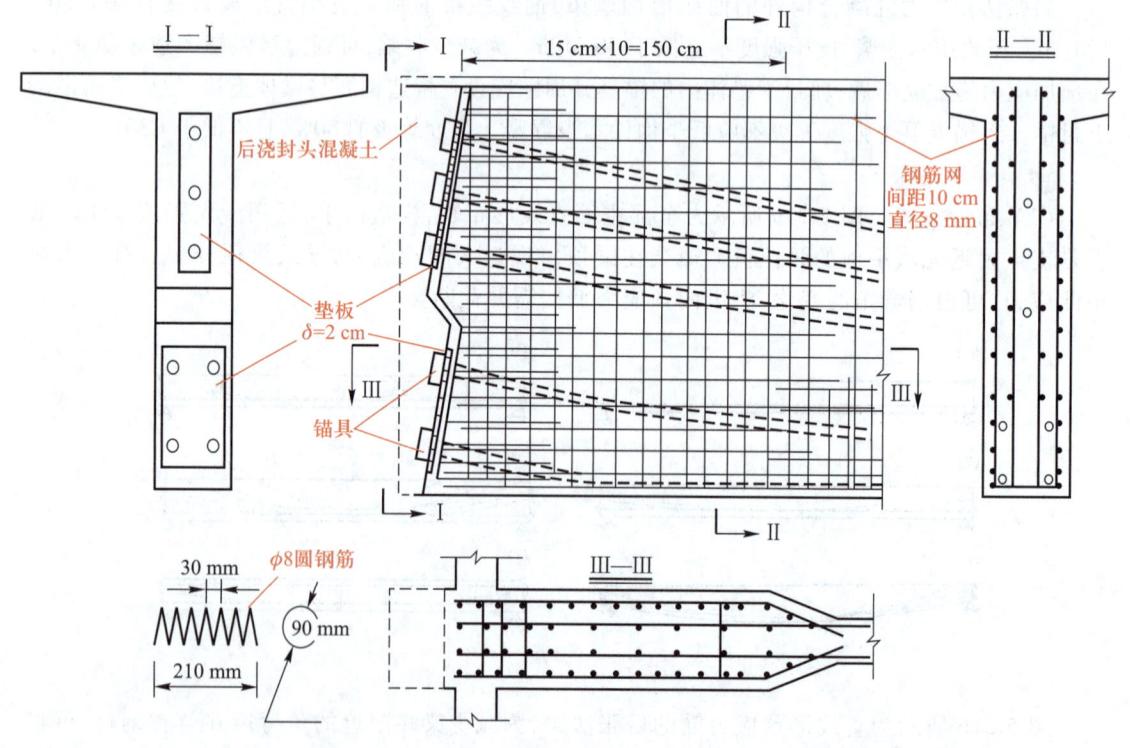

图5.22 梁端的垫板和加强钢筋网的配筋构造

（3）对于预应力比较集中的下翼缘（下马蹄）内必须设置闭合式加强箍筋（图5.23），间距不应大于200 mm。图中d为制孔管的直径，应比预应力筋的直径大10 mm，采用铁皮套管时应大20 mm，管道间的最小净距由灌注混凝土的要求所确定，在有良好的振捣工艺时（如同时采用底振和侧振），最小净距不小于4 cm，且不小于管道直径的60%。

（4）在预应力混凝土简支梁中，有时为了补充局部梁段内强度的不足、满足极限强度的要求以及更好地分布裂缝和提高梁的韧性等，可以将无预应力筋与预应力筋协同配置，这样往往能达到经济合理的效果。

① 图5.24a为当梁中预应力筋在两端不便弯起时，为了防止张拉阶段在梁顶部可能开裂而布置的受拉钢筋。

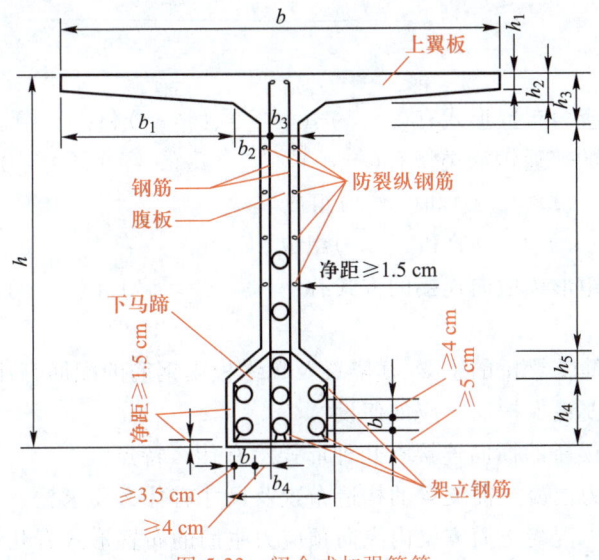

图5.23 闭合式加强箍筋

② 对于自重比恒载和活载小得多的梁，在预加力阶段，跨中部分的上翼缘可能会开裂而破坏。因而也可在跨中部分的顶部加设无预应力的纵向受力钢筋（图5.24b）。这种钢筋在运营阶段能加强混凝土的抗压能力，在破坏阶段则可提高梁的安全度。

③ 图5.24c为在跨中部分下翼缘内设置的钢筋，多半是在全预应力梁中为了加强混凝土承受预加压力的能力。

④ 对于部分预应力梁，也往往利用通长布置在下翼缘的纵向钢筋来补足极限强度的需要（图5.24d），并且这种钢筋对于配置无黏结预应力筋的梁能起到分布裂缝的作用。无预应力的钢筋还能增加梁在反复荷载作用下的疲劳极限强度。

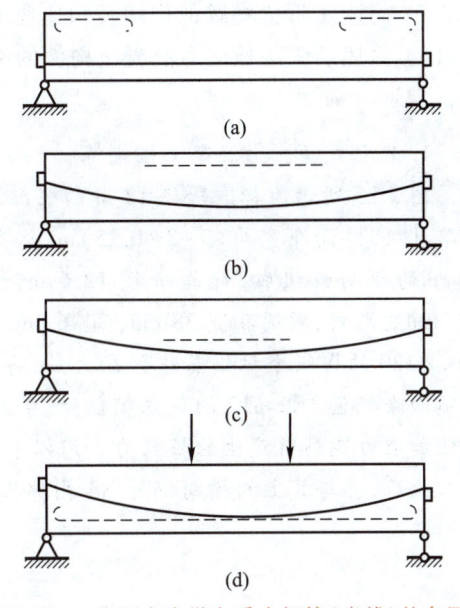

图5.24 非预应力纵向受力钢筋（虚线）的布置

小结

按承重结构的横截面形式、受力体系等不同梁桥的分类方式及各自特点;装配式简支板桥、肋梁桥和箱梁桥适用条件、构造要求及特点;装配式简支梁横隔梁的连接方式、布置原则与构造要求;装配式预应力混凝土简支梁桥预应力钢筋布置形式及适用条件;简支梁桥非预应力钢筋类型及作用;T形梁马蹄的作用及构造要求。

操作与练习

【习题】

1. 填空题

（1）简支梁的预应力布置形式有（　　）、（　　）、（　　）和（　　）。
（2）简支T形梁的普通钢筋类型有（　　）、（　　）、（　　）、（　　）、（　　）和（　　）。
（3）T形梁由（　　）、（　　）和（　　）组成。
（4）箱形梁由（　　）、（　　）和（　　）组成。
（5）装配式简支箱形梁横向连接的方式有（　　）、（　　）和（　　）。

2. 问答题

（1）钢筋混凝土简支梁桥的主梁、横隔梁及翼缘板内钢筋的配筋有什么特点？
（2）钢筋为什么要设保护层？应如何设？
（3）装配式T形梁桥的横向连接有几种形式？有什么特点？
（4）装配式预应力混凝土简支梁的构造布置及尺寸有什么要求？
（5）装配式预应力混凝土简支梁内纵向预应力主筋的布置形式有几种？各有何特点？
（6）简支梁桥非预应力钢筋类型及作用。
（7）简述T形梁马蹄的作用及构造要求。
（8）简述后张法预应力混凝土构件的端部锚固区钢筋构造要求。

【典型案例】

1. 装配式预应力混凝土板梁桥

图 5.25 所示为标准跨径 13 m 的装配式预应力混凝土空心板桥的构造图。设计荷载为公路Ⅱ级，桥面净宽为(7+2×0.25)m，总宽为 8 m，由 8 块全长 12.96 m、净宽 99 cm、厚度 60 cm 的预制板组成，计算跨径 12.6 m，横向板与板之间的缝隙为 1 cm，挖空形式采用图 5.9d 的形式，腰圆孔宽 38 cm，高 46 cm。采用 C40 混凝土预制和填缝。每块板底层配置 7 根 ϕ120 的Ⅳ级冷拉钢筋作预应力筋，每根预应力筋张拉力为 194 kN，伸长率为 0.35%。板顶面除配置 3 根 ϕ12 的架立钢筋外，在支点的附近还配置 6 根 ϕ8 的非预应力钢筋来承担由预加应力钢筋所产生的拉应力。用以承担剪力的箍筋 N5 和 N6 筋采用上开口形式，待立好心模后，再与其上的横向钢筋 N4 相绑扎组成封闭的箍筋。

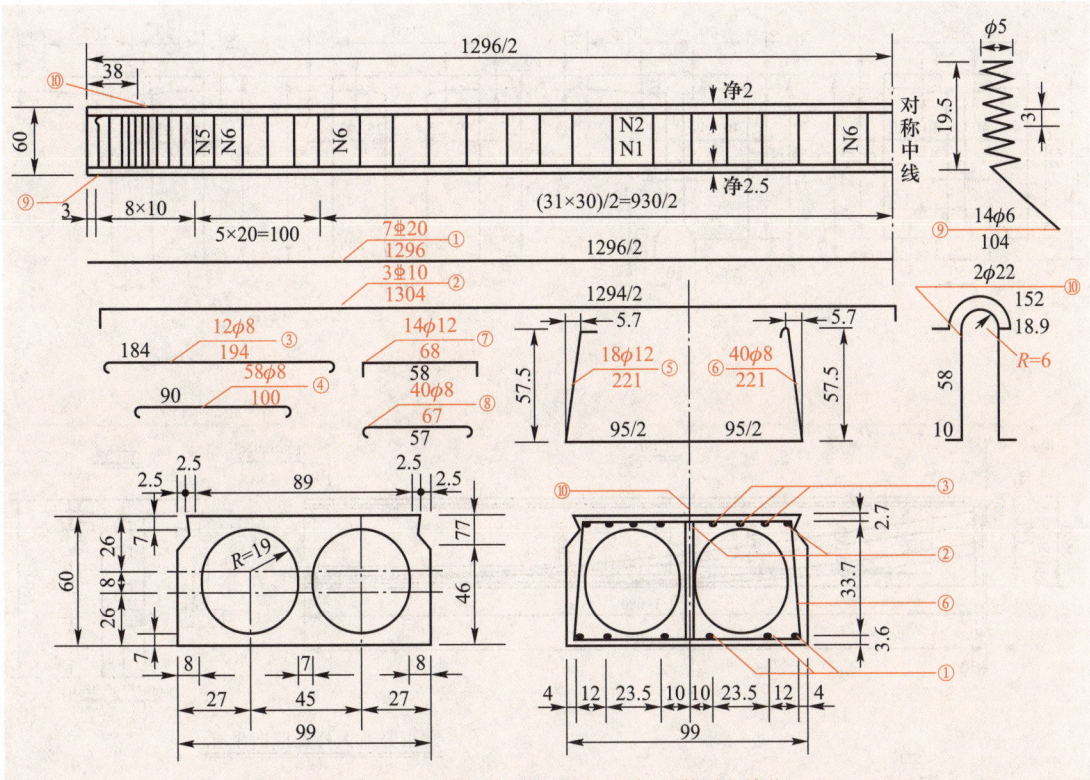

图 5.25 装配式预应力混凝土空心板桥的构造(单位:cm)

2. 装配式 T 形梁桥

以 40 m T 形梁(图 5.26~图 5.28)为例：主梁全长：39.2 m，计算跨径：38.4 m，标准跨径：40 m，梁高为 2.5 m；高跨比为 1/19.4，设计荷载为公路-Ⅰ级，无人群荷载，主梁间距 2.40 m，单侧防撞护栏重 7.8 kN/m。厚 20 cm 的梁肋在梁端部分(约等于梁高的长度内)加宽至马蹄全宽 60 cm，将所有混凝土内模做成半径为 5 cm 的圆角，以利脱模。预应力钢束 N1、N2、N3 由 8 根，N4 由 7 根公称直径为 15.24 mm 高强低松弛钢绞线组成，抗拉极限强度 1 860 MPa，其锚下控制张拉应力为 1 395 MPa，全部钢丝束均以圆弧起弯并锚固在梁端厚 2 cm 的垫板上。

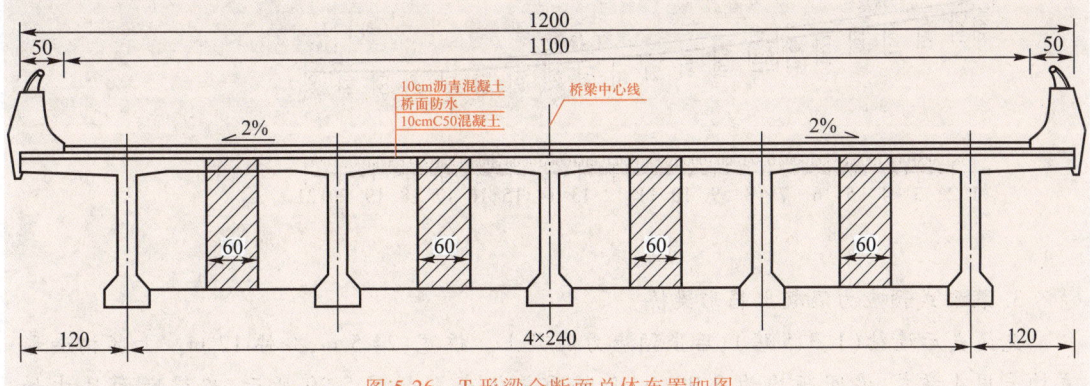

图 5.26 T 形梁全断面总体布置如图

图 5.27　40 m 跨径 T 形梁断面尺寸

图 5.28　标准跨径为 40 m 的装配式预应力混凝土简支梁的配筋构造

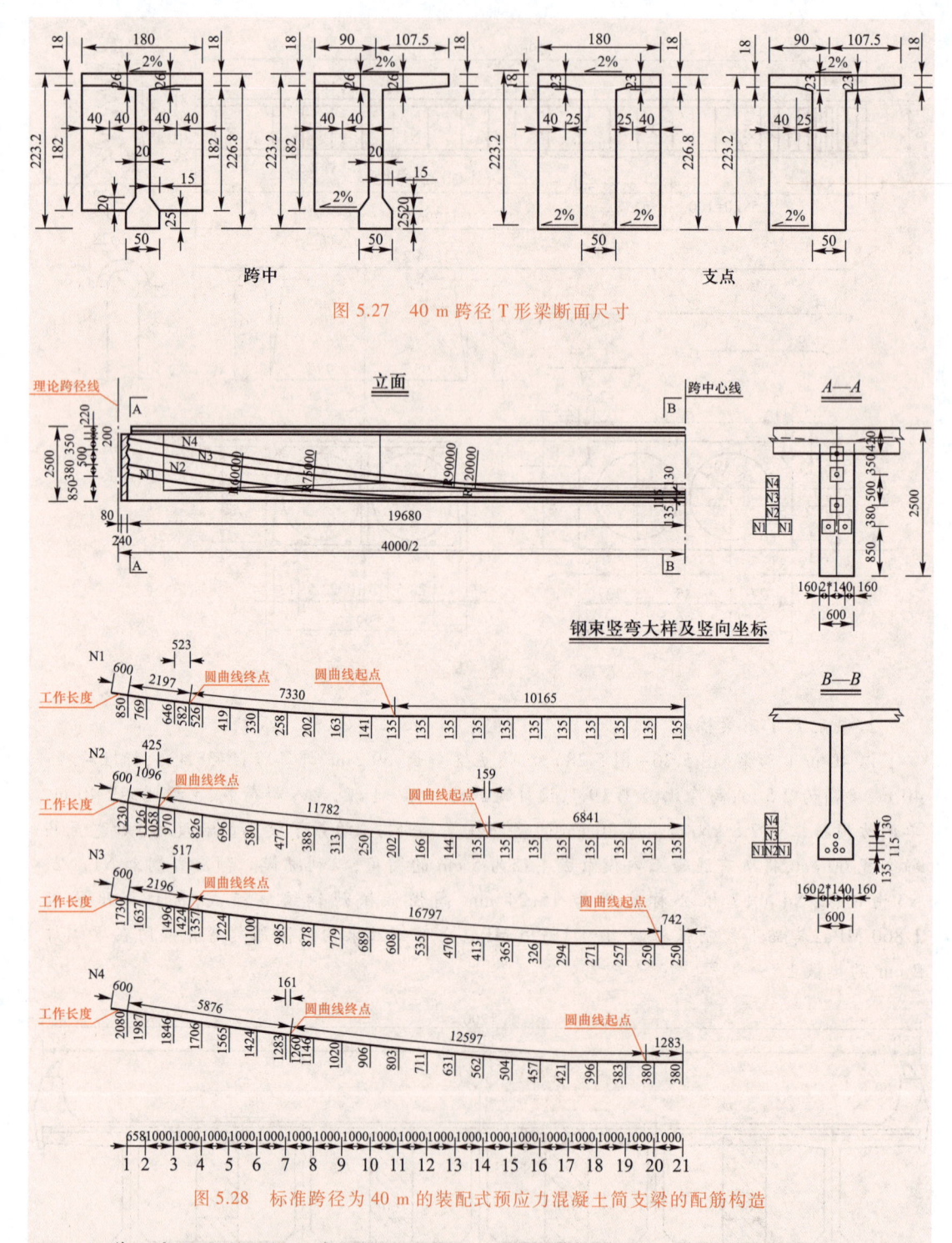

3. 装配式预应力混凝土箱形梁桥

先简支后连续(1、3、5 跨)，后张预应力混凝土。桥宽:24.5 m，分幅 12 m。上部构造形式均采用 4 梁式，梁间距均为 2.90 m，全断面总体布置如图 5.29 所示，单梁断面尺寸如图 5.30 所示，配筋构造如图 5.31 所示。主梁全长 34.94 m，计算跨径 34.19 m，标准跨径

35 m，梁高为 1.8 m；高跨比为 1/19.4，设计荷载为公路-Ⅰ级，无人群荷载，单侧防撞护栏重 7.8 kN/m。预应力钢筋：钢绞线，1 860 MPa，单根面积 140 mm²。工艺：主梁按后张法施工工艺制作，采用内径 55 mm 的预埋波纹管和夹片式锚具。将所有混凝土内模做成半径为 5 cm 的圆角，以利脱模。预应力采用了 6 束 4 根和 2 束 3 根钢绞线，全部钢丝均以圆弧起弯并锚固在梁端厚 2 cm 的垫板上。箱梁混凝土达到设计强度的 85% 后，且混凝土龄期不小于 7 d 时，可张拉预应力钢丝束。钢丝束均采用两端同时张拉，锚下控制应力为 1 395 MPa。钢绞线的弯折处采用圆曲线过渡，管道必须圆顺，预制箱形梁定位钢筋在曲线部分以间隔为 50 cm、直线段间隔为 100 cm 设置一组。

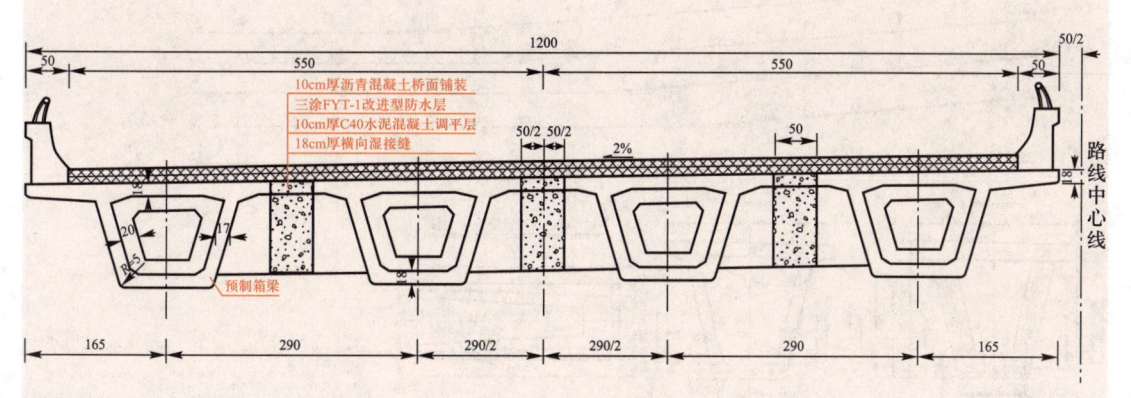

图 5.29　35 m 跨径小箱形梁全断面总体布置如图

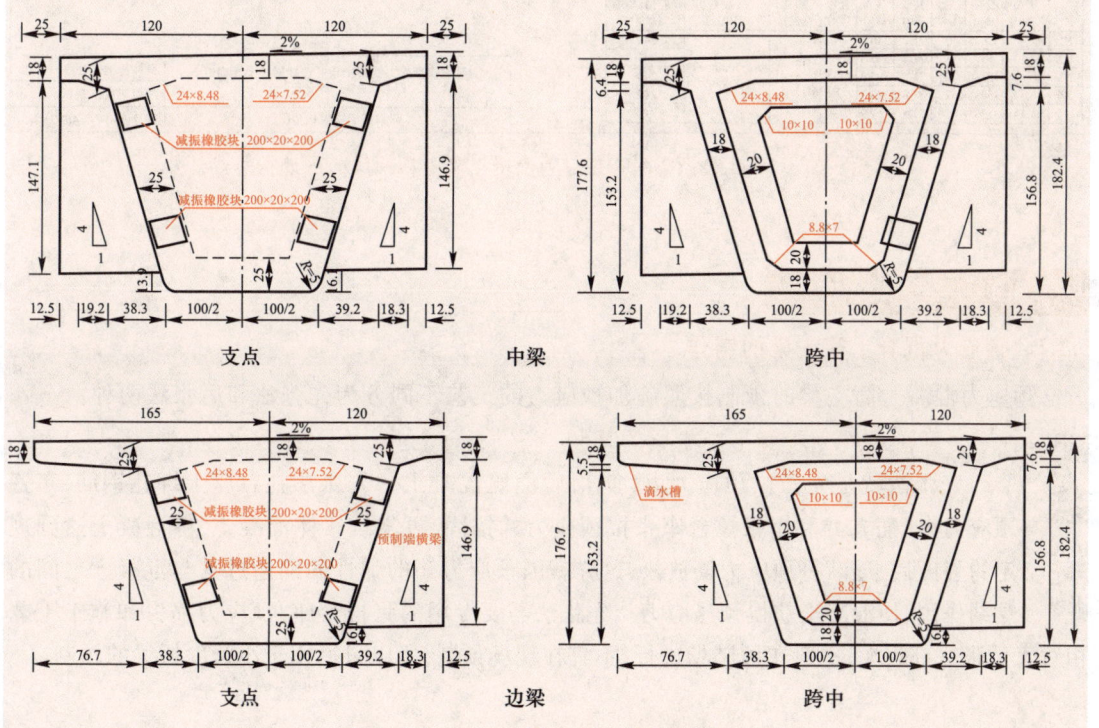

图 5.30　35 m 跨径小箱形梁断面尺寸

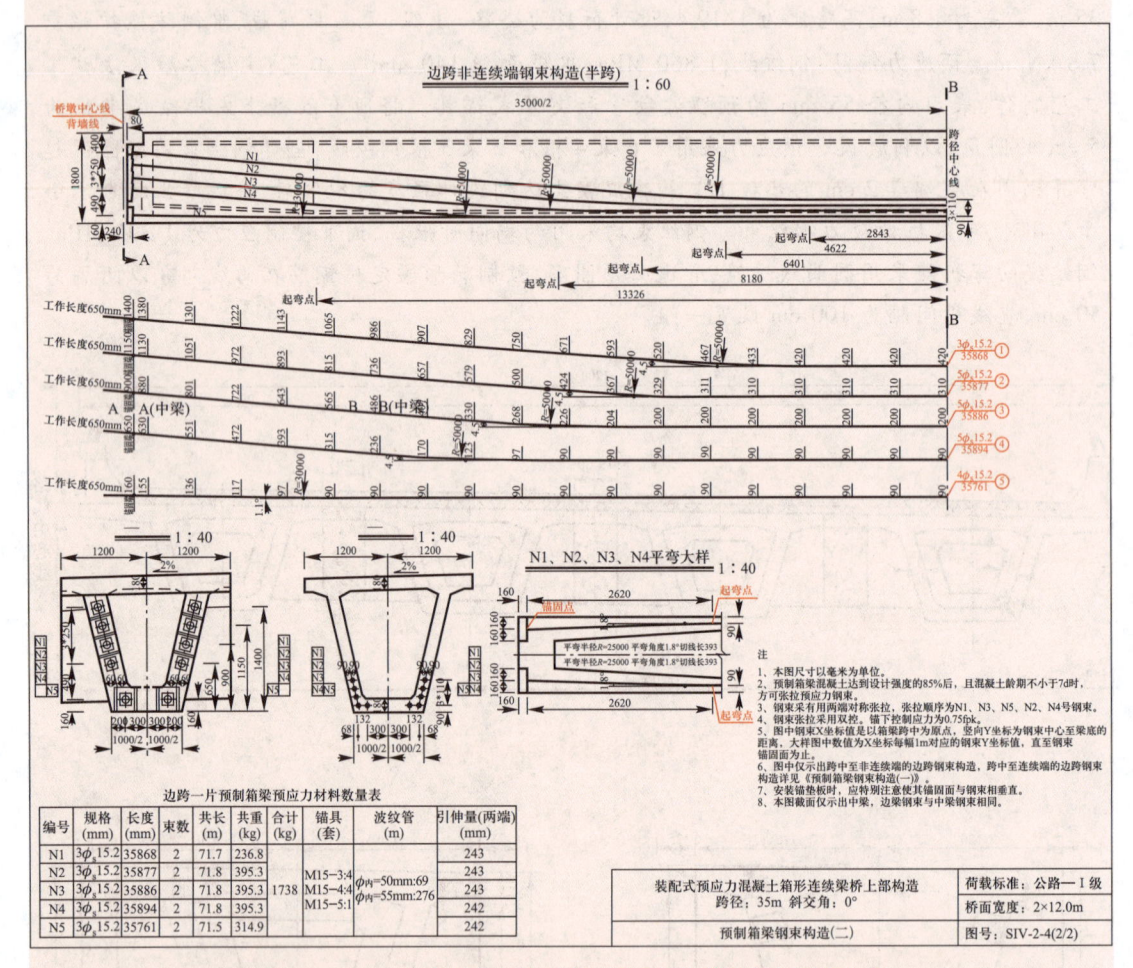

图 5.31　35 m 跨径装配式预应力混凝土简支箱形梁的配筋构造

任务 5.3　简支梁桥施工

5.3.1　预应力混凝土简支梁的制作

预应力混凝土简支梁的预制按照施加预应力的工艺不同分为先张法和后张法两种。

一、先张法预应力混凝土简支梁的预制

先张法就是先张拉预应力束(筋),后浇筑混凝土。先张法在台座上绑扎钢筋,布置预应力束(筋),并利用张拉台座张拉预应力并锚固,再浇筑梁体混凝土,待混凝土达到规定的强度后,逐渐将预应力筋放松,这样就因预应力筋的弹性回缩通过其与混凝土之间的黏结作用,使混凝土获得预压应力。先张法需要专用的张拉台座,预应力损失和施工工艺相对于后张法都较大,一般在预制场进行,不宜在现场预制,所以只适用于小跨度桥梁的预制。

1. 台座

台座(pedestal,图 5.32)在先张法构件生产中是主要的承力构件,它必须具有足够的承载能力、刚度和稳定性,以免因台座的变形、倾覆和滑移而引起预应力的损失,确保先张法生产构

件的质量。

图 5.32 张拉台座示意图

台座的形式繁多，因地制宜，但一般可分为墩式台座和槽式台座两种。

(1) 墩式台座。由承力台墩、台面与横梁三部分组成，其长度宜为 50～150 m(图 5.33)。

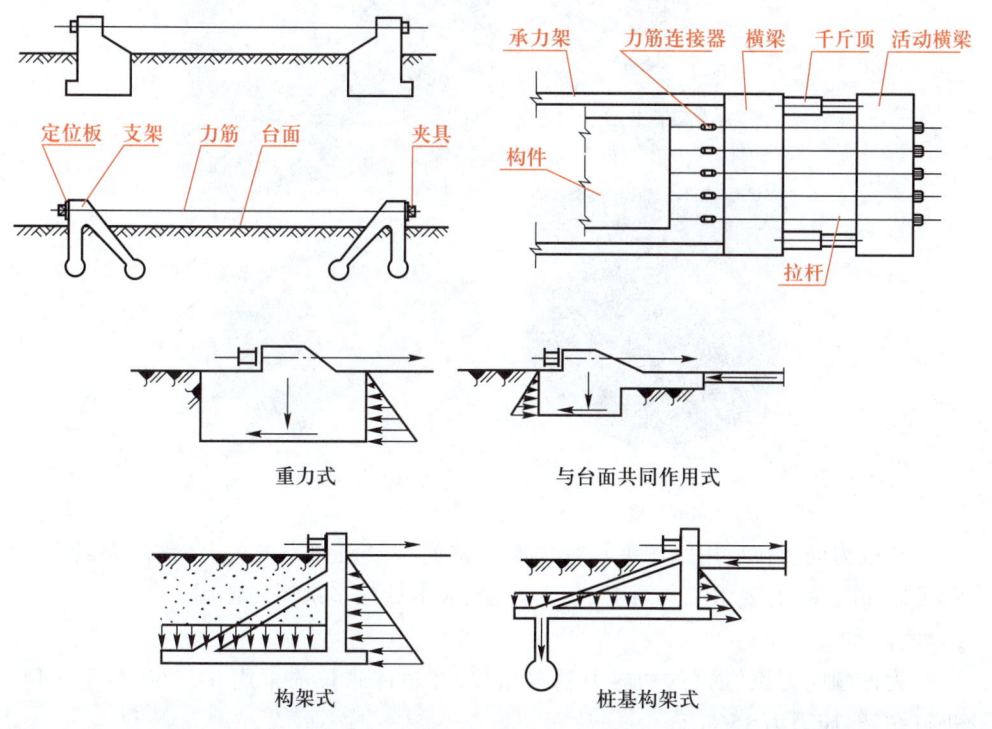

图 5.33 墩式台座

台座的承载力应根据构件张拉力的大小，可按台座每米宽的承载力为 200～500 kN 设计。应有足够的强度和刚度，抗倾覆性安全系数≥1.5，抗滑移系数≥1.3。

(2) 槽式台座。由钢筋混凝土压杆、上下横梁及台面组成，如图 5.34 所示。台座的长度一般不超过 50 m，承载力可大于 1 000 kN 以上。为了便于浇筑混凝土和蒸汽养护，槽式台座一般要低于地面。在施工现场还可利用已预制的柱、桩等构件装配成简易的槽式台座。

2. 张拉机具和夹具(tensioning machine)

先张法构件生产中，常采用的预应力筋有钢丝或钢筋两种。张拉预应力钢丝时，一般直接采用卷扬机或电动螺杆张拉机。张拉预应力钢筋时，在槽式台座中常采用四横梁式成组张拉装置，用千斤顶张拉。

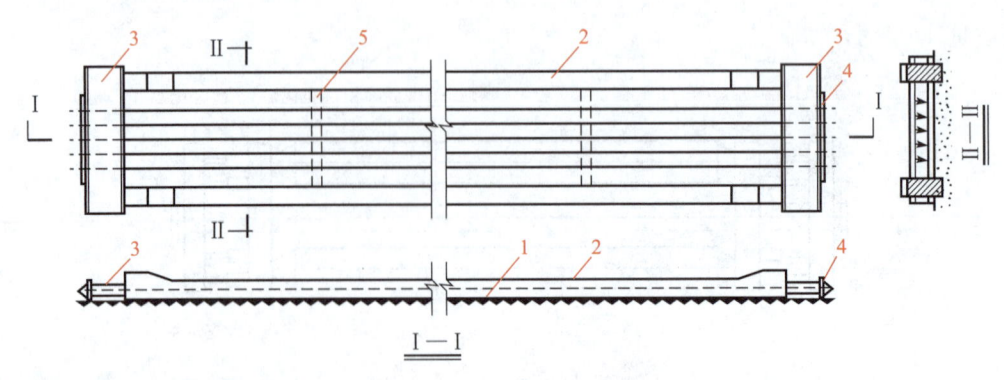

1—压杆;2—砖墙;3—下横梁;4—上横梁;5—柱垫

图 5.34 槽式台座

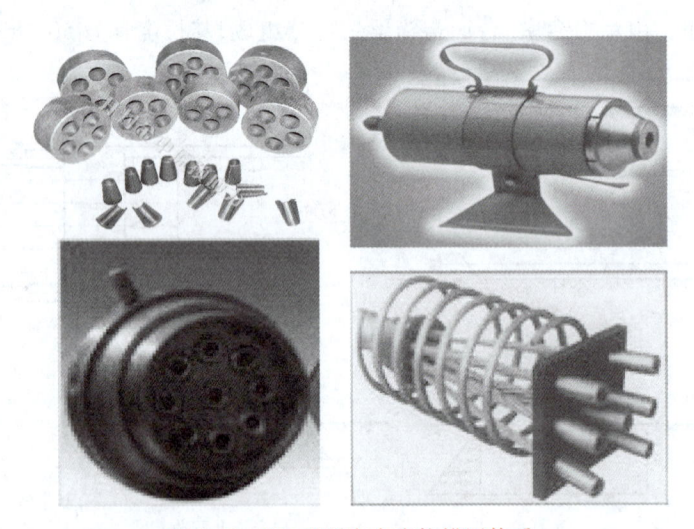

图 5.35 XM 型预应力张拉锚固体系

预应力筋张拉后用锚固夹具将预应力钢筋直接锚固于横梁上,锚固夹具(图 5.35)都可以重复使用,要求工作可靠、加工方便、成本低或多次周转使用。

3. 张拉(stretch-draw)

为使预应力束(筋)的初应力基本相等,在整体张拉前采用 YC-60 型千斤顶,单束进行初调,应力为 $15\%\sigma_k$。

为了固定应力便于抽换千斤顶,在台座一端的一对千斤顶外侧各设置支承垫箱一具;台座另一端一对千斤顶外侧,各设一套螺旋顶式固定应力装置(支承筒)。如图 5.36 所示。如无具体规定则张拉程序如下表:为了避免台座受过大的偏心力,应先张拉靠近台座截面重心处的预应力筋。

表 5.2 先张法预应力筋张拉程序

预应力筋种类		张拉程序
钢筋、钢筋束		0→初应力→$1.05\sigma_{con}$(持荷 2 min)→$0.9\sigma_{con}$→σ_{con}(锚固)
钢丝束、钢绞线束	对于夹片式等具有自锚性能的锚具	普通松弛力筋 0→初应力→$1.03\sigma_{con}$(锚固) 低松弛力筋 0→初应力→σ_{con}(持荷 2 min,锚固)

注:表中 σ_{con} 为张拉时的控制应力,包括预应力损失值。

图 5.36　先张法预应力张拉

4. 灌注混凝土（pour concrete）

梁体的混凝土灌注次序是从一端向另一端推进，因梁体内钢筋密集，且处于高应力状态下，混凝土采用底模振捣，桥面和腹板采用插入式振动器振捣。

5. 预应力整体放松（prestress relaxation）

（1）放松的方法。混凝土强度达到设计强度的 80% 以后，即可拆除模板放松预应力筋，放松时要在两端同时进行，即千斤顶两端同时充油，使其稍微超过 σ_k，回松支承筒，取出支承垫箱，然后使千斤顶回油至零，切断预应力筋。

常用的放松方法有砂箱放松法（图 5.37a）、千斤顶放松法、张拉放松法（图 5.37b）、滑楔放松法、手工放松法。

（2）放张的规则：

① 预应力筋放张时的混凝土强度须符合设计规定，设计未规定时，不得低于设计混凝土强度等级值的 75%。

② 预应力筋的放张顺序应符合设计要求，设计未规定时，应分阶段、对称、相互交错地放张。在预应力筋放张之前，应将限制位移的侧模、翼缘模板或内模拆除。

③ 多根整批预应力筋的放张，可采用砂箱法或千斤顶法。用砂箱放张时，放张速度应均匀一致；用千斤顶放张时，放张宜分数次完成。单根钢筋采用拧松螺母的方法放张时，宜先两侧后中间，并不得一次将一根力筋放松。

④ 钢筋、钢丝放张后，可用切割、锯断或剪断的方法切断；钢绞线放张后，可用砂轮锯切断。

⑤ 长线台座上预应力筋的切断顺序，应由放张端开始，逐次切向另一端。

6. 移梁封端

用吊车将梁吊离台位，在存梁区进行封端工作。

二、后张法预应力混凝土简支梁的预制

后张法施工工艺是先浇筑留有预应力筋孔道的梁体，待混凝土达到规定强度后，再在预留孔道内穿入预应力筋进行张拉锚固。最后进行孔道压浆并浇筑梁端封头混凝土。梁体在施加预应力时，构件的混凝土强度一般不低于设计强度的 70%。

1. 预应力钢筋加工

（1）预应力粗钢筋的加工：

① 下料：应按钢筋的计算长度、工作长度和原材料的试验数据确定下料长度。

后张法工艺图

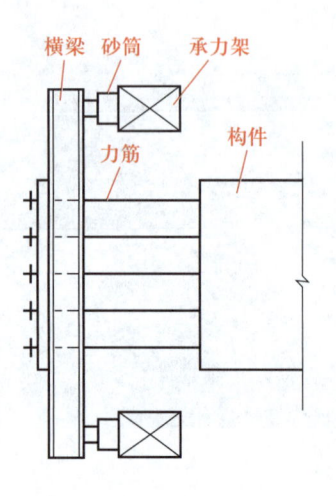

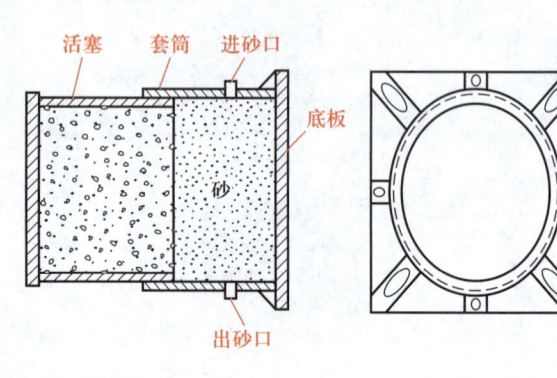

(a) 砂箱放松法

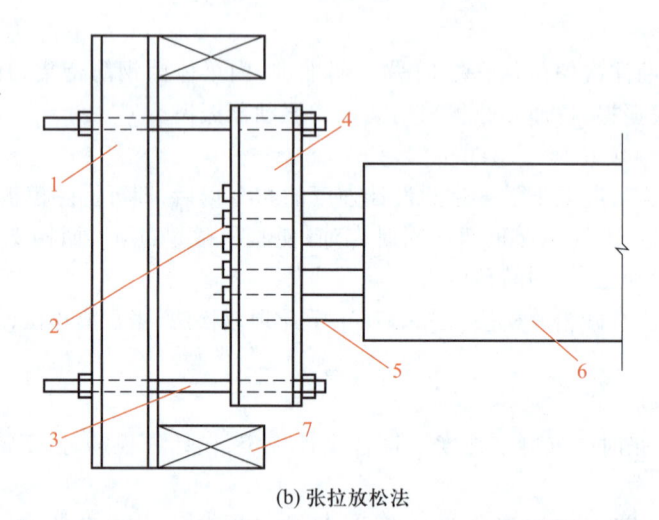

(b) 张拉放松法

1—横梁；2—夹具；3—螺杆；4—张拉架；5—预应力筋；6—构件；7—承力架

图5.37 放松法

② 对焊：目前多采用二次闪光对焊，对焊的轴线偏差不得大于 2 mm 或钢筋直径的 1/10。

（2）使用直径为 6~10 mm 的高强钢筋。

（3）高强钢丝和钢绞线的成束。

2. 预留孔道

应保证预应力管道及钢筋位置准确。梁端 2 m 范围内及锚下混凝土局部应力大、钢筋密，特别是锚下混凝土，应充分振捣密实，严格控制其质量。无论采用何种制孔器，所有管道均应设压浆孔，还应在最高点设排气孔及需要时在最低点设排水孔。

（1）埋置式制孔器。埋置式制孔器在梁体制成后留在梁内，形成孔道壁，对预应力筋的摩阻力小，但加工成本高，不能重复使用，金属材料耗用最大。埋置式制孔器主要有铁皮波纹管式（图5.38）和塑料波纹管（图5.39）式两种常用。

（2）抽拔式制孔器。在梁体混凝土浇筑前，安放在力筋的设计位置上，等终凝后将其拔出，梁体内即具有孔道。制孔器能够周转使用，省料而经济，主要在预制厂使用。

① 抽拔式制孔器的种类主要有橡胶抽拔管（图5.40）和金属伸缩抽拔管两种。

图 5.38　铁皮波纹管

图 5.39　塑料波纹管　　　　　　图 5.40　橡胶抽拔管

② 抽拔顺序：先拔上层胶管，后拔下层胶管。先拔早浇筑的半根梁，后拔晚浇筑的半根梁。先拔芯棒，后拔管。

③ 抽拔时间。在混凝土初凝之后与终凝之前，待其抗压强度达到 4~8 MPa 时方可抽拔制孔器。根据经验，制孔器的抽拔时间可参考表 5.3。

表 5.3　制孔器的抽拔时间

环境温度/℃	抽拔时间/h
30	3
20~30	3~5
10~20	5~8
10	8~12

3. 预应力锚具及锚垫板

常用后张法预应力锚具有钢质锥形锚具、螺纹端杆锚具、JM15 型锚具、墩头锚具、星形锚具、群锚体系。根据是否用于张拉端，锚具分为固定端锚具和张拉端锚具两类，其构造有很大的不同。

锚垫板是后张法体系中的一个部件,其作用是将锚具传来的集中力分布到较大的混凝土承压面积上去。

为便于加工和安装,锚垫板一般为矩形。通常情况下,一块锚垫板上锚固一根钢丝束。当预应力钢丝束相距很近时,也可将多根钢丝束锚固于同一块锚板上,见图 5.41。

锚垫板的厚度应不小于 12 mm,不宜太薄。太薄则受压后将变形成锅底形,影响应力扩散,可能导致混凝土劈裂。锚垫板的后方,应进行局部加强。加强的方法是设置螺旋式钢筋或附加横向钢筋网,其构造如图 5.42 所示。

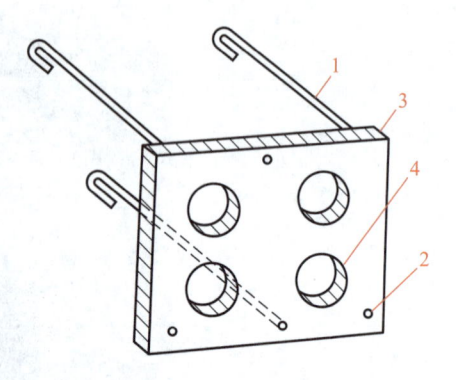

1—锚固钢筋;2—半眼螺栓孔;
3—锚垫板;4—孔道

图 5.41 锚垫板一般构造

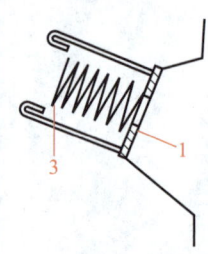

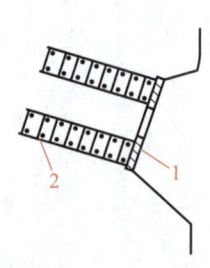

1—锚垫板;2—防裂式钢筋网;3—螺旋筋

图 5.42 锚下防裂筋构造图

4. 穿束

当梁体混凝土强度达到设计强度的 85% 以上时,才可进行穿束张拉。穿束前,清除孔道内的污物和积水,以确保孔道畅通。可采用人工直接穿束,也可借助一根 $\phi 5$ 长钢丝作为引线,用卷扬机牵引较长的束筋进行穿束工作。穿束时钢丝束从一端穿入预留孔道。

5. 张拉

(1) 张拉前的准备工作。对力筋施加预应力之前,必须对千斤顶和油压表进行校验,计算与张拉吨位相应的油压表读数和钢丝伸长值,确定张拉顺序和清孔、穿束等工作,应对构件进行检验,外观和尺寸应符合质量标准要求。张拉时,构件的混凝土强度应符合设计要求,设计未规定时,不应低于设计强度等级值的 75%。当设计无具体要求时,应符合规范要求。

(2) 张拉程序。后张法预应力筋的张拉应符合设计要求,设计无规定时,其张拉程序可参照表 5.4 进行。

表 5.4 后张法预应力筋张拉程序

预应力筋	张拉程序
钢筋、钢筋束	0→初应力→$1.05\sigma_{con}$(持荷 2 min)→σ_{con}(锚固)

续表

预应力筋		张拉程序
钢绞线束	对于夹片式等具有自锚性能的锚具	普通松弛力筋　$0 \rightarrow$ 初应力 $\rightarrow 1.03\sigma_{con}$（锚固） 低松弛力筋　$0 \rightarrow$ 初应力 $\rightarrow \sigma_{con}$（持荷 2 min 锚固）
	其他锚具	$0 \rightarrow$ 初应力 $\rightarrow 1.05\sigma_{con}$（持荷 2 min）$\rightarrow \sigma_{con}$（锚固）
钢丝束	对于夹片式等具有自锚性能的锚具	普通松弛力筋　$0 \rightarrow$ 初应力 $\rightarrow 1.03\sigma_{con}$（锚固） 低松弛力筋　$0 \rightarrow$ 初应力 $\rightarrow \sigma_{con}$（持荷 2 min 锚固）
	其他锚具	$0 \rightarrow$ 初应力 $\rightarrow 1.05\sigma_{con}$（持荷 2 min）$\rightarrow \sigma_{con}$（锚固）
精轧螺纹钢筋	直线配筋时	$0 \rightarrow$ 初应力 $\rightarrow \sigma_{con}$（持荷 2 min 锚固）
	曲线配筋时	$0 \rightarrow \sigma_{con}$（持荷 2 min）$\rightarrow 0$（上述程序反复几次）$\rightarrow$ 初应力 $\rightarrow \sigma_{con}$（持荷 2 min 锚固）

注：1. 表中 σ_{con} 为张拉时的控制应力，包括预应力损失值。
2. 两端同时张拉时，两端千斤顶升降压、画线、测伸长、插垫等工作应基本一致。
3. 梁的竖向预应力筋可一次张拉到控制应力，然后于持荷 5 min 后测伸长和锚固。

（3）两次张拉工艺：
① 预应力梁在混凝土强度达到设计强度之前（如达到设计强度的60%以上时），先张拉一部分力筋，对梁体施加较低的预压应力，使梁体能承受自重荷载，提前将梁移出生产梁位。
② 预制梁移出生产台座后，继续进行养护，待达到混凝土设计强度后，进行其他力筋的张拉工作。

（4）张拉要点：
① 预应力筋的张拉顺序应符合设计要求，当设计未规定时，可采取分批、分阶段对称张拉。
② 对曲线预应力筋或长度大于等于 25 m 的直线预应力筋，宜在两端张拉；对长度小于 25 m 的直线预应力筋，可在一端张拉。
③ 张拉要进行双控，应力控制为主，伸长量作为校核依据。实际伸长值与理论伸长值的差值应符合设计要求，设计无规定时，实际伸长值与理论伸长值的差值应控制在6%以内，否则应暂停张拉，任何情况下不得超过设计规定的最大张拉控制应力。
④ 预应力筋在张拉控制应力达到稳定后方可锚固。预应力筋锚固后的外露长度不宜小于 300 mm，锚具应用封端混凝土保护，当需长期外露时，应采取防止锈蚀的措施。锚固完毕并经检验合格后即可切割端头多余的预应力筋，严禁用电弧焊切割，强调用砂轮机切割。
⑤ 张拉完后即封堵。完成后，即对外露多余钢绞线、钢筋进行切割，封堵的方法是用索灰将锚头封住，然后用塑料薄膜将其裹住进行养护，以防止裂缝而使锚头漏浆、漏气，影响压浆质量。

（5）滑丝和断丝处理。后张预应力筋断丝及滑移不得超过表 5.5 中的控制数。
滑丝与断丝现象发生在顶锚以后，可采用如下方法：
① 钢丝束放松。将千斤顶按张拉状态装好，并将钢丝在夹盘内楔紧。一端张拉，当钢丝受力伸长时，锚塞稍被带出。这时立即用钢钎卡住锚塞螺纹（钢钎可用 $\phi 5$ mm 的

钢丝,端部磨尖制成,长 20~30 cm)。然后主缸缓慢回油,钢丝内缩,锚塞因被卡住而不能与钢丝同时内缩。主缸再次进油,张拉钢丝,锚塞又被带出。再用钢钎卡住,并使主缸回油,如此反复进行至锚塞退出为止。然后拉出钢丝束更换新的钢丝束和锚具。

表 5.5 后张预应力筋断丝、滑移限制

类别	检查项目	控制数
钢丝束和钢绞线束	每束钢丝断丝或滑丝	1 根
	每束钢绞线断丝或滑丝	1 丝
	每个断面断丝之和不超过该断面钢丝总数的比例	1%
单根钢筋	断筋或滑移	不容许

注:1. 钢绞线断丝指单根钢绞线内钢丝的断丝。
2. 超过表列控制数时,原则上应更换,当不能更换时,在许可的条件下,可采取补救措施,如提高其他束预应力值,但须满足设计上各阶段极限状态的要求。

② 单根滑丝单根补拉。将滑进的钢丝楔紧在卡盘上,张拉达到应力后顶压楔紧。

③ 人工滑丝放松钢丝束。安装好千斤顶并楔紧各根钢丝。在钢丝束的一端张拉到钢丝的控制应力仍拉不出锚塞时,打掉一个千斤顶卡盘上钢丝的楔子,迫使 1~2 根钢丝产生抽丝。这时锚塞与锚圈的锚固力就减小了,再次拉锚塞就较易拉出。

6. 孔道压浆和封锚

(1) 压浆目的。压浆的目的是使梁内预应力筋免于锈蚀,并使力筋与混凝土梁体相黏结而形成整体。水泥浆应具有以下适当的性质:

① 为使灌浆作业容易进行,灰浆应具有适当的稠度。

② 没有收缩,而应具有适当的膨胀性,应具有规定的抗压强度和黏结强度。

(2) 压浆工艺:

① 压浆前,应对孔道进行清洁处理。

② 压浆时,对曲线孔道和竖向孔道应从最低点的压浆孔压入,由最高点的排气孔排气和泌水。压浆顺序宜先压注下层孔道。

③ 压浆应使用活塞式压浆泵,不得使用压缩空气。压浆应达到孔道另一端饱满和出浆,并应达到排气孔排出与规定稠度相同的水泥浆为止。

④ 压浆过程中及压浆后 48 h 内,结构混凝土的温度不得低于 5 ℃,否则应采取保温措施。当气温高于 35 ℃时,压浆宜在夜间进行。压浆后应从检查孔抽查压浆的密实情况,如有不实,应及时处理和纠正。

(3) 封锚。压浆后应先将其周围冲洗干净并对梁端混凝土凿毛,然后设置钢筋网浇筑封锚混凝土。封锚混凝土的强度应符合设计规定,一般不宜低于构件混凝土强度等级值的80%。必须严格控制封锚后的梁体长度。长期外露的锚具,应采取防锈措施。

5.3.2 混凝土简支梁的移运和架设

一、混凝土简支梁的移运

1. 堆放

存梁道的基础应夯实、平整,最好不要有坡度。通常在碎石垫层上铺枕木,钉以双排钢轨作存梁场。当高度受限制时,可设浆砌片石礅,墩上做钢筋混凝土梁,再在钢筋混凝土梁上固定钢轨。在存梁场一侧设卷扬机作为移梁拖拉动力。

规划存梁场地应注意以下事项:

(1)存梁场较大时,可采用移梁方式装卸桥梁,但在有条件时,宜采用大跨度吊梁龙门架装卸桥梁(图5.43)。

图5.43 龙门架装卸桥梁

(2)布置装卸线路时,应考虑取送和停放车辆的便利,并避免装卸时与邻近线路的行车互相干扰,构件应按吊装次序、方向水平分层堆放,标志向外,板梁平放,一般不宜超过三层,要逐层支撑牢固,层与层间要以垫木隔开,相邻构件间要留出适当宽度的通道。

(3)存梁场地不应设在低洼积水处,同时场内须有可靠的简易排水系统和设施。梁、板运输可用平板车或大型拖车,运输时构件要平衡放正,采用特制的固定架,防止倾覆,并采取防止构件产生过大的负弯矩的措施,以免断裂。

(4)规划存梁台位宜根据直曲线梁的跨度、孔数,结合架梁次序、装卸方法等安排。两排桥梁端部宜留出2 m左右的空间。梁、板吊装前,应检查混凝土质量及截面尺寸,如有缺陷要及时修补,以免安装时发生困难。

(5)起吊梁板可用吊钩钩住吊环或通过预留孔用钢丝绳起吊,起吊时注意不得损伤混凝土。构件吊装前,在每片梁板两端要标出竖向中心线,并在墩台面上放出梁的纵向中心线、支座纵横中心线、梁板端位置横线以及每片梁板的具体位置。

2. 场内运输

从工地预制场到桥头或桥孔下的运输称为场内运输。短距离的场内运输可采用龙门架配合轨道平板车来实现,这时需要铺设钢轨便道,由龙门架起吊移运构件出坑,横移至预制构件运输便道,卸落到轨道平车上,然后用绞车牵引至桥头或桥孔下(图5.44)。运输过程中梁应竖直放置,为了防止构件发生倾覆、滑动或跳动等现象,需在构件两侧采用斜撑或木楔等临时固定。

3. 场外运输

将预制梁从工地以外的桥梁预制厂(场)运往桥孔或桥头的运输称为场外运输。场外运输通常采用汽车、火车或驳船。

受车厢长度、载重量的限制,一般中小跨径的预制板、梁或小构件可用汽车运输。50 kN

图 5.44 轨道车运输

以内的小构件可用汽车吊装卸;大于 50 kN 的构件可轮胎吊、履带吊、龙门吊或扒杆装卸。如图 5.45 所示。

图 5.45 龙门吊装卸汽车运输

4. 场内移运要求

对后张预应力混凝土梁、板,在施加预应力后可将其从预制台座吊移至场内的存放台座上后再进行孔道压浆,但必须满足下列要求:

(1) 从预制台座上移出梁、板仅限一次,不得在孔道压浆前多次倒运。

(2) 吊移的范围必须限制在预制场内的存放区域,不得移往他处。

(3) 吊移过程中不得对梁、板产生任何冲击和碰撞。

(4) 不得将构件安装就位后再进行预应力孔道压浆。

(5) 后张预应力混凝土梁、板在预制台座上进行孔道压浆后再移运的,移运时其压浆浆体的强度应不低于设计强度的 80%。

(6) 梁板构件移运时点置应符合设计规定;设计无规定时,应根据计算确定。

(7) 在构件上设置的吊环必须采用未经冷拉的 HPB300 钢筋制作;吊具应采用经专门设计的定型产品,且应符合相关产品标准或设计规范的要求。

(8) 吊绳与起吊构件的交角小于 60°时,应设置吊架或起吊扁担,使吊点垂直受力。

(9)吊移板式构件时,不得吊错上、下面。

二、混凝土简支梁的架设

预制梁(板)的安装是预制装配式混凝土梁桥施工中的关键性工序,应结合施工现场条件、工程规模、桥梁跨径、工期条件、架设安装的机械设备条件等具体情况,从安全可靠、经济简单和加快施工速度等原则,合理选择架梁的方法。

对于简支梁(板)的安装设计,一般包括起吊、纵移、横移、落梁(板)就位等工序,从架设的工艺来分有陆地架梁、浮吊架梁和利用安装导梁、塔架、缆索的高空架梁法等方法。这里简要介绍几种常用的架梁方法。

根据施工现场具体情况,选用不同的安装方法。

(1)自行式吊机架设法:即直接用吊车将运来桥孔的梁板吊放到安装位置上。

适用条件:平坦无水桥孔的中小跨径预制梁板安装。

① 一台吊机架设法(图5.46):吊装时,一般将吊机置于待吊装的桥孔中间,如果起吊能力足够,也可以将吊机置于台后或者已经吊装完成的桥孔上。吊装应注意起吊绳与梁面的夹角不能太小,一般以45°~60°为宜,否则,应使用扁担梁。

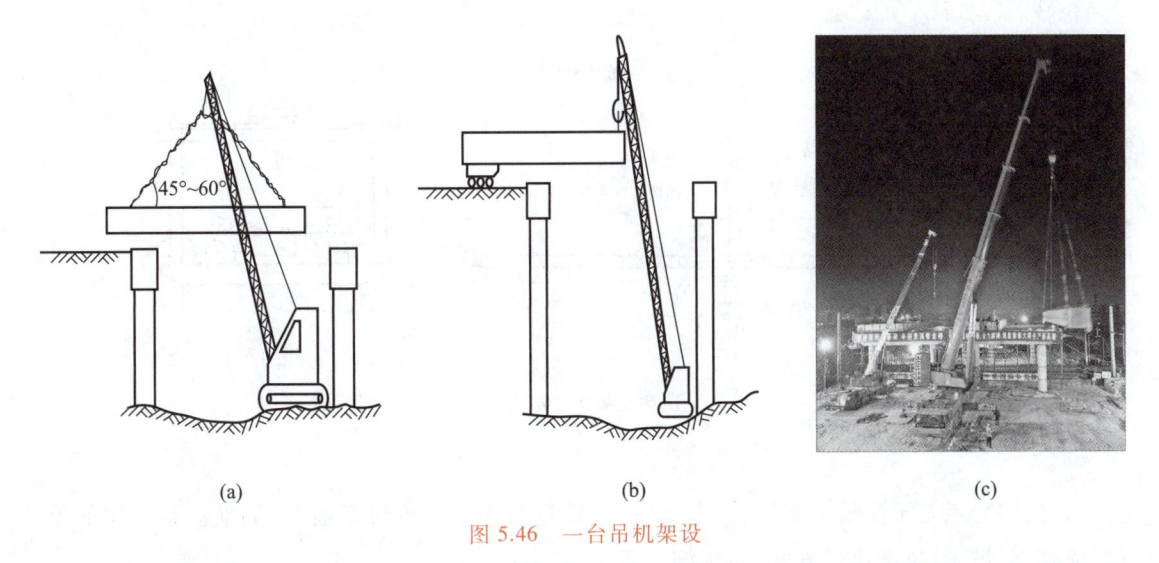

图 5.46 一台吊机架设

② 两台吊机架设法(图5.47):用两台吊机各吊住梁的一端,同步提升将梁吊起架设安装。吊装时,根据情况,可以将两台吊机置于一孔或分别置于两孔。吊装应注意两台吊机相互配合,有专职起吊工统一指挥。

图 5.47 两台吊机架设

（2）简易型钢导梁架设法：将用型钢组拼成的导梁移运到架设桥孔，在简易钢导梁上铺设轻轨，将混凝土梁用轨道平车运到桥孔，再用墩顶龙门吊机将梁横移就位，之后随着架梁的需要，移动导梁和龙门架。适用条件：地面有水，孔数较多的中小跨径预制梁板安装。

（3）联合架桥机架梁法（图5.48）：采用钢导梁配合墩顶龙门、托架等完成预制梁的安装。在导梁上铺设钢轨，托架通过钢轨托运龙门架在墩顶就位，系好缆风绳，将预制梁装上平车运到桥孔导梁上，利用两个龙门架吊装就位或完成横移，接着导梁前伸，用龙门架将未吊装好的梁吊装就位，托架托运龙门架前移，用同样程序吊装下孔。

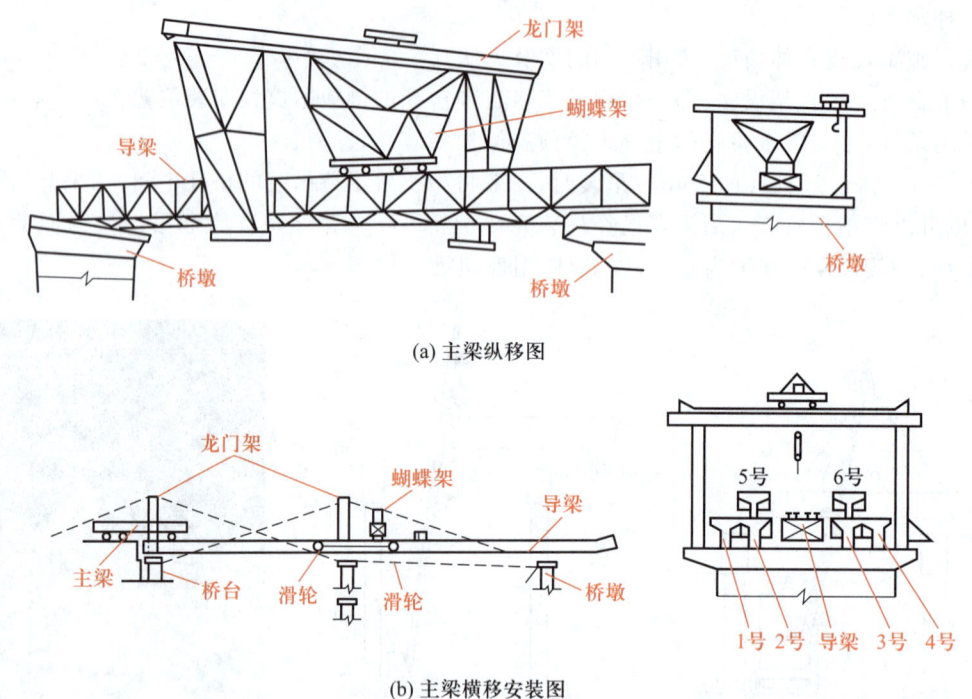

(a) 主梁纵移图

(b) 主梁横移安装图

图5.48 联合架桥机架梁法

该法的特点是不受桥下支架、洪水威胁，架设过程中不影响桥下通车、通航。预制梁的纵移、横移、起吊、就位都比较方便，便于施工单位自行制造。缺点是架设设备用钢材较多，设备组件多，操作复杂一些。适用条件：孔数较多的中型梁板吊装。

（4）双导梁架桥机（图5.49）架设法：将轨道上拼装的架桥机推移到安装孔，固定好架桥机后，将预制梁由平车运至架桥机后跨，两端同时起吊，横移小桁车置于梁跨正中并固定，将梁纵移到安装跨，固定纵移平车，用横移小平车将梁横移到设计位置下落就位，待一跨梁全部吊完，小桁车置于梁跨正中并固定，将梁纵移到安装跨，固定纵移平车，用

图5.49 双导梁架桥机

横移小平车,将移平车退到后端,前移架桥机,拆除前支架与墩顶连接螺栓,把前支架挂在鼻架上。重复上述程序进行下一跨梁的安装。本法具备了联合架桥机的一切优点,并且不需要托架及墩顶龙门,整机性能好,设备更简洁,便于操作,使用更方便。适用条件:孔数较多的重型梁吊装。

(5)跨墩龙门架(图5.50)架设法:预制梁由轨道平车或者平板拖车运至桥孔一侧,用两台同步运行的跨墩龙门吊将梁吊起再横移到设计位置落梁就位。

图 5.50 跨墩龙门架

此法的特点是桥跨较少时,架设速度快,架设时不需要特别复杂的技术工艺,作业人员用得也较少。缺点是桥下地形条件要求较高,当桥墩较高时稳定性较差。适用条件:无水或浅水河滩,地形相对平坦,孔数较多的中型梁板安装。

(6)浮运(图5.51)、浮吊架梁法:将预制梁用各种方法移装到浮船上,浮运到架设孔以后就位安装。此法要求河流须有适当的水深,以浮运预制梁时不搁浅为准。

图 5.51 浮运架梁法

(7) 自行式吊车桥上架梁法(图5.52)。在预制梁跨经不大,质量较轻且梁能运抵桥头引道上时,可直接用自行式伸臂吊车(汽车吊或履带吊)来架梁。但是,对于架桥孔的主梁,当横向尚未连成整体时,必须核算吊车通行和架梁工作时的承载能力,并在桥面临时铺设枕木或钢板供吊车通行。此种架梁方法简单方便,几乎不需要任何辅助设备。

(8) 扒杆纵向"钓鱼"架梁法(图5.53)。此法是用立在安装孔墩台上的两副人字扒杆,配合运梁设备,以绞车互相牵吊,在梁下无支架、导梁支托的情况下,把梁悬空吊过桥孔,再横移落梁、就位安装的架梁法。

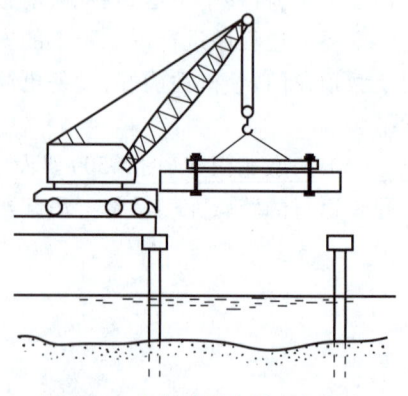

图 5.52　自行式吊车桥上架梁法

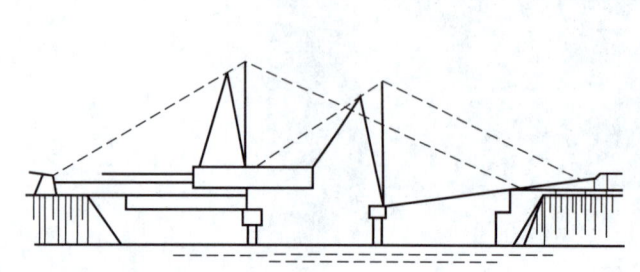

图 5.53　扒杆纵向"钓鱼"架梁法

小结

预应力简支梁先张法施工适用条件,先张法施工张拉、放张的工艺流程及设备要求;简支梁后张法施工适用条件,穿束、张拉、压浆、封端等工艺流程及要求;简支梁桥常用的运输方法和适用条件;简支梁桥架设方法、适用条件、设备要求及流程。

操作与练习

【习题】

1. 填空题

(1) 预应力混凝土简支梁桥预制方法有(　　)和(　　)。
(2) 台座的类型一般有(　　)和(　　)。
(3) 制孔器的类型有(　　)和(　　)两类。
(4) 预应力张拉方式有(　　)、(　　)、(　　)和(　　)。
(5) 常用的架梁方法有(　　)、(　　)、(　　)、(　　)、(　　)、(　　)、(　　)和(　　)。

（6）预应力放张的方式有（　　）和（　　）两类。
2. 问答题
（1）简述先张法预应力钢绞线张拉程序。
（2）简述后张法预应力钢绞线张拉程序。
（3）简述穿束的方式、压浆的目的和工艺。
（4）简述先张法和后方法施工的工艺适用条件。
（5）简述先张法施工放张的目的和要求。
（6）混凝土构件制作包括哪几个基本作业工序？主要的控制要点包括哪些？
（7）简述先张法、后张法预应力混凝土构件的基本作业工序。
（8）预应力筋张拉采用"双控"的含义是什么？
（9）预应力张拉前对张拉设备有何要求？
（10）简述混凝土简支梁架设的常用方法及适用条件。

【典型案例】

> 连霍高速（G30）潼关-西安改扩建工程渭南过境段跨越沋河、陇海铁路的一座大桥，桥梁全长左幅为931.18 m，右幅为951.18 m，最大桥高30.5 m。技术标准为高速公路，设计车速为120 km/h，左右半幅桥桥面净宽均为19 m，车辆等级为公路-Ⅰ级。地震荷载：动峰值加速度为0.2g。设计洪水频率1/100。
> 引桥上部结构：左幅为（3×4×35+2×5×35）m，右幅为（5×4×35+3×30）m预应力混凝土预制箱形梁；预应力混凝土预制箱形梁采用后张法预制，梁体架设采用双导梁架桥机。

任务5.4　连续梁桥的类型与构造

一、连续梁桥特点

随着高等级公路的迅速发展，对行车平顺舒适提出了更高的要求。而多伸缩缝的悬臂梁桥和T形刚构桥难以满足这个要求，超静定结构连续梁桥以其整体性好、结构刚度大、变形小、抗震性能好、主梁变形挠曲线平缓、伸缩缝少及行车平稳舒适等突出优点而得到迅速的发展。预应力结构能充分发挥高强材料的特性，促使结构轻型化，具有比钢筋混凝土连续梁桥大得多的跨越能力；另外，它可以有效地避免混凝土开裂，特别是处于负弯矩区的桥面板的开裂，同时又以结构受力性能好、变形小、伸缩缝少、行车平顺舒适、承载能力大、养护工程量小、抗震能力强等优点而成为最富有竞争力的主要桥型之一。

对于跨数不多的连续梁桥，从桥梁美学的角度来看，河中央的大桥墩为偶数孔将显得呆板、平淡；中孔大、两侧小的奇数孔布置，则具有节奏和韵律感，显得比较和谐。

二、连续梁桥孔跨布置要求

当连续梁桥一联超过5跨时，其内力情况与一联5跨的相差不大，但连续过长则会增大附加的温度内力，同时造成梁端伸缩量过大，需要设置大位移量的伸缩缝，因此连续孔数一般不超过5跨。当连续孔数较多时，通常可按2~5孔为一联的分联布置，联与联的衔接处，处理方法类似于简支梁桥，同一个桥墩上通过（纵桥向）两个支座支承。在连续梁桥中，三跨连续梁最为常用，其边跨与中间跨的跨径比例，对于T形梁桥常为0.8∶1.0，对于箱形截面梁桥为0.5∶1.0~0.7∶1.0，对于5跨连续梁桥为0.65∶0.9∶1.0。

三、主梁纵断面、横截面形式

1. 纵断面形式

预应力混凝土连续梁桥采用最多的纵断面形式是等截面和变截面形式。等截面连续梁一般适应以下情况：

（1）跨径一般为 60～160 m，构造简单，施工快捷。

（2）立面布置以等跨径为宜，也可以不等跨径布置，边跨与中跨之比应不小于 0.6，高跨比一般为 1/25～1/15。

（3）适应于支架施工、逐跨架设施工、移动模架施工及顶推施工。

变截面梁主要适用于大跨径预应力混凝土连续梁桥，梁底立面曲线可采用圆弧线、二次抛物线及折线等。除外形高度变化外，为满足梁内各截面受力要求，还可将截面的底板、顶板和腹板改变厚度。在孔径布置方面，边孔与中孔跨径之比一般为 0.5～0.8；当边跨与中跨之比小于 0.3 时，边孔桥台支座要做成拉压式，以承受负反力。变截面梁的梁高与最大跨径之比，跨中截面一般为 1/50～1/30，支点截面可选用 1/20～1/15。

2. 横截面形式

预应力混凝土连续梁桥的横截面形式很多，一般应根据桥梁的跨径、宽度、梁高、支承形式、总体布置和施工方法等方面综合确定。目前预应力混凝土梁桥横截面形式主要有板式、肋梁式和箱形截面。

板式截面分实体截面和空心截面，如图 5.54a、b、c、d 所示。矩形实体截面使用较少，多用于中、小跨径，且多配以支架现浇施工，此时支点板厚为跨中的 1.2～1.5 倍；空心截面常用于跨径为 15～30 m 的连续梁桥，板厚一般为 0.8～1.2 m，也以支架现浇为主。

肋梁式截面预制方便，常用于预制架设施工，并在梁段安装后经体系转换为连续梁桥。肋梁式截面常用跨径为 25～50 m，梁高取 1.5～2.5 m，如图 5.54e 所示。

箱形截面构造灵活，其中单箱单室桥宽小于 18 m，双箱单室桥宽为 20 m，单箱双室桥宽为 25 m 左右。一般情况下，等高度箱梁宜采用直腹板或斜腹板，变高度箱梁宜采用直腹板，如图 5.55 所示。

四、结构尺寸

1. 梁高

一般跨径 60 m 以下的中小跨度预应力混凝土连续梁采用等高度连续梁；跨度在 100 m 以上的大跨度预应力混凝土连续梁采用变高度连续梁。变高度的截面变化线形有圆弧线、二次或高次抛物线、折线等，通常采用抛物线。采用折线可以使桥梁的构造相对简单，施工方便，常用中小跨径。

2. 腹板、顶板、底板厚度

腹板主要承担剪力和主拉应力，一般采用变截面腹板。靠近悬臂端处受构造要求控制；靠近支点处受主拉应力控制，需要加厚。支点腹板总厚度与行车道板跨度的比值为 1/21～1/16。支点腹板厚度与梁高的比值为 1/16～1/12。

顶板主要满足抗弯和纵向抗压要求，一般采用等厚度，主要由抗弯来控制。

五、横隔梁设置

采用 T 形和 I 形截面的连续梁桥，因其抗扭刚度较小，为增加桥梁的整体性和使荷载有良好的横向分布，宜设置中横隔梁和端横隔梁。中横隔梁的数目及位置依主梁的构造和桥梁的跨径确定,常用横隔梁肋宽度为 12～20 cm。箱形截面梁的抗弯及抗扭刚度大,除在支点处设置横隔梁以满足支座布置及承受支座反力需要外,可设置少量中横隔梁。对于单箱单室截面,目前的趋势为不设中横隔梁;对于多箱截面,为加强桥面板和各箱间的联系,可在箱间设置数道横隔梁。

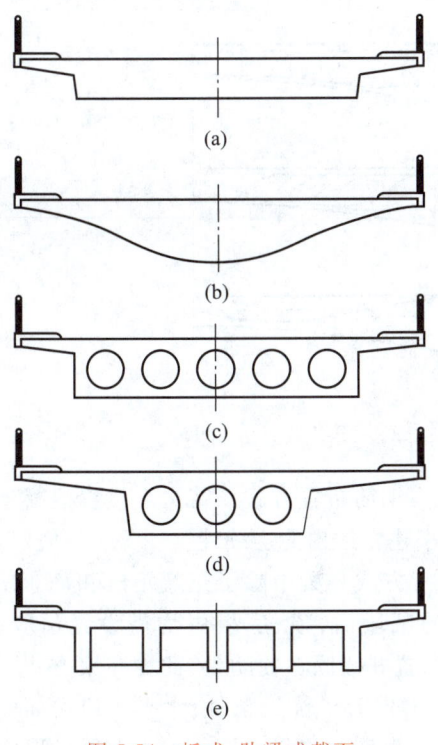

图 5.54 板式、肋梁式截面

图 5.55 箱形截面

六、预应力筋的布置

连续梁主梁的内力主要有 3 个,即纵向受弯、受剪以及横向受弯。通常所说的三向预应力就是为了抵抗上述 3 个内力。纵向预应力抵抗纵向弯矩和部分剪力,竖向预应力抵抗剪力,横向预应力则抵抗横向弯矩。预应力数量和布筋位置都需要根据结构在使用阶段的受力状态予以确定,同时也要满足施工各阶段的受力需要。施工方法不同,施工阶段的受力状态差别很大。因此,结构配筋必须结合施工方法考虑。

1. 纵向预应力筋

沿桥跨方向的纵向预应力筋又称为主筋,是用以保证桥梁在永久、可变作用下纵向跨越能力的主要受力钢筋,可布置在顶板、底板和腹板中。

预应力混凝土连续梁桥中纵向预应力筋的布置方式有多种多样,与所采用的施工方法以及预应力筋的种类等有密切的关系。

图 5.56a 为采用顶推法施工的直线形预应力筋布置方式。上、下的钢筋通过使截面接近轴心受压,以抵抗顶推过程中各截面承受的正负弯矩的交替变化。待顶推完成后,再在跨中的底部和支点的顶部增加局部预应力筋,用来满足运营荷载下相应的内力要求。有时按设计还在跨中的顶部和支点附近的底部设置局部的施工临时钢筋束,待顶推完成后即予卸除。

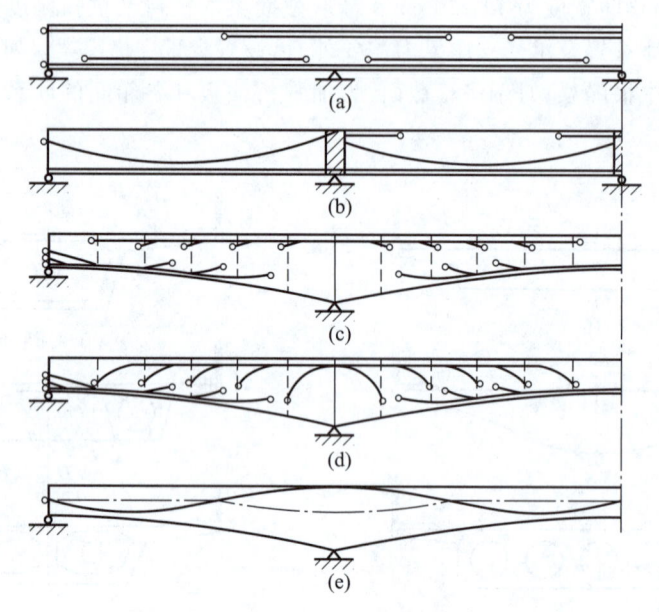

图 5.56 预应力混凝土连续梁配筋布置

图 5.56b 为采用先简支后连续施工方法的预应力钢筋布置方式。待墩上接缝混凝土达到规定强度后,用设置在接缝顶部的局部预应力钢筋来建立结构的连续性。

图 5.56c、d 为采用悬臂施工方法的预应力筋布置方式。梁中除了正弯矩区和负弯矩区各需布置顶部和底部预应力筋外,在有正、负弯矩的区段内,顶、底板中均需设置预应力筋。图 5.56c 为直线布束方式,即顶板预应力筋沿水平布置并锚固在梗肋处,此种布束方式可减少预应力筋的摩阻损失,并且穿束方便,也改善了腹板的混凝土浇筑条件;水平预应力筋的设计和构造仅由弯曲应力决定,而抗剪强度则由竖向预应力筋来提供。图 5.56d 为顶板顶预应力筋在腹板内弯曲并下弯锚固在腹板上,以减小外荷载所产生的剪力,此时腹板应具有足够的厚度以承受集中的锚固力。

图 5.56e 为整根曲线形钢筋束锚固于梁端的布置方式,一般用于整联现浇的情形。在此情况下,若预应力筋既长且弯曲次数又多,就显著加大了预应力筋的摩阻损失,因此预应力筋不宜过长。当需要在梁内、梁顶或梁底锚固预应力筋时,应根据预应力筋锚固区的受力特点给予局部加强,以防开裂损坏。

2. 横向预应力筋

横向预应力筋是用以保证桥梁的横向整体性、桥面板及横隔板横向抗弯能力的主要受力钢筋,一般布置在横隔板和顶板中。图 5.57 所示为对箱梁截面的顶板施加横向预应力筋的构造。由于目前大跨径梁桥主梁大都采用箱形截面,顶板厚度一般为 25~35 cm,在保证大量纵向预应力筋穿过的前提下,所剩的空间位置有限,此时横向预应力筋趋向于采用扁锚体系,以减少布筋所需空间,提高使用效率。

3. 竖向预应力筋

竖向预应力筋布置在腹板中,主要作用是提高截面的抗剪能力。图 5.58、图 5.59 中还示出了对箱梁截面的腹板施加竖向预应力筋的构造。竖向预应力筋在梁体腹板内沿纵向的布置间距可根据竖向剪力的分布而进行调整,靠支点截面位置较密,靠跨中位置较疏。竖向预应力

图 5.57 连续梁横向预应力筋

筋比较短,故常采用高强粗钢筋以减少力筋张拉锚固时的回缩损失。但是由于粗钢筋强度较低(小于 1000 MPa),长度较短,因而张拉伸长量小,在使用中容易造成预应力损失过大或失效。为克服这一问题,对施工提出二次张拉的要求是十分必要的,这样可以消除大部分混凝土弹塑压缩引起的预应力损失。

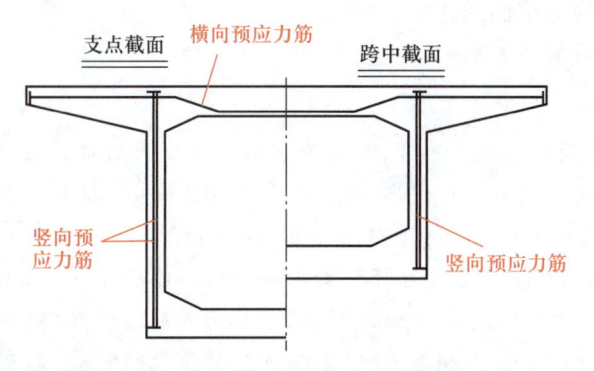

图 5.58 箱梁横向及竖向配筋构造

图 5.59 箱梁竖向配筋构造

小结

连续梁桥特点;连续梁桥孔跨布置要求;主梁纵断面、横截面形式;结构尺寸;横隔梁设置;预应力筋的布置。

操作与练习

【习题】

1. 填空题

(1) 连续梁的横截面形式有(　　)、(　　)和(　　)三种类型。
(2) 连续梁的纵截面形式有(　　)和(　　)。
(3) 连续梁的三向预应力有(　　)、(　　)和(　　)。
(4) 连续梁变高度的截面变化线形有(　　)、(　　)和(　　)。
(5) 连续梁纵向预应力钢筋的布置形式有(　　)、(　　)、(　　)、(　　)和(　　)。

2. 问答题

(1) 简述连续梁的特点。
(2) 连续梁纵向预应力筋布置形式有哪些,适用条件是什么?
(3) 简述三向预应力钢筋的作用。
(4) 简述横隔梁设置的要求。

【典型案例】

百大特大桥位于两沟谷交叉地带,对应地震基本烈度为Ⅵ度。设计荷载等级:公路-Ⅰ级。桥面宽度:双幅桥梁总宽26 m,各部分宽度为:0.5 m(防撞护栏)+11.75 m(行车道)+1.5 m(中央分隔带)+11.75 m(行车道)+0.5 m(防撞护栏)。体系有效温度标准值-3~46 ℃;梯度温度按规范加载。主桥为(85+3×150+85)m预应力混凝土连续刚构,桥宽26 m,桥墩为箱型墩,最大墩高91 m,最小墩高38 m,基础为钻孔灌注摩擦桩基础。箱形梁采用单箱单室截面,顶板宽12.75 m,底板宽7 m,翼缘板悬臂长2.875 m。箱形梁根部梁高8 m,高跨比为1/18.75;跨中梁高3 m,高跨比为1/50;根部底板厚0.9 m,跨中底板厚0.3 m,梁高及底板厚度均按二次抛物线变化。箱形梁0号块顶板厚0.5 m,其余梁段厚0.3 m;0号块腹板厚0.6 m,其余梁段腹板12号梁段以前为0.6 m,14号梁段以后为0.45 m,12~14号梁段由0.6 m按直线变化至0.45 m。主梁箱形梁采用三向预应力体系。纵向预应力共采用19ϕ^{s}15.2钢绞线。设计张拉力为3 710 kN。主梁横向预应力采用3ϕ^{s}15.2钢绞线,BM15-3型扁锚,以75 cm的间距布设,单端交错张拉锚固,单束设计张拉力为585.9 kN。竖向预应力采用JL32精轧螺纹粗钢筋,以50 cm的间距布设,上端张拉锚固,设计张拉力为673 kN。

任务5.5　连续梁桥及刚构桥施工

连续梁桥及刚构桥常用的施工方法主要有支架法、先简支后连续、悬臂和悬拼、顶推法,然而它们的适用条件是不一样的,有的桥梁可以用多种方法施工,而有些施工方法使用是有限制的,例如支架法只能浇筑小跨径的桥梁。各施工方法对比见表5.6。

表5.6 连续梁及刚构桥常用的施工方法对比

施工方法	特点	优点	缺点	适用
支架现浇	整联现浇无体系转换	整体性好	需要大量支架,施工周期长,施工费用较高	桥址地形平坦、地面土质较好、且桥梁净空较低
支架逐孔现浇	移动模架法和移动(局部满堂)支架法	施工快速,施工费用低	需要一定的项目工程规模才能体现出优势,施工费用较高	仅仅适用于预应力混凝土连续梁
简支变连续	先预制梁段后吊装连接	施工快速、施工费用低	张拉负弯矩预应力和体系转换质量要求较高	中小跨径桥梁中广泛使用
顶推施工	分段预制,连续作业,便于施工管理,避免高空作业	用简易的施工设备建造长大梁	同时满足施工与运营的要求,将需较大的用钢量	中小跨径等高度连续梁
逐孔拼装	工厂化施工、质量可靠	质量可靠、施工快捷	需大型吊装设备	中小跨径大型桥梁工程
悬臂施工	悬臂现浇和悬臂拼装法	经济性好	施工体系转化多次,线形较难控制	广泛适用

5.5.1 就地浇筑施工

就地浇筑施工(或称满堂支架法、落地支架法、固定支架法),是一种传统的施工方法,它是在桥孔位置搭设支架,并在支架上安装模板,绑扎及安装钢筋骨架,预留孔道,并在现场浇筑混凝土与施加预应力的施工方法。由于施工需用大量的模板支架,以前仅在小跨径桥或交通不便的边远地区采用。随着桥跨结构形式的发展,出现了一些变宽的异形桥、弯桥等复杂的混凝土结构,加之近年来临时钢构件和万能杆件系统的大量应用,在其他施工方法都比较困难时,或经过比较,施工方便、费用较低时,也常在中、大跨度桥梁中采用就地浇筑的施工方法。

一、地基处理与支架模板施工

1. 地基处理

地基处理应根据箱形梁的断面尺寸及支架的类型对地基的要求而决定,支架的跨径大,对地基的要求就高,地基的处理形式就得加强。地基处理形式有:地基换填压实;混凝土条形基础;桩基础加混凝土横梁等。地基处理时要做好地基的排水。

2. 支架(support)

就地浇筑混凝土梁桥的上部结构,首先在桥孔位置搭设支架,以支承模板和浇筑的钢筋混凝土,以及其他施工荷载的重力。支架稳定对施工安全尤为重要,因支架设计不合格、计算不准确、搭设不规范造成安全事故较为常见,支架选择设计十分重要。

支架的布置根据梁截面大小并通过计算确定以确保强度、刚度、稳定性满足要求,计算时除考虑梁体混凝土重量外,还需考虑模板及支架重量,施工荷载(人、料、机等),作用在模板、支架上的风力,及其他可能产生的荷载(如雪荷载,保证设施荷载)等。

支架应根据技术规范的要求进行预压,以收集支架、地基的变形数据,作为设置预拱度的依据,预拱度设置时要考虑张拉上拱的影响,预拱度一般按二次抛物线设置。

支架的卸落设备可根据支架形式选择使用木楔、砂筒、千斤顶、U形顶托等,卸落设备尤其要注意应有足够的强度。

支架按其构造可分为立柱式、梁式、梁柱式;按使用材料可分为木支架、钢支架、钢木组合支架、万能杆件拼装支架;按立面形式可分为排架式、人字式、八字式(图5.60)。

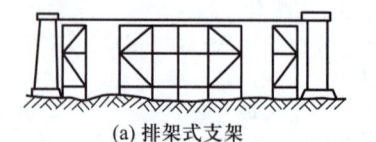

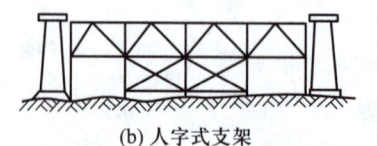

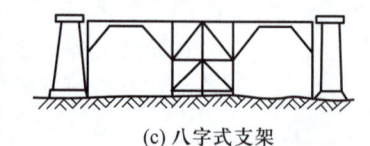

(a) 排架式支架　　　　(b) 人字式支架　　　　(c) 八字式支架

图 5.60　满布式支架示意图

(1)立柱式支架(图5.61a)。立柱式支架构造简单,搭设拆卸均较方便。一般用于旱地或不通航河流及桥墩不高的情况。支架整体由排架和纵梁组成,而排架由柱、桩和盖梁组成。排架间距一般取 4 m,桩柱的入土深度按承载力大小和设计要求设置,不小于 3 m。立柱式支架一般用 $\phi 48$ mm,壁厚 3.5 mm 的钢管搭设。

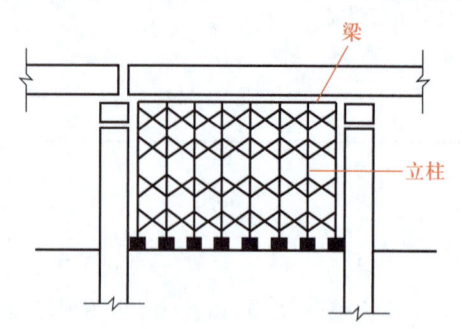

(a) 支柱式

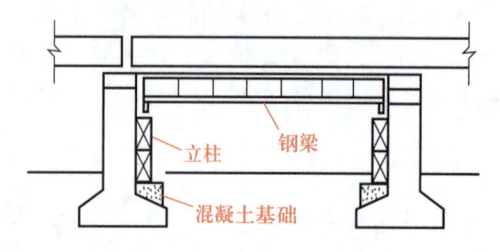

(b) 梁式

(c) 梁-柱式

图 5.61　支架

（2）梁式支架（图5.61b）。根据跨径的不同,梁可采用工字钢、钢板梁或钢桁梁。一般工字钢用于 $L \leqslant 10 \text{ m}$,钢板梁用于 $L \leqslant 20 \text{ m}$,钢桁梁用于 $L > 20 \text{ m}$ 的桥梁。梁支承于墩旁支柱上,也可支承于桥墩的预留托架上。梁式桥跨越需要维持正常通行（航）的道路（水域）时,对其现浇支架应采取防碰撞的安全措施,并应设置必要的交通导流标志,保证施工安全和交通安全。

（3）梁-柱式支架（图5.61c）。当桥梁较高,跨径较大或必须在支承下通航、排洪时,应采用梁-柱式支架,将梁支承于支柱或临时支墩上,形成多跨的梁-柱式支架,图中"+"为卸落架,一般用木楔、木马或砂筒等。

除上述几种支架外,近几年还发展起一种"桥墩自承式支架",可节省很多支架材料及人工,也值得施工时借鉴。

地基处理与支架模板施工注意事项如下：

（1）支架应稳定、牢固,其地基应有足够的承载力。支架位于水中时,其基础宜采用桩基；对弯、坡、斜桥,其支架的设置应适应梁体相应几何线形的变化,且应采取有效措施保证支架的稳定性。

（2）满布支架的地基表面应平整,并应有防排水措施；满布支架位于坡地上时,宜将地基的坡面挖成台阶；在软弱地基上设置满布支架时,应采取措施对地基进行处理,使其承载力满足施工要求。

（3）梁式支架各支点的基础应设在可靠的地基上,当地基沉降过大或承载力不能满足要求时,宜设置桩基或采取其他有效措施进行处理。梁式支架不宜采用拱式结构；必须采用时,应按拱架的要求施工。

（4）梁式桥现浇支架,应考虑支架的类型和结构形式、地基的沉降量和承载能力,以及荷载大小等因素。

（5）梁式桥现浇施工时,梁体混凝土在顺桥向宜从低处向高处进行浇筑,在横桥向宜对称进行浇筑。混凝土浇筑过程中,应对支架的变形、位移、节点和卸架设备的压缩及支架地基的沉降等进行监测,如发现超过预警值的变形、变位,应及时处理。

二、施工预拱度

1. 设置预拱度应考虑的因素

在支架上浇筑上部构造时,在施工时和卸架后,上部构造要发生一定的下沉和产生一定的挠度。因此,为使上部构造在卸架后能满意地获得设计规定的外形,须在施工时设置一定数值的预拱度(camber)。在确定预拱度时应考虑下列因素：

（1）卸架后上部构造本身及静活载一半所产生的竖向挠度 δ_1；

（2）支架在荷载作用下的弹性变形 δ_2；

（3）支架在荷载作用下的非弹性变形 δ_3；

（4）支架基底在荷载作用下的非弹性沉陷 δ_4；

（5）由混凝土收缩及温度变化而引起的挠度 δ_5。

2. 预拱度的计算

上部构造和支架的各项变形值之和,即为应设置之预拱度。各项变形值可按下列方法计算和确定：

（1）桥跨结构应设置预拱度,其值等于恒载和半个静活载所产生的竖向挠度。当恒载和静载产生的挠度不超过跨径的1/1 600时,可不设预拱度。

(2) 支架和拱架承受施工荷载引起的弹性变形

$$\delta_2 = \frac{\sigma L}{E}$$

式中：L——杆件长度；
σ——支架构件的压应力；
E——支架构件的弹性模量。

(3) 支架在每一个接缝处的非弹性变形，在一般情况下，横纹木料为 3 mm；顺纹木料接缝为 2 mm；木料与金属或木料与圬工的接缝为 1~2 mm；顺纹与横纹木料接缝为 2.5 mm。

卸落设备砂筒内砂粒压缩和金属筒变形的非弹性压缩量，根据压力大小、砂子细度模量及筒径、筒高确定。一般 20 t 压力砂筒为 4 mm；40 t 压力砂筒为 6 mm；砂子未预先压紧者为 10 mm。

(4) 支架基底在荷载作用下的非弹性沉陷 δ_4 通过试验确定或按表 5.7 估算。

表 5.7 支架基底的沉陷

土壤	枕梁/mm	柱/mm	
		当柱上有极限荷载时	柱的支承能力不充分利用时
砂土	5~10	5	5
黏土	15~20	10	5

(5) 由混凝土收缩和温度变化引起的挠度计算较为复杂，其值也较小，可参考有关桥梁专业书。

3. 预拱度设置

根据梁的挠度和支架的变形所计算出来的预拱度之和，为预拱度的最高值，应设置在梁的跨径中点。其他各点的预拱度，应以中间点为最高值，以梁的两端为零，按直线或二次抛物线比例进行分配。

① 按二次抛物线法分配 $\delta_x = \delta\left(1 - \frac{4X^2}{L^2}\right)$

② 按直线分配 $\delta_x = \frac{X}{L}\delta$ （左半跨）

式中：δ_x——距左支点 x 的预拱度值；
δ——最大预拱度值；
x——距左支点的距离；
L——跨长。

三、预应力张拉

(1) 在进行张拉作业前，必须对千斤顶、油泵进行配套标定，并每隔一段时间进行一次校验。有几套张拉设备时，要进行编组，不同组号的设备不得混用。

(2) 当梁体混凝土强度达到设计规定的张拉强度（试压与梁体同条件养护的试件）时，方可进行张拉。

(3) 箱梁预应力的张拉采用双控，即以张拉力控制为主，以钢束的实际伸长量进行校核，实测伸长值与理论伸长值的误差不得超过规范要求,否则应停止张拉。

(4)张拉的程序按设计文件或技术规范的要求进行。

(5)张拉过程中的断丝、滑丝不得超过规范或设计的规定。

(6)张拉顺序按图纸要求进行,无明确规定时按分段、分批、对称的原则进行张拉。

四、压浆、封锚

(1)张拉完成后要尽快进行孔道压浆和封锚,压浆所用灰浆的强度、稠度、水灰比、泌水率、膨胀剂剂量按施工技术规范及试验标准中要求控制。一般宜采用52.5级普通硅酸盐水泥,水灰比0.4~0.45,膨胀剂为铝粉,掺量为水泥质量的万分之一,铝粉需经脱脂处理。

(2)压浆使用活塞式压浆泵缓慢均匀进行,压浆的最大压力一般为0.5~0.7 MPa,当孔道较长或输泵管较长时,压力可大些,反之可小些。每个孔道压浆到最大压力后,应有一定的稳定时间。压浆应使孔道另一端饱满和出浆,并使排气孔排出与规定稠度相同的水泥浓浆为止。

(3)压浆完成后,应将锚具周围冲洗干净并凿毛,设置钢筋网,浇筑封锚混凝土。

5.5.2 逐孔施工

一、概述

1. 用临时支承组拼预制节段逐孔施工

它是将每一桥跨分成若干节段,预制完成后在临时支承上逐孔组拼施工。

2. 移动支架逐孔现浇施工

此法亦称移动模架法,它是在可移动的支架、模板上完成一孔桥梁的全部工序,即模板工程、钢筋工程、浇筑混凝土和张拉预应力筋等工序,待混凝土达到足够强度后,张拉预应力筋,然后移动支架模板,进行下一孔梁的施工。由于此法是在桥位上现浇施工,可免去大型运输和吊装设备,桥梁整体性好;同时它在桥梁预制厂生产,可提高机械设备的利用率和生产效率。

3. 采用整孔吊装或分段吊装逐孔施工

这种施工方法是早期连续梁桥采用逐孔施工的唯一方法。随着起重能力增强,使桥梁的预制构件向大型化方向发展,从而更能体现逐孔施工速度快的特点,可用于混凝土连续梁和钢连续梁桥的施工。

二、用临时支承组拼预制节段逐孔施工的要点

1. 节段划分

在组拼长度内,可根据起重能力沿桥梁纵向划分节段(图5.62)。对于桥宽在10~12 m,采用单箱截面的桥梁,分节段时在横向不再分隔。节段长一般取4~6 m,每跨内的节段通常可分两种类型。

图 5.62 组拼预制节段

(1)桥墩顶节段。由于桥墩节段要与前一跨连接,需要张拉钢索或钢索接长,为此对墩顶节段构造有一定要求。此外,在墩顶处桥梁的负弯矩较大,梁的截面还要符合受力要求。

(2)标准节段。前一跨墩顶节段与安装跨第一节段间可以设置就地浇筑混凝土封闭接缝,用以调整安装跨第一节段的准确程度。封闭接缝宽 15~20 cm,拼装时由混凝土垫块调整。在施加初预应力后用混凝土封填,这样可调整节段拼装和节段预制的误差。

2. 支承梁

(1)钢桁架导梁(图 5.63)。钢梁应设置预拱度,要求每跨箱梁节段全部组拼之后,钢导梁上弦应符合桥梁纵断面标高要求。同时还需准备一些附加垫片,用于临时调整标高。

图 5.63 钢桁架导梁

(2)下挂式高架钢桁架。在节段组拼过程中,架桥机前臂必然下挠,安装桥跨第一块中间节段的挠度倾角调整是该跨架设的关键,因此要求当一跨节段全部由架桥机空中吊起后,第一个中间节段与墩上节段的接触面应全部吻合。如在吊装中心出现节段横向偏移而不相吻合的现象时,应在节段下方利用手拉葫芦调整;对于竖直上下方的调整,可借助架桥机下方的钢缆吊索油缸调整。

三、移动支架逐孔现浇施工(移动模架法)

当桥墩较高,桥跨较长或桥下净空受到约束时,可以采用非落地支承的移动模架逐孔现浇施工(图 5.64),称为移动模架法。移动模架法适用在多跨长桥,桥梁跨径可达 50 m。使用一套设备可多次移动周转使用。为适应这类桥梁的快速施工,要求有严密的施工组织和管理。

图 5.64 移动支架逐孔现浇施工

移动模架是以移动式桁架为主要支承结构的整体模板支架,可一次完成中小跨径桥一跨梁体混凝土的浇筑,适用于 50 m 以下多跨简支和连续梁的就地浇筑。连续施工时每孔仅在 0.2L 附近处(L 为跨长)设一道横向工作缝,浇完一孔后,将移动模架前移到下孔位置,如此重复推进和连续施工。

  任一孔梁的混凝土浇筑施工完成后,内模中的侧向模板应在混凝土抗压强度达到2.5 MPa 后,顶面模板应在混凝土抗压强度达到设计强度的 75% 后,方可拆除;外模架应在梁体建立预应力后方可卸落。模架横移和纵向移动过孔前,应解除作用于模架上的全部约束。纵向移动时两侧的承重钢梁应保持基本同步,不同步的最大距离偏差应符合产品设计的规定,且应有限位和紧急制动装置;移动到下一孔位置后,应立即对模架进行准确就位并固定。模架在移动过孔时的抗倾覆稳定系数应不小于 1.5。

1. 移动模架系统组成

  移动模架系统主要由主框架、后行走机构、后支承、中主支腿、前支腿、起吊小车、吊挂外肋、外模系统、端模系统、外肋横移机构、吊挂外肋、横向锁定机构、拆装式内模系统、电气液压系统及辅助设施等部分组成。

2. 施工过程的主要工序

  主要工序有:侧模安装就位、底模安装、支座安装、预拱度设置与模板调整、底板及腹板钢筋绑扎、预应力系统安装、内模就位、顶板钢筋绑扎、箱梁混凝土浇筑、内模脱模、施加预应力和管道压浆及落模拆底模及滑模纵移。

3. 模架的安装

  模架主要由两根主桁梁和一根导梁构成,先安装导梁,再安装主桁梁,导梁可先拼装成数节,运到现场后再组拼。安装程序如下:

(1) 安装导梁并在其前端安装台车及门架,在其后端安装系杆。
(2) 在桁梁上安装侧模。
(3) 利用导梁前端门架及后端系杆将主桁梁提升到预定位置,同时携带提升底模及托架。
(4) 桥墩上、下游两侧安装托架,托架上放置千斤顶。
(5) 千斤顶上放置主桁梁。
(6) 安装底模。

4. 模板安装注意要点

(1) 模板与钢筋安装工作应配合进行,妨碍绑扎钢筋的模板应待钢筋安装完毕后安设。模板不应与脚手架连接(模板与脚手架整体设计时除外),避免引起模板变形。

(2) 安装侧模板时,应防止模板移位和凸出。浇筑在混凝土中的拉杆,应按拉杆拔出或不拔出的要求,采取相应的措施。

(3) 模板安装完毕后,应对其平面位置、顶部标高、节点连系及纵横向稳定性进行检查,签认后方可浇筑混凝土。浇筑时,发现模板有超过允许偏差变形值的可能时,应及时纠偏。

(4) 当结构自重和汽车荷载(不计冲击力)产生的向下挠度超过跨径的 1/1 600 时,钢筋混凝土梁、板的底模板应设预拱度,预拱度值应等于结构自重和 1/2 汽车荷载(不计冲击力)所产生的挠度,纵向预拱度可做成抛物线或圆曲线。

(5) 后张法预应力梁、板,应注意预应力、自重力和汽车荷载等综合作用下所产生的上拱或下挠,应设置适当的反拱或预拱。预拱应按设计计算或按经验设置。

(6) 模板纵横肋的间距布置要合理,对不同材质的面模板要采用不同的纵、横肋间距。

(7) 固定于模板上的预埋件和预留孔洞尺寸、位置必须准确并安装牢靠,防止浇筑混凝土过程中的走动移位。

5. 梁体施工

模架安装后,依次安装钢筋、预应力筋及内模,浇筑梁体混凝土及张拉预应力,施工方法与满堂式支架施工相同。

6. 模架移动

模架移动程序包括:脱模、解拆模板→主桁梁前进→导梁前进→导梁及模板就位。

(1) 准备工作。松开托架上的千斤顶,落下底模;固定导梁,将底模解拆;移动前方台车至主桁梁前端,在桥面上铺设后方台车用轨道,后方吊杆穿上梢子;两侧主桁梁由前方导梁上的台车(一台)和后方已浇筑混凝土梁上台车(两台)托挂,并落下一定高度,准备前移。

(2) 将主桁梁移至次一孔预定位置,并使其所携托架安装在桥墩上,然后在托架上用千斤顶将主桁梁举至规定高度。

(3) 主桁梁移动到位后再移动导梁,先将挂在导梁上的脚手架收起,落下墩上的千斤顶、使导梁落至滚筒上,再牵引导梁前移,其后千斤顶及滚筒等通过导梁运至前方。

(4) 导梁前移定位后,用千斤顶将其升至要求高度,然后合上底模,安妥脚手架,完成模架移动。

四、整孔吊装或分段吊装逐孔施工

1. 整孔吊装(图 5.65)或分段吊装逐孔施工的吊装机具

吊装的机具有桁式吊、浮吊、龙门起重机、汽车吊等多种,可根据起吊物重力、桥梁所在的位置以及现有设备和掌握机具的熟练程度等因素决定。

图 5.65 整孔吊装逐孔施工

2. 整孔吊装和分段吊装施工的注意问题

(1) 采用分段吊装逐孔施工的接头位置可以设在桥墩处也可设在梁的 1/5 附近,前者多为由简支梁逐孔施工连接成连续梁桥;后者多为悬臂梁转换为连续梁。在接头位置处可设有 0.5~0.6 m 现浇混凝土接缝,当混凝土达到足够强度后张拉预应力筋,完成连续。

(2) 桥的横向是否分隔,主要根据起重能力和截面形式确定。当桥梁较宽,起重能力有限时,可以采用 T 梁或工字梁截面,分片架设之后再进行横向整体化。为了加强桥梁的横向刚度,常采用梁间翼缘板有 0.5 m 宽的现浇接头。采用大型浮吊横向整体吊装将会简化施工和加快安装速度。

（3）对于先简支后连续的施工方法，通常在简支梁架设时使用临时支座，待连接和张拉后期钢索完成连续时拆除临时支座，放置永久支座。为使临时支座便于卸落，可在橡胶支座与混凝土垫块之间设置一层硫磺砂浆。

（4）在梁的反弯点附近设置接头，在有可能的情况下，可在临时支架上进行接头。

五、简支变连续施工

以简支梁方式预制桥梁构件，随后将预制构件运输至施工现场进行吊装、设置临时支座。通过对纵向湿接缝的浇筑，将各节段纵向预制梁段加以连接。在接缝作业结束后，开展张拉预应力施工，在接缝与桥面连续施工作业结束后，将形成连续梁的桥梁结构，如图 5.66 所示。

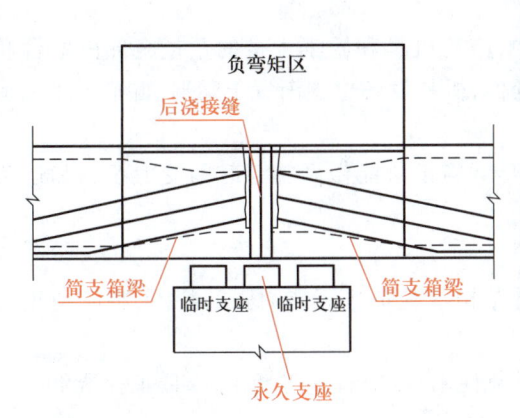

图 5.66 简支变连续施工

先简支后连续的梁，其施工应符合下列规定：

（1）先简支安装梁的施工应符合本规范《公路桥涵施工技术规范》（JTG/T 3650—2020）第 17.2.9 条的规定，当设置临时支座进行支承时，对一片梁中的各临时支座，其顶面的相对高差应不大于 2 mm。

（2）简支变连续的施工程序应符合设计规定。

（3）对湿接头处的梁端，应按施工缝的要求进行凿毛处理。永久支座应在设置湿接头底模之前安装。湿接头处的模板应具有足够的强度和刚度，与梁体的接触面应密贴并具有一定的搭接长度，各接缝应严密不漏浆。负弯矩区的预应力管道应连接平顺，与梁体预留管道的接合处应密封；预应力锚固区预留的张拉齿板应保证其外形尺寸准确且不被损坏。

（4）湿接头的混凝土宜在一天中气温相对较低的时段浇筑，且一联中的全部湿接头应尽快浇筑完成。湿接头混凝土的养护时间应不少于 14 d。

（5）湿接头按设计要求施加预应力、孔道压浆且浆体达到规定强度后，应立即拆除临时支座，按设计规定的顺序完成体系转换。同一片梁的临时支座应同时拆除。

（6）仅为桥面连续的梁、板，应按设计要求进行施工。

5.5.3 悬臂施工

一、悬臂施工概述

1. 悬臂施工分类

悬臂施工法（cast-in-place cantilever method）也称为分段施工法，是以桥墩为中心向两岸对称地、逐节悬臂接长的施工方法。悬臂施工法通常分为悬臂拼装和悬臂浇筑。

悬臂拼装是将预制好的梁体节段,用支承在已完成梁段上的专门悬拼吊机悬吊于梁位上逐段拼装。一个节段张拉锚固后,再拼装下一节段。

悬臂浇筑(简称悬灌)是用挂篮(即悬吊模架)就地分段浇筑梁体混凝土,待每段混凝土养护并张拉预应力筋后,将挂篮前移进行下一梁段的浇筑。悬臂浇筑的每节段长度一般为3~4 m,最大长度不宜超过6 m。

2. 悬臂施工特点

悬臂施工法最早应用于T形刚构桥。后来被广泛地应用于预应力混凝土悬臂梁桥、连续梁桥、斜拉桥和拱桥等。其主要特点如下:

(1) 在跨间不需要搭设支架。在施工过程中,施工机具和施工人员的重量全部由墩台和已建成的梁段承受,随着施工的进展,悬臂逐渐延伸,机具设备也逐渐置于梁端,自始至终无须在桥下设置支撑。

(2) 能减少施工设备,简化施工程序。应用悬臂施工法能做到施工时的受力状态和运营时的受力状态一致。

(3) 多孔结构可同时施工,加快施工速度。

(4) 悬臂施工法充分利用预应力混凝土悬臂结构承受负弯矩能力强的特点,将跨中正弯矩转移为支点负弯矩,加大了桥梁的跨越能力。

(5) 悬臂施工用的悬拼吊机或挂篮设备可重复使用,可节省施工费用,降低工程造价。

二、悬臂灌筑法施工(简称悬灌)

采用移动式挂篮作为主要施工设备,以桥墩为中心,对称向两岸利用挂篮浇筑梁段混凝土,待混凝土达到要求强度后,张拉预应力束,再移动挂篮,进行下一节段的施工。

1. 悬臂浇筑施工程序

悬臂浇筑施工时,梁体一般要分四部分浇筑,如图5.67所示。A为墩顶梁段(又称0号块),B为0号块两侧对称悬臂浇筑段,C为边跨支架现浇段,D为主梁在跨中合龙段。主梁各部分的长度视主梁形式和跨径、挂篮的形式及施工周期而定。0号块一般为5~10 m,悬臂浇筑段一般为3~5 m,支架现浇段一般为2~3个悬臂浇筑段长,合龙段一般为1~3 m。

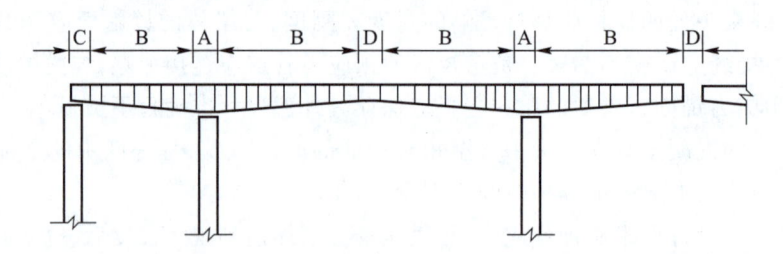

A—墩顶梁段;B—悬臂浇筑段;C—支架现浇段;D—主梁在跨中合龙段

图5.67 悬臂浇筑分段示意图

施工程序一般如下:

(1) 在墩顶托架上浇筑0号块并实施墩梁临时固结系统。

(2) 在0号块上安装悬臂挂篮,向两侧依次对称地分段浇筑主梁至合龙段。

(3) 在临时支架或梁端与边墩间临时托架上支模板浇筑现浇梁段。

(4)主梁合龙段可在改装的简支挂篮托架上浇筑。多跨合龙段浇筑顺序按设计或施工要求进行。

2. 悬臂梁段 0 号块施工

0 号块结构复杂,预埋件、钢筋、各向预应力钢束及其孔道、锚具密集交错,梁顶面有纵横坡度,端面与待浇段密切相连,务必精心施工。视其结构形式及高度,一般分 2~3 层浇筑,先底板、再腹板、后顶板。

(1)施工托架。采用悬臂浇筑法施工时,墩顶 0 号块梁段采用在托架上立模现浇,并在施工过程中设置临时梁墩锚固,使 0 号块梁段能承受两侧悬臂施工时产生的不平衡力矩。可采用万能杆件、贝雷桁架(或装配式公路钢桁架),六四军用桁架及型钢等组成,钢筋混凝土构件作临时支撑。常用施工托架有扇形、门式托架(图 5.68)。

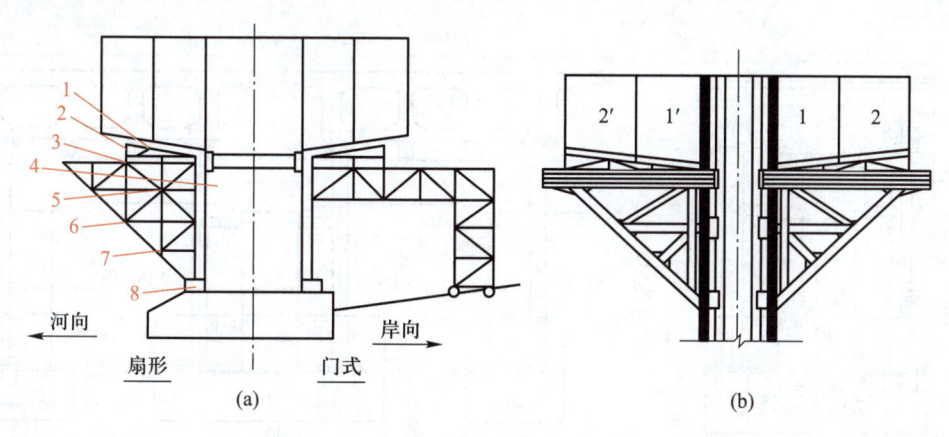

1—木制三角垫架;2—木楔;3—工字钢垫梁;4—墩柱;5—预埋钢筋;6—托架;7—硬木垫块;8—混凝土垫块

图 5.68 常用施工托架

(2)支座。

① 支座垫石。垫石是永久支座的基石。由于支座安装平整度和对中精度要求高,因此垫石四角及平面高差应小于 1 mm,为此垫石分两层浇筑。

② 临时支座。大跨径预应力混凝土桥梁采用悬臂施工法施工,如结构采用 T 形刚构,因墩身与梁本身采用刚性连接,所以不存在梁墩临时固结问题。悬臂梁桥及连续梁桥采用悬臂施工法,必须采取 0 号块梁段与桥墩间临时固结或支承措施。在梁体合龙后便于拆除和体系转换。

(3)临时固结措施或支承措施有下列几种形式:

① 临时支座一般采用 C40 混凝土,并用塑料包裹的锚固钢筋穿过混凝土预埋在梁底和墩顶中,其布置如图 5.69 所示。

② 在桥墩一侧或两侧加临时支承或支墩,如图 5.70 所示。

③ 将 0 号块梁段临时支承在扇形或门式托架的两侧。

④ 临时支承可用 10~20 cm 厚夹有电阻丝的硫磺砂浆层、砂筒或混凝土块等卸落设备,以便体系转换时,较方便地解除临时支承,如图 5.71 所示。

当墩身较低时,可采用在支架或者钢管桩支撑(图 5.72),墩身较高时,采用托架等支撑,顶面上立模板、搭支架、浇筑 0 号块混凝土;当墩身较高时,可采用在高墩托架顶面上立模板、

图 5.69 预应力临时固结

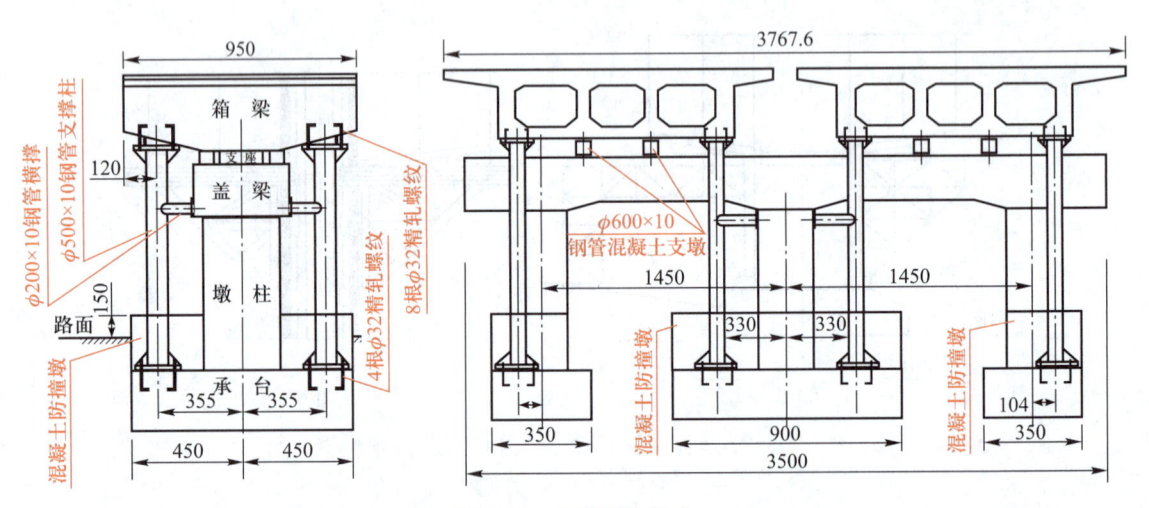

图 5.70 支撑固结形式

图 5-71 硫磺砂浆临时支承

搭支架,浇筑 0 号块混凝土。也可由墩顶放置的型钢和墩身预埋的牛腿作贝雷梁的支承形成 0 号块的施工托架(图 5.73)。

(4)预应力管道的设置。为确保预应力筋布置、穿索、张拉、压浆的施工质量,必须确保预应力管道的设置质量,一般采用预埋铁皮管或铁皮波纹管。

图 5.72　钢管桩支架　　　　　　　　　图 5.73　施工托架

3. 挂篮(suspended basket)

挂篮是悬臂浇筑施工的主要机具,它是一个能沿着轨道行走的活动脚手架,悬挂在已经张拉锚固的箱梁梁段上,悬臂浇筑时箱梁梁段的模板安装、钢筋绑扎、管道安装、混凝土浇筑、预应力张拉、压浆等工作均在挂篮上进行。当一个梁段的施工程序完成后,挂篮解除后锚,移向下一梁段施工。

(1) 挂篮分类。随着施工技术的不断改进,挂篮已由过去的压重平衡式发展成现在常用的自锚平衡式。自锚平衡式施工挂篮结构的形式主要有桁架式、斜拉式两类。

桁架式挂篮按其构成部件的不同,可分为万能杆件挂篮、贝雷梁(或装配式公路钢桁梁组合式)挂篮、型钢组合桁架组合式等。按桁架构成形状的不同,又可分为平行桁架式、平弦无平衡重式、弓弦式、菱形式等多种。

斜拉式挂篮也叫轻型挂篮。随着桥梁跨径越来越大,为了减轻挂篮自重,以减少施工节段增加的临时钢丝束,在桁架式挂篮的基础上研制了斜拉式挂篮。

(2) 挂篮的主要构造。下面以组合斜拉式挂篮为例介绍挂篮的主要构造。

组合斜拉式挂篮是在斜拉式挂篮的基础上加以改进的一种新的结构形式。挂篮自重更轻,其承重比不大于 0.4,最大变形量不大于 20 mm,行走方便,箱梁段施工周期更短。组合斜拉挂篮构造详如图 5.74、图 5.75 所示。

① 承重结构。主梁、主上横梁、前上横梁和后上横梁组成一体,承受和传递斜拉带及内、外滑梁的荷重。主梁后部有水平和竖向限位器,其功能除固定挂篮位置外,还起传递施工荷载的作用。挂篮行走时竖向限位器换成压轮,以控制挂篮行走时的稳定性。主上横梁功能是将斜拉带的拉力传给主梁。前上横梁采用螺栓与主梁连接,并通过吊杆与内、外滑梁相连,用以支撑和固定模板,并传力给主梁。

后上横梁的功能是在挂篮行走时通过两端钢丝绳吊起底部的下后横梁,使主梁与挂篮下部同步移动,从而使组合斜拉式挂篮一步到位。

② 悬吊系统。悬吊系统包括斜拉带、下后锚带、内外滑梁吊带。

③ 模板系统。模板系统包括底篮、侧模、内模和底模。

④ 限位与锚固系统。该系统由水平与竖向两组限位锚固装置组成。

(3) 挂篮设计。挂篮的合理设计是保证施工质量、加快施工进度的重要因素。在设计中要求挂篮的质量小、结构简单、受力明确、运行方便、坚固稳定、变形小、装拆方便,并尽量利用本单位现有构件。其结构除应满足强度、刚度和稳定性要求还应满足以下要求:

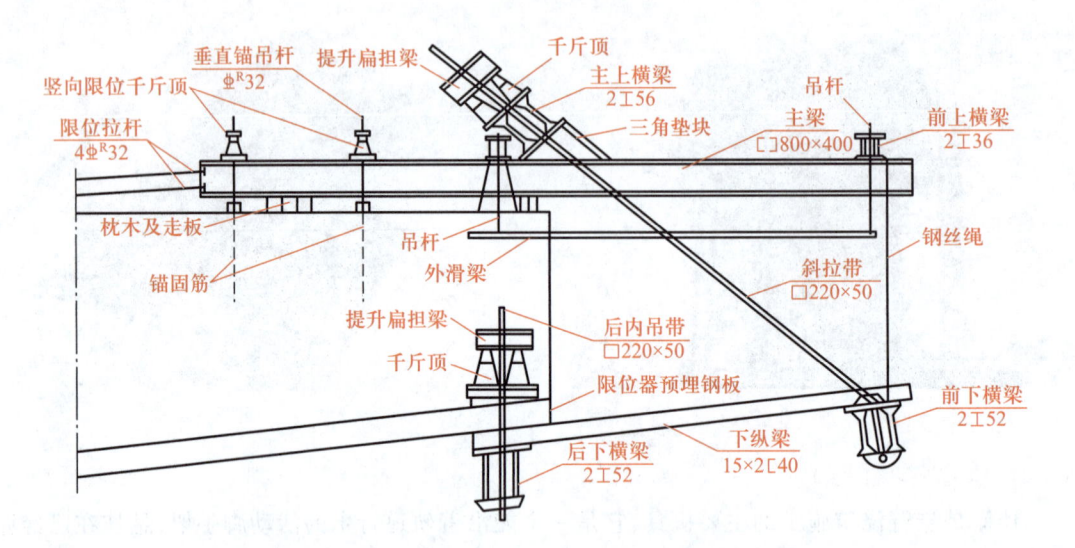

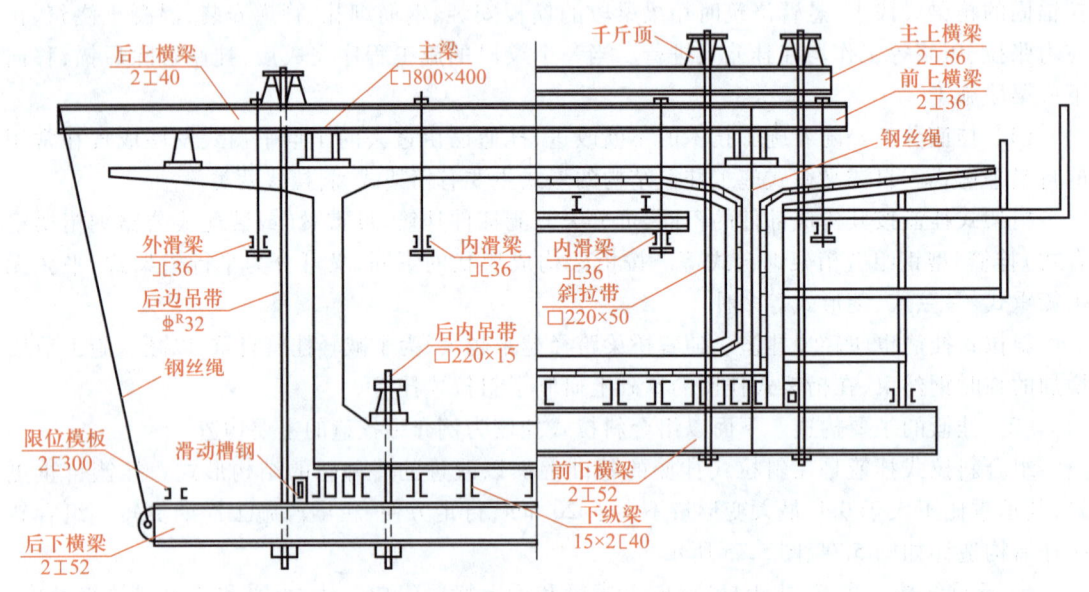

图 5.74 组合斜拉式挂篮构造（单位：mm）

图 5.75 挂篮组成图

① 设计时首先须确定悬浇的分段长度。悬浇长度应根据施工条件权衡利弊综合考虑确定。我国近年来修建 T 形刚构的分段长度一般约 3.5 m。

② 设计时,应考虑各项实际可能发生的荷载情况,进行最不利的荷载组合。

③ 挂篮横断面布置,一般取决于桥梁宽度和箱梁横断面形式。

④ 验算挂篮的抗倾覆稳定性能,确定结构整体的图式和尺寸以及后锚点的锚力等。选择挂篮形式主要考虑结构简单、自重轻、受力明确、变形较小、行走安全、装拆方便等方面因素。

(4) 挂篮的选择。

① 满足梁段设计的要求,即满足梁体结构、形体、质量及设计对挂篮质量的要求。

② 满足施工安全、质量高、成本低、工期短和操作简便的要求。

③ 采用万能杆件、贝雷桁架、六四军用桁架组拼的挂篮桁架,一般比型钢加工制作的挂篮成型快、设备利用率高、成本低。

(5) 挂篮的安装。

① 挂篮制作加工完成后应进行试拼装。挂篮在现场组拼后,应全面检查其安装质量,并应进行模拟荷载试验,符合挂篮设计要求后方可正式投入使用。挂篮组拼后,应全面检查安装质量,并做载重试验,以测定其各部位的变形量,并设法消除其永久变形,挂篮的主纵横梁的分联和移动操作应注意,以防急剧的塌落和倾覆。

② 在起步长度内梁段浇筑完成并获得要求的强度后,在工作、拼装时应对称进行。浇筑混凝土时,后端应锚固于已完成的梁段上,后锚和移动架可采取保险锚、保险索或保险手拉葫芦等安全措施。

③ 挂篮的操作平台下应设置安全网,防止物件坠落,以确保施工安全。挂篮应全封闭,四周设围护,上下应有专用扶梯,方便施工人员上下挂篮。

④ 挂篮行走时,须在挂篮尾部压平衡重,以防倾覆。浇筑混凝土梁段时,必须在挂篮尾部将挂篮与梁进行锚固。挂篮桁架行走和浇筑混凝土时的稳定系数,均不得小于 1.50。

⑤ 挂篮组拼后,应全面检查安装质量,并对挂篮进行试压。

(6) 挂篮试压。为了检验挂篮的性能和安全,并消除结构的非弹性变形,应对挂篮试压。试压通常采用试验台加压法、水箱加压法等。挂篮试压的最大荷载一般可按最大悬浇梁段重量的 1.3 倍考虑。

挂篮试压的作用和方法

① 试验台加压法。新加工的挂篮可用试验台加压法检测桁架受力性能和状况,如图 5.76 所示。

② 对就位待浇混凝土的挂篮,可用水箱试压法检查挂篮的性能和状况,如图 5.77 所示。

(7) 浇筑混凝土时消除挂篮变形的措施。每个悬浇段的混凝土一般可二次或三次浇筑完成(混凝土数量少的也可采用一次浇筑完成),为了使后浇混凝土不引起先浇混凝土的开裂,需要消除后浇混凝土引起的挂篮变形,一般可采取如下的几种措施。

① 箱梁混凝土一次浇筑法。箱梁混凝土的浇筑采用一次浇筑,并在底板混凝土凝固前全部浇筑完毕。也就是要求挂篮的变形全部发生在混凝土塑性状态之间,避免裂纹的产生。但需在浇筑混凝土前预留准确的下沉量。

② 水箱法。水箱法的布置如图 5.77 所示。浇筑混凝土前先在水箱中注入相当于混凝土质量的水,在混凝土浇筑过程中,逐步放水使挂篮的负荷和挠度基本不变。

③ 抬高挂篮的后支点法。浇筑混凝土前将模板前端设计高程抬高 10~30 mm,预留第一

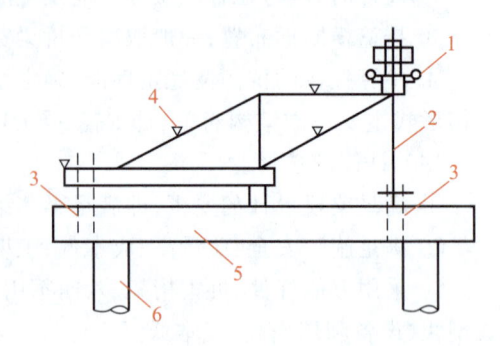

1—压力千斤顶;2—拉杆;3—预埋钢筋;4—观测点;5—承台;6—桩

图 5.76　菱形挂篮试验台试压示意图

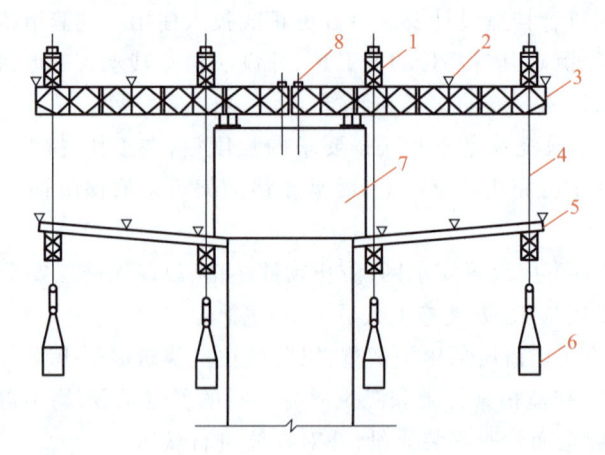

1—横桁梁;2—观测点;3—纵桁梁;4—吊杆;5—底篮;6—水箱;7—墩顶梁段;8—后锚固

图 5.77　挂篮水箱法试压示意图

次浇筑混凝土的下沉量,同时用螺旋式千斤顶顶起挂篮后支点,使之高于滑道或钢轨顶面(一般顶高约 20~30 mm)。

4. 悬臂段浇筑施工主要工序

当挂篮安装就位后,即可在其上进行梁段悬臂浇筑的各项作业,其施工工艺流程可扫描旁边二维码观看。工艺流程是按每一梁段的混凝土分两次浇筑排列的,即先浇筑底板后浇肋板及顶板。

5. 合龙段施工及体系转换

合龙段施工时先拆除一个挂篮,用另一个挂篮走行跨过合拢段至另一端悬臂梁段上,形成合龙段施工支架(图 5.78)。合龙段施工是悬臂浇筑施工的关键,为减轻温差、混凝土收缩徐变、结构恒载及体系转换等带来的不利影响,需采取必要措施,以保证合龙段的质量。

(1)合龙段长度在满足施工操作要求的前提下应尽量缩短,一般多采用 1.4~2.0 m。

(2)合龙宜在低温时进行,遇夏季应在晚上合龙,并用草袋等覆盖,并加强接头混凝土养护。

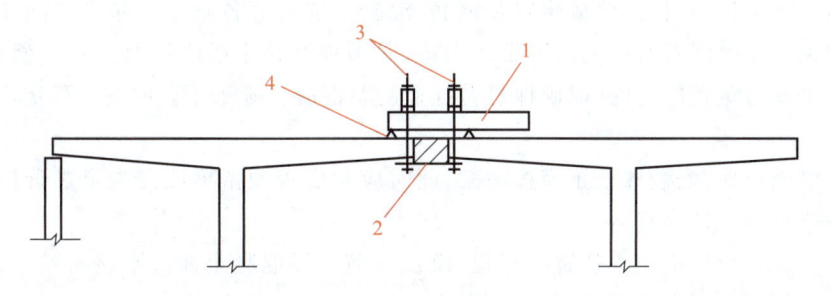

1—由悬臂挂篮改装为简支挂篮；2—合龙段挂篮模板；3—可调挂篮吊杆；4—挂篮梁前支点

图 5.78 用挂篮浇筑合龙段

(3) 合龙段混凝土中宜加入减水剂、早强剂，以便混凝土及早达到设计强度，及时张拉预应力筋。

(4) 合龙段采用临时锁定措施(图 5.79)，采用劲性型钢或预制的混凝土柱安装在合龙段上、下部作支撑，然后张拉部分预应力筋，待混凝土达到要求强度后，张拉其余预应力筋，最后再拆除临时锁定装置。

(5) 为保证合龙段施工时混凝土始终处于稳定状态，在浇筑之前各悬臂端应附加与混凝土质量相等的配重(或称压重)，加配重应依桥轴线对称加载，按浇筑重量分级卸载。

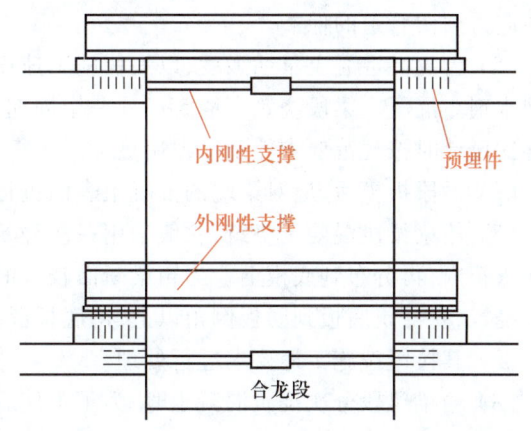

图 5.79 合龙段临时锁定

(6) 体系转换。预应力混凝土连续梁及悬臂梁采用悬臂施工时需进行体系转换：即在悬臂施工时，梁墩采取临时固结，结构为 T 形刚构；合龙前，撤销梁墩临时固结，结构呈悬臂梁受力状态；待结构合龙后形成连续梁体系。施工时，梁墩临时锚固的放松应均衡对称进行，确保逐渐均匀地释放。在放松前应测量各梁段高程，在放松过程中，注意各梁段的高程变化，如有异常情况，应立即停止作业，找出原因。

6. 施工控制

(1) 高程控制。为保证箱形连续梁结构在跨中正确位置合龙，符合设计竖曲线高程要求，各箱梁段施工中间的梁端的高程控制是施工中关键问题之一。各节段施工高程受以下 4 个因素控制：

① 各箱梁段在自重作用之下产生的挠度应符合设计要求，因而各箱梁段浇筑混凝土量应与设计要求相符。

② 各节段施加预应力的大小误差应在设计要求范围内，同时要注意不要发生同号的累积差。

③ 各节段在挂篮及施工机具上的重量要严格控制，不宜忽大忽小。

④ 各节段原设计的竖曲线高程要逐日在温度平均时进行检查，并同设计要求进行核对。

(2) 悬臂浇筑箱梁段挂篮施工控制。悬臂箱梁的施工，主跨与边跨应同时对称施工，要求主墩两侧箱梁施工位置、挂篮停放位置及钢筋、混凝土浇筑等各施工工序必须同步一致;对可能产生的施工工序时间差所造成的不平衡力矩,必须控制在主墩固结及抗不平衡措施所能够提供的抗不平衡力矩范围之内,以确保悬臂挂篮浇筑混凝土施工工艺的安全稳定。

7. 悬臂浇筑梁段混凝土注意事项

（1）挂篮就位后,安装并校正模板吊架,此时应对浇筑预留梁段混凝土进行抬高,以使施工完成的桥梁符合设计高程。

（2）模板安装应核准中心位置及高程,模板与前一段混凝土面应平整密贴。如上一节段施工后出现中线或高程误差需要调整,应在模板安装时予以调整。

（3）安装预应力预留管道时,应与前一段预留管道接头严密对准,并用胶布包贴,防止灰浆渗入管道,管道四周应布置足够定位钢筋,确保预留管道位置正确,线形平顺。

（4）浇筑混凝土时,可以从前端开始,应尽量对称平衡浇筑。浇筑时应加强振捣,并注意对预应力预留管道的保护。

（5）为提高混凝土早期强度,以加快施工速度,在设计混凝土配合比时,一般加入早强剂或减水剂。混凝土梁段浇筑一般 5~7 d 一个周期。为防止混凝土出现过大的收缩、徐变,应在配合比设计时按规范要求控制水泥用量。

（6）梁段拆模后,应对梁端的混凝土表面进行凿毛处理,以加强接头混凝土的连接。

（7）箱梁梁段混凝土浇筑,一般采用一次浇筑法,在箱梁顶板中部留一窗口,混凝土由窗口注入箱内,再分布到底模上。当箱梁断面较大时,考虑梁段混凝土数量较多,每个节段可分二次浇筑,先浇筑底板到肋板倒角以上,待底板混凝土达一定强度后,再支内模,浇筑肋板上段和顶板。其接缝按施工缝要求进行处理。

（8）箱梁梁段分次浇筑混凝土时,为了不使后浇混凝土的重力引起挂篮变形,导致先浇混凝土开裂,要有消除后浇混凝土引起挂篮变形的措施。

三、悬臂拼装法施工

悬臂拼装施工是将悬臂梁先分段预制成若干块件,当下部结构完成后,将预制块件运到桥下,用活动吊机向一边或两边逐段起吊、拼装就位、施加预应力,使其逐段对称延伸连接成整体。悬臂拼装的分段主要取决于悬拼吊机的起重能力,一般节段长 2~5 m。

1. 悬臂拼装法概述

悬臂拼装施工包括块件的预制、运输、拼装及合龙。它与悬浇施工具有相同的优点,不同之处在于悬拼以吊机将预制好的梁段逐段拼装。此外还具备以下优点:

（1）梁体的预制可与桥梁下部构造施工同时进行,平行作业缩短了建桥周期。

（2）预制梁的混凝土龄期比悬浇法的长,从而减少了悬拼成梁后混凝土的收缩和徐变。

（3）预制场或工厂化的梁段预制生产利于整体施工的质量控制。

2. 悬拼梁段预制

（1）梁段预制方法分长线法和短线法。预制台座应稳定、坚固,沉降应在 2 mm 以内。

（2）长线法（图 5.80）:组成梁体的所有梁段均在固定台座上的活动模板内浇筑且相邻段的拼合面应相互贴合浇筑,缝面浇筑前涂抹隔离剂,以利脱模。优点是由于台座固定可靠,成桥后梁体线性较好,缺点是占地较大,地基要求坚实,混凝土的浇筑和养护移动分散。

（3）短线法（图 5.81）:梁段在固定台座能纵移的模内浇筑。待浇梁段一端设固定模架,另一端为已浇梁段（配筑梁段）,浇毕达到强度后运出原配筑梁段,达到要求强度梁段为下待浇梁段配

图 5.80　长线法预制台座

筑,如此周而复始,台座仅需 3 个梁段长。优点是场地较小,浇筑模板及设备基本不需要移机,可调的底、侧模便于平竖曲线梁段的预制,缺点是精度要求高,施工要求严,施工周期相对较长。

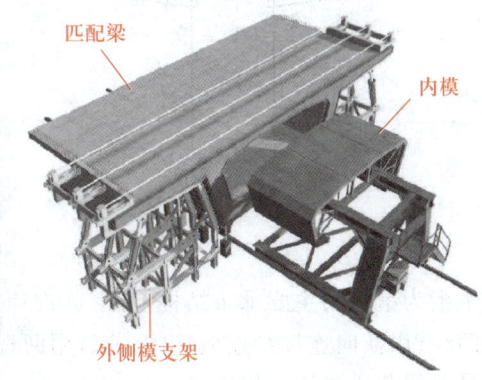

图 5.81　短线法预制台座

长线法施工工序:预制场、存梁区布置→梁段浇筑台座准备→梁段浇筑→梁段吊运存放、修整→梁段外运→梁段吊拼。

3. 悬拼方法

预制节段的悬臂拼装(图 5.82)可根据现场布置和设备条件采用不同的方法来实现。当靠岸边的桥跨不高且可在陆地或便桥上施工时,可采用自行式吊车、门式吊车来拼装。对于河中桥孔,也可采用水上浮吊进行安装。如果桥墩很高,或水流湍急而不便在陆上、水上施工时,就可利用各种吊机进行高空悬拼施工。

图 5.82　悬臂拼装

（1）浮吊拼装法。重型的起重机械装配在船舶上，全套设备在水上作业就位方便，40 m 的吊高范围内起重力大，辅助设备少，相应的施工速度较快，但台班费用较高。一个对称干接悬拼的工作面，一天可完成 2~4 段的吊拼。

（2）悬臂吊机拼装法。悬臂吊机由纵向主桁架、横向起重桁架、锚固装置、平衡重、起重系、行走系和工作吊篮等部分组成，如图 5.83 所示。

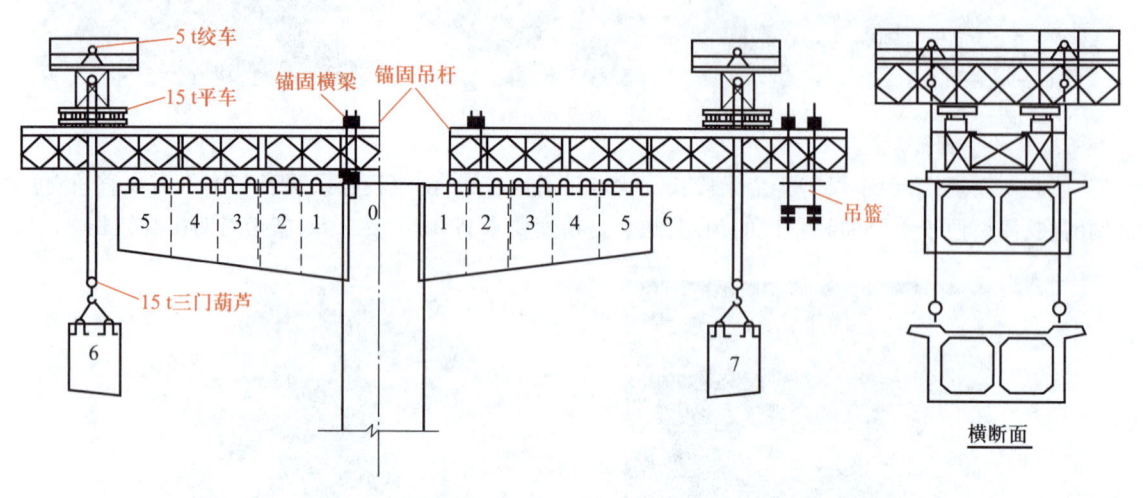

图 5.83 悬臂吊机构造

纵向主桁为吊机的主要承重结构，可由贝雷片、万能杆件、大型型钢等拼制。一般由若干桁片构成两组，用横向连接系连成整体，前后用两根横梁支承。横向起重桁是供安装起重卷扬机直接起吊箱梁节段之用的构件。

4. 梁段的拼接施工

（1）0 号块：为了确保连续梁分段悬拼施工的平衡和稳定，常与悬浇方法相同，将 T 形刚构支座临时固结，必要时在墩两侧加设临时支架以满足悬拼施工的需要。

（2）1 号块：1 号块是紧邻 0 号块两侧的第一箱梁节段，也是悬拼 T 形刚构的基准梁段，是全跨安装质量的关键，一般采用湿接缝连接。

（3）其他梁段拼装：采用胶结缝拼装，拼装施工程序包括：吊机就位→起吊梁段→初步定位试拼→检查并处理管道接头→移开梁段→穿临时预应力筋入孔→接缝面上涂胶接材料→正式定位、贴紧梁段→张拉临时预应力筋→放松起吊索→穿永久预应力筋→张拉预应力筋→后移挂篮→下一梁段拼装。

（4）其他节段用胶接缝或干接缝拼装。其他梁段吊上并基本定位后（此时接缝宽约 10~15 cm），先将临时预应力筋穿入，安好连接器，再开始涂胶及合龙，张拉临时预应力筋，使固化前胶接缝的压应力不低于 0.2 MPa，这时可解除吊钩。

（5）环氧树脂胶。节段接缝采用环氧树脂胶，厚度不超过 3 mm。环氧树脂胶接缝可使节段连接密贴，可提高结构抗剪能力、整体刚度和不透水性。一般不宜采用干接缝。干接缝节段密贴性差，接缝中水蒸气浸入导致钢筋锈蚀。

环氧树脂胶的配方应通过试验决定，对接缝混凝土面先涂底层环氧树脂底胶（环氧树脂底层胶由环氧树脂、固化剂、稀释剂按试验决定比例调配）然后再涂加入填料的环氧树脂胶。环氧树脂胶随用随配。

5. 穿束及张拉

（1）穿束。T形刚构桥纵向预应力钢筋的布置有两个特点：① 较多集中于顶板部位。② 钢束布置对称于桥墩。因此拼装每一对对称于桥墩节段用的预应力钢丝束，均须按锚固该对节段所需长度下料。

明槽钢丝束通常为等间距排列，锚固在顶板加厚的部分（这种板俗称"锯齿板"）。加厚部分预制时留有管道（图 5.84）。暗管穿束比明槽难度大。经验表明，60 m 以下的钢丝束穿束一般均可采用人工推送。较长钢丝束穿入端，可点焊成箭头状缠裹黑胶布。60 m 以上的长束穿束时可先从孔道中插入一根钢丝与钢丝束引丝连接，然后一端以卷扬机牵引，一端以人工送入。

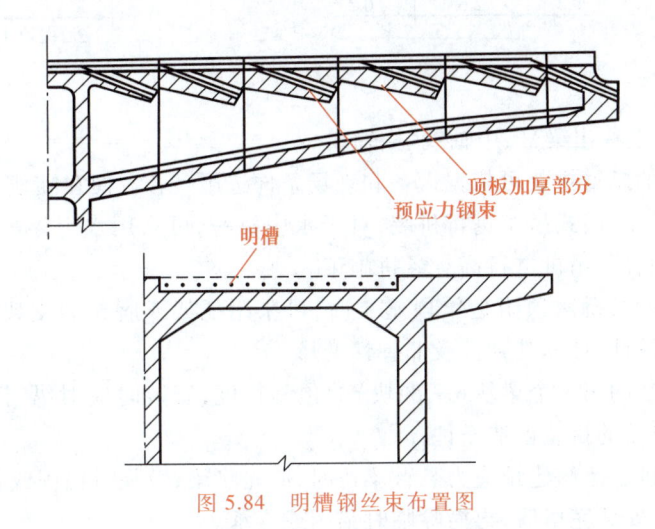

图 5.84 明槽钢丝束布置图

（2）张拉。钢丝束张拉前要首先确定合理的张拉次序，以保证箱梁在张拉过程中每批张拉合力都接近于该断面钢丝束总拉力重心处。纵向预应力钢丝束的张拉次序按以下原则确定：① 对称于箱梁中轴线，钢束两端同时成对张拉。② 先张拉肋束，后张拉板束。③ 肋束的张拉次序是先张拉边肋，后张拉中肋（若横断面为三根肋，仅有两对千斤顶时）。④ 同一肋上的钢丝束先张拉下边的，后张拉上边的。⑤ 板束的次序是先张拉顶板中部的，后张拉边部的。采用后张法预制工艺。

6. 压浆

压浆是在局部封锚后进行的，尚未进行封端，封锚水泥砂浆极易收缩开裂，造成压浆时漏浆，直接影响持压效果；且水泥浆在管道内会产生收缩，使压浆质量难以控制。

7. 合龙施工

合龙段的施工常采用现浇和拼装两种方法。现浇合龙段预留 1.4~2 m，在主梁高程调整后，现场浇筑混凝土合龙。节段拼装合龙对预制和拼装的精度要求较高，但工序简单、施工简单、施工速度快。合龙时间以在当天低温时为宜，图 5.85 所示为合龙段施工支架结构。

8. 悬臂拼装应注意的要点

（1）梁段的存放场地应平整，承载力应满足要求，支垫位置应与吊点一致。

（2）预制梁块的测量要求：① 箱梁基准块出坑前必须对所有梁块进行测量，详细记录，并根据其在桥上的设计位置进行校正。② 箱梁标高控制点和挠度观测点，在箱梁顶面埋置 4~6

图 5.85 合龙段施工支架结构

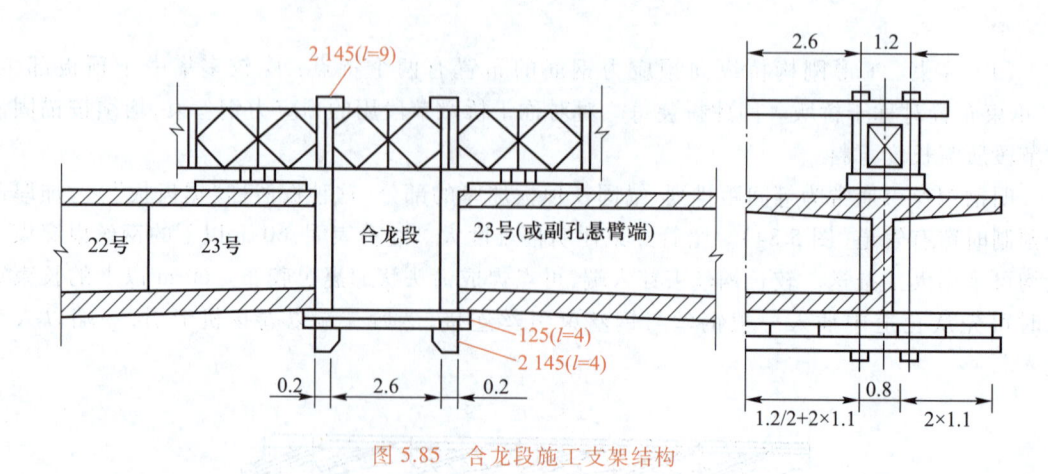

个。③在预制梁段上标出梁号、中轴线、横轴线。

(3)预制块件的悬臂拼装可依据设备和现场条件选用。若方便在陆地上或在便桥上施工时,可采用自行式吊车、门式吊车进行拼装;对于水中桥跨,可采用水上浮吊进行安装;对于高墩身的桥跨,可利用各种吊机进行高空悬拼施工。

(4)桥墩顶梁段及桥墩顶附近梁段施工时,可采用托架或膺架为支架就地浇筑混凝土。托架或膺架应经过设计,计算其弹性及非弹性变形。

(5)应保证拼装的第一个梁块(基准块)的预制精度,安装时应对纵、横轴线和高程进行精确定位测量,为以后的拼装创造条件。

(6)采用悬臂拼装法修建预应力悬臂梁桥时,应先将梁、墩临时锚固或在墩顶两侧设立临时支承,待全部块件安装完毕后,再撤除临时锚固或支承。

(7)施工前应按施工荷载对起吊设备进行强度、刚度和稳定性验算,其安全系数应不小于2。节段起吊安装前,应对起吊设备进行全面安全技术验收,并应分别进行1.25倍设计荷载的静载和1.1倍设计荷载的动载试验。

(8)对于非0号、1号块件的拼装,一般须在接缝上设置定位榫齿或钢定位器。

(9)采用胶接缝拼装的块件,涂胶前应就位试拼。胶黏剂一般采用环氧树脂,使用前应经过试验,符合设计要求方可使用。

(10)湿接缝块件应待混凝土强度达到设计强度等级的80%以上时(设计文件如有要求,则按设计文件要求处理,但不能低于设计强度等级的70%),才能张拉预应力束。

(11)体系转换应按设计顺序进行。1号节段拼装施工前,应对预制节段的匹配面进行必要的处理,并应确定接缝施工的方法和工艺。在拼装施工过程中,应跟踪监测各节段梁体的挠度变化情况,控制其中轴线及高程;当实测梁体线形与设计值有偏差时,应及时进行调整。

小结

连续梁桥及刚构桥的类型和适用条件;悬臂施工的阶段和工艺流程;零号段施工方法,挂篮的组成和类型,挂篮的预压;临时固结的作用和方法;悬臂施工段的施工工艺,合龙段施工的技术要求;临时锁定的作用和方法。悬拼梁段预制的方法和技术要求,悬臂拼装的施工工艺,悬臂拼装梁段连接的方法。

操作与练习

【习题】

1. 填空题

(1) 悬臂施工分为(　　)和(　　)两类。
(2) 挂篮按照行走方式可分为(　　)和(　　)。
(3) 悬臂浇筑施工悬臂浇筑段分段长度一般为(　　)。
(4) 悬臂浇筑施工合龙段临时锁定的方式有(　　)和(　　)。
(5) 悬臂拼装施工预制梁段施工的方法有(　　)和(　　)。

2. 问答题

(1) 悬臂浇筑与悬臂拼装各自有何特点?
(2) 悬臂浇筑施工可以分哪几个阶段完成,有何具体要求?
(3) 悬臂浇筑挂篮组成和类型有哪些?
(4) 简述悬臂浇筑施工临时固结的作用和方式?
(5) 悬臂0号段段施工方式有哪些?
(6) 简述悬臂浇筑段施工工艺流程。
(7) 简述悬臂合拢段施工要求。
(8) 悬臂施工如何控制施工挠度?
(9) 悬臂浇筑应采取哪些措施避免跨中合龙段混凝土的开裂?
(10) 简述悬臂拼装施工适用条件及施工工艺。

【典型案例】

广深港客运专线沙湾水道特大桥跨越紫坭河水道、沙湾水道,设计为(104+168×2+112)m 和(112+168×2+104)m 预应力混凝土连续刚构桥,混凝土强度等级C60,梁部采用悬臂浇筑法施工。结合高空、跨航道、设计标准高、工期紧等特点,对于大体积0号块采用悬空托架施工并采用张拉钢绞线的方法进行预压。悬灌挂篮采用了LM-300无平衡重自行式三角挂篮。为了保证桥梁成桥后的质量和施工线形,悬灌施工过程中在对挂篮拼装、模板标高、钢筋绑扎、混凝土泵送、浇筑及养护、预应力张拉、压浆等环节进行控制的同时,还通过采用 MIDAS 等软件模拟施工过程、计算节段预抛值,使成桥内力、线形符合要求。

模块 6

拱桥施工

模块描述：本模块包括四个任务：任务 6.1 拱桥的类型与构造；任务 6.2 有支架法施工；任务 6.3 无支架法施工；任务 6.4 钢管混凝土拱桥施工。

学习要求：通过本模块学习，结合典型拱桥施工图纸和案例，掌握拱桥的组成和主要类型；能够掌握上、中、下承式拱桥的构造，能够掌握拱式组合体系桥的构造，能够掌握钢管混凝土拱桥的构造，深入理解拱桥有关术语的含义。

能力目标：掌握拱桥的分类；掌握拱桥的专业术语；掌握拱桥构造图和钢筋配置图；掌握拱桥施工作业的基本知识；掌握拱桥施工方法的选择、工作流程，拱桥施工方案的编制。

思政亮点：我国是拱桥大国也是拱桥强国，以目前最典型的重庆万县长江大桥等超级拱桥的建造为例，依靠不断增强的综合国力和自主创新能力，引入世界上最大跨度的石拱桥、混凝土拱桥和钢管混凝土拱桥，拱桥的设计与施工水平不断提升，创造了多项世界第一，为经济社会发展发挥重要作用。

任务 6.1 拱桥的类型与构造

拱桥是比较常见的具有我国民族传统特点的桥梁结构形式，我国隋代修建的赵州桥至今仍保存完好。拱桥的受力特点是在竖向荷载作用下同时具有较大的水平推力，由于拱形结构在竖向荷载作用下，两端支承除有竖向反力外，还将承受较大水平反力作用。主拱圈截面上的弯矩比同跨径梁桥的弯矩要小很多，而使拱内主要承受轴向压力作用，成为偏心受压构件，截面上的应力分布与受弯梁相比较为均匀。因此拱桥不仅可以利用钢材、钢筋混凝土等筑成主拱，增大跨越能力，还可充分就地取材，利用石料、砖等抗压性能强的材料建成耐久性很好的拱桥，这就大大降低了工程造价并可大幅地减少使用期间的维护费用。

6.1.1 拱桥的组成

拱桥（arc bridges）的桥垮结构主要由主拱圈（又称主拱）和拱上建筑（又称拱上结构）组成（图 6.1）。主拱圈是拱桥的主要承重结构，承受桥面上的所有荷重，并由它将荷重传给墩台和基础。由于主拱圈为曲线形，车辆无法在其上行驶，因此在主拱圈上应设置能传递荷重的构件或填充物，以形成能使车辆平顺行驶的桥面系统。桥面系统和这些传力构件或填充物统称为拱上建筑。拱桥的下部结构由墩、台和基础组成，用以支承桥跨结构，并将所有荷载传至地基。桥台还能使桥梁与两岸路基相连接。

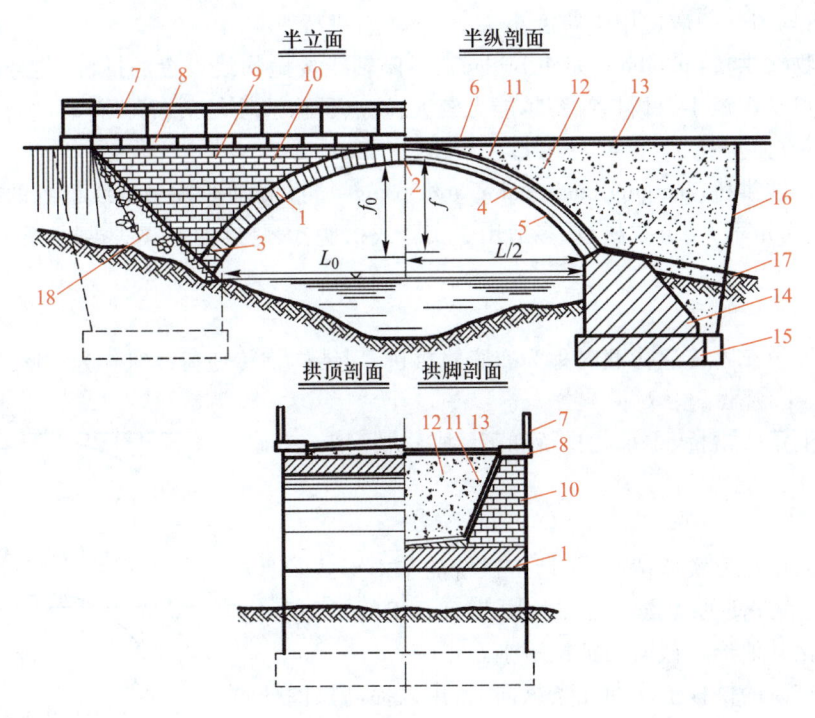

1—拱圈；2—拱顶；3—拱脚；4—拱轴线；5—拱腹；6—拱背；7—栏杆；8—路缘石；9—变形缝；10—拱上侧墙；11—防水层；12—拱腔填料；13—桥面防水层；14—桥墩；15—基础；16—侧墙；17—盲沟；18—锥坡

图 6.1 拱桥的主要组成部分

6.1.2 拱桥的主要类型

拱桥的建筑历史很长,形式多种多样,构造各有差异,可按不同的方式进行分类。

一、按建筑材料分类

可分为圬工拱桥、钢筋混凝土拱桥、木拱桥、钢-混凝土组合拱桥和钢拱桥。

二、按结构受力形式分类

1. 简单体系拱桥(simple system arch bridge)

简单体系拱桥均为有推力拱,按照主拱的静力体系,简单体系拱桥又可以分为三铰拱、两铰拱和无铰拱。

2. 组合体系拱桥(combination system arch bridge)

组合体系拱桥一般由拱肋、系杆、吊杆(或立杆)、行车道板(梁)及桥面系组成。组合体系拱桥又可分为有推力和无推力两种类型。

3. 拱架桥

拱架桥的桥垮结构在横桥向被织成一片一片的承重结构,拱片之间依靠横向连接体系形成整体,桥面板铺设在拱片和横向连接之上,这种桥型称为拱架桥。根据上下缘之间不同的连接方式通常将其分为桁架拱桥和刚架拱桥。

三、按主拱圈的拱轴线形式分类

(1) 圆弧拱桥(round arc arch bridge):拱圈轴线按部分圆弧线设置的拱桥。优点是构造简单,石料规格最少,备料、放样、施工都很方便;缺点是受荷载作用时拱内压力线偏离拱轴线较大,受力不均匀。一般适用于跨度小于 20 m 的石拱桥。

（2）抛物线拱桥(parabolic arch bridge)：拱圈轴线按抛物线设置的拱桥,是悬链线拱的一个特例。优点是弯矩小、材料省、跨越能力较大；缺点是构造较复杂,石拱桥时则石料的规格较多,施工较不方便。

（3）悬链线拱桥(hanging chain cable arch bridge)：拱圈轴线按悬链线设置的拱桥。优点是受力均匀,弯矩不大,节省材料；多适用于实腹式拱桥,大跨度的空腹式拱桥也经常采用这种线形布置。

四、按拱上结构形式分类

主拱上以填充物传递荷载时称为实腹式拱桥,用结构物传递荷载时称为空腹式拱桥。

五、按主拱圈和桥面的相对位置分类

可分为上承式拱桥、中承式拱桥和下承式拱桥(图 6.2)。

六、按主拱圈的截面形式分类

1. 板拱(图 6.3a)桥

主拱圈采用矩形实体截面,是圬工拱桥的基本形式。具有构造简单、施工方便的优点。但在相同截面面积的条件下,实体矩形截面比其他形式截面的抵抗矩小。

如果在较薄的拱板上增加几条纵向肋,用以提高拱圈的抗弯刚度,就可构成板拱的另外一种形式,即肋板拱(图 6.3b),它的主拱圈截面由板和肋共同组成。

2. 肋拱(图 6.3c)桥

在板拱基础上,将板拱划分成两条或多条分离的高度较大的拱肋,肋与肋之间用横系梁连接。使它用较小的横截面积获得较大的截面抵抗矩,从而节省材料,减轻自重。因此多用于大、中跨径拱桥。

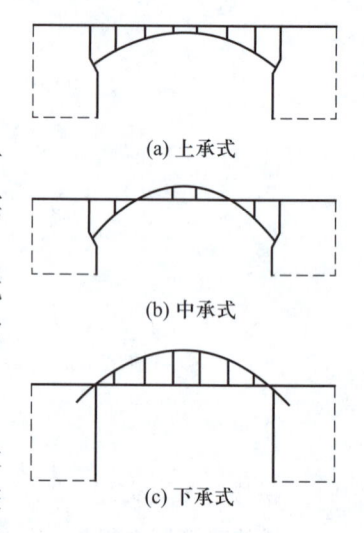

图 6.2　拱桥按主拱圈与桥面的相对位置分

3. 箱形拱(图 6.3e)桥

箱形拱桥拱圈外形与板拱相似,但由于截面挖空率较大,故与材料用量相同的板拱相比,其截面抵抗矩要大很多,所以能节省材料,减轻自重,同时也减少了下部结构材料用量,对于大跨度拱桥则效果更为显著。又因为它是封闭型截面,故又有截面抗扭刚度大、整体性强、稳定性好的突出优点。但箱形截面施工较复杂,适宜用于大跨径拱桥。

4. 双曲拱(图 6.3d)桥

由于在纵向和横向都呈曲线形,故称双曲拱桥。双曲拱桥横截面抵抗矩较之相同材料用量的板拱大,因而节约材料,因其具有装配式梁桥可预制装配的优点,故曾得到广泛使用。但由于施工工序多,有组合截面整体性较差和易开裂等缺点。

5. 钢管混凝土拱(图 6.3f)桥

采用钢管混凝土材料作主拱圈修建而成的拱桥称钢管混凝土拱桥。钢管混凝土一方面借助填筑于钢管内的混凝土来增强钢管壁的稳定性,同时钢管又对核心混凝土形成套箍作用,使混凝土处于三向受压状态,从而使其具有更高的抗压强度和抗应变能力。

6. 劲性骨架混凝土拱(图 6.3g)桥

劲性骨架可以是型钢,也可以是钢管,采用钢管做劲性骨架的混凝土拱又可称为内填外包型钢管混凝土拱,这种形式主要用在大跨度拱桥中。

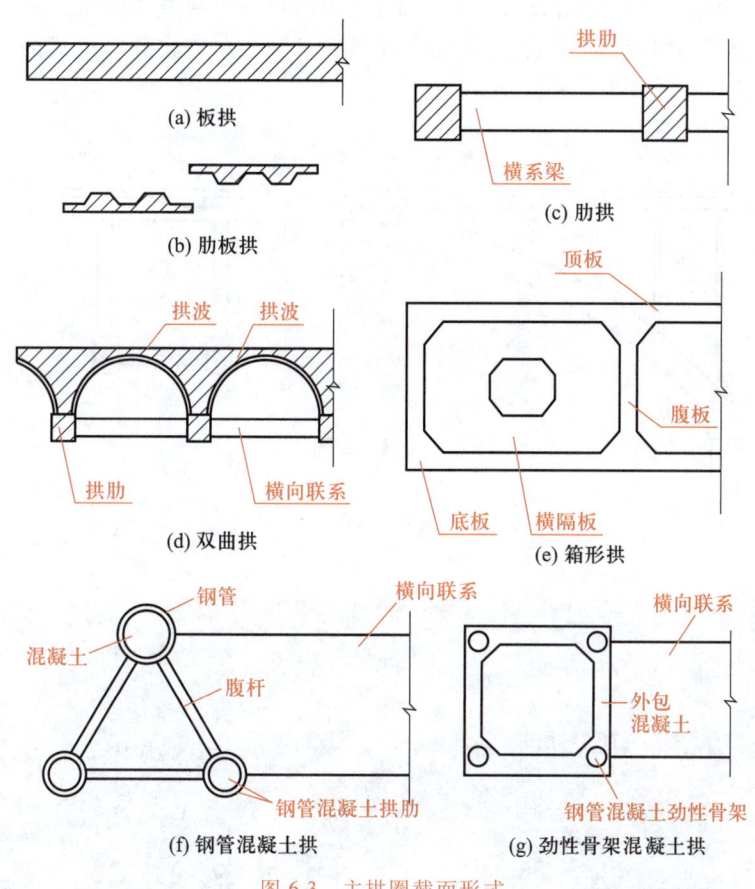

图 6.3 主拱圈截面形式

6.1.3 上承式拱桥主拱圈的构造

一、板拱的构造

主拱圈做成实体矩形截面时称为板拱(plate arch),它具有构造简单、施工方便的特点,是中、小跨径拱桥常选用的截面形式之一。板拱有石板拱、素混凝土板拱、钢筋混凝土板拱(图 6.4),主要以钢筋混凝土板拱作为常用形式。

图 6.4 钢筋混凝土板拱

二、肋拱的构造

为了用较小的截面面积获得较大的抵抗矩,将板拱划分成两条或多条分离的拱肋,并加大拱肋的高度,形成了由拱肋、横系梁、立柱和由横系支承的行车道部分等组成的肋拱(rib arch)桥(图6.5、图6.6)。

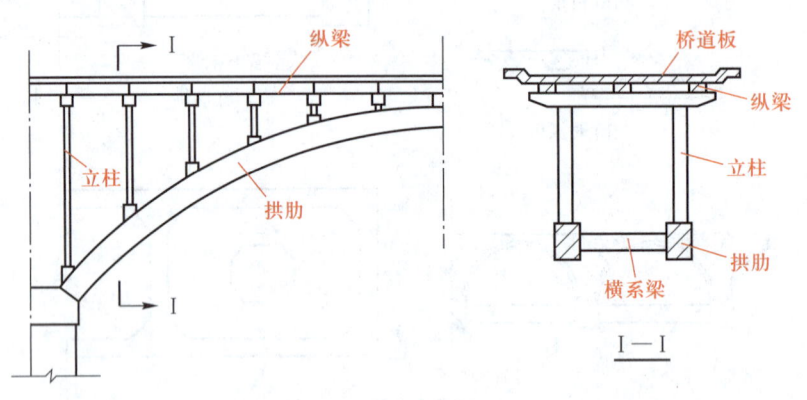

图 6.5 肋拱桥

图 6.6 肋拱桥

三、箱形拱的构造

箱形拱(box arch)截面的组合方式有以下几种:多条U形肋组成的多室箱形截面、工字形肋组成多室箱形截面、闭合箱肋组成的多箱多室截面、单箱单室截面。

四、双曲拱的构造

双曲拱(hyperbolic arch)桥主拱圈通常由拱肋、拱波、拱板和横向联系等几个部分组成(图6.7)。双曲拱桥的主要特点是将主拱圈以"化整为零"的方法按先后顺序进行施工,再以"集零为整"的方式组成整体承重结构。

五、桁架拱的构造

桁架拱(truss arch)桥又称拱形桁架桥,是一种具有水平推力的桁架结构,其下弦杆为拱形,上弦杆一般与桥面结构组合成整体而共同工作。桁架拱桥的上部结构如图6.8所示,一般

图 6.7 双曲拱桥

由桁架拱片、横向连接系和桥面三部分组成。

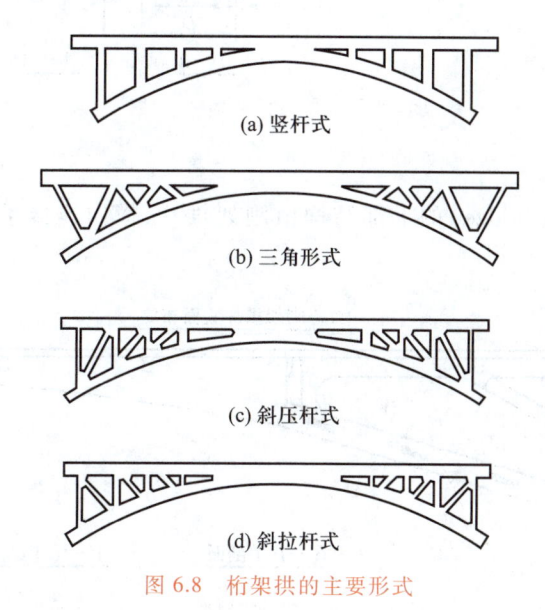

(a) 竖杆式

(b) 三角形式

(c) 斜压杆式

(d) 斜拉杆式

图 6.8 桁架拱的主要形式

1. 桁架拱片

桁架拱片根据腹杆布置方式可分为竖杆式、三角形式、斜压杆式和斜拉杆式。

2. 连接构件

要将各拱片连成整体,使之共同受力,并保证其横向稳定,需要在桁架拱片之间设置横向连系。横向连系由拉杆、横系梁、横隔板和剪刀撑组成(图 6.9)。

3. 桥面

桁架拱桥桥面既承受局部荷载,又与桁架拱片形成整体,共同受力。桥面结构形式很多,有横向微弯板、纵向微弯板和预应力混凝土空心板等。

4. 节点

桁架拱桥拱片杆件的节点是一个很重要的部位,其构造和类型随拱跨大小、腹杆布置方式等有所不同,应保证足够的强度和符合构造要求。节点处相邻杆件的外缘交角应以圆弧或直线过渡,形成节点块。过渡直线与杆件边缘之间交角应尽量形成钝角,以避免应力集中。

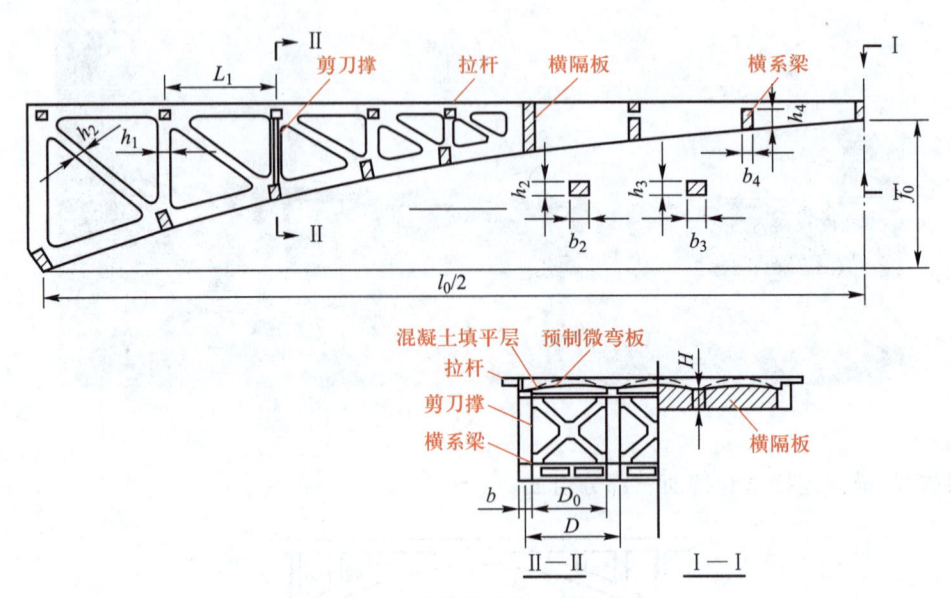

图 6.9 桁架拱桥的主要组成

六、刚架拱桥的构造

刚架拱桥(rigid arch bridge)的上部结构由刚架拱片、横向连接系和桥面系等部分组成(图6.10)。

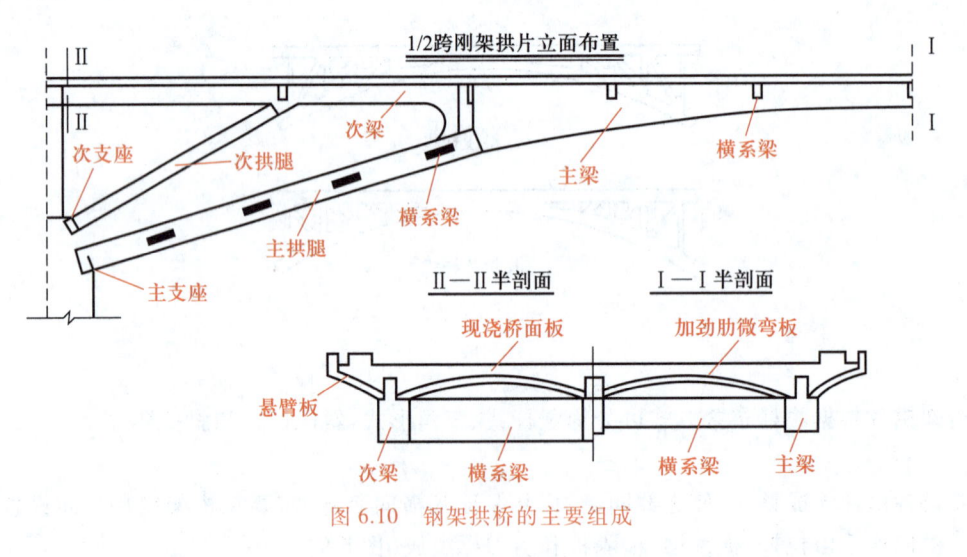

图 6.10 钢架拱桥的主要组成

6.1.4 拱上建筑的构造

拱上建筑是拱桥的一部分,按照拱上建筑采用的不同构造方式,可将拱桥分为实腹式和空腹式两种。

一、实腹式拱上建筑

实腹式拱上建筑由拱腹填料、侧墙、护拱、变形缝、防水层、泄水管和桥面等部分组成(图6.11),拱腹填料的做法有填充式和砌筑式两种。

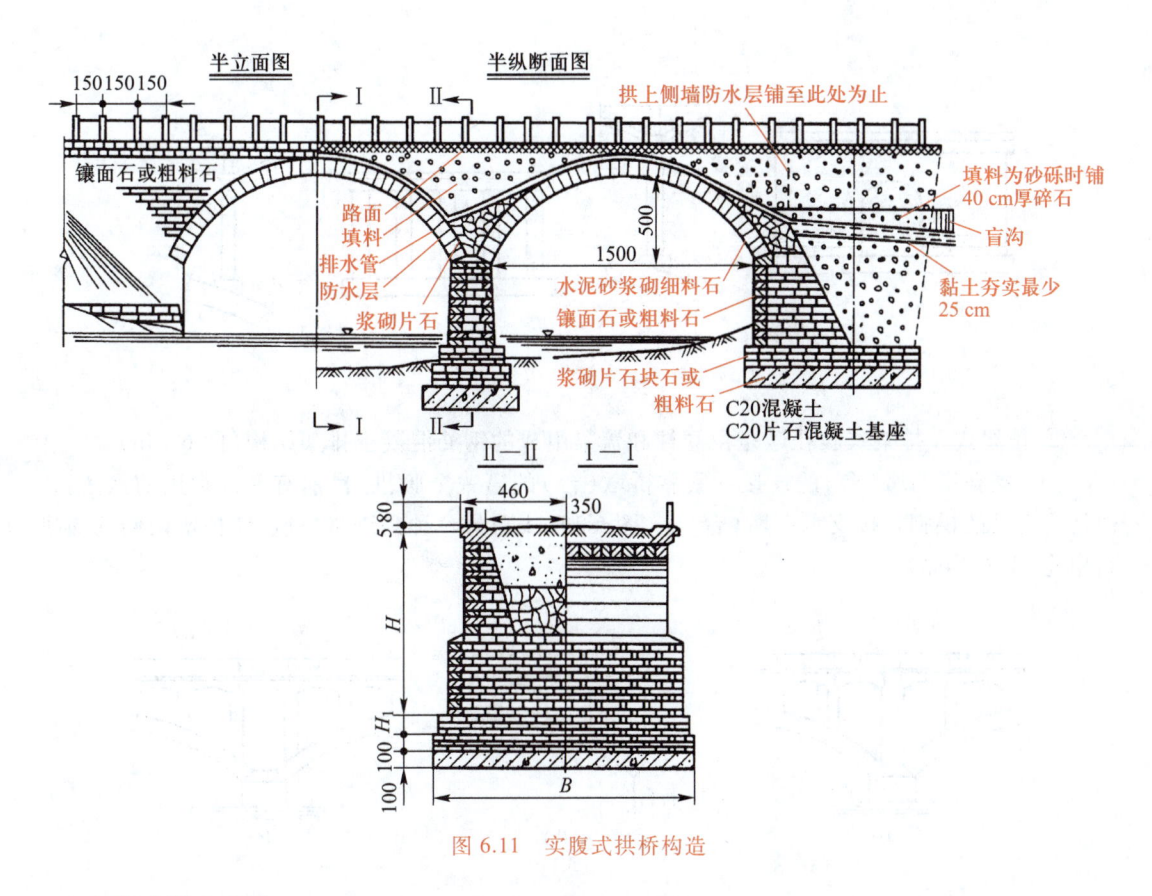

图 6.11 实腹式拱桥构造

二、空腹式拱上建筑

大、中跨径的拱桥,特别是当矢高较大时,多采用空腹式拱上建筑。空腹式拱上建筑除具有实腹式拱上建筑相同的构造外,还具有腹孔和腹孔墩。根据腹孔的结构形式,空腹式拱上建筑又可分为拱式和梁式两种。拱式拱上建筑构造简单,外形美观,但质量较大,一般用于圬工拱桥。

1. 拱式拱上建筑

(1) 腹孔(gastropore)。腹孔对称布置在主拱圈两侧结构高度所容许的范围内,一般在每半跨内不超过跨径的 1/4~1/3,跨中还存在实腹段。腹孔跨数随桥垮大小不同而异,对于中小跨径拱桥,腹孔跨数以 3~6 孔为宜(图 6.12a)。有时为进一步减轻拱上建筑质量,采用全空腹形式,即在全拱范围内布置腹孔,跨中不设实腹段,腹孔数以腹孔跨径而定,一般以奇数孔为宜(图 6.12b)。

(2) 腹孔墩(ventral pier)。腹孔墩由底梁、墩身和墩帽组成。墩身又可做成横墙式和排架式两种。

① 横墙式。横墙式腹孔墩身,一般用圬工材料砌筑或现浇混凝土做成实体墙。往往为了减轻墩身质量和便于维修,在横墙中挖一个或几个孔(图 6.13a)。

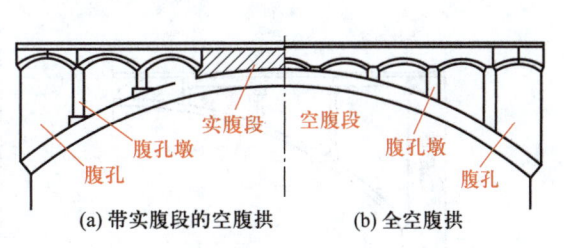

图 6.12 拱式拱上建筑

(a) 横墙式　(b) 排架式

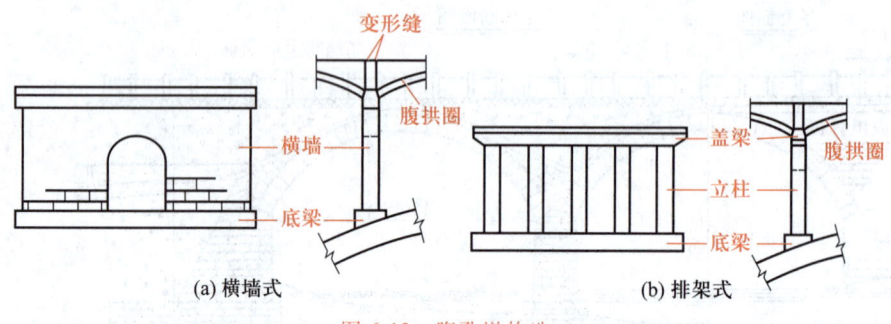

图6.13　腹孔墩构造

② 排架式。排架式腹孔墩是由立柱和盖梁组成的钢筋混凝土排架结构(图6.13b)。

(3) 腹孔墩与墩(台)的连接。紧靠桥墩(台)的第一个腹拱,目前有两种常用的做法:一种是将腹拱的拱脚直接支承在墩(台)上(图6.14a、b);另一种是跨越桥墩,使桥墩两侧的腹拱圈相连(图6.14c)。

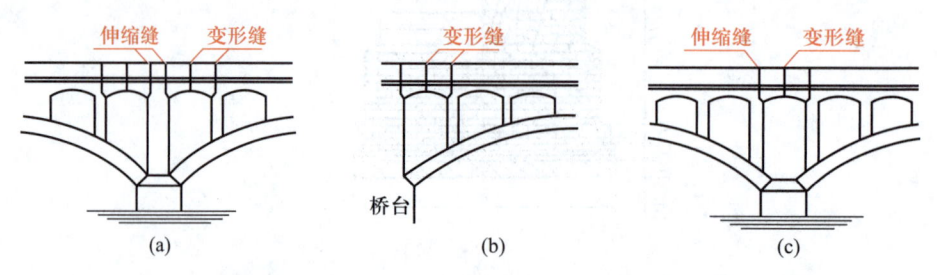

图6.14　腹孔墩与墩台的连接

2. 梁式拱上建筑

梁式腹孔结构可以做成简支、连续、框架等多种形式。

(1) 简支腹孔。简支腹孔布置的范围及实腹段的构造与拱式腹拱相同(图6.15a)。由于拱顶段上面全被覆盖,空腹、实腹段拱上的荷载差异较大。大跨径拱桥的梁式拱上建筑采用全空腹式拱上建筑(图6.15b)。全空腹式腹孔数宜采用奇数,避免拱顶设立立柱,使拱顶受力不利。

(2) 连续腹孔。连续腹孔由纵梁、立柱、实腹段垫墙及桥道板组成(图6.15c)。先在拱上立柱之上设置连续纵梁,再在纵梁上和拱顶段垫墙上铺设横向桥道板,形成拱上传力结构。

(3) 框架腹孔。框架腹孔在横向根据需要设置多片,每片间通过系梁形成整体(图6.15d)。

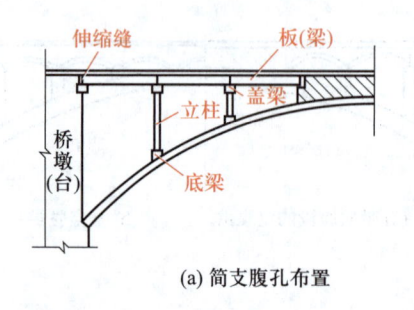

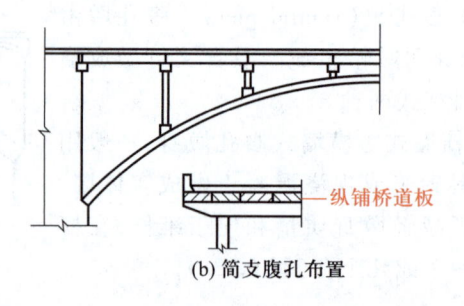

(a) 简支腹孔布置　(b) 简支腹孔布置

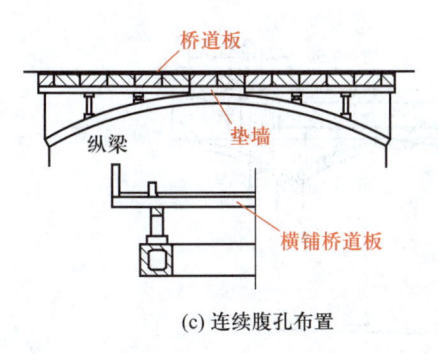

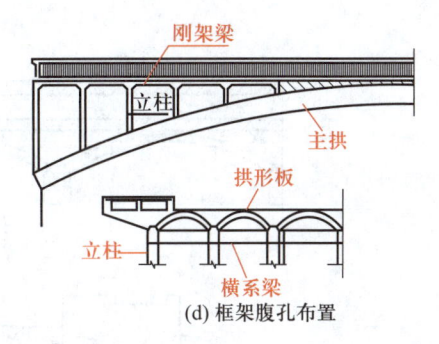

图 6.15 梁式空腹孔拱上建筑

三、拱顶填料、桥面铺装（arch filling material and bridge deck paving）

无论是实腹拱，还是空腹拱（无拱上填料的轻型拱桥除外），在拱顶截面上缘以上除了做拱腹填充处理外，通常还需设置一层拱顶填料，在该填料以上才是桥面铺装（图 6.16）。

四、伸缩缝与变形缝（expansion joints and deformation joints）

对小跨径实腹拱桥，伸缩缝设在两拱脚的上方（图 6.17a）。并在横桥方向贯通全宽和侧墙的全高及至人行道。伸缩缝多作成直线形，以使构造简单、施工方便。对拱式空腹拱桥（图 6.19b），通常将紧靠墩台的第一个腹拱作成三铰拱，并在紧靠墩台的拱铰上方设置伸缩缝，在大跨径拱桥中，还应将靠拱顶的腹拱做成两铰或三铰拱，并在拱铰上方也设置伸缩缝，以便拱上建筑更好地适应主拱的变形。对梁式腹孔，通常是在桥台和墩顶立柱处设置标准伸缩缝，而在其余立柱处采用连续桥面。

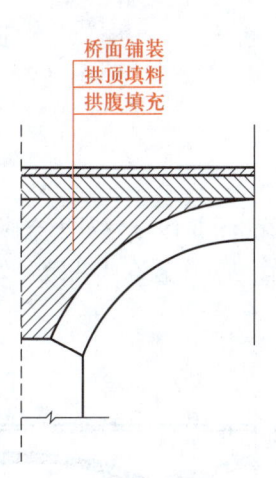

图 6.16 拱上建筑

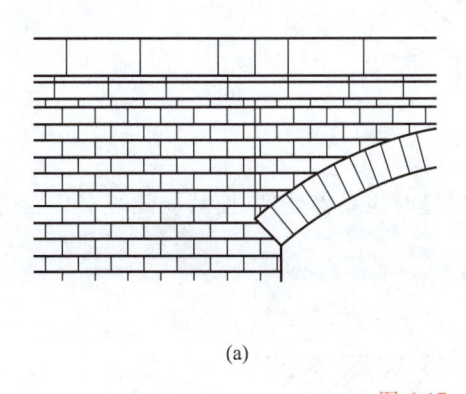

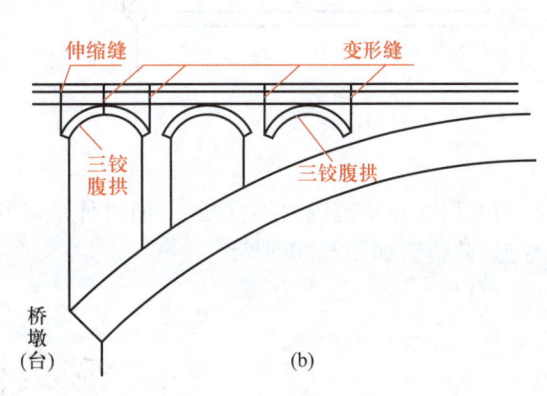

图 6.17 伸缩缝和变形缝的布置

五、排水与防水层（drainage and waterproof layer）

对于拱桥，不仅要求将桥面雨水及时排除，而且要求将透过桥面铺装渗入拱腹的雨水及时排除。桥面雨水的排除，除桥梁设置纵坡和桥面设置横坡外，一般还沿桥面两侧缘石边缘设置泄水管（图 6.18）。

实腹式拱桥防水层应沿拱背护拱、侧墙铺设。若是单孔，可以不设拱腹泄水管，积水沿防水层流至两个桥台后面的盲沟，然后沿盲沟排出路堤。如果是多孔桥，可在跨径 1/4 处设泄水

175

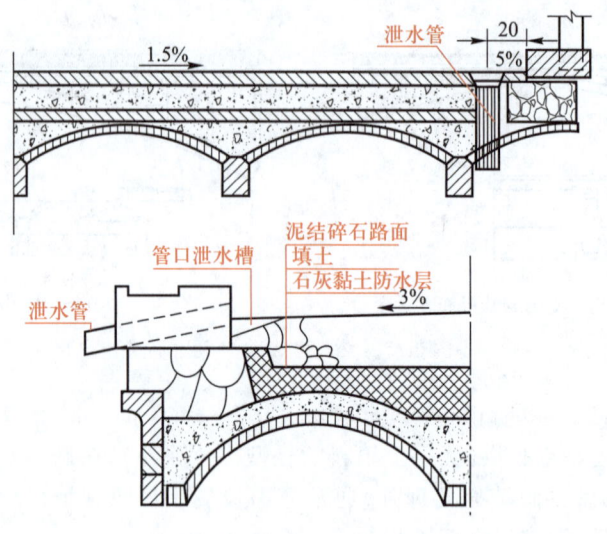

图6.18 桥面排水布置

管(图6.19a)。对于空腹时拱桥，防水层应沿腹拱上方与主拱圈跨中实腹段的拱背设置，泄水管也宜布置在1/4跨径处(图6.19b)。

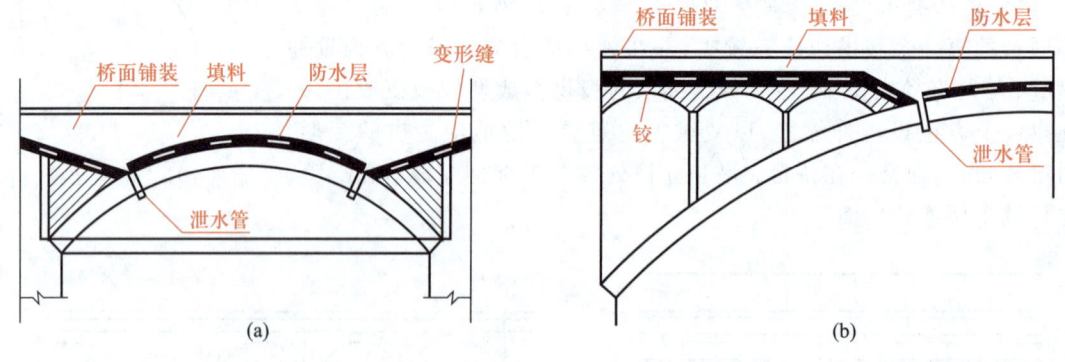

图6.19 防水层与腹拱泄水管的布置

防水层在全桥范围内不宜断开，通过伸缩缝和变形缝时应妥善处理，使其既能防水又能适应变形，其构造如图6.20所示。

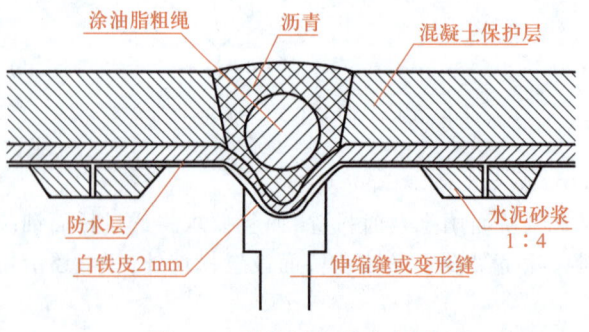

图6.20 伸缩缝处的防水层

六、拱背填充(arch back filling)

拱背填充应采用透水性好和休止角较大的材料,如砂砾、片石、碎石加石混合料以及矿渣等材料。填充时应按拱上建筑的顺序和时间,要对称而均匀的分层填充并碾压密实,注意防止损坏防水层、排水管和变形缝。

七、拱桥中铰的设置

在拱桥中需要设置铰的情况有四种:① 按两铰拱或三铰拱设计的主拱圈;② 按构造要求需要采用两铰拱或三铰拱的腹拱圈;③ 须设置铰的矮小腹孔墩,即将铰设置在墩上端与顶梁和下端与底梁的连接处;④ 在施工过程中,为消除或减小主拱圈的部分附加内力,以及对主拱圈内力作适当调整时,需要在拱顶或拱脚处设置临时铰。常用的拱铰有:弧形铰、铅垫铰、平铰、不完全铰和钢铰。

6.1.5 中、下承式拱桥

为了降低桥面,中承式拱桥的行车平面位于肋拱矢高的中部,桥面系一部分用吊杆悬挂在拱肋之下,一部分用钢架立柱支承在拱肋之上(图 6.21a)。下承式拱桥通过吊杆将纵、横梁系悬挂在拱肋之下,在纵、横梁系统上支承行车道板,组成桥面系(图 6.21b、c)。桥面系和吊杆等这些传力构件统称为悬吊结构(图 6.21d)。

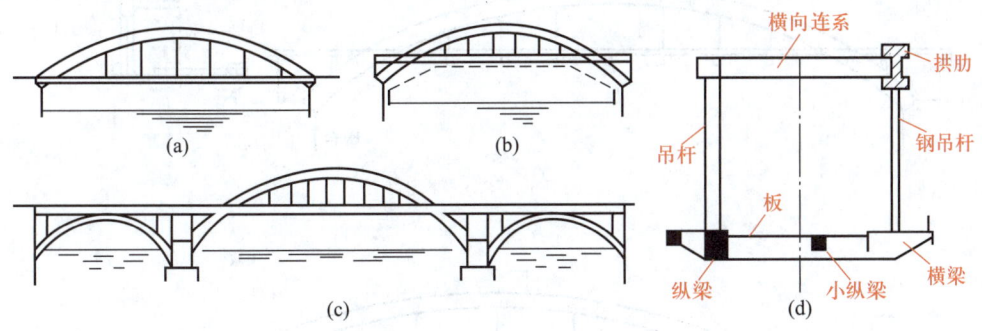

图 6.21 中承式和下承式拱桥构造

一、中、下承式拱桥的适用条件

适用于桥梁建筑高度受到限制,桥下净空难以满足时。在不等跨的多孔连续拱桥中,为平衡桥墩左右受到的永久作用推力,做成中承式拱桥,以减小大跨径的水平推力。在平坦地区的河流上,为降低桥面高度,改善桥梁两端引道的接线纵坡,减小引道工程数量。地质条件较差,但又需要修建拱桥的地区。在软土地基上建造大跨度拱桥通常用一种"飞燕式"的结构(图 6.22),中跨采用中承式拱桥,两侧为半跨的实心板拱,必要时还可以用预应力混凝土钢绞线作为系杆,飘浮于桥面,承担拱肋产生的水平推力,桥墩承受竖向力。

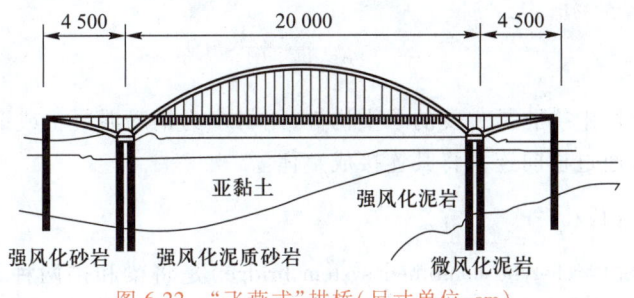

图 6.22 "飞燕式"拱桥(尺寸单位:cm)

二、中、下承式拱桥的总体布置

中、下承式拱桥的桥跨结构一般由拱肋、横向连系和悬挂结构三部分组成,其中中承式拱桥总体布置如图 6.23 所示、下承式拱桥的总体布置如图 6.24 所示。

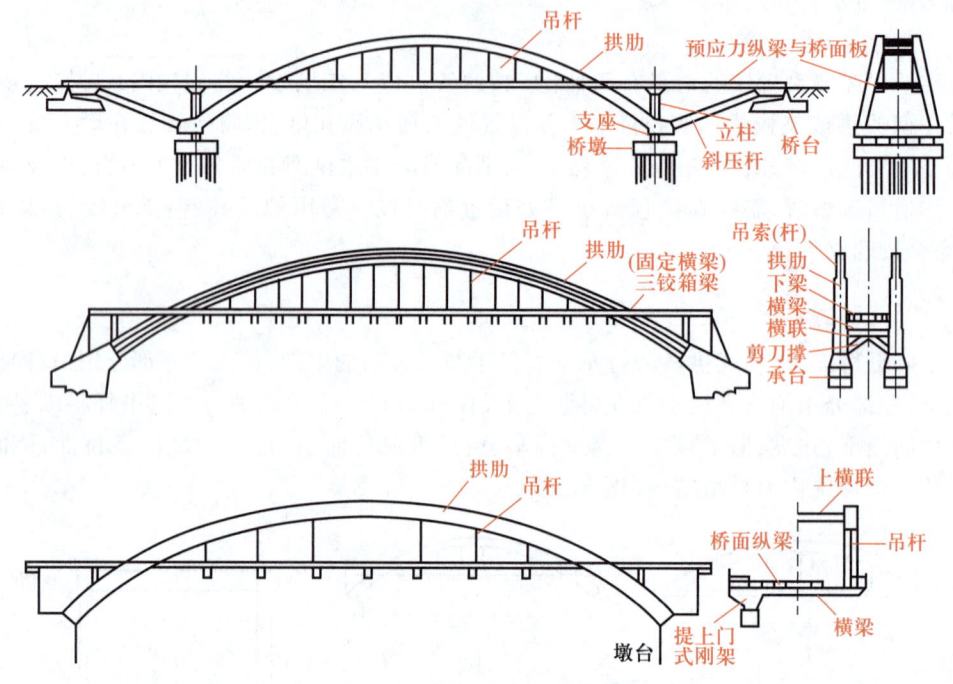

图 6.23 中承式拱桥的总体布置

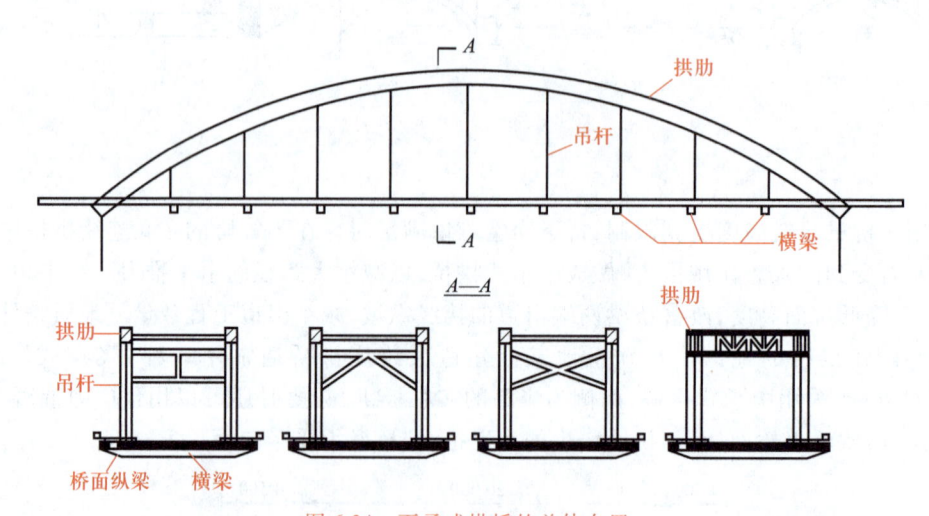

图 6.24 下承式拱桥的总体布置

在中、下承式拱桥中拱肋是主要的承重构件,用材多为钢筋混凝土或钢管混凝土。通常将两片拱肋平行布置,通过横向连系将其连接成整体。

6.1.6 拱式组合体系桥

拱式组合体系桥(arch-type combined system bridge)是将梁和拱两种基本结构组合起来,

共同承受荷载，充分发挥梁受弯、拱受压的结构特性和组合起来所发挥的作用，达到节省材料、降低自重、减小投资的目的。

一、拱式组合体系桥的基本形式

1. 简支梁拱组合体系桥（simple branch beam and arch combination system bridge）

简支梁拱组合体系桥（图6.25）只用于下承式，均为无推力的组合体系拱。

图6.25 简支梁拱组合体系桥示意图

2. 连续梁拱组合体系桥（continuous beam and arch combination system bridge）

如图6.26所示，连续梁拱组合体系桥可以是上承式、中承式和下承式，也可以是多肋拱、双肋拱或单肋拱与加劲梁组合。

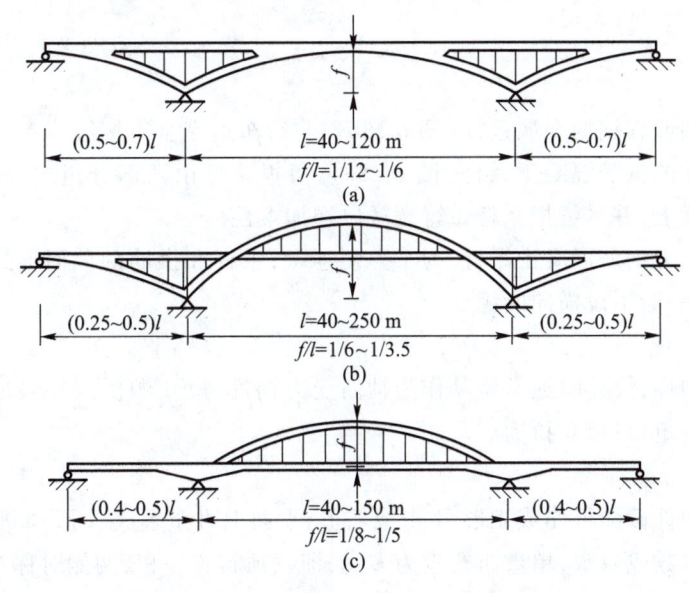

图6.26 连续梁拱组合体系桥示意图

3. 悬臂组合体系桥（coverlever combination system bridge）

悬臂组合体系桥（图6.27）只适用于上承式，采用水平转体施工特别方便。它实际上是将实腹梁挖空，用立柱代替梁腹板，拱肋为钢筋混凝土。

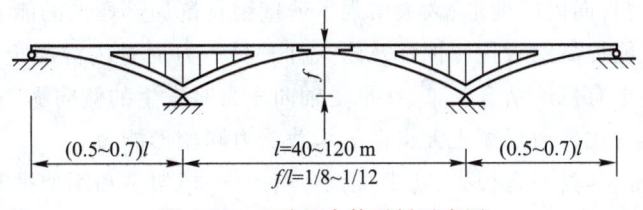

图6.27 悬臂组合体系桥示意图

二、拱式组合体系桥的构造

拱式组合体系桥一般由拱肋、系杆、吊杆(或立柱)、行车道梁(板)和桥面系等组成。

1. 拱肋(arch rib)

对于柔性系杆刚性拱,拱肋构造和界面形式基本上参照普通的下承式有推力的简单肋拱桥,根据矢跨比的不同将其截面做成矩形、工字形或箱形。

2. 系杆(binder)

系杆构造上常见的处理方法有如下几种:

(1) 行车道中设横向断缝(图 6.28a),行车道板简支支承在横梁上。

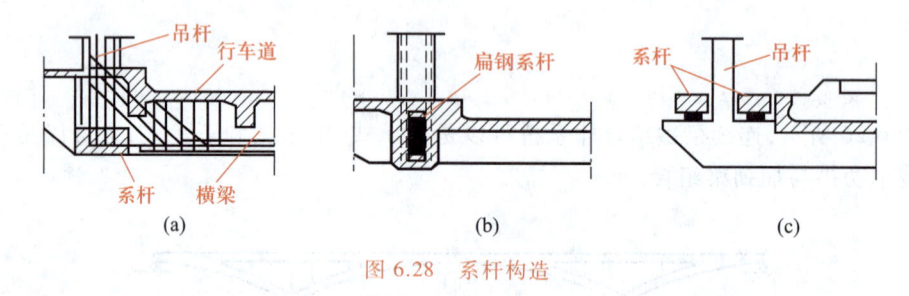

图 6.28 系杆构造

(2) 采用型钢或扁钢的金属系杆(图 6.28b),与行车道完全不接触。

(3) 采用独立的钢筋混凝土系杆(图 6.28c),每根系杆由两部分组成,安放在吊杆两旁,自由地搁置在横梁上,并尽量把系杆做得宽矮以增加柔性。

(4) 采用预应力钢筋混凝土系杆,为了方便连接,系杆和拱肋的截面形式取得一致,考虑行车条件,行车道一般不设横向断缝。

3. 吊杆(boom)

吊杆为长细构件,设计时通常将其作为轴向受力构件考虑,顺桥向一般尺寸较小,使之具有柔性而不承受弯矩,只承受拉力。

4. 横向连接(horizontal connection)

横向连接系构件截面可作成矩形、T 形或箱形,平面上可布置成 X 形、K 形或与纵向垂直;顺桥向可布置成单数或双数,单数布置较为多见,即拱顶布置一根,两侧对称布置,其特点是提高结构稳定性。

6.1.7 钢管混凝土拱桥的构造

钢管混凝土是指在薄壁钢管内灌注混凝土,形成钢管和混凝土两者共同工作的一种组合构件。它的基本力学特征是:一方面由于钢管内填筑了混凝土,因混凝土能分担轴向压力的绝大部分而且阻止了钢管向内的变形,大大增强了薄壁钢管抗局部弯曲的能力,提高了钢管受压时的稳定性,同时也能提高钢管抗腐蚀性及耐久性。另一方面管内混凝土受到钢管壁的套箍约束,将钢材与混凝土有机地结合起来,在承受轴向压力时发生的侧向膨胀受到限制而处于三向受压状态,从而具有比普通混凝土大得多的承载能力和变形能力。

钢管混凝土拱桥,其类型有板拱、肋拱、桁拱、箱形拱、桁架拱和刚架拱等。截面有单圆形、哑铃形、多肢桁式、哑铃形桁式及箱肋形等。施工方法有支架法、吊装法、缆索施工和转体施工等。

一、构造特点

不同形式的钢管混凝土拱桥的适用条件、对水平力的处理、横向连系及桥面系均有所不同,主要分为上承式、中承式和下承式三种,钢管混凝土拱桥以下承式居多。

1. 上承式钢管混凝土拱桥(upper-bearing concrete steel pipe arch bridge)

上承式钢管混凝土拱桥有肋拱、桁拱、箱形拱、刚架拱和桁架拱等形式。建筑高度大,对地基要求高,较适合于峡谷桥位采用。上承式钢管混凝土拱桥横向连系容易布置,桥面多直接支承在立柱上,全桥整体性和横向稳定性较好。

2. 下承式钢管混凝土拱桥(lower-bearing concrete steel pipe arch bridge)

下承式钢管混凝土拱桥,一般均设有系梁,多用于桥梁高度受到限制或地基条件较差的情况下,常采用单跨布置。下承式钢管混凝土拱桥,根据上下部结构连接方式的不同,又分为简支和刚接两种形式(图 6.29)。

3. 中承式钢管混凝土拱桥(medium-bearing concrete steel pipe arch bridge)

中承式钢管混凝土拱桥,为减小水平推力对墩台的不利影响,也有采用系杆带悬臂的自锚式结构(图 6.30)。

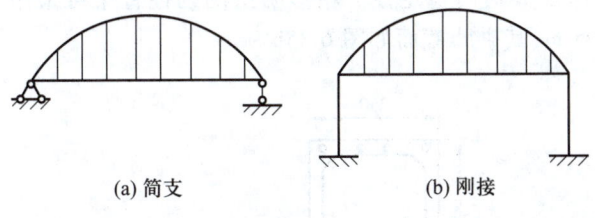

(a) 简支　　(b) 刚接

图 6.29　下承式拱桥上、下部连接

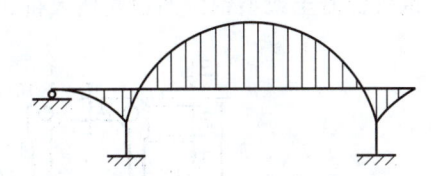

图 6.30　带悬臂的自锚式中承式拱桥

中承式钢管混凝土拱桥的横向稳定性是通过设置横撑解决的。一般在桥面以上设置横撑,以减少肋拱的计算长度。桥面以下设置 K 式横撑(图 6.31)。

二、主拱结构

1. 板拱(plate arch)

钢管混凝土作为劲性骨架用于板拱,例如福建连江安海桥,其构造尺寸如图 6.32 所示。

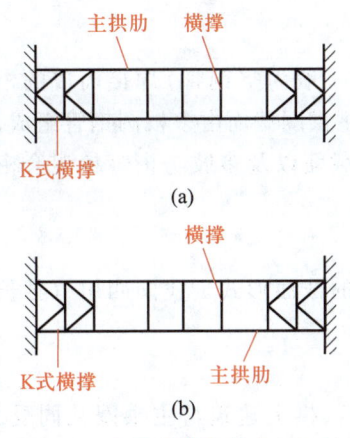

图 6.31　中承式横撑形式(平面)

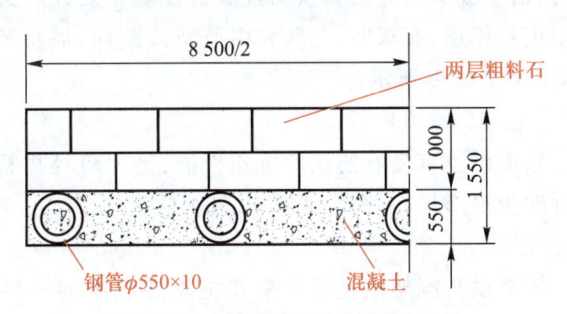

图 6.32　主拱断面(尺寸单位:mm)

2. 肋拱(ribbed arch)

钢管混凝土拱桥中,肋拱数量最多,肋拱又分单管、哑铃形等截面。单管加工简单,抗扭性能好,抗轴向力性能由于紧固力作用显示出优越性,但抗弯效率低。扁圆端形截面主要为横向的(图6.33)。

钢管混凝土肋拱桥中绝大部分采用哑铃型截面(图6.34),跨径从几十米到几百米,以100 m为多。

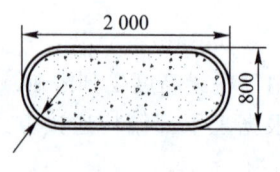

图 6.33　扁圆拱肋断面　　　图 6.34　哑铃形断面

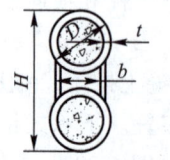

已建箱形肋拱桥有主跨117.8 m的四川内江新龙坳大桥(主拱截面见图6.35a)和主跨312 m的广西邕江大桥。

肋拱由于多采用上承式,可用横向连系保证其横向稳定性。箱形肋拱的劲性骨架可采用钢管混凝土或型钢。如白勉峡大桥,主跨105 m,其拱肋截面如图6.35b所示。

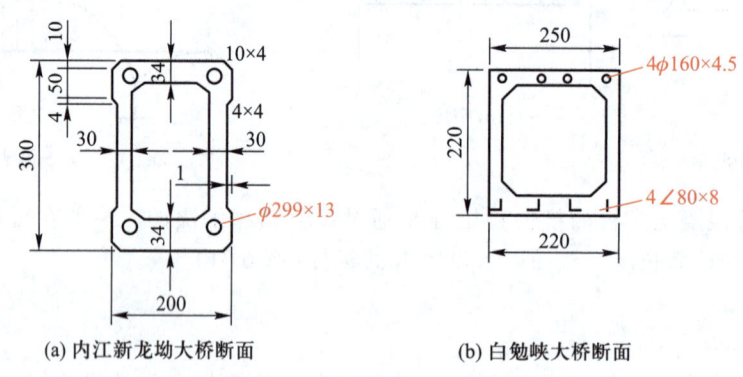

(a)内江新龙坳大桥断面　　　(b)白勉峡大桥断面

图 6.35　箱形肋拱断面(尺寸单位:cm)

3. 桁拱(braced arch)

钢管混凝土桁式拱肋是由钢管混凝土弦杆、腹杆、平联(一般为空钢管)焊接而成的桁式结构,钢管接头的焊接质量与抗疲劳性能是设计的关键。其主拱圈截面由多根圆钢管组成,其间用桁片相连,有双肢、三肢和多肢桁式截面、横哑铃形桁式截面以及多肢与桁哑铃混合桁式截面,如图6.36所示。

4. 箱形拱(box arch)

箱形拱具有良好的抗弯抗扭性能,是大跨径拱桥中常用的截面形式。我国四川万县长江大桥即为箱形拱,主跨为420 m,矢跨比为1/5。

5. 桁架拱与刚架拱(truss arch with rigid frame arch)

桁架拱与刚架拱是近年来我国发展起来的一种轻型拱桥,拱上建筑与主拱圈共同受力。将钢管混凝土用于桁架拱中,由于各杆件均具有可焊性,所以施工非常方便,且能发挥钢管混凝土受力强度高的特点。

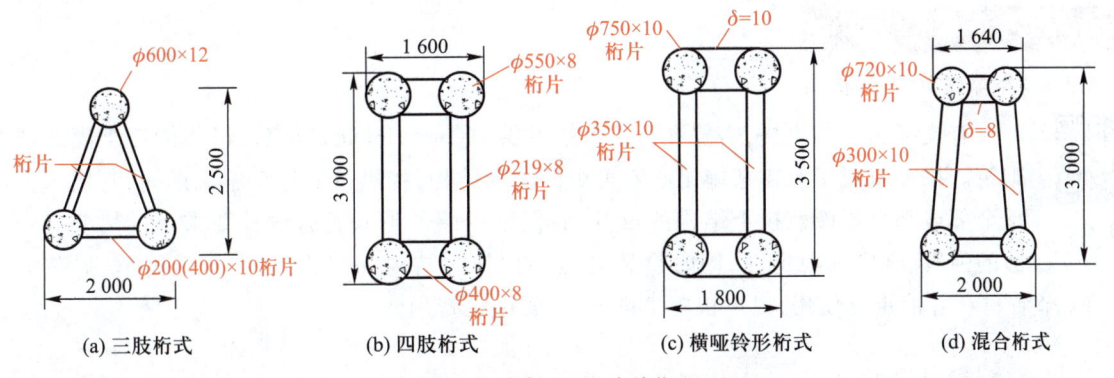

(a) 三肢桁式　　(b) 四肢桁式　　(c) 横哑铃形桁式　　(d) 混合桁式

图 6.36　桁式断面(尺寸单位:mm)

小结

拱桥的组成;桥梁的分类;拱桥的类型;上承式拱桥主拱圈的构造;上承式拱桥拱上建筑的构造;中、下承式拱桥的构造;钢管混凝土拱桥的构造。

操作与练习

【习题】

1. 填空题

(1) 图 6.1 所示最常见拱桥的组成是由(　)、(　)、(　)、(　)、(　)、(　)、(　)、(　)、(　)、(　)、(　)、(　)、(　)、(　)、(　)、(　)、(　)、(　)十八部分组成的。

(2) 拱桥按主拱圈和桥面的相对位置可分为(　)、(　)和(　)。

(3) 拱桥按主拱圈的拱轴线形式可分为(　)、(　)和(　)。

2. 问答题

(1) 简述上承式拱桥的类型及其构造特点。

(2) 简述钢管混凝土拱桥的构造特点。

(3) 简述中、下承式拱桥的适用条件。

(4) 简述双曲拱桥的定义和特点。

(5) 简述拱轴线定义。

(6) 简述矢跨比的定义和作用。

【典型案例】

结合我国建于公元 595—605 年的最具有代表意义的赵州桥,其跨径 $L=37$ m,完成以下任务:1.分析并阐述拱桥的组成与分类;2.分析并阐述简单体系拱及组合体系拱的特点;3.分析并阐述主拱圈按截面分类及各种类别的特点;4.分析并阐述拱桥优缺点分别有哪些。

任务 6.2　有支架施工

6.2.1　拱架的形式和构造

拱桥有支架法施工

有支架施工的拱桥,需要在桥位上搭设拱架(arch frame)以完成桥体的坍工灌筑或砌筑。拱架就成了有支架施工必不可少的辅助结构,在拱桥的整个施工期间,它用来支承全部或部分拱圈及拱上结构的重量,并保证拱圈的形状符合设计要求。拱架要有足够的强度、刚度和稳定性,同时拱架又是一种临时结构,故又要求它构造简单、拆装方便、节省材料并能重复使用,以加快施工进度、节省施工费用。

一、支柱斜撑式满布木拱架

支柱式木拱架(图6.37a)支柱间距小,上部由斜梁、立柱斜撑和拉杆组成拱形桁架,下部由立柱和横向连系组成支架,上下部之间放置卸落设备(木楔、砂筒等)。结构简单且稳定性好,适用于干河滩和流速小、不受洪水威胁、无通航的河道。

二、撑架式木拱架

撑架式木拱架(图6.37b)构造较为复杂,上部与支柱斜撑式满布木拱架相同,下部用少数框架式支架来代替数目众多的立柱,支点间距较大,木材用量相对较少。用于较大跨径且桥墩较高时,可节省木材并适应通航。

三、扇形拱架

扇形拱架(图6.37c)是从桥中的一个基础上设置斜杆,并用横木连成扇形的整体结构,用以支撑砌筑的施工荷载。扇形拱架比撑架式拱架更为复杂,但支点间距可以比撑架式拱架更大些。尤其宜在拱度很大时采用。

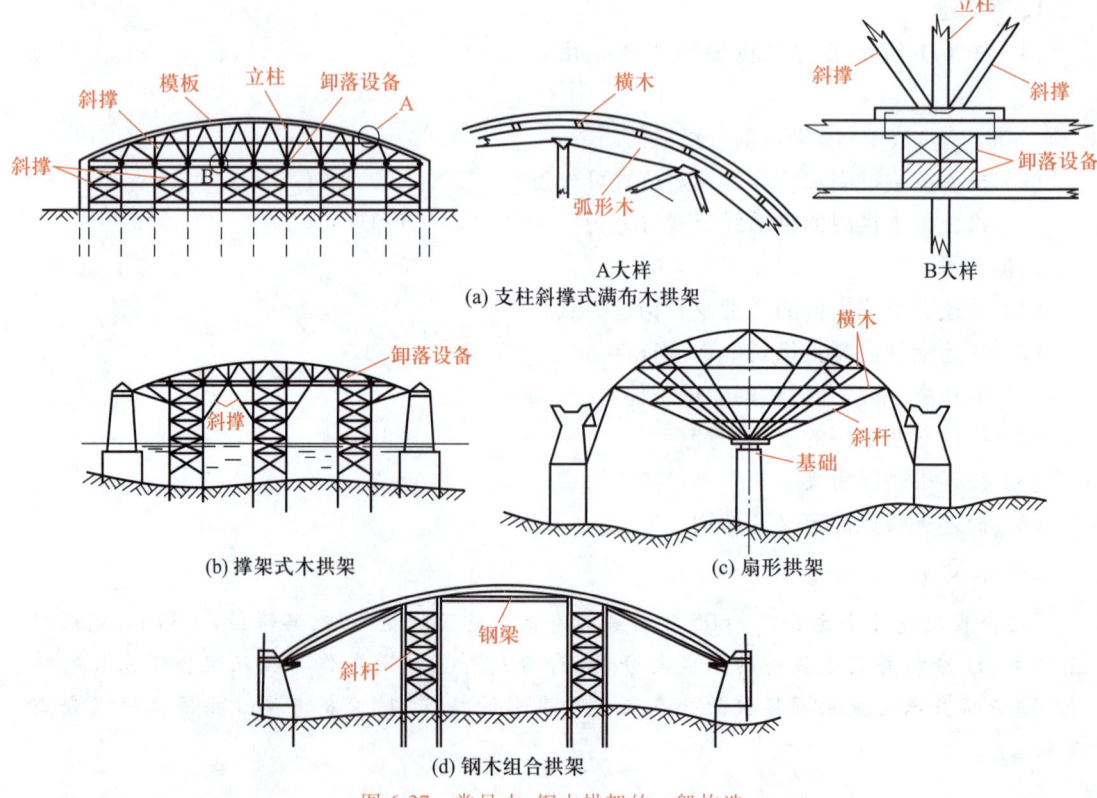

图 6.37　常见木、钢木拱架的一般构造

四、钢木组合拱架

钢木组合拱架（图6.37d）是在木支架上用钢梁代替木斜梁，可以加大支架的间距，减少材料用量。在钢梁上可设置变高度的横木形成拱度并用以支撑模板；也可用钢横梁与钢管脚手架组拼钢组合拱架。

五、钢桁式拱架

钢桁式拱架（图6.38）通常用常备拼装式桁架拼成拱形拱架，即拱架由标准节段、拱顶段和连接杆等以钢销或螺栓连接而成。为使拱架能适应施工荷载产生的变形，一般拱架采用三铰拱，拱架在横向由若干组拱片组成，拱片数量由桥梁跨径、荷载大小和桥宽而定，各组间用横向连接系连成整体。

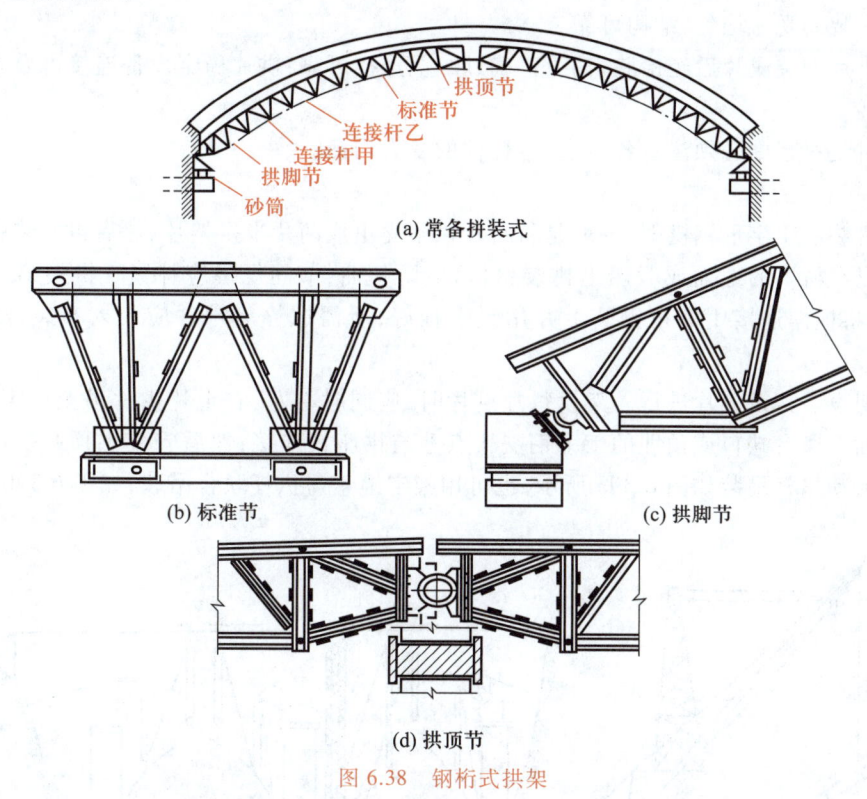

图6.38 钢桁式拱架

桁式钢拱架也可用装配式公路钢桥桁架节段或用万能杆件拼组而成。

六、土牛拱胎

土牛拱胎常用于钢木缺乏的地区，即先在桥下用土或砂、卵石填筑一个土胎（俗称土牛），然后在土胎上砌筑拱圈，待拱圈完成后将填土清除，形成受力拱圈。现已很少采用。

6.2.2 拱架施工

拱架必须按照要求严格进行设计、计算，留准预拱度，放好拱架曲线，按质量要求制作拱架。这是拱桥顺利施工的基础。

一、拱架安装

1. 拱架安装前的准备

（1）支架基础必须稳固，承重后应能保持均匀沉落且沉落值不得超过预计范围。钢拱架在安装前应进行认真检查,在支承面上仔细抄平,调整标高,同时复测中线和跨度,确认无误后才能进行安装。

(2) 水、电、交通与场地能很好地满足拱架施工要求。

(3) 有洪水的河道要切实做好导流设施,特别是多孔拱桥更为重要。

(4) 对被安装的构件质量与测量的检查。

2. 安装注意事项

(1) 放好拱圈大样,准确定出墩台缺口、模板、弧形木及横梁的位置和尺寸,但拼接板的底面与拱圈内弧线间一般要留出 30~50 cm 的间隙,以放置弧形木和模板等构件。

(2) 安装中单片拱架的稳定极为重要,必须做好稳定工作并注意对称安装。合龙时,拱顶拆拱设备安装要受力均匀、结构可靠。

(3) 拱片安装成片后经检验,轴线正确、顺直、连接可靠,拱片稳定设备连接可靠方能进行第二片安装。

(4) 拼装过程中必须注意各节点、各杆件的受力均衡。

3. 工字钢拱架安装

(1) 拼装。工字形钢拱架,一般是将每片拱架先组成两片半拱架片,然后再安装就位。半个拱片可以在桥下的地面或驳船上拼装,拼后应防扭曲,节间螺母应拧紧。拼接第二片拱架时,应附带将横向连接用的角钢装上并用绳子捆好,所需螺栓等零件应装入布袋,随同拱架起吊。

(2) 架设。架设分片进行。架设每片拱片时,应同时将左、右半片拱片吊至一定高度,并将拱片脚插入墩台缺口或预埋的工字钢支架点上与拱座铰连接,然后安装拱顶卸拱设备进行合龙。用活动吊杆吊装如图 6.39a 所示;也可用架空缆索与扒杆联合吊装,如图 6.39b 所示。

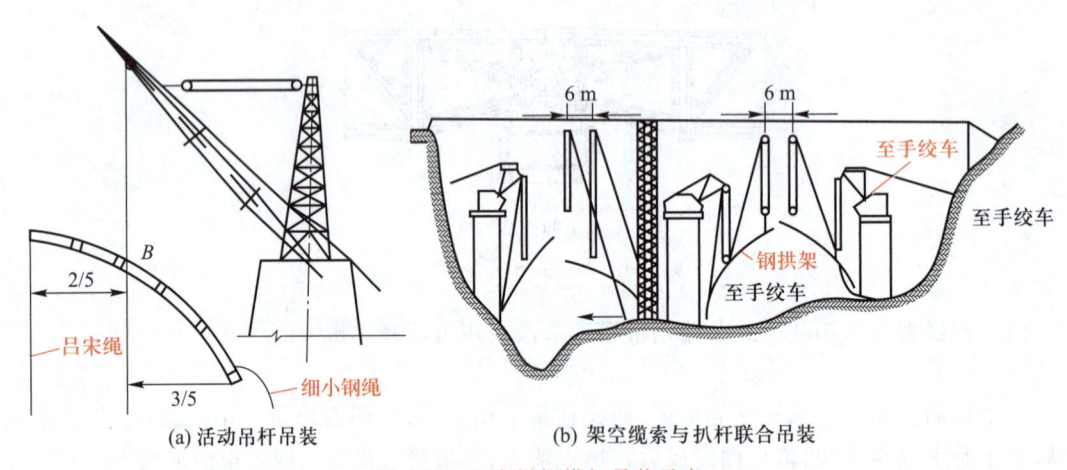

图 6.39 工字梁钢拱架吊装示意

(a) 活动吊杆吊装 (b) 架空缆索与扒杆联合吊装

(3) 横梁、弧形木及支撑木安装。安装次序是先安装弧形木,再安装支撑、横梁和模板。弧形木上应通过抄平以检查标高是否准确,横梁应严格按设计安放。

4. 钢桁架拱架安装

(1) 半拱旋转法。架设方法与工字形钢拱架相似,但起吊前拱脚应先安支在支座上,然后用拉索使半拱架向上旋转合拢。

（2）竖立安装法。在桥垮内两端拱脚上，垂直的拼成两个半孔拱架，再以绕拱脚旋转的方法放至设计位置进行合龙。

（3）浮运安装法。在水流比较平稳的河流上，可采用浮运安装法，其主要程序是：

① 在浮船支架上拼装拱架。用数只木船连成整体，在其上安装满布式支架，在支架上即可拼装钢拱架，如图6.40所示。

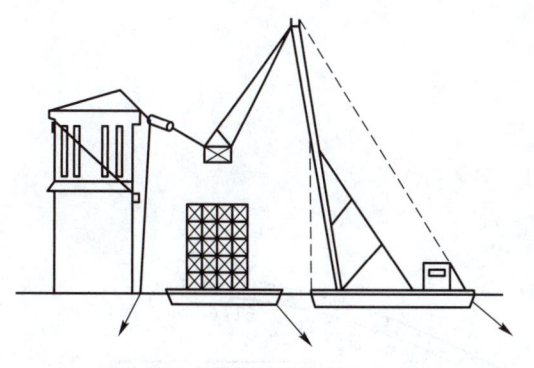

图6.40 钢拱架浮运拼装示意

图6.41 钢拱架浮运安装就位示意

② 拱架安装就位。在拱架进孔后，用挂在墩台上的大滑车和放置在支架上的千斤顶来调整矢高，并往船舱注水以降低拱架，使拱架就位。安装时，拱顶铰需临时捆紧，拱脚铰和铰座位置需稍加调整，以使铰座密合，如图6.41所示。

二、卸架设备

为了使拱圈在卸架时能够逐渐地、平稳地均匀受力，在拱架的上部和下部之间需设置卸架设备，常用的设备有木楔、砂筒和千斤顶三种。

6.2.3 拱桥主拱圈的就地浇注施工

在支架上就地浇注拱桥的施工同在拱架上砌筑施工基本相同。即浇注主拱圈或拱肋混凝土；浇筑拱上立柱、连系梁及横梁等；浇筑桥面系。

主拱圈混凝土的浇筑方法同砌筑施工，可分为连续浇筑法、分段浇筑法和分环、分段浇筑法。施工方案主要根据桥梁跨径选定。

一、连续浇筑

跨径在16 m以下的混凝土拱圈或拱肋，主拱高度比较小，全桥的混凝土数量也比较少，故主拱可以从两拱脚开始对称向拱顶方向浇筑混凝土，其间最先浇筑的混凝土虽然部分可能因本身荷载使拱架下沉而下沉，但仍具有可塑性，不致使拱圈或拱肋开裂，如果预计因混凝土数量多而不能在限定时间内完成，则需在两拱脚处留出隔缝，于最后浇筑成拱。

二、分段浇筑

拱段的长度一般取6~15 m，划分拱段时应使拱顶两侧保持对称、均匀。间隔槽为0.5~1.0 m，一般应设在拱架受力的反弯点、拱架节点、拱顶或拱脚处。如在间隔槽内需要钢筋接头，其宽度尚应满足钢筋接头的需要。拱段的浇筑程序应符合设计规定，在拱顶两侧对称进行，以使拱架变形保持均匀和最小。图6.42所示为不同跨度的拱分段浇筑的程序，供参考选用。

三、分环、分段浇筑

大跨径钢筋混凝土拱圈，为减轻拱圈负荷，通过计算可采用分环浇筑混凝土。图6.43所示为箱形拱主拱圈分环、分段浇筑的程序。分两环浇筑时,先分段浇筑底板,然后分段浇筑肋墙、隔墙与顶板。分三环浇筑时,先分段浇筑底板,然后分段浇筑肋墙、隔墙,最后分段浇筑顶板。

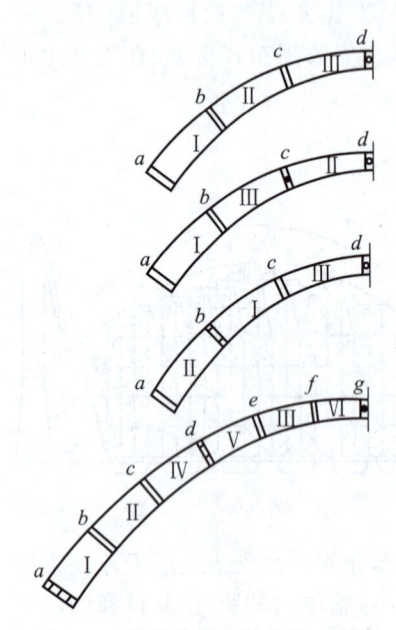

图 6.42 拱圈分段浇筑的施工程序

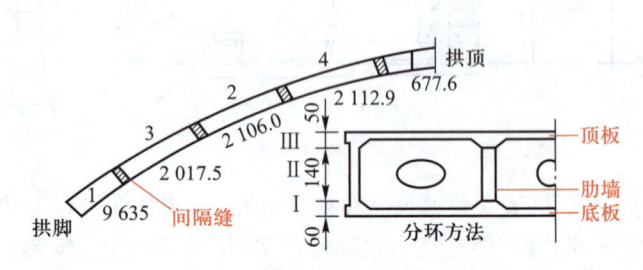

图 6.43 箱形拱主拱圈分环、分段浇筑(尺寸单位:cm)

分环浇筑会造成各环混凝土的龄期不同,混凝土的收缩和温差影响在环面间产生剪力和结构的内应力,容易造成环间裂缝。因此,其浇筑程序、养护时间和各环间的结合必须按设计确定。

6.2.4 拱上建筑施工

拱上建筑的砌筑,宜由拱脚至拱顶对称均衡地进行,避免使主拱圈产生过大的不均匀变形。实腹式拱上建筑,则应按图 6.44 所示,将侧墙等拱上建筑分成几部分,由拱脚向拱顶对称的、按台阶式砌筑。拱腹填料可随侧墙砌筑顺序及进度进行砌筑。填料数量较大时,宜在侧墙砌完后再分部进行填筑。侧墙与桥台间应设伸缩缝使二者分开。

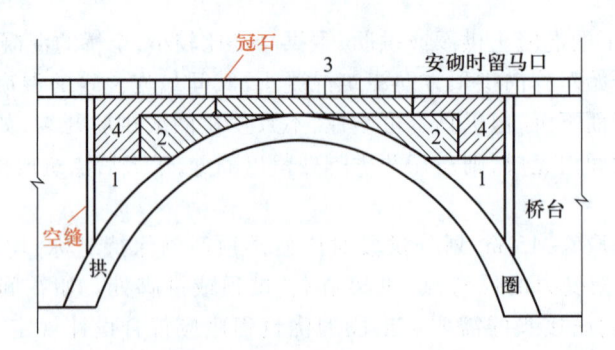

图 6.44 拱上建筑砌体顺序(图中数字为砌筑顺序号)

在多跨连续拱桥中,当桥墩不是按单项受力墩设计时,仍应注意相邻孔间的对称均衡施工,避免桥墩承受过大的单向推力。

6.2.5 拱架卸落

拱架在圬工灌（砌）期间，支承拱圈的全部重量，须待圬工达到一定强度后方可将其拆除。为了使拱架所支承的重量逐渐转移到由主拱自己来承受，切忌将拱架突然拆除，或仅将其一部分拆除。

一、卸架时间

浆砌石拱桥须待砂浆强度达到设计要求，无设计要求则应达到砂浆强度的70%；跨径小于10 m的拱桥，宜在拱上建筑全部完工后卸架；中等跨度实腹式拱，宜在护拱砌完后卸架；大跨径空腹式拱，宜在拱上腹孔墩砌完后卸架。

二、卸架程序

为了保证拱在卸架时不受损伤，拱架应逐渐均匀地脱离拱圈，以使原由拱架所支承的重量逐步转移给拱来承担，因此要详细研究拟定卸架程序，分几个循环完成，卸落量开始宜小，以后逐步加大，否则拱圈突然受力，极可能发生裂缝。

多孔拱桥卸架时，如果桥墩允许承受单孔施工荷载，可单孔卸架，否则应多孔同时卸架，或各连续孔分阶段卸架。

小结

拱架的形式和构造；拱架施工；拱桥主拱圈的就地浇注施工；拱上建筑施工。

操作与练习

【习题】

1. 填空题

（1）拱架可采用不同的构造形式，按所用材料可分为（   ）、（   ）、（   ）、（   ）、（   ）等。

（2）为了使拱圈在卸架时能够逐渐地、平稳地均匀受力，在拱架的上部和下部之间需设置卸架设备，常用的设备有（   ）、（   ）和（   ）。

（3）拱圈的砌筑方式可分为（   ）、（   ）和（   ）。

2. 问答题

（1）举例说明拱桥的常用施工方法。

（2）拱桥的施工支架有哪几种？其与梁桥的支架有何区别？

（3）试述满布式拱架的构造。

（4）如何设置拱桥支架的预拱度？说明原因。

（5）试述拱圈放样的方法。

（6）试述拱圈砌筑材料的要求。

（7）简述拱圈砌筑程序。

（8）试述上承式拱桥支架法现浇施工的程序。

（9）支架法施工应注意的重点问题是什么？学习过程中你体会到支架法施工应对那些工

序进行严格的质量监控。

【典型案例】

根据不同的案例情境,绘制支架法拱桥拱圈施工工艺流程图。
情境1:跨度13 m,实腹式拱桥,拱圈为混凝土砌块,桥下无水。
情境2:跨度13 m,实腹式拱桥,拱圈为现浇混凝土,桥下无水。
情境3:跨度25 m,实腹式拱桥,拱圈为混凝土砌块,桥下无水。
情境4:跨度25 m,实腹式拱桥,拱圈为现浇混凝土,桥下无水。

任务6.3 无支架施工

拱桥无支架施工的主要方法有:缆索吊装、转体施工、劲性骨架施工和悬臂施工等。

6.3.1 缆索吊装施工法

缆索吊装具有跨越能力大、水平和垂直运输机动灵活、适应性广、施工稳妥方便等优点,尤其是修建大跨径和连续多孔拱桥时更能体现其优越性。缆索吊装施工主要用于预制安装的钢筋混凝土拱桥,同时在劲性骨架施工拱桥的骨架安装、拱上结构安装、桁架、刚架拱桥施工甚至一般跨径的悬索桥加劲梁安装中得到广泛应用。

拱桥缆索吊装工序大致为:拱箱(肋)的预制、拱箱(肋)的移运和吊装、主拱圈安装、拱上建筑施工和桥面结构施工等。

一、拱箱(肋)的分段预制

拱箱(肋)应在预制厂或工厂内分段预制,分段原则是根据预制或制造、运输条件、吊装能力,尤其是跨径大小确定。跨径在30 m以内的拱箱(肋)可不分段或分为两段;跨径在30~80 m范围的可分为三段;跨径大于80 m时,一般分为五段。拱箱(肋)的分段点应选择在拱箱(肋)自重最小的位置或其附近。

二、缆索吊装设备

吊装梁式桥的缆索吊装系统由主索、起重索、牵引索、结索、轨索运行小车、电动或手摇卷扬机及滑轮组、塔架(包括索鞍)、地锚和风缆等组成。吊装拱桥的缆索吊装系统除了上述部件之外,还有扣索、扣索排架、扣索地锚、扣索绞车等部件。其布置形式如图6.45所示。

1. 主索(main rope)

亦称为承重索或运输天线。支承于两侧塔架的索鞍上,两端锚固于地锚,调运拱箱(肋)段的天线滑车支承其上。主索的组数一般选1~2组,每组主索由2~4根钢丝绳组成。

2. 起重索(fall line)

一端与卷扬机滚筒相连,另一端固定于对岸的地锚上,套绕于天线滑轮组。通过卷扬机和滑轮组来起吊、下放构件。起重索承受吊重拉力,应选用柔软耐磨、不易打结的钢丝绳。

3. 牵引索(pull wire)

一端固定于轨索运行小车一侧,通过定向滑轮导向并套绕过卷扬机而固定于天线滑车另一侧。卷扬机滚筒转动使牵引索带动天线滑车在主索上沿桥垮方向往复移动。

4. 结索(the knot cable)

用于悬挂分索器,使主索、起重索、牵引索不致相互干扰。它仅承受分索器重量和自重。

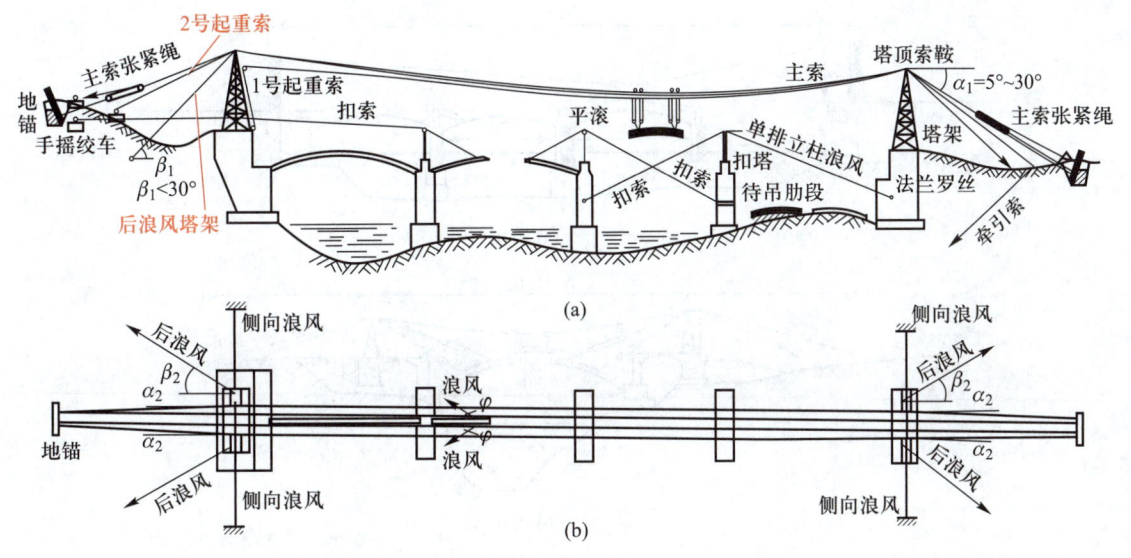

图 6.45 缆索吊装布置示意图

5. 扣索(button cable)

当拱肋分段吊装时,需用扣索悬挂端肋及调整端肋接头处标高。扣索一端系在拱肋接头附近的扣环上,另一端通过扣索排架或塔架固定于地锚上。为了便于调整扣索的长度可设手摇卷扬机及张紧索,如图 6.46 所示。

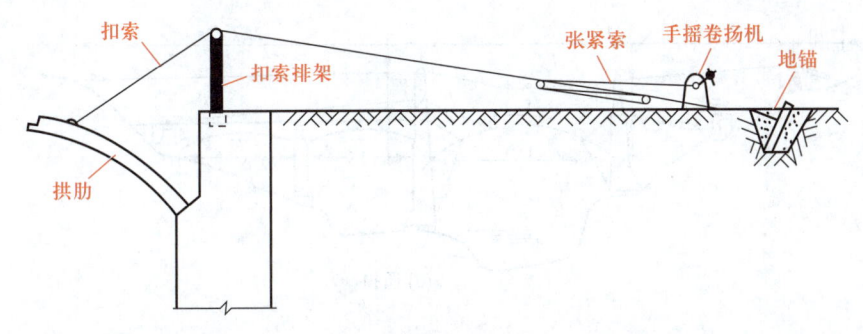

图 6.46 扣索布置图

扣索分墩扣、塔扣、天扣、通扣等形式,如图 6.47 所示。

6. 风缆(wind cable)

又称揽风索、浪风索,用来保证塔架、扣索排架等的纵、横向稳定,调整和固定拱肋的位置。风缆采用钢丝绳类型与牵引、扣索相同,直径大小按计算所受拉力大小确定。

7. 天线滑车

在主索上起吊重物和运行的装置,由车架、跑车轮、起重滑轮组和牵引系统组成。

8. 塔架(pylon)

塔架是用来提高主索的临空高度及支承各种受力钢索的重要结构,由塔身、塔底、塔顶和索鞍几部分组成。

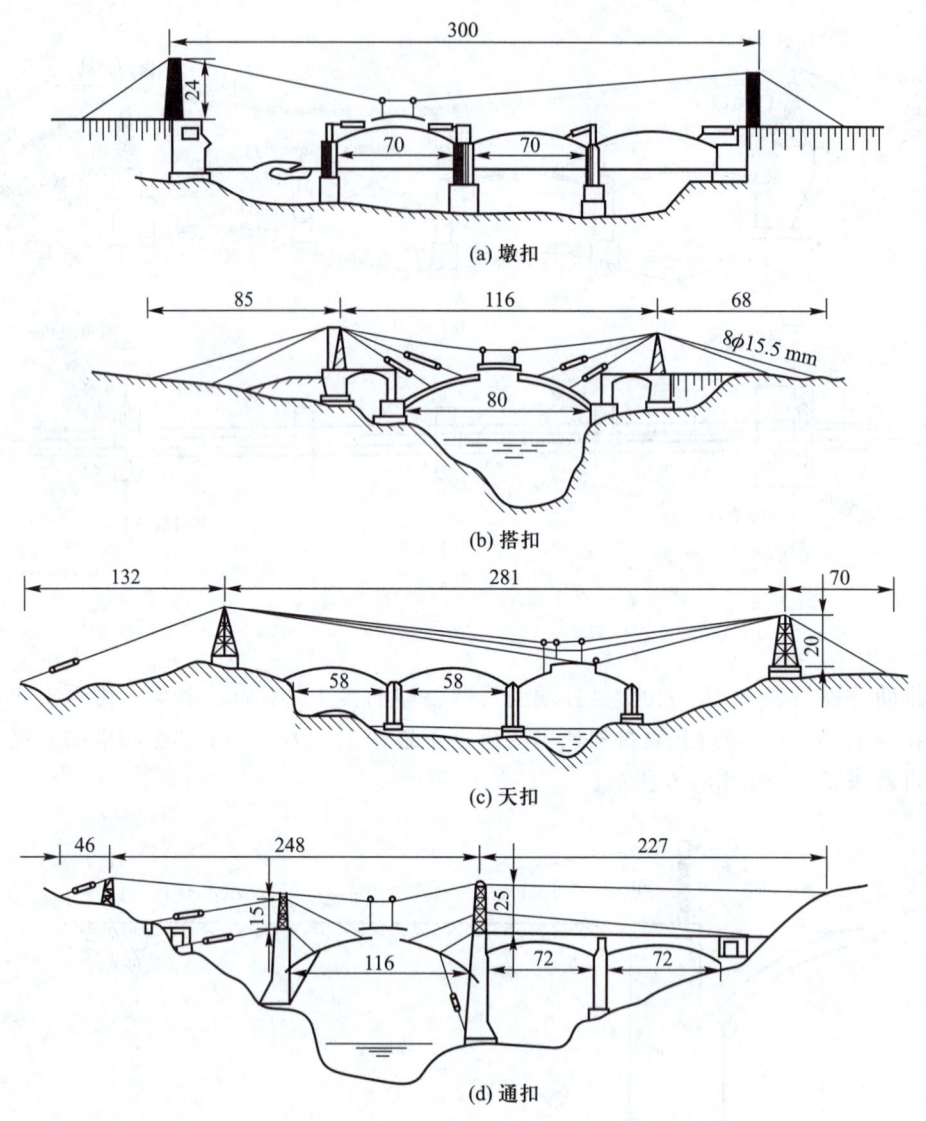

图 6.47 扣索形式(尺寸单位:m)

(a) 墩扣
(b) 搭扣
(c) 天扣
(d) 通扣

9. 索鞍(cable saddle)

塔架顶应设置放置主索、起重索、扣索等用的索鞍,如图 6.48 所示。它可以减少钢丝绳与塔架的摩阻力,使塔架承受较少的水平力,并减少钢丝绳的磨损。

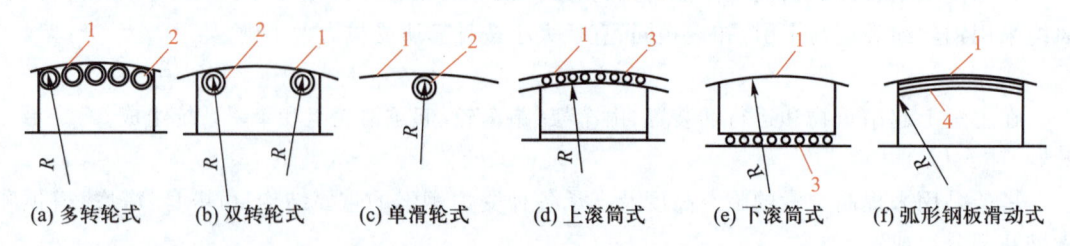

(a) 多转轮式　(b) 双转轮式　(c) 单滑轮式　(d) 上滚筒式　(e) 下滚筒式　(f) 弧形钢板滑动式

1—钢索;2—转轮或滑轮;3—滚筒;4—弧形钢板

图 6.48 索鞍形式

10. 塔架基础

塔架基础一般采用浆砌片石或片石混凝土。塔底有铰接和固接两种形式。底座设铰的塔架必须由风缆维持稳定。有的工地则于塔架下端设球面或平面与垫木接触的自由铰。缆索架桥设备的塔底是在分片拼装的锥形塔脚节下设筒型铰支座。简易塔脚铰构造如图 6.49 所示。

1—钢铰；2—预埋螺栓；3—基础混凝土

图 6.49　简易塔脚铰图

11. 地锚(anchor block)

地锚的种类按构造形式可分为地垄、钢筋锚环、水中锚旋和其他锚固点等。

12. 电动卷扬机及手摇绞车(electric winch and hand-shaking winch)

电动卷扬机及手摇绞车为牵引、起吊的动力装置。电动卷扬机速度快，但不易控制，一般多用于起重索和牵引索。对于要求精细调整钢索的部位，则多采用手摇绞车，以便于操纵。

13. 其他附属设备

如各种倒链葫芦、花篮螺栓、钢丝卡子(钢丝轧头)、千斤绳等。缆索吊装设备的形式及规格品种非常多，必须按照因地制宜的原则，结合各工程的具体情况合理选用，才能取得良好的效果。

三、拱肋吊装施工

根据拱桥的吊装特点，通常吊装程序为：边段拱肋吊装及悬挂，次边段拱肋吊装及悬挂(对五段施工)，中段拱肋吊装及拱肋合拢，拱上构件的吊装或砌筑安装等。

1. 吊装原则

（1）单孔桥的拱肋吊装顺序常由拱肋合龙的横向稳定方案决定。

（2）多孔桥垮，应尽可能在每孔内多合龙几片拱肋后再推进，一般不少于两片拱肋。

（3）对于高桥墩，应以桥墩的墩顶位移值控制单项推力，位移值应小于 $L/600 \sim L/400$。

（4）设有制动墩的桥垮，应以制动墩为界分孔吊装，先合龙的拱肋可提前进行拱肋接头、横系梁及拱波等的安装工作。

（5）采用缆索吊装时，为减少主索的横向移动次数，可将每个主索位置下的拱肋全部吊装完毕后再移动主索。将拱肋起吊位置的桥孔，一般安排在最后吊装；必要时该孔最后几段拱肋可在两肋之间用"穿孔"方法起吊。

（6）为减少扣索往返拖拉次数，可按吊装推进方向，按顺序进行吊装。

2. 缆索吊装施工工序

缆索吊装施工工序为：在预制场预制拱肋(箱)节段和拱上结构→通过平车或其他运输设备移运到缆索吊装设备下的合适位置→由起重索和牵引索将预制节段吊运至待拼桥孔处安装就位→用扣索临时固定→吊装合龙段的拱肋(箱)节段→进行轴线调整→接头固结处理→所有拱肋(箱)安装完毕→横系梁或纵向裂缝处理→拱上结构安装。

3. 拱肋的合龙

拱肋的合龙方式有单基合龙、悬挂多段边段或次边段拱肋后单肋合龙、双基肋合龙、留索单肋合龙等。当拱肋跨度大于 80m 或横向稳定系数小于 4 时，应采用双基肋合龙松索成拱方式,即当第一根拱肋合龙并校正拱轴线,楔紧拱肋接头缝后,稍松扣索和起重索,压紧接头缝,但不卸掉扣索,待第二根拱肋合龙并将两根拱肋横向连接、固定和拉好风缆后,再同时松卸两根拱肋的扣索和起重索。

4. 稳定措施

拱桥用缆索吊装法施工时,为保证拱肋有足够的纵、横向稳定性,除要满足计算要求外,在构造、施工上都必须采取一些措施。横向稳定风缆(图6.50),在边段拱肋就位时可用于调整和固定拱肋中线;在拱肋合龙时可用于约束接头的横向偏移;在拱肋成拱以后相当于一个弹性支承,可减小拱肋自由长度,增加拱肋的横向稳定;当拱肋在外力作用下产生位移时,也可起到约束作用。

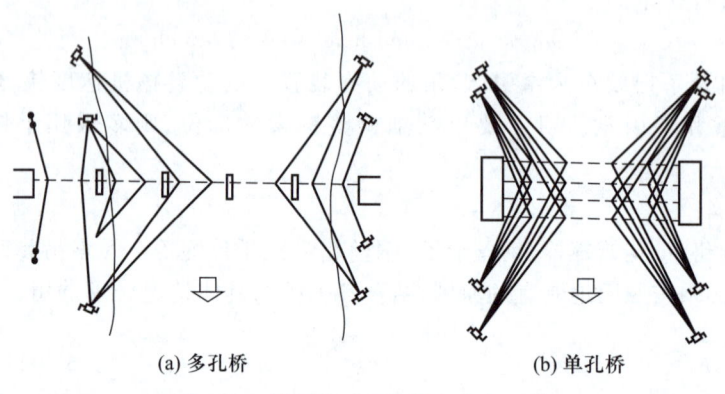

(a) 多孔桥　　　　(b) 单孔桥

图6.50　锚固在两岸的横向稳定风缆

对较大跨径的拱桥,尤宜采用双基肋或多肋合龙,基肋和基肋之间必须紧随拱肋的拼装给以及时连系(或临时连接)。拱肋横向连系方式通常有木夹板、木剪刀撑和钢筋拉杆等。如图6.51所示。

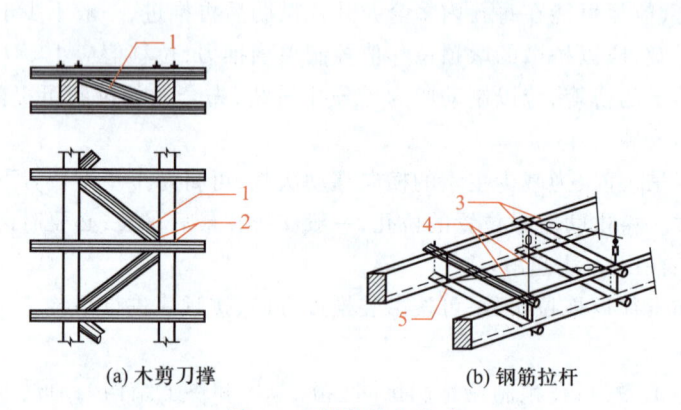

(a) 木剪刀撑　　　　(b) 钢筋拉杆

图6.51　拱肋横向联系

在拱轴系数过大、拱肋截面尺寸太小、刚度不足等个别情况下,有时需采用加强拱肋纵向稳定的施工措施。如当拱肋接头处可能发生上冒变形时,可在其下方设置下拉索以控制变形;当拱肋截面尺寸太小、刚度不足时,可在拱肋底弧等分点上用钢丝绳进行多点张拉,如图6.52所示。

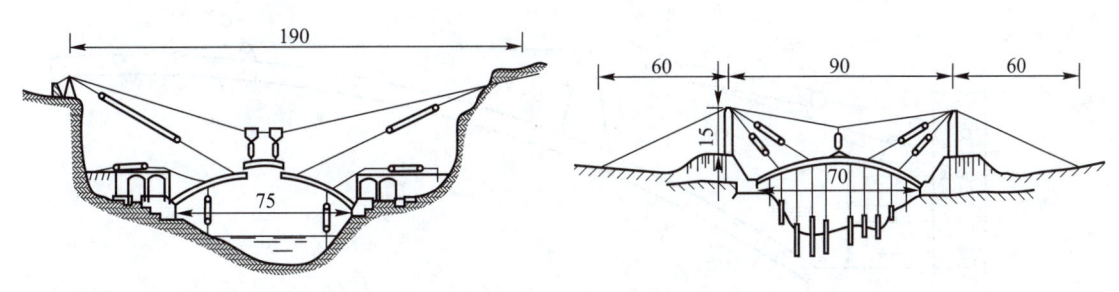

图 6.52　拱肋纵向稳定措施

6.3.2　转体施工法

桥梁的转体施工法基本原理是:将主拱圈或整个桥垮分成两半,分别在河流的两岸或适当位置,利用地形配合简单的支架等,现浇或预制装配半拱,然后以半孔拱桥结构为转动体,借助转盘装置和液压千斤顶或其他动力装置驱动,将两半跨拱桥结构转动到桥轴线位置(或设计标高)合龙成桥。

拱桥转体施工法据其转动方位的不同分为平面转体,竖向转体或平、竖结合转体。

一、平面转体施工

按照拱桥的设计标高先在两岸边预制半拱,当结构混凝土达到设计强度后,借助转动设备和动力装置在水平面内将其转动至桥位中线处合龙成拱。平面转体施工分为有平衡重和无平衡重两种。

1. 有平衡重平面转体施工

有平衡重平面转体施工的特点是转体重量大,施工的关键是转体。要把数百吨重的转动体系顺利、稳妥地转到设计位置,一是依靠正确的转体设计,二是需要灵活可靠的转动装置及牵引驱动系统。

(1)转动体系的构造。有平衡重平面转体时以桥台背墙作为平衡重,并作为拱体转体拉杆(或拉索)的锚碇反力墙,用以稳定转动体系和调整重心位置。

如图 6.53 示,转动体系主要由底盘、上转盘、锚扣系统、背墙、拱体结构、拉杆(拉索)组成。

(2)转体装置。目前国内使用的转体装置有两种,一是以聚四氟乙烯作为滑板的环道平面承重体系;二是球面转轴辅以滚轮的轴心承重转体。

① 聚四氟乙烯滑板环道。这是一种平面承重转体装置,它由设在底盘和上转盘间的轴心和环形滑道组成,具体构造如图 6.54 所示,其中 a 图为环形滑板构造,b 图为轴心构造,其间由扇形板连接。

环形滑道是一个以轴心为圆心,直径为 7~8 m 的圆环形混凝土滑道,宽 0.5 m,上、下滑道高度约 0.5 m。下环道混凝土表面要既平整又粗糙,以利铺放 80 mm 宽的环形聚四氟乙烯板。上环道底面嵌设宽 100 mm 的镀铬钢板。上转盘用扇形预制板把轴帽和上环道连成一体,并浇上转盘混凝土形成。转盘轴心由轴座、钢轴心和轴帽组成。轴座是一个直径 1.0 m 左右的 C25 号钢筋混凝土矮墩,它不但对固定钢轴心起着定位作用,而且支承上转盘部分重量。合金钢轴心直径为 0.1 m,长 0.8 m,下端 0.6 m 固定在混凝土轴座内,上端露出 0.2 m 车光镀铬,外套 10 mm 厚的聚四氟乙烯管,在轴座顶面铺聚四氟乙烯板,在聚四氟乙烯板上放置厚度为 0.5 m 的不锈钢板,再套上外钢套。钢套顶端封固,下缘与钢板焊牢,浇注混凝土轴帽,凝固脱

(a) 聚四氟乙烯滑板环道体系

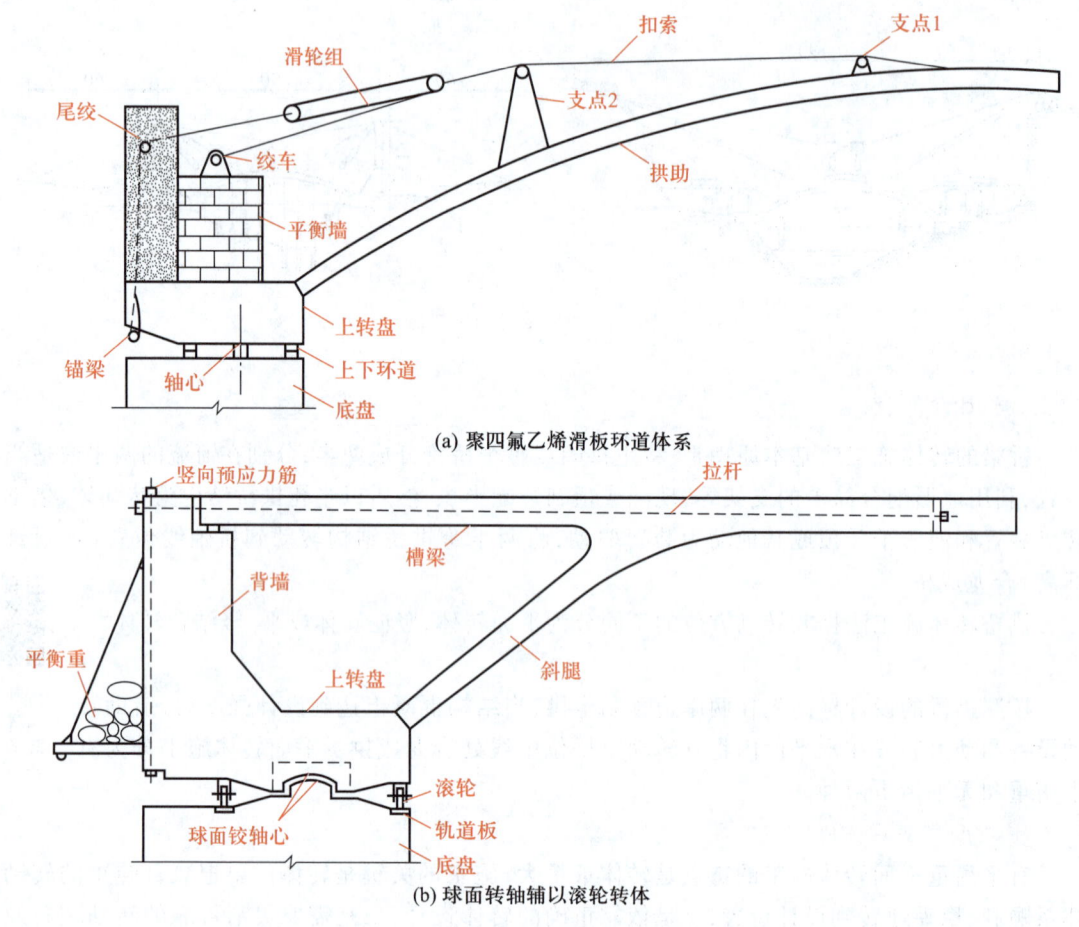

(b) 球面转轴辅以滚轮转体

图 6.53　有平衡重转动体系的一般构造

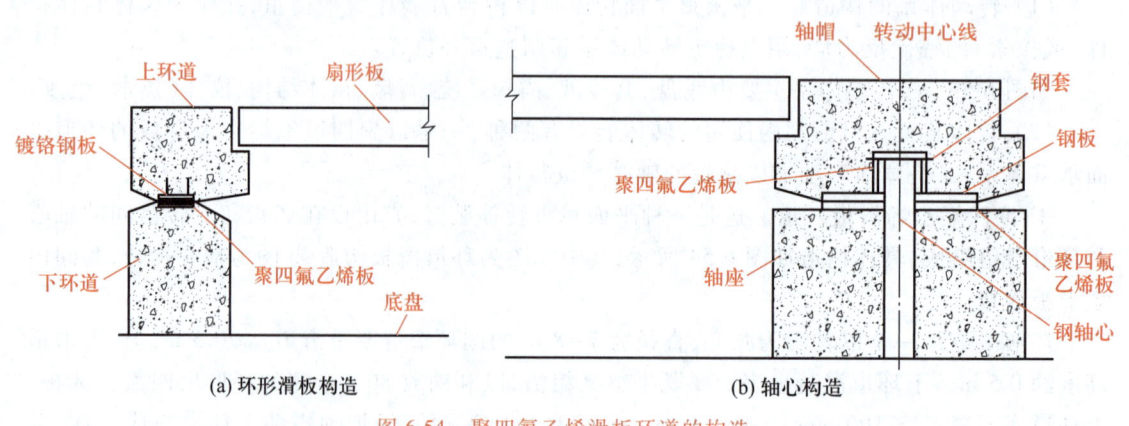

(a) 环形滑板构造　　　　(b) 轴心构造

图 6.54　聚四氟乙烯滑板环道的构造

模后轴帽即可绕钢轴心旋转自如。

② 球面铰辅以轨道板和钢滚轮。这是一种以铰为轴心承重的转动装置。它的特点是整个转动体系的重心必须落在轴心铰上，球面铰既起定位作用，又承受全部转体重力，钢滚轮只起稳定保险作用。

各种球面铰和钢滚轮、轨道板的构造如图6.55所示。

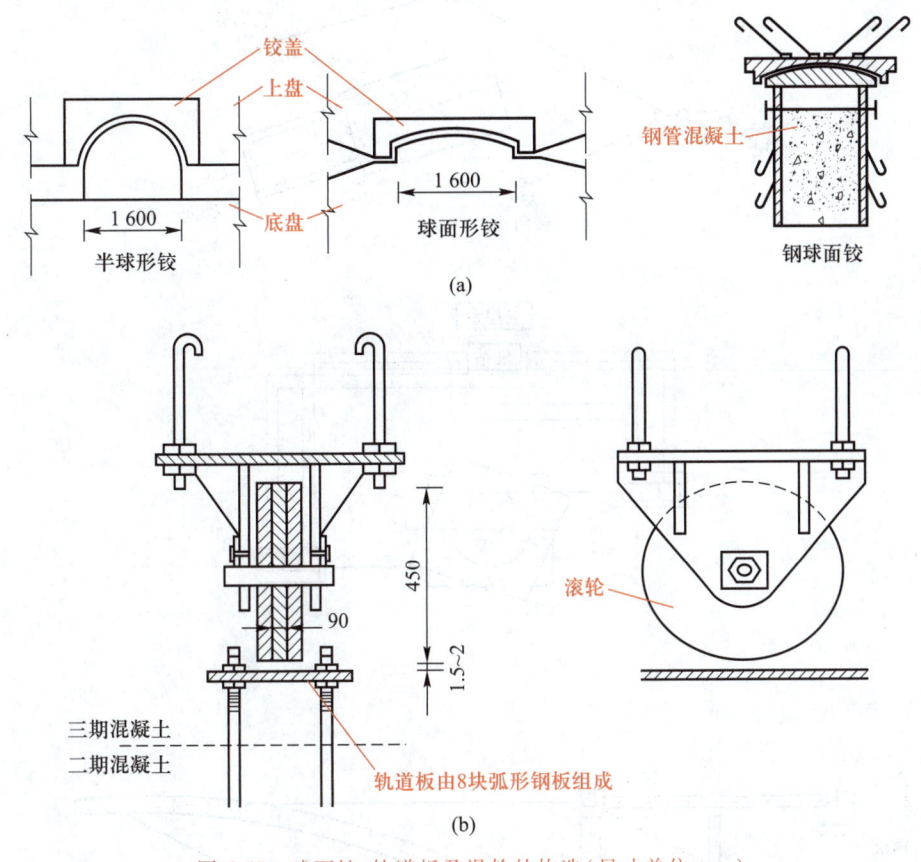

图6.55 球面铰、轨道板及滑轮的构造(尺寸单位:mm)

（3）转体驱动系统。牵引驱动系统也是完成转体的关键。在桥梁采用转体施工以来，转体的驱动系统都由卷扬机(绞车)、倒链、滑动轮组、普通千斤顶组成，如图6.56a所示，即通过闭合的牵引主索由滑轮组牵引，在上转盘产生一对牵引力偶克服阻力偶而使桥体转动。

采用能连续同步、均匀、平衡、一次到位，结构紧凑，占地面积小，施工方便的自动连续顶推系统提供转动动力的实例，如图6.56b所示。

由于本系统的同步、连续性以及千斤顶力的可观测性，整个转体过程可做到一次完成，无需人工干预，施工比较安全。

（4）有平衡重转体施工的主要程序为：① 制作底盘。② 制作上转盘。③ 试转上转盘到预制轴线位置。④ 浇筑背墙。⑤ 浇筑主拱圈。⑥ 张拉拉杆，使主拱圈脱离支架，并和上转盘、背墙形成转动体系，调整配重将重心落在磨心处。⑦ 牵引转动体系，使半拱平面转动合龙。⑧ 封上下盘，台背回填，封拱顶，松拉杆，完成体系转换。

2. 无平衡重平面转体施工

无平衡重转体施工不需要平衡重结构，而是以两岸山体岩土作为锚固装置，用以锚固半个拱跨悬臂状态时产生的拉力，并在拱脚处立柱的上端作转轴，下端作转盘，通过转动体系进行平面转体，如图6.57所示。

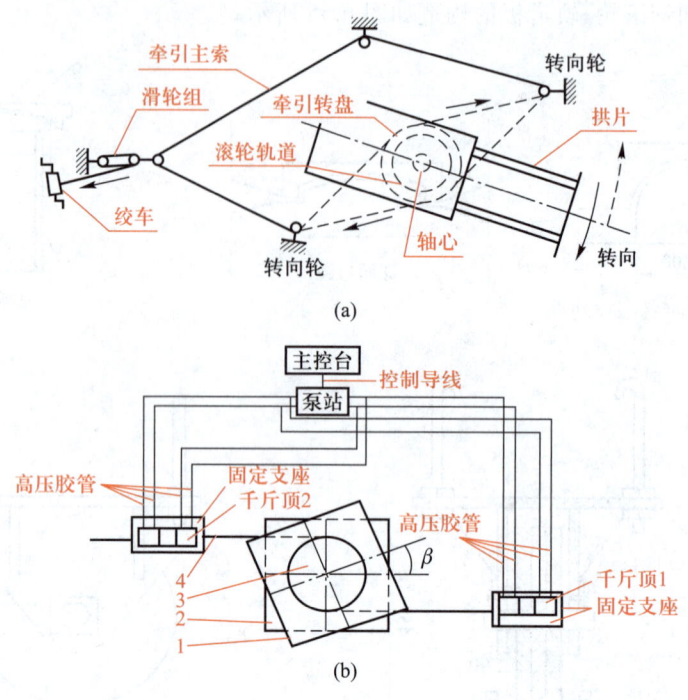

图 6.56 转动牵引驱动系统

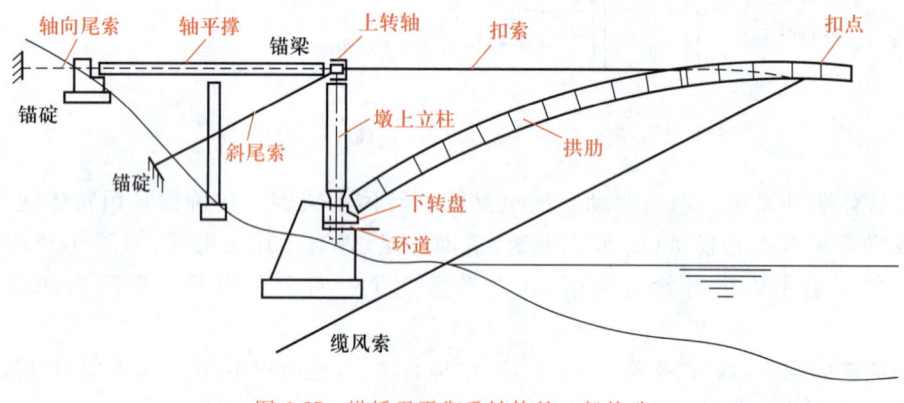

图 6.57 拱桥无平衡重转体的一般构造

无平衡重转体施工包括锚固、转动、位控三大体系。

(1) 锚固体系。锚固体系由锚碇、尾索、平撑、锚梁(或锚块)及立柱组成。锚碇设在引道或边坡岩石中,锚梁(或锚块)支承于立柱上,两个方向的平撑及尾索形成三角形稳定体,使锚块和上转轴为一确定的固定点。拱圈转至任意角度,由锚固体系平衡拱圈扣索力。

(2) 转动体系。转动体系由上转动构造、下转动构造、拱圈及扣索组成。上转动构造由埋入锚梁(或锚块)中的轴套、转轴和环套组成,扣索一端与环套连接,另一端与拱圈顶端连接,转轴在轴套与环套间均可转动,如图 6.58 所示。

下转动构造由下转盘、下环道与下转轴组成。拱圈通过拱座铰支承在转盘上,马蹄形的转盘中部卡套在下转轴上,并支承在下环上。转盘下设有安装了许多聚四氟乙烯小板块的千岛走板,转盘的走板可在下环道上沿转轴做弧形滑动,转盘与转轴的接触面涂有聚四氟乙烯粉黄油,以使拱圈转动,如图 6.59 所示。

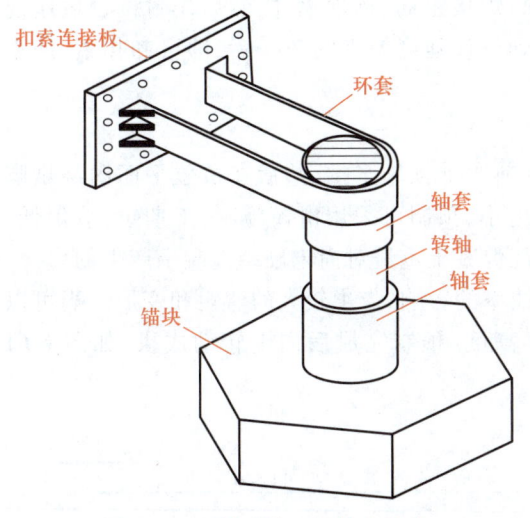

图 6.58 上转动的一般构造示意

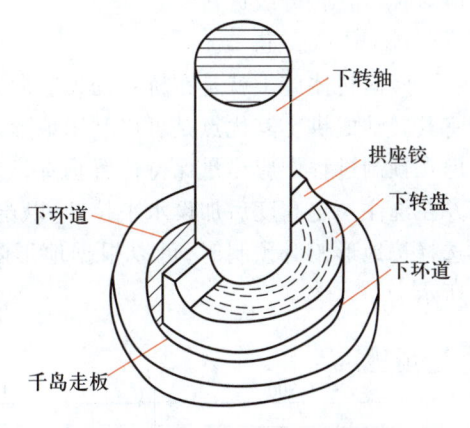

图 6.59 下转动的一般构造示意图

（3）位控体系。位控体系由系在拱圈顶端扣点的缆风索与无级调速自控卷扬机、光电测角装置、控制台组成,用以控制转动体在转动过程中的转动速度和位置,如图 6.60 所示。

（4）无平衡重转体施工工序。无平衡重转体施工主要包括转动体系施工和锚碇系统施工。

转动体系施工工序为:① 设置下转轴,转盘及环道。② 搭设支架、拼装模板,设置拱座和预制拱圈。③ 设置立柱。④ 安装锚梁、上转轴、轴套、环套。⑤ 安装扣索。

该部分的施工主要保证转轴、转盘、轴套、环套的制作安装精度及环道的水平高差的精度,并要做好安装完毕到转体前的防护工作。

锚碇系统施工工序为:① 制作桥轴线上的开口地锚。② 设置斜向锚洞。③ 安装轴向、斜向平撑。④ 尾索张拉。⑤ 扣索张拉。

该部分的施工对锚碇部分应绝对可靠,以确保安全。尾索张拉是在锚块端进行,扣索张拉在拱顶段拱圈内进行。张拉时要按设计张拉力分级,对称、均衡张拉,同时密切关注锚碇和拱圈的变形、位移和裂缝,发现异常情况应立即仔细分析研究,采取相应措施后再转入下一工序。

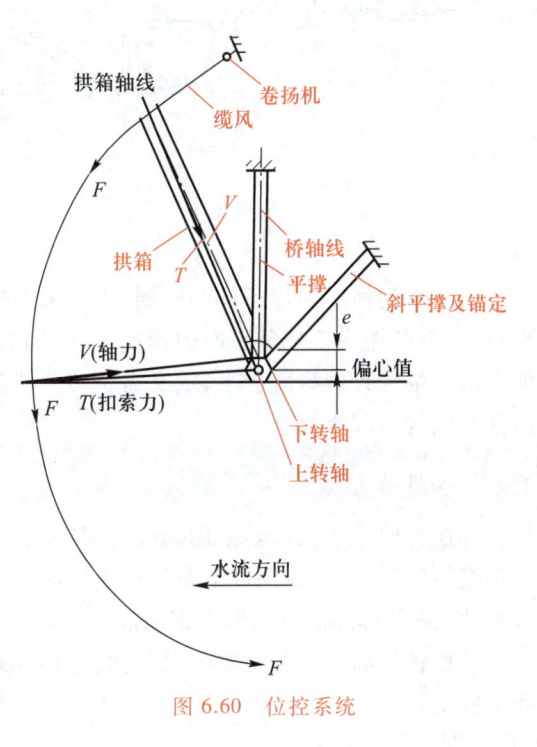

图 6.60 位控系统

3. 转体施工

正式转体前再次对桥体各部分进行系统、全面的检查,检查通过后方可转体。

4. 合龙卸扣施工

拱顶合龙后的高差,通过张紧扣索提升拱顶、放松扣索降低拱顶来调整到设计标高。封拱应选择低温合龙。一般做法是先用钢楔楔紧拱顶,焊接主筋、预埋钢件,然后先封桥台拱座混凝土,再浇筑拱顶接头混凝土。当混凝土强度达到设计强度等级的70%后,即可卸扣索,卸索应对称、均衡、分级进行。

二、竖向转体施工

竖向转体施工就是在桥台处先竖向或在桥台前俯卧预制半拱,然后在桥位平面内绕拱脚将其转动成拱。其优点是可以利用地形,施工场地小,预制可采用滑模施工,工期短,造价低。但在预制过程中应尽量保持位置垂直,以减少新浇混凝土重量对尚未硬结混凝土产生的弯矩,并在浇注一定高度后加设水平拉杆,以避免拱形曲率的影响,产生较大的弯矩和变形。当可以选择按地形俯卧预制时,可以根据地形降低支架高度,预制完成后向上转动成拱,如图6.61所示。

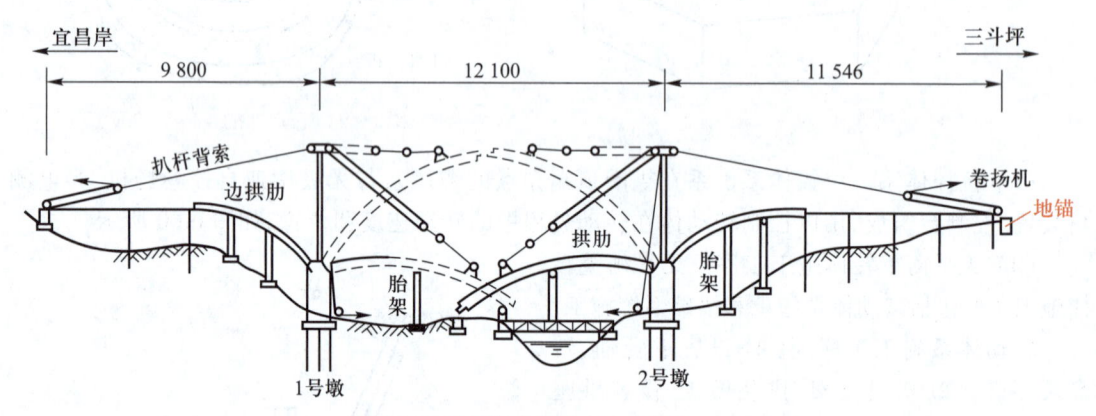

图6.61 拱桥竖向转体(尺寸单位:cm)

三、平、竖结合转体施工

由于受到河岸地形条件的限制,拱桥采用转体施工时,可能遇到既不能在设计标高处预制半拱,也不可能在桥位竖平面内预制半拱的情况(如在平原区的中承式拱桥)。此时,拱体只能在适当位置预制后既需平转、又需竖转才能就位。这种平竖结合转体基本方法与前述相似,但其转轴构造较为复杂。

●6.3.3 劲性骨架施工法

劲性骨架施工法就是采用劲性材料(如角型钢、钢管等)拼装成拱式钢骨架,作为施工时的钢拱架使用,然后在钢拱架上浇筑主拱圈混凝土,并将这些钢骨架作为受力钢筋的一部分埋入拱肋(拱圈)混凝土中,形成钢筋混凝土拱。

劲性骨架施工法的主要步骤为:劲性钢骨架制作、劲性钢骨架安装、拱圈混凝土浇筑、横梁和吊杆安装。

一、劲性钢骨架制作

劲性钢骨架采用型钢焊接制成,按照1:1大样分段冷弯成形,在大样架上拼焊加工。焊成的钢骨架应进行探伤检测。如果是用钢管作为劲性骨架,则应有下列工序:先对钢板进行切割、卷制。然后对通常为8~12 m的直管根据施工详图进行接头、弯制、组装,形成拱肋。最后在放样台上焊接。

二、劲性钢骨架安装

劲性钢骨架安装时需根据计算要求,设置横向连系,每段骨架都应采用八字风缆固定。施工的关键是在整个过程中保证钢骨架的竖向和横向稳定。

三、拱肋混凝土浇筑

拱肋混凝土的浇筑大多采用泵送混凝土完成。为了保证钢骨架在整个浇筑过程中不发生超过规范规定值的变形,要通过计算布置足够的横向连结系和横向风缆。对于钢骨架随混凝土浇筑位置所发生的轴线变形,可采用水箱压载法进行调整。为适应钢骨架变形,避免混凝土开裂,应适当设置变形缝,待混凝土浇筑完成后,再采用高强度混凝土填缝。

6.3.4 悬臂施工法

拱桥悬臂施工法根据拱肋和上部结构的制作方式,分为悬臂灌注和悬臂拼装两大类。

1. 悬臂灌注法

国外在拱桥就地灌注施工中,多采用悬臂灌注法。图 6.62 是采用悬臂灌注法浇筑箱形主拱圈的示意图,将拱圈全截面按等长节段在钢支架上浇筑。

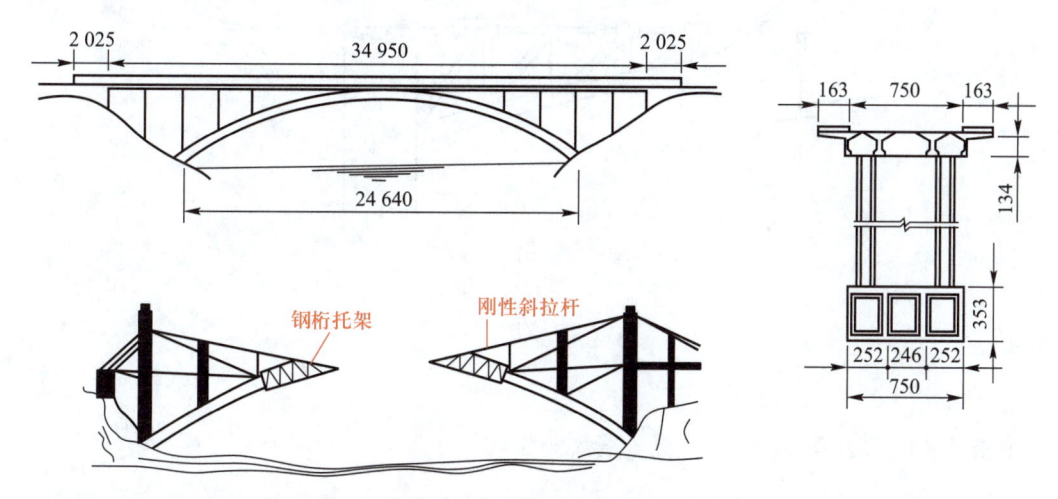

图 6.62 悬臂浇筑法浇筑箱形主拱圈(尺寸单位:cm)

用这种方法施工大跨度拱桥时,应对斜拉杆的拉力控制、斜拉杆的锚固和地锚设计、预拱度的控制、混凝土质量控制等问题给以足够重视。

2. 悬臂拼装法

图 6.63 是悬臂拼装的一种方法,它是将拱圈的各个组成部分(侧板、上下底板)和拱上立柱等预制成拼装构件,然后按分段组拼成桁架拱片,再用横系梁和临时风构将两个拱片组装成框构,按整节运至桥孔,由两端向跨中逐段悬臂拼装。悬伸出去的拱体通过上弦拉杆和锚固装置固定在墩台上,保持稳定。

由于拱肋是组成框架后整体吊装的,刚度大、稳定性好、施工安全。缺点是构件预制、组装工序较多,框架整体运输较困难。悬臂拼装的另一种方法是将拱圈的各个组成部分分别在拱圈上先悬臂组拼成拱圈,然后利用立柱和临时斜杆和上拉杆组成桁架体系,逐节拼装,直至合龙。

图 6.63 悬臂拼装法

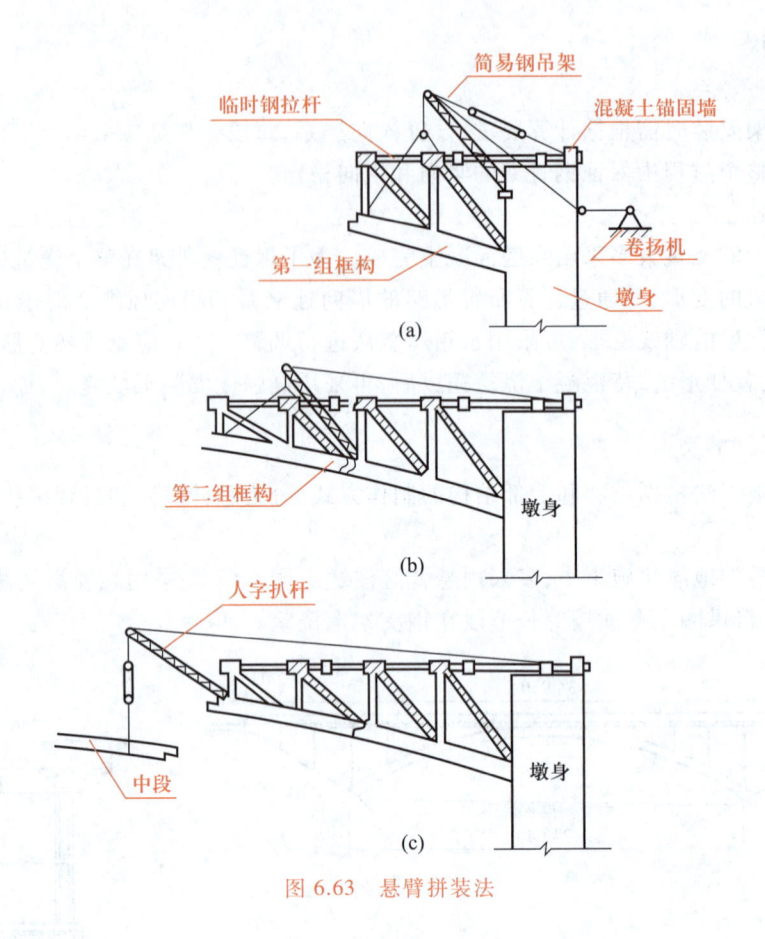

小结

缆索吊装施工法；转体施工法；劲性骨架施工法。

操作与练习

【习题】

1. 填空题

(1) 拱架常见的无支架施工方法有（　　）、（　　）、（　　）、（　　）等。

(2) 缆索吊装法常用的设备有（　　）、（　　）、（　　）、（　　）、（　　）、（　　）、（　　）、（　　）、（　　）、（　　）、（　　）和（　　）。

(3) 转体施工法可分为（　　）、（　　）和（　　）。

2. 问答题

(1) 采用缆索吊装法施工肋拱桥应注意哪几方面问题，为什么？施工中可采用的稳定措施有哪些？

(2) 试述缆索吊装施工的特点和适用条件。其主要设备有哪些？

(3)试述劲性骨架法法施工的主要工序。

【典型案例】

某客运专线大跨度拱桥为跨越城市主干道而设计。上部结构采用(88+160+88)m自锚上承式拱桥,拱墩基础固结,拱梁固结。拱肋采用单箱单室变高箱形截面,截面高度按立特规律变化,边、中跨拱顶高4.0 m,边、中跨拱脚处截面高6.0 m。拱肋轴线采用二次抛物线,矢跨比为1/6。拱肋上设置三个拱上立柱支承(20+22+22+20)m连续梁,为配合拱肋曲线变化,连续梁边跨截面高度采用变截面,梁端截面高度4 m,跨中截面高度采用3 m,连续梁与拱肋结构分离。为减少桥梁施工对公路交通的影响,主桥采用平面转体施工。全桥转体重量为168 000 kN。拱肋采用抛物线线形,矢跨比为1/6,边、中跨拱肋跨中截面高4.0 m,边、中跨拱肋拱脚处截面高6.0 m。主拱截面采用单箱单室箱形截面,顶板宽7.5 m,顶、底板及腹板厚度均采用60 cm,拱脚处局部加厚。

任务6.4 钢管混凝土拱桥施工

钢管混凝土拱桥施工时,由于钢管的重量轻、刚度大、吊装方便,钢管的大刚度可以作为拱圈施工的劲性骨架,钢管本身就是模板等优点给大跨度拱桥施工创造了有利的条件。

6.4.1 施工程序

(1)分段制作钢管及加工腹杆、横撑等。
(2)在样台上拼接拱肋,应按先端段后顶段逐段进行。
(3)吊装钢管拱肋就位合龙,从拱顶向拱脚对称施焊,封拱脚使钢管拱肋转为无铰拱。
(4)从拱顶向拱脚对称安装肋间横梁、X形撑及K形撑等结构。
(5)按设计程序浇注钢管内混凝土。
(6)安装吊杆、拱上立柱、纵横梁及桥面板,浇筑桥面混凝土。

6.4.2 施工要点

(1)用钢板制作钢管时,下料要准确,成管直径误差应控制在±2 mm范围内。
(2)拱肋拼接应在1∶1大样的样台上进行,焊接时应采取措施减少焊接变形,并严格保证焊接质量。
(3)由于钢管直径大,一次浇筑混凝土数量多,为避免浇筑过程中钢管混凝土出现过大拉应力,保证钢管内混凝土的浇筑质量,每根钢管混凝土的浇筑应连续进行,上下钢管、相邻钢管内混凝土按一定程序或设计要求进行。
(4)为保证空间桁架拱肋在施工中纵横向的稳定性,应采取在拱肋间应设置横梁、X形撑、K形撑、八字缆风索,调整管内混凝土的浇筑程序等措施。
(5)钢管的防锈和柔性吊杆的防护及更换应有一定的措施。
(6)必须在钢管混凝土达到设计强度后才能进行桥面系的安装。

6.4.3 钢管拱肋制作

钢管混凝土拱桥所用的钢管直径大,钢管由钢板卷制成型,管节长度由钢板宽度确定,一般为120~180 cm。采用桁式截面时,上下弦之间的腹杆由于直径较小,可以直接采用无缝钢管。在有条件的情况下,应优先选用符合国家标准系列的成品焊接管。拱肋制作的关键在于拱肋在放样台上的精确放样和严格控制焊接质量。应尽量减少高空焊接,严格控制钢管制作各个工序的制作质量,为拱肋的安装和拱肋内混凝土的浇筑提供安全保证。

一、钢管卷制和焊接

钢板利用焰割机切割,但应将热力影响的3~5 mm去掉。拱肋及横撑结构外表均应先喷砂除锈,按一级表面处理。钢板卷制前,应根据要求将板端开好坡口,将钢板送入卷板机卷制成直筒体,卷管方向应与钢板压延方向一致。压制的钢管的失圆度和对口错边偏差应满足相应施工规范的要求。根据不同的板厚和管径,可采用螺旋焊缝和纵向直焊缝将卷成的钢管焊接成直管。并对直管进行检查和校正,以确保卷制的精度。

二、拱肋放样

卷制后的成品管通常为8~12 m长的直管,一般在工地进行接头、弯制、组装,形成拱肋。放样时首先根据设计图绘制施工详图(包括零件图、单元构件图、节段单元图及组焊、拼装工艺流程图),然后将半跨拱肋在混凝土地面上按1∶1进行放样。注意考虑温度和焊接变形的影响,放样的精度需达到规范要求。沿放样的拱肋轴线设置胎架,在大样上放出吊杆位置和段间接头位置及混凝土灌注孔位置。拱肋钢管的纵向焊缝各管节应相互错开,而且将纵向焊缝全部置于两肋板中间,以免外表面焊缝影响美观。

三、拱肋段的吊装

拱肋段的吊装一般要经过下列工序:
(1)精确放样和下料。
(2)涂刷油漆作防锈(喷砂)防护处理。
(3)在1∶1放样台上组拼拱肋。先进行组拼,然后做固定性点焊焊接,在拱肋初步形成后,详细检查调校尺寸。
(4)精度控制。精度控制着眼于阶段的制作精度。
(5)防护。钢管防护的好坏直接影响钢管混凝土拱桥的使用寿命。首先对所有外露面作喷砂除锈处理,达到规定除锈等级后作防护处理,目前一般采用热喷涂,其喷涂工艺以及厚度均应符合设计要求。

6.4.4 钢管拱肋混凝土浇筑

根据钢管拱肋的截面形式及施工设备,钢管拱肋混凝土的浇筑可采用人工浇筑法或泵送顶升浇筑法。

一、人工浇筑法

用索道吊点悬吊活动平台,在钢管拱肋顶部每隔4 m开孔作为灌注孔和振捣孔。混凝土由吊斗运至拱肋灌注孔,通过漏斗灌入孔内,用插入式振捣器进行振捣。所以人工浇筑法一般用于拱肋截面为单管、哑铃型等实体型钢管拱肋。浇筑程序一般对于哑铃型是先腹板,后下管,在上管。灌注顺序从拱脚向拱顶,按对称、均衡的原则进行。用时,可通过严格控制拱顶上升及墩顶位移来调整浇筑顺序,以使施工中钢管拱肋的应力不超过规定值,并保证拱肋的稳定性。

二、泵送顶升浇筑法

泵送顶升浇筑法是在钢管拱肋、拱脚的位置安装一个带闸门的进料支管,直接与泵车的输送管相连,由泵车将混凝土连续不断地自下而上灌入钢管拱肋,无需振捣。一般输送泵设于两岸拱脚,对称均衡地一次压注混凝土。泵送混凝土之前,应先用压力水冲洗输送管内壁,再用水泥砂浆通过,然后连续浇筑混凝土。

三、浇筑混凝土应注意的事项

钢管混凝土填筑的密实度是保证钢管混凝土拱桥承载能力的关键。钢管内混凝土是否灌满,混凝土收缩后与钢管壁形成空隙是问题所在。质量检测方法是以超声波检测为主,人工敲击为辅。通过检测,有空隙部位必须进行钻孔压浆补强。施工中除应按设计要求控制各工序外,还应注意以下几点:

(1) 每根钢管的混凝土必须由拱脚至拱顶一次连续浇筑完成,不得中断,且浇筑完成时间不宜超过第一盘入管混凝土的初凝时间。当钢管的直径较大,混凝土初凝时间内不能浇完一根钢管时,可设隔板把钢管分成3段或5段,分段灌注。

(2) 浇筑入口应设在浇筑段根部,应从两拱脚向拱顶对称浇筑。用顶升法浇筑时,严禁从中部或顶部抛灌。

(3) 浇筑混凝土的前进方向,应每隔30m左右设一个排气孔,有助于排出空气,提高管内混凝土的密实度。

(4) 桁式钢管拱肋混凝土的灌注顺序,一般为先下管后上管,或者上下管和相邻管的混凝土浇筑按一定程序交错进行或按设计要求进行。

(5) 浇筑时环境气温应大于5 ℃。当环境气温高于40 ℃,钢管温度高于60 ℃时,应采取措施降低钢管温度。

(6) 管内混凝土的配合比及外加剂的用量等,均应通过设计、试验来确定。施工中应严格管理,特别注意要振捣密实,以确保钢管混凝土的质量。

(7) 大跨径钢管混凝土拱桥,混凝土可分环或分段灌注,灌注应从拱脚向拱顶对称进行。并应对拱肋变形和应力进行观测,并在拱顶附近配置压重,以保证施工安全。

小结

钢管混凝土拱桥施工程序、施工要点;钢管拱肋制作;钢管拱肋混凝土浇筑。

操作与练习

【习题】

1. 填空题

(1) 浇筑入口应设在浇筑段根部,应从(　　)向(　　)对称浇筑。用顶升法浇筑时,严禁从(　　)或(　　)抛灌。

(2) 灌注混凝土的配合比除应满足(　　)指标外,还应注意混凝土(　　)的选择。

2. 问答题

(1) 钢管混凝土的优越性体现在那几方面?有哪几种混凝土浇筑方法?

(2) 钢管混凝土拱桥有哪几种混凝土浇筑方法?

模块6 拱桥施工

【典型案例】

平南三桥位于广西壮族自治区贵港市,全长1 035 m,主跨跨径为575 m,桥面宽36.5 m。主拱采用变高度钢管混凝土桁架结构,主拱矢跨比为1/4,拱轴系数为1.5,拱肋中心间距为30.1 m;拱顶截面径向高8.5 m,拱脚截面径向高17.0 m,肋宽4.2 m。拱肋弦管直径1 400 mm,管内灌注C70混凝土,腹杆直径700 mm,横撑直径850 mm。吊杆采用整束挤压的37根ϕ15.2环氧喷涂钢绞线,钢绞线极限抗拉强度为1 960 MPa。吊杆间设置单股ϕ15.2钢绞线作为抗风索。桥面系采用钢格子梁的钢-混组合结构,钢格子梁由两道主纵梁、五道次纵梁与吊索处的主横梁及四道次横梁组成,纵、横梁均采用"工"字形截面。一条拱肋分22个吊装节段,最长节段45 m,最大吊重215 t。创造了多项世界第一,为经济社会发展发挥重要作用。

模块 7

大跨度桥梁施工

模块描述：本模块包括四个部分,任务1 斜拉桥的构造;任务2 斜拉桥施工;任务3 悬索桥的构造;任务4 悬索桥施工。

学习要求：通过本模块学习,结合斜拉桥典型案例,应掌握斜拉桥的构造要求、受力特点及基本的施工要点,深入了解不同体系斜拉桥的力学特性,为今后从事施工工作奠定基础。

能力目标：掌握斜拉桥、悬索桥的结构特点和力学特性;掌握斜拉桥主梁、索塔和拉索的构造特点;掌握不同体系斜拉桥的异同;掌握混凝土索塔、主梁的施工工艺,掌握悬索桥加劲梁、主塔和吊索、主索的类型和构造特点。

思政亮点：通过对我国在建和已经建成的大跨斜拉桥、悬索桥案例学习,详细了解大跨斜拉桥从方案选择到设计施工的全部工艺过程,引导学生能积极参与建设我国的一些超级工程,培养创新精神;分析世界排名前十的斜拉桥,中国占八个,树立民族自豪感,坚定四个自信,增强爱国主义情怀、立志投身报国奉献全部的信心,进而能为伟大祖国基本工程建设贡献力量。

任务 7.1 斜拉桥的构造

7.1.1 斜拉桥的发展

斜拉桥是一种桥面系主要受压、索体系受拉的桥式,又称斜张桥,斜拉桥是一种由塔、梁、索三种基本构件组成的组合结构体系桥梁(图7.1)。

图 7.1 斜拉桥概貌

斜拉桥源于吊索桥。斜拉桥的演变历史表明,很早以前,人们就掌握了从塔架上悬吊斜拉索来支承梁的知识。瑞典1955年建成的主跨183m的Stromsund桥,标志着世界现代斜拉桥修建的开始。

进入20世纪90年代以后,斜拉桥的设计理论及施工技术发展迅速,结构形式也在不断创新,已建成的钢主梁斜拉桥跨度已超过千米。纵观斜拉桥的发展历史,基本上分为两个阶段:

(1) 20世纪80年代以前,由于结构分析方法和钢材性能的限制,以及钢拉索防腐技术工艺的不成熟,跨度突破不大,最大跨度是法国修建的Saint-Nazaire桥,跨径组成为(158+404+158)m,主梁采用正交异性箱梁桥面,A形索塔,拉索为放射性。

(2) 20世纪90年代以后,随着结构分析方法的成熟和完善,以及高强度钢材的应用和拉索防腐技术工艺的提高,斜拉桥的跨度产生了质的飞跃,最有代表性的是我国2008年建成通车的苏通长江大桥,主跨达1 088 m;以及日本的多多罗大桥和法国的诺曼底桥。

7.1.2　结构特点及受力分析

斜拉桥上部结构主要由主梁、拉索和索塔三部分组成,属于组合体系桥梁,是多次超静定结构。它是一种桥面体系以主梁受轴向力(密索体系)或受弯(稀索体系)为主、支承体系以拉索受拉和索塔受压为主的桥梁。拉索的作用相当于在主梁跨内增加了若干弹性支承,使主梁跨径显著减小,从而大大减少了梁内弯矩、梁体尺寸和梁体重力,这是斜拉桥能够增大跨越能力的主要原因。

7.1.3　斜拉桥的构造

一、主梁的构造

1. 主梁的作用

主梁的主要作用有三个方面:

(1) 将恒、活载分散传给拉索。梁的刚度越小,则承担的弯矩越小。

(2) 与拉索及索塔一起成为整个桥梁的一部分。主梁承受的力主要是拉索的水平分力所形成的轴压力,因而需要有足够的刚度防止压屈。

(3) 抵抗横向风载和地震荷载,并把这些力传给下部结构。

当拉索间距大时,主梁由弯矩控制设计。对单索面而言,由扭转控制设计。对于双索面密索体系,主梁设计主要应考虑轴压力因素以及整个桥的纵向弯曲。另外,应考虑在减小活载的情况下主梁有足够的强度和刚度以更换拉索,并需考虑个别拉索偶然拉断或退出工作的情况。

斜拉桥主梁自重应尽量减小,主梁梁高与主跨比 h/L 变化范围一般在 $1/100 \sim 1/50$,对密索体系大跨径斜拉桥,高跨比可小于1/200;单索面要按抗扭刚度确定梁高。

2. 主梁的分类

(1) 斜拉桥的主梁按材料不同分为钢梁、混凝土梁、钢梁上加设混凝土桥面板的结合梁和钢梁与混凝土梁混合使用的混合梁等四类,这也是钢斜拉桥、混凝土斜拉桥、结合梁斜拉桥及混合梁斜拉桥的区别标志。下面将以此四类分别介绍。

① 钢主梁。其主要特点是自重轻、跨度能力大、构件可在工厂制作、质量可靠、便于安装、施工速度快,但养护工作量大。据有些学者分析认为,使用钢主梁,斜拉桥跨径有望突破1 300 m。钢主梁以箱形截面为主,其抗扭刚度大、抗风性能好;目前钢桁梁一般仅在双层桥面、公铁两用桥中使用。由于钢主梁明显的优势,美国和日本已经采用较多,我国近年来也越来越多地采用

钢主梁,如南京长江第二大桥南汊斜拉桥、安徽安庆长江大桥等。

② 混凝土主梁。混凝土主梁的特点是刚度大、挠度小、阻尼效果好、抗振动性能较好,但自重大。我国砂石料资源丰富,劳动力成本较低,除个别桥外,都采用混凝土主梁,是世界上混凝土斜拉桥修建最多的国家。目前看来,混凝土主梁一般适用于跨度不超过 450 m 的斜拉桥。

③ 钢-混凝土结合(叠合)梁。结合梁是在钢主梁上用混凝土桥面板代替正交异性钢桥面板,它兼有混凝土主梁和钢主梁的优点,是近年来大跨斜拉桥常用的主梁型式之一。它除有钢主梁的特点外,与钢主梁相比,能节省钢材用量,且其刚度大,抗风稳定性好,能有利分担斜拉索的水平分力,但自重比钢主梁大;与混凝土主梁相比,重量轻、结构简单、施工速度快。

500~700 m 的跨度范围比较适合采用主梁为结合梁的斜拉桥。我国上海南浦大桥、福建闽江大桥(主跨 605 m)主梁采用 2 片工字形钢梁,上海杨浦、徐浦大桥主梁采用 2 个分离钢箱梁分别与预应力混凝土桥面板结合,形成结合梁,工字梁间用横梁连接。安徽芜湖长江大桥公路桥面为预应力混凝土与钢桁梁结合梁。混凝土桥面板作为主梁的组成部分,由于主梁可能出现负弯矩,在设计时特别要防止混凝土桥面板受拉、开裂。

④ 混合式主梁。在斜拉桥的中跨(大跨)采用钢梁或结合梁,两侧边跨(小跨)采用预应力混凝土主梁,这种主梁便称为混合式主梁。其中预应力混凝土主梁与钢梁的连接是混合式斜拉桥的最重要构造之一,是决定混合式斜拉桥成功的关键之一。法国诺曼底大桥的中跨采用钢梁,而边跨采用混凝土主梁,是典型的混合型(主梁)斜拉桥。

这种结构的主要特点是:边跨主梁的刚度和重量较大,有利于减小中跨内力及变形,能减小或避免边跨端支点的负反力;它特别适用于边跨与中跨比值较小的情况,有利于塔顶处和中、边跨水平分力得到平衡。

⑤ 不同材料主梁的适宜跨径。不同材料制作的主梁所对应的经济跨径是不同的。1995 年,Svensson 曾对 200~1 000 m 跨径斜拉桥选用不同材料主梁的经济性问题做过研究,认为跨径为 200~400 m 时,采用混凝土主梁是最经济的,400~600 m 时,采用钢-混凝土组合梁是最经济的,大于 600 m 时,应采用钢主梁。另外,当跨径处于 400 m 和 600 m 两个临界区域时,应综合考虑其他因素分别对两种不同材料主梁做经济比较。

但 Svensson 的研究未考虑桥面宽度的影响。当桥面为 6 车道及以上时,混凝土横梁的质量将占相当大的比重,此时设计应考虑采用钢横梁方案。

主跨主梁和边跨主梁的设计理念是不同的。主跨必须有良好的动力特性,自重较轻。对于大跨度斜拉桥,边跨由于其拉索起稳定索塔的作用,因而边跨应具有克服上提力的功能,这就需通过边跨的自重、刚度或设辅助墩的方式来解决。

(2) 按主梁截面形式划分,表 7.1 给出了具有代表性的截面形式主梁的特点和适用范围。

表 7.1 斜拉桥混凝土主梁常用截面形式

截面形式	示意图	特点	适用范围
板式截面		构造最简单,抗风性能也好;但抗扭能力较小,截面效率较低	双面密索且宽度不太大的桥

续表

截面形式	示意图	特点	适用范围
双主梁截面		施工方便。采用悬臂法施工时,为了减轻挂篮的负荷,可以将两个边主梁先行浇筑,在挂索后再浇筑横梁,最后浇筑桥面板混凝土,使形成整体,共同受力	双索面斜拉桥
半封闭式双箱梁		抗风性能良好,中部无底板,可减轻结构自重	双索面斜拉桥
单箱单室截面		采用斜腹板,可以改善抗风性能,又可减小墩台的宽度,且箱形截面的抗扭刚度也大	单索面或桥中央双索面斜拉桥
单箱双室截面		在上述单箱的基础上增加一道中腹板,虽然增加了自重,但可减小桥面板的计算跨径	单索面或双索面斜拉桥
单箱三室截面		桥面全宽可达30~35 m,但在悬臂施工时,须将截面分成三榀,先施工中间箱,待挂完拉索后,再完成两侧边箱的施工,呈品形前进,将截面构成整体	单索面斜拉桥
准三角形三室箱形截面		和上述三室箱不同者,中腹板间距较小,有利于单索面的传力,边腹板倾角更小,对抗风更有利	单索面斜拉桥
三角形箱形截面		三角形截面抗扭刚度大,对抗风最有利	双索面或单索面斜拉桥

二、索塔

索塔除承受自身自重外,还要承受拉索、主梁及桥面系的恒载和活载。索塔是以受压为主的压弯构件。使用混凝土材料能发挥其承压的优点,且养护维修费用少,故索塔大多采用钢筋混凝土材料。索塔也可以是钢结构,如山东东营黄河大桥和建设中的南京长江三桥,前者为钢塔,后者为人字形钢-混凝土塔。

1. 索塔的孔跨布置

索塔的布置与跨径布置相配合,现代斜拉桥最典型的跨径布置有双塔三跨式、独塔双跨式两种。特殊情况下也可布置成多塔多跨式、双塔单跨式或独塔单跨式。

(1) 双塔三跨式。双塔三跨式斜拉桥是一种最常见的孔跨布置方式,如图 7.2 所示。由于它的主跨跨径较大,一般适用于跨越较大的海峡、河流或山谷。

在双塔三跨式桥中,边跨与主跨的比例非常重要。为了在视觉上清楚地表现主跨,边主跨之比一般应小于 0.5。从受力上看,边主跨之比与斜拉桥的整体刚度、端锚索(即背索)的应力变幅有着很大的关系。当主跨有活载时,边跨梁端点的端锚索产生正轴力(拉力);而当边跨有活载时,端锚索又产生负轴力(拉力松减),由此引起较大应力幅而产生疲劳问题。边跨较小时,边跨主梁的刚度较大,连跨拉索较短,刚度也就相对较大,因而此时边跨对索塔的锚固作用就大,主跨的刚度也就相应增大。对于活载比重较小的公路和城市桥梁,合理的边主跨之比为 0.40~0.45,而对于活载比重大的铁路桥梁,边主跨之比宜为 0.20~0.25。同样道理,钢斜拉桥的边跨应比相同跨径混凝土斜拉桥的边跨跨径小。

(2) 独塔双跨式。独塔双跨式也是斜拉桥一种常见的孔跨布置方式,由于它的主孔跨径一般比双塔三跨式的主孔跨径小,适用于跨越中小河流和城市通道。如图 7.3 所示。

图 7.2 双塔三跨式斜拉桥

图 7.3 独塔双跨式斜拉桥

通常将跨径较大的一侧称为主跨,较小的称为边跨,主跨跨径与边跨跨径之间的比例关系一般为 1.2~2.0。两跨相等时,由于一般没有端锚索,不能有效约束塔顶位移,故在受力与变形方面不能充分发挥斜拉桥的优势。而如果用增大桥塔的刚度来减少塔顶位移则不经济。而两跨不对称布置,通过端锚索减少塔顶位移比增大索塔刚度更为有效。因此,独塔双跨式采用不对称布置较合理,实践中采用较多。

(3) 三塔四跨式和多塔多跨式(图 7.4)。斜拉桥与悬索桥一样,很少采用三塔四跨式或多塔多跨式。一个极简单的原因是,多塔多跨式中的中间塔顶没有端锚索来有效地限制它的变位。因此,已经是柔性结构的斜拉桥采用多塔多跨式将使结构柔性进一步增大,随之而来的是变形过大,整体刚度不能满足要求。

增加主梁的刚度可以在一定程度上提高多塔斜拉桥的整体刚度,但这样做必然会增加桥梁的自重。在必须采用多塔多跨式斜拉桥时,可将中间塔做成刚性索塔,此时索塔和基础的工程量会增加很多,或用拉索对中间塔顶加劲,这种方式的缺点是长索下垂量很大,索的刚度较小,大风有可能将其破坏,且不太美观。

图7.4 多塔多跨式斜拉桥

2. 索塔的结构型式

索塔的结构型式,根据拉索布置、主梁跨度、桥面宽度等因素确定。

索塔在顺桥向的型式有单柱形、A形和倒Y形等几种,如图7.5所示。单柱塔构造简单,应用最广。A形和倒Y形塔在顺桥向的刚度大,有利于承受索塔两侧的不平衡拉力,能抵抗较大的弯矩并减小塔顶的纵向位移,能减少梁的挠度;但因其施工复杂,故较少采用。

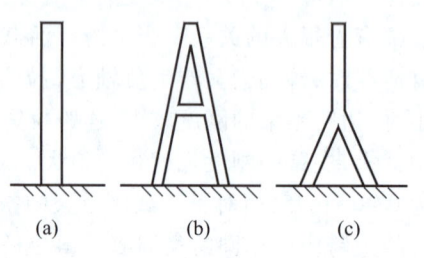

图7.5 索塔顺桥向型式

索塔在横桥向的型式有单柱形、双柱形、门形、H形、梯形、A形、倒V形、倒Y形、菱形(含宝石花形)等,如图7.6所示。

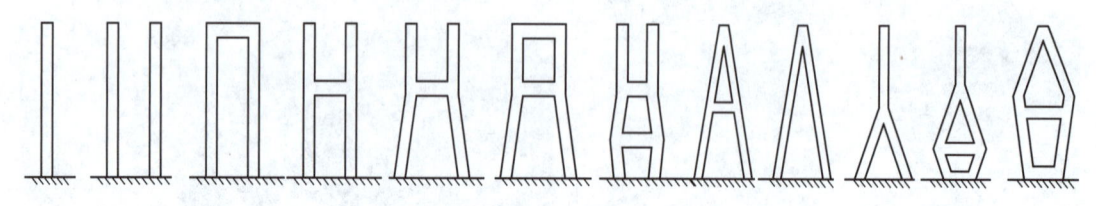

图7.6 索塔横桥向型式

柱式塔构造简单,但承受横向水平荷载能力较差。单柱形仅用于单索面斜拉桥,双柱形则用于双索面桥。门形塔有较好的刚度来抵抗横向风力,一般适用于宽度不大的双索面桥。A形、倒Y形、菱形索塔的横向刚度大,但构造复杂、施工难度大,多用于对抗风、抗震要求较高的大跨径或飘浮体系斜拉桥,可适用于单索面或双斜索面布置。

塔柱的截面可以是实心矩形,截面尺寸较大时可采用I形或箱形截面。塔柱截面型式一般应与拉索在塔上的锚固形式相对应。

三、拉索

斜拉索是斜拉桥的重要组成部分,并显示了斜拉桥的特点。斜拉桥桥跨结构的重量和桥上荷载,绝大部分或全部通过斜拉索传递到塔柱上。

拉索的布置是斜拉桥设计中的重要内容。它不仅影响桥梁的结构性能,而且影响到施工方法和经济性。

1. 拉索布置

（1）横向布置形式。斜拉索按其组成的平面一般有图 7.7 所示的 3 种类型，即单索面、竖向双索面和斜向双索面。

(a) 单索面　　(b) 竖向双索面　　(c) 斜向双索面

图 7.7　索面横向布置

从力学角度来看，采用单索面时，拉索对主梁抗扭不起作用。因此，主梁应采用抗扭刚度较大的截面。单索面的优点是桥面上视野开阔，对于有较宽分车带的桥梁特别适合。采用双索面时，作用于桥梁上的扭矩可由拉索的轴力来抵抗，主梁可采用较小抗扭刚度的截面。至于斜向双索面，它对桥面梁体抵抗风力扭振特别有利（斜向双索面限制了主梁的横向摆动）。倾斜的双索面应采用倒 Y 形、A 形或双子形索塔。

（2）纵向布置形式

斜拉索在纵向（索面内）的布置形式主要有如图 7.8 所示的几种基本类型，即辐射形、竖琴形、扇形和非对称形。各自的特点如下：

(a) 辐射形　　(b) 竖琴形

(c) 扇形　　(d) 非对称形

图 7.8　索面纵向布置

① 辐射形布置的斜拉索沿主梁为均匀分布，而在索塔上则集中于塔顶一点。由于其斜拉索与水平面的平均交角较大，故斜拉索的垂直分力对主梁的支承效果也大，与竖琴形布置相

213

比,可节省拉索材料15%~20%,但塔顶上的锚固点构造过于复杂。

② 竖琴形布置中的斜拉索成平行排列,在索数少时显得比较简洁,并可简化斜拉索与索塔的连接构造,塔上锚固点分散,对索塔的受力有利。缺点是斜拉索的倾角较小,索的总拉力大,故钢索用量较多。

③ 扇形布置的斜拉索是不相互平行的,它兼有上面两种布置方式的优点,故在设计中获得广泛应用。

④ 非对称形布置拉索,由于地形条件和水平净空的要求,常出现独塔且塔两侧的跨度不同的情况,这时可以将拉索布置成不对称的形式。通过减少拉索倾角减少锚固力的垂直分力,以达到减少压重或不必设置地锚的目的。

(3) 索距的布置。索距的布置,可以分为"稀索"与"密索"。在早期的斜拉桥中都为"稀索"(超静定次数少),现代斜拉桥则多为"密索"(需利用计算机计算)。密索优点有:① 索距小,主梁弯矩小;② 索力较小,锚固点构造简单;③ 锚固点附近应力流变化小,补强范围小;④ 利于伸臂架设;⑤ 易于换索;⑥ 断面轻柔,美感度提高。

斜拉桥采用悬臂法架设时,索间距宜为5~15m。混凝土主梁因自重大,索距应密些。较大的索距适合于钢或钢-混凝土组合主梁。

2. 拉索的构造

在近代大跨度斜拉桥中,拉索的构造基本上分为整体安装的斜拉索和分散安装的斜拉索两大类。前者的代表为平行钢丝索和冷铸锚,后者的代表为平行钢绞线索和夹片锚。

(1) 平行钢丝和冷铸锚。平行钢丝索是将若干根预应力钢丝平行并拢、扎紧,整体穿入聚乙烯套管内,并在张拉结束后压注水泥浆防护,就成为平行钢丝索,其截面组成和冷铸锚如图7.9所示。

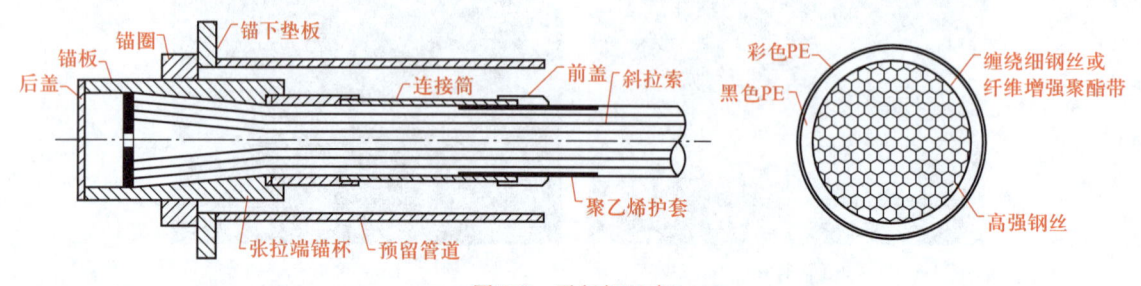

图7.9 平行钢丝索

平行钢丝索和冷铸锚的拉索,整体在工厂制造。平行钢丝索由 $\phi 5$ mm 或 $\phi 7$ mm 高强度镀锌钢丝(抗拉强度 σ_b = 1 600 MPa 左右)组成,一般排列成六角形,表层由玻璃丝布包扎定型后用热挤高密度聚乙烯(HDPE,简称PE)塑造成正圆形截面。这种斜索具有厚镀锌层(锌层300 g/m)和厚PE层(厚度6 mm以上)的双重防腐保护。

然后将钢丝束穿入冷铸锚中,钢丝尾镦头后锚定在冷铸锚的后锚板上,再在锚体内分段常温浇灌环氧树脂加铁丸和环氧树脂加岩粉(辉绿岩)等混合填料,使锚体与钢丝束之间的刚度匀顺变化,避免在索和锚的交界处刚度突变。最后,将冷铸锚头放入加热炉中加热养护,加热温度约150 ℃。由于是在常温下浇铸填料,不同于传统的锌基合金填料的浇铸温度,故相对而言称为"冷铸锚"。冷铸锚的锚固力,由锚筒的圆锥体内腔和筒内填料的横向挤压力承受。在正常情况下镦头不受力,只是作为安全储备。

平行钢丝索和冷铸锚,以其性能可靠(承载能力、疲劳强度和防腐措施)从70年代在欧洲和日本使用起至今已被广泛使用。但由于其要求整体制造、整体运输和整体安装,在某些特定环境下受到限制。

由于运输需要,钢索必须盘绕在圆筒上。为避免的钢丝产生过高的弯曲应力和外包PE套被撕裂,一般规定圆筒直径不小于索径的20~25倍。因此,在跨度大因而索也大的斜拉桥中,粗而长的斜拉索其索径可达200 mm以上,索长200 m以上。如以索径200 mm计,则圆筒直径超过4 m,绕索后的圆筒将更粗,这将给陆路运输(火车或汽车)造成困难,而在桥位处无水运条件(例如山区可内陆水库)时则较难解决。

为方便平行钢丝索在圆筒上的盘绕,在工厂制造中常将索扭转一个2°~4°的小角(增加柔性),此小扭角不影响索的特性(弹性模量和疲劳性能)。

鉴于平行钢丝拉索打盘及运输有一定困难,因此在现代大跨度斜拉桥中提出拉索分散制作、现场安装成索的要求。这就是平行钢绞线索和夹片锚的拉索。

(2)平行钢绞线索和夹片锚(图7.10)。将平行钢丝索中的钢丝换成等截面的钢绞线即成为平行钢绞线索。钢绞线在索中是平行排列的,有别于早期曾出现过的将多根钢绞线扭绞而成的螺旋形钢绞线索,故称为平行钢绞线索。

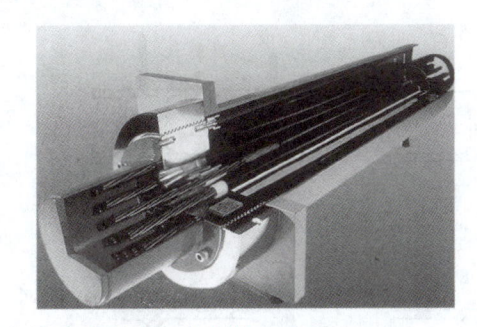

图7.10 平行钢绞线索和夹片锚

此种ϕ15 mm钢绞线为后张法体内预应力无黏结钢绞线(抗拉强度σ_b = 1 860 MPa),是将镀锌钢绞线表面涂油(或蜡)后外套两层PE管而成。钢绞线成盘运至现场,在现场截取需要长度后除去两端部分长度的套管,逐根安装、张拉,两端裸线由夹片锚固定。

采用夹片锚的原因,是在现场施工中难以将ϕ15 mm的钢绞线镦头(镦头机体积太大)和保证其质量。

在钢绞线的逐根张拉中,须使最终拉索中的各根钢绞线拉力相等。此施拉工艺称为"等值张拉法"(iso-tension)。最先由法国弗雷西奈公司提出。此法是在一群钢绞线中选定一"参照线"的标定值确定该线的张拉值。待全部钢绞线张拉完毕后,各根钢绞线的拉力与"参照线"的相同,然后再用大能量小行程的张拉千斤顶将整索钢绞线同步张拉至预定索力。

对于平行钢绞线索和夹片锚体系,需要注意的问题是:
① 夹片锚的疲劳强度。
② 夹片和锚孔之间的圆锥度配合要精确,否则咬合力将集中在夹片小端形成"切口效应",成为疲劳破坏之源。
③ 对夹片应设置防松脱装置,否则在较小索力(小于$0.25\sigma_b$)下受振动荷载时,夹片可因咬合力不足而松脱,导致事故。

④ 钢绞线进入锚管内有两处转折,一在钢绞线散开的约束圈处;二在钢绞线进入锚孔处。在第二个转折处,亦为拉索的锚固点,存在着固端弯矩,由于轴向索应力和挠曲应力的叠加,该处产生最大的应力幅;为分散应力幅,需在锚管内加设一"支承圈",据实验,该"支承圈"可分散80%以上的应力幅。

⑤ 钢绞线索弹性模量小,受力时截面紧缩,非弹性变形大,用于对斜拉索变形较为敏感的斜拉桥是不利的。因此,在使用前通常进行预张拉,张拉力一般不超过破断拉力的55%。

当前,在斜拉索中使用的平行钢绞线索和夹片锚共有4种体系,即弗雷西奈体系(法国),迪维达克体系(德国),VSL体系(瑞士)和强力(Stronghold)体系(英国)。

3. 拉索的锚固

(1) 斜拉索与混凝土主梁的锚固。斜拉索强大的索力斜向并集中的作用于索梁锚固结构,索梁锚固结构功能就是将斜拉索巨大的拉力顺畅可靠地传递到主梁截面上去。设计时应尽量使力线流畅,避免出现过大的应力集中现象,否则在长期动载荷静载作用下,可能出现疲劳或强度破坏。

主梁因有钢梁和混凝土梁之分,故其锚固形式也应有所不同(图7.11)。常见混凝土主梁上锚固形式大体上分为5种,具体内容见表7.2。

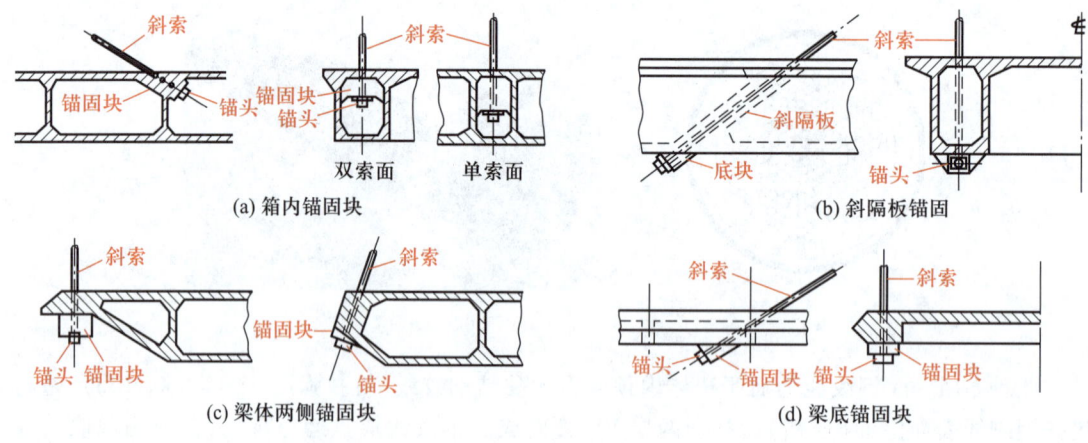

图 7.11 拉索在混凝土主梁上的锚固形式

表 7.2 斜拉索与混凝土主梁的锚固

编号	锚固形式	构造要点	力的传递	适用范围
1	顶板锚固块	以箱形梁顶板为基础,向上、下两个方向延伸加厚而成	拉索水平分力传至梁截面,垂直分力由加劲斜杆平衡	箱内具有加劲斜杆的单索面斜拉桥
2	箱内锚固块	锚固块位于顶板之下和两个腹板之间,并与它们固结在一起	垂直分力通过锚固块左右的腹板传递	两个分离式单箱的双索面斜拉桥和带有中间箱室的单索面斜拉桥

续表

编号	锚固形式	构造要点	力的传递	适用范围
3	斜隔板锚固	锚头设在梁底外面,也可埋入斜隔板预留的凹槽内	垂直分力由斜隔板两侧的腹板以剪力形式传递	同箱内锚固块
4	梁底两侧设锚固块	设在风嘴实体之下或边腹板之下		双索面斜拉桥
5	梁两侧设锚固块	锚块设在梁底		双主梁或板式截面斜拉桥

（2）拉索在索塔上的锚固。

① 在实体塔上交错锚固（图 7.12）。其具体构造是在塔柱中埋设钢管,再将斜拉索穿入和用锚头锚固在钢管上端的锚垫板上。

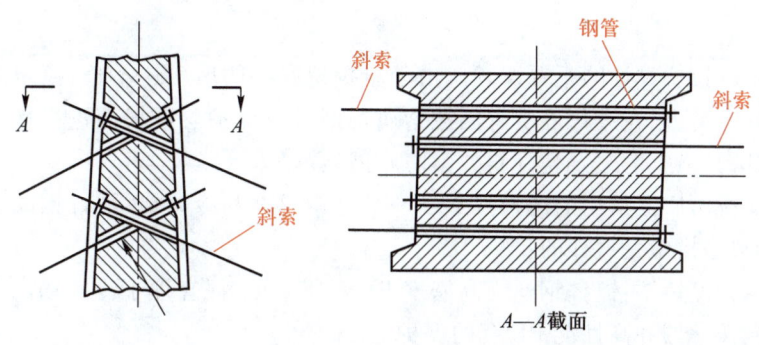

图 7.12 拉索在实体塔上的交错锚固

② 在空心塔上做非交错锚固（图 7.13）。其构造与上述的相同,但需在箱形桥塔的壁板内配置环向预应力钢筋,以抵抗拉索在箱壁内产生的拉力。

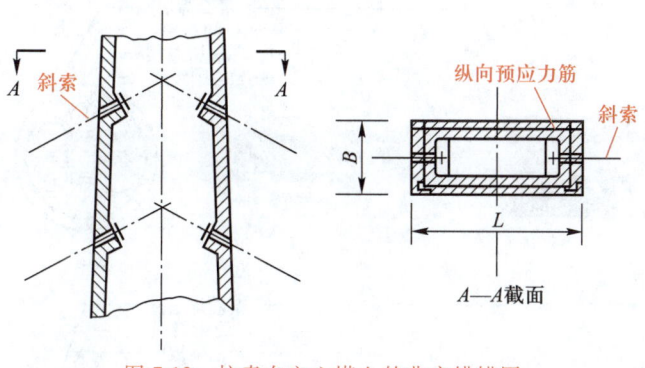

图 7.13 拉索在空心塔上的非交错锚固

③ 采用钢锚固梁来锚固。这是将钢锚固梁搁置在混凝土塔柱内侧的牛腿上,斜索通过埋设在塔壁中的钢管锚固在钢锚固梁两端的锚块上。

④ 当塔柱两侧的索力及斜索倾角相等时,水平分力由钢梁的轴向受拉及两端的偏心弯矩来平衡,与塔柱无关。

⑤ 利用钢锚箱(图7.14)锚固,整个钢锚箱是由各层的钢锚箱进行上下焊接而成,然后将锚箱用焊钉使之与混凝土塔身连接,另外还要用环形预应力筋将锚箱夹在混凝土的塔柱内,以增加对拉索水平荷载的抵抗力。

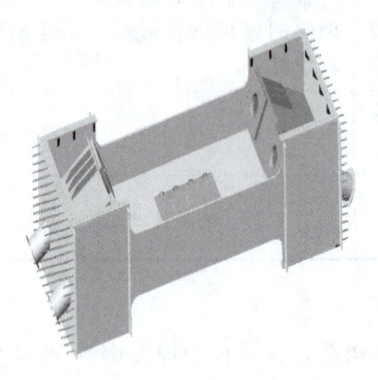

图 7.14 苏通长江大桥的钢锚箱结构

4. 拉索的防腐

拉索防腐是斜拉桥设计的重要课题。由于斜拉桥发展的历史还不长,拉索防腐措施尚未经历足够的时间考验,但在近代确实有因拉索腐蚀断丝或保护层破损而进行换索的实例。早期的斜拉桥设计,其最大的失误就是斜拉索防腐措施不足。

在现代斜拉桥所广泛采用的两种拉索——平行钢丝索和冷铸锚、平行钢绞线索和夹片锚中,拉索防腐的典型措施是这样的:

平行钢丝索和冷铸锚:镀锌钢丝为高密度 PE 套所防护,裸套埋于冷铸锚的环氧树脂混合料中。钢丝受到镀锌层和高性能 PE 套的保护。

平行钢绞线索和夹片锚:镀锌钢绞线涂以油(或蜡)层后,用双层 PE 套防护并将整索弯于 PE 套内,套内灌以水泥砂浆或其他有机防腐剂,裸索埋于钢套的防腐油脂中(图 7.15),钢绞线受到镀锌层、油脂层、PE 层和 PE 套管的 4 层保护。

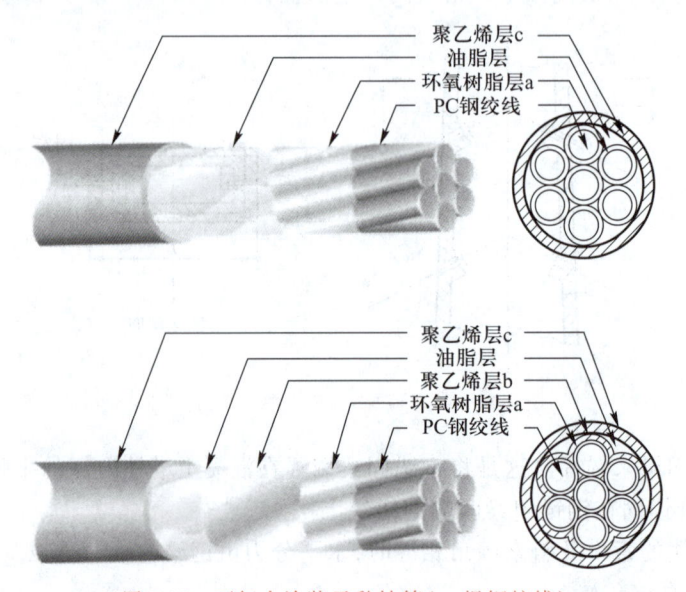

图 7.15 环氧全涂装无黏结筋(一根钢绞线)

国际预应力学会(FIP)有关体外索(包括斜拉索)的防护措施建议(1996年)见表7.3。

表7.3 体外预应力和材料防护体系

预应力钢材	管道	腐蚀防护	锚具部压浆管	分离器及鞍座
a. 普通钢丝与钢绞线 b. 镀锌钢丝与钢绞线 c. 涂油、涂蜡或其他软防护和涂塑单根钢绞线 d. 环氧护面钢丝、钢绞线和钢筋	a. 钢管或波纹铁皮管 b. 聚乙烯或聚丙烯管 c. 用金属套管加劲的塑料管	a. 水泥浆 b. 油脂或与水泥浆组合 c. 环氧沥青 d. 蜡 e. 沥青产品 f. 聚氨酯水泥浆	钢管或高密度聚乙烯或两者组合	a. 钢管或高密度聚乙烯,或两者组合 b. 钢、铸铁或预制混凝土制成的梳形板 c. 带有塑性垫块及滑动部件的鞍座

5. 拉索的减振

拉索的风致振动现象在各种跨径和类型的斜拉桥上普遍存在,拉索的振动易导致疲劳和外包破损。目前对斜拉桥的拉索采取的减振措施主要有以下几种:

(1)气动控制法。该法是将斜拉索原来的光滑表面做成带有螺旋凸纹、条形凸纹、V形凹纹或圆形凹点的非光滑表面,通过提高斜拉索表面的粗糙度,使气流经过拉索时在表面边界层形成湍流,从而防止涡激共振的产生;拉索表面的凹凸纹还能阻碍下雨时拉索上缘迎风面水线的形成,从而防止雨振的发生。但其对塔、梁在外界激励下导致索两端的支座激振(又称参数振动)无减振作用,且由于表面粗糙度的增加,会增大斜拉索对风的阻力。

(2)阻尼减振法。阻尼减振法的作用机理就是通过安装阻尼装置,提高拉索的阻尼比从而抑制拉索的振动。它对涡激共振、尾流驰振、雨振以及由支座激励引起的拉索共振和参数振动都能起到较好的抑制作用。根据与拉索的相互关系,阻尼装置又可分为安放在套筒内的内置式阻尼器和附着于拉索之上的外置式阻尼器。

(3)改变拉索动力特性法。采用联结器(索夹)或辅助索将若干根索相互联结起来,辅助索可以采用直径比主要索小得多的索。其作用机理是:通过联结,将长索转换成为相对较短的短索,使拉索的振动基频提高,从而抑制索的振动。这对防止低频振动十分有效,同时也能降低雨振以及单根索振动发生的概率。但对通常以高阶形式出现的涡激振动抑制作用不明显。另外,辅助索易疲劳断裂,对桥梁景观有一定影响。

7.1.4 结构体系

一、结构体系分类的划分方式

斜拉桥的结构体系,有以下几种不同的划分方式:

(1)按照塔、梁、墩相互结合方式,可划分为飘浮体系、半飘浮体系、塔梁固结体系和刚构体系。

(2)按照主梁的连续方式,有连续体系和T构体系等。

(3)按照斜拉索的锚固方式,有自锚体系、部分地锚体系和地锚体系。

(4)按照塔的高度不同,有常规斜拉桥和矮塔斜拉桥体系。

二、结构体系介绍

现将几种主要的斜拉桥体系分别介绍如下。

1. 飘浮体系

飘浮体系(图7.16)的特点是塔墩固结、塔梁分离。主梁除两端有支承外,其余全部用拉索悬吊,属于一种在纵向可稍做浮动的多跨弱性支承连续梁。空间力分析表明,斜拉桥是不能对梁提供有效的横向支承的,为了抵抗由于风力等引起主梁的横向水平位移,一般应在塔柱和主梁之间设置一种用来限制侧向变位的板式或聚四氟乙烯盆式橡胶支座,简称侧向限位支座。

该体系的主要优点是主跨满载时,塔柱处的主梁截面无负弯矩峰值;由于主梁可以随塔柱的缩短而下降,所以温度、收缩和徐变内力均较小。密索体系中主梁各截面的变形和内力的变化较平缓,受力较均匀;地震时允许全梁纵向摆荡,成为长周期运动,从而吸震消能。目前,大跨斜拉桥(主跨400 m以上)多采用此种体系。

飘浮体系的缺点是:当采用悬臂施工时,塔柱处主梁需临时固结,以抵抗施工过程中的不平衡弯矩和纵向剪力。由于施工不可能做到完全对称,成桥后解除临时固结时,主梁会发生纵向摆动,应予注意。

为了防止纵向风载和地震荷载使飘浮体系斜拉桥产生过大的摆动,影响安全,十分有必要在斜拉桥的塔上设置高阻尼的主梁水平弹性限位装置。

2. 半飘浮体系

半飘浮体系(图7.17)的特点是塔墩固结,主梁在塔墩上设置竖向支承,成为具有多点弹性支承的三跨连续梁。可以是一个固定支座,三个活动支座;也可以是四个活动支座,一般均设活动支座,以避免由于不对称约束而导致不均衡温度变位。水平位移将由斜拉索制约。

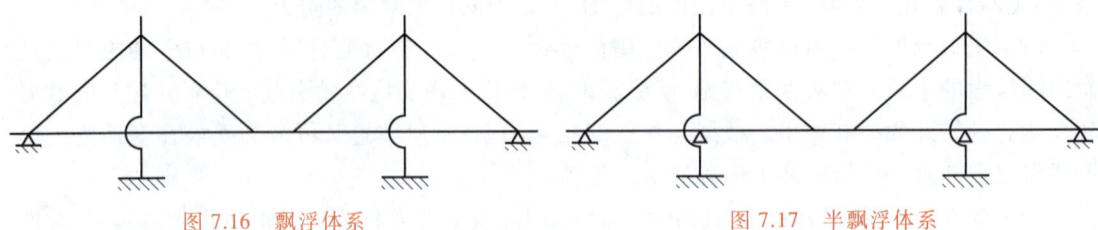

图7.16 飘浮体系   图7.17 半飘浮体系

半飘浮体系若采用一般支座来处理则无明显优点,因为当两跨满载时,塔柱处主梁有负弯矩尖峰,温度、收缩、徐变次内力仍较大。若在墩顶设置一种可以用来调节高度的支座或弹簧支承来替代从塔柱中心悬吊下来的拉索(一般称"零号索"),并在成桥时调整支座反力,以消除大部分收缩、徐变等的不利影响,就可以与飘浮体系相媲美,并且在经济和减小纵向飘浮方面将会有一定好处。

3. 塔梁固结体系

塔梁固结体系(图7.18)的特点是将塔梁固结并支承在墩上,斜拉索变为弹性支承。主梁的内力与挠度直接同主梁与索塔的弯曲刚度比值有关。这种体系的主梁一般只在一个塔柱处设置固定支座,而其余均为纵向可以活动的支座。

这种体系的优点是显著减小主梁中央段承受的轴向拉力,索塔和主梁的温度内力极小。缺点是中孔满载时,主梁在墩顶处转角位移导致塔柱倾斜,使塔顶产生较大的水平位移,从而显著地增大主梁跨中挠度和边跨负弯矩;另外上部结构重量和活载反力都需由支座传给桥墩,这就需要设置很大吨位的支座。在大跨径斜拉桥中,这种支座甚至达到上万吨级,这样给支座的设计制造及日后养护、更换均带来较大的困难。

4. 刚构体系

刚构体系的特点是塔梁墩相互固结,形成跨度内具有多点弹性支承的刚构,见图 7.19。

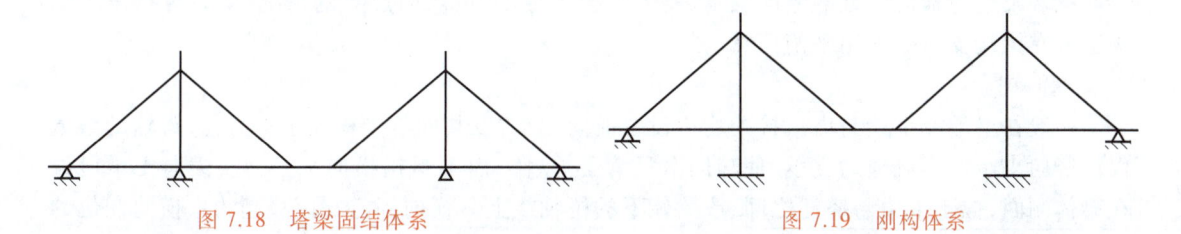

图 7.18　塔梁固结体系

图 7.19　刚构体系

这种体系的优点是既免除了大型支座又能满足悬臂施工的稳定要求;结构的整体刚度比较好,主梁挠度又小。缺点是主梁固结处负弯矩大,使固结处附近截面需要加大;再则,为消除温度应力,应用于双塔斜拉桥中时要求墩身具有一定的柔性,常用于高墩的场合,以避免出现过大的附加内力。另外,这种体系比较适用于独塔斜拉桥。

7.1.5　主梁的支承体系

斜拉桥的主梁除了以拉索作为弹性支承外,在主梁与塔的交叉部位和梁端支承部位,一般都应设置顺桥向、横桥向及竖向支承构造。

一、拉索的锚拉体系

按拉索的锚拉体系不同,斜拉桥可分为自锚式斜拉桥、地锚式斜拉桥、部分地锚式斜拉桥。

1. 自锚式斜拉桥

塔的前侧(中跨侧)拉索分散锚固在主梁梁体上;塔的后侧(边跨侧)拉索,除了最后一根锚于主梁端部的支点上以外,其余拉索锚于主梁上(分散锚于主梁或将一部分拉索集中锚于靠近端支点附近的主梁上);这种拉索的水平分力由主梁轴力来平衡的体系,称为自锚体系。在自锚体系中,锚于主梁端部支点处的拉索索力最大,一般需要较大的截面,而且对控制塔顶变位起重要作用,是最重要的一根(组)拉索,称为端锚索(或边索、背索)。绝大多数的斜拉桥均为自锚体系。

2. 地锚式斜拉桥

单跨式斜拉桥只有一个索塔,没有边跨,塔后索只能采用地锚形式。这时,拉索的水平分力引起的梁内轴力由地锚承担。

3. 部分地锚式斜拉桥

当边跨与主跨的比值很小时,可将边跨部分拉索锚于主梁,而另一部分拉索采用地锚。此时索塔两侧的不平衡水平分力直接由边跨主梁传递给桥台(地锚)。

二、主梁支承构造的设置

1. 竖向支承

在主梁与塔柱的交叉部位、梁端及辅助墩处,一般均需设置竖向支承。塔墩处主梁的竖向支承有三种方式:支承于索塔上或塔柱间横梁上、支承在墩面、梁塔墩三者固结。

在塔柱位置设置竖向刚性支承将导致该处主梁产生较大的负弯矩。飘浮体系的斜拉桥在塔与主梁交叉处一般不设竖向刚性支承,而采用拉索垂吊或等效弹性竖向约束,以避免在塔梁处出现较大的负弯矩;但此时需在塔与主梁之间设置主梁的横向限位装置。采用何种竖向支承,应结合水平方向的支承条件、支座的构造、主梁的抗弯刚度及拉索的布置等因素综合考虑决定。

梁端及边跨辅助墩处的竖向支承,要考虑会产生正、负双向反力的情况,应设置拉压支承构造或在梁端支承处采用平衡压重。

2. 横桥向支承

一般在梁端及主梁与塔连接处均应设置横向支承,以共同承受横向水平力;边跨辅助墩上仅设竖向支承而不设横向支承,使辅助墩只承受垂直力而不承担横向水平力。横向支承可设在梁体侧面,位于主梁与塔柱之间,或梁体下的桥轴线上。横向固定支座只起约束横向变位的作用。横向支承一般采用板式橡胶支座。

3. 顺桥向支承

选择顺桥向支承型式,要考虑各种因素,如地震惯性力、温度变化、制动力、风力等因素的影响及其引起的顺桥向移动量等。其中地震惯性力随支承条件的不同有较大的变化,而温度变化的影响要考虑结构的温度应力和伸缩缝处的伸缩量。

顺桥向支承有四种布置型式:① 一处设固定支承,其余各处均可移动。② 多处设固定支承。③ 采用水平弹性固定支承,可以在梁端设置水平弹性固定约束或在索塔与梁之间设置水平拉索。④ 采用悬浮式支承,即主梁下不设任何顺桥向水平约束。此时应设置足够的水平伸缩构造装置,必要时在梁端设置纵向水平限位装置;同时还应设置横向限位构造。

小结

斜拉桥的组成;斜拉桥主梁截面形式、索塔和拉索的布置形式;斜拉桥的结构体系。

操作与练习

【习题】

1. 填空题

(1) 斜拉桥主要由( )、( )和( )组成。

(2) 斜拉桥截面类型主要有( )、( )和( )。

(3) 斜拉桥主要有( )、( )、( )和( )四种结构体系。

2. 问答题

(1) 试述斜拉桥的索、梁、塔的基本类型,讨论三者之间在构造上的相互关系。

(2) 斜拉桥的拉索的纵、横向布置分别有哪些基本形式?

【典型案例】

"苏通长江公路大桥工程全长 32.4 km,其主跨跨径 1 088 m,是目前世界上最大跨径的斜拉桥;其主塔高 300 m,为世界最高的桥塔;两个主塔基础分别采用 131 根直径 2.5~2.8 m、长 120 多米的群桩,是世界上最大规模的群桩基础;主桥最长的斜拉索长 577 m,是世界上最长斜拉索。"

任务 7.2　斜拉桥施工

斜拉桥的施工一般可分为基础、索塔、梁、索等四个部分。其中基础施工与其他类型桥梁的施工方法相同，本任务仅简要介绍较典型的索塔、梁、索的施工。

7.2.1　索塔施工

斜拉桥的索塔一般由塔座、塔柱、横梁和塔冠几部分组成，它是全桥的主要承重构件，除承受因自重引起的轴力外，还承受水平荷载以及通过拉索传递给索塔的竖向荷载。

索塔根据建筑材料的不同，可分为钢筋混凝土索塔、钢索塔、钢-混凝土混合索塔和钢管混凝土索塔。钢筋混凝土索塔整体刚度大、施工简便，成桥后一般无需养护维修，在我国已被大量采用。钢索塔因其造价高，后期养护工作量大，施工精度要求高，在我国大型斜拉桥中应用较少。钢-混凝土混合索塔在国外已有实例，我国已在苏通大桥采用。钢管混凝土索塔在斜拉桥中应用很少，我国广东南海的紫洞大桥及重庆万州万安大桥采用了这种索塔。由于建造索塔所采用的材料不同，从而在施工方法和工艺要求上也有较大的差异。本节主要介绍钢筋混凝土索塔的施工方法。

一、索塔施工顺序

混凝土斜拉桥可先施工墩、塔，然后施工主梁和安装拉索，也可索塔、拉索、主梁三者同时并进。

二、塔座施工

塔座是塔柱与承台连接的重要结构，施工时，应控制好模板的平面位置、标高、倾斜度等。塔柱劲性骨架和主钢筋预埋的准确性直接影响下塔柱的施工精度和线性，也应精确定位。

根据施工实践经验，塔座混凝土的浇筑应尽可能在承台浇筑后进行，间隔期不大于 15 d。相对承台而言，塔座混凝土体积小标号高，混凝土收缩较大，受承台的约束影响，塔座容易产生收缩裂纹，且塔座一般为实心结构，属大体积混凝土，施工时必须采取降低水化热和控制温度的措施，防止混凝土收缩开裂。

三、塔柱的施工

1. 塔柱的施工方法

混凝土索塔的塔柱可分为下塔柱、中塔柱和上塔柱，一般采用就地浇筑，施工时宜设置劲性骨架。模板和脚手平台的做法常用支架法、滑模法、爬模法和翻模法等（图 7.20）。

（1）支架法。支架法是从地面或承台顶设置满布支架及模板，然后现浇塔柱混凝土。这种方法适用于索塔高度较小和形状比较复杂的索塔施工，它不需要特殊的施工机械设备，但花费支架模板材料较多。

（2）滑模法。滑模法施工的最大优点是施工进度快，适用于高大的直立塔及倾斜塔的施工。但对斜索的锚固区预留孔道和预埋件的处理要困难些。其特点是：在塔柱四壁设短段模板和附架，在塔柱下段已浇混凝土中埋设劲性钢筋或型钢，顶面搭设起重梁，通过梁上挂设的起重设施如手拉葫芦或千斤顶随着模板内浇筑混凝土过程慢慢起吊模板（或者用穿心式千斤顶直接放在圆钢上爬升，圆钢可埋于已浇筑下段混凝土体内，或固定在模板外侧）。由于该法随浇混凝土随滑，对混凝土质量要求较高，下面陆续露出来的新混凝土表面易出现质量问题，要随时抹面修补，及时养护。

(a) 支架法

(b) 滑模法

(c) 爬模法

(d) 翻模法

图 7.20　混凝土主塔常见施工方法

（3）爬模法。爬模法施工是用一段模板带爬架一起固定在下段已浇筑混凝土的主体上，浇上段混凝土，待新浇的混凝土达到适当强度后拆模，连爬架一起提升到上段混凝土顶部固定，循环操作，直至柱顶。这种施工方法机械化程度较高，可缩短工期，适用于大型索塔的施工。提升可以用外设起吊设备（如塔吊），也可在柱身的刚性骨架或劲性骨架上设手动葫芦或千斤顶自提。

（4）翻模法。翻模法施工就是将一段混凝土柱的模板分为 2~3 小节，浇完该段混凝土后，将上节模板保留，下面 1 或 2 节模板拆下提到上面来与下节结成一体，以浇筑上一段柱的混凝土。如此循环继续至塔顶，每次必有一节模板保留在下面已浇筑的混凝土上。由于每次都把下面的模板转到上面去，故称翻模。使用该法，模架模板及其上的工具、人员皆需在空中多次翻提，一般需用外设塔吊来操作。

2. 劲性骨架施工

塔柱混凝土内一般都埋设劲性骨架以帮助竖向钢筋、各种预应力管道、斜拉索钢护筒等的定位，同时在提升模架时起到支承作用。要根据索塔刚度和施工需要，合理选择劲性骨架构造和材料型号，以及根据施工方便和吊装能力确定劲性骨架的分片长度和重量，宜采用型钢制作。一般劲性骨架按索塔的四个面分成四块在车间加工。安装时，分块在原有骨架上接长。焊接之前，需要进行测量定位，严格控制劲性骨架的偏差，避免偏差过大而影响形成框架，以增加刚度及稳定性。

劲性骨架自由伸臂长度不能太大，一般每节长 6 m 或 9 m 为宜，否则在倾斜塔柱内，将会发生水平位移，造成模板安装困难，影响索塔的线形。塔柱倾斜时，应考虑每隔一定高度设置受压支架（塔柱内倾）或受拉拉条（塔柱外倾），来保证斜塔柱的受力、变形和稳定。施工时，应采取预偏的方法来保证劲性骨架受力后线形满足索塔施工要求。预偏法就是根据侧面钢筋及骨架自重所引起的骨架挠度而在安装时反向预偏一定量，来消除受力后骨架的平面变位。此法比增大骨架刚度更经济，且操作方便。

7.2.2 上、下横梁施工

一般而言，横梁均应与该段索塔同时施工，这样，索塔整体性好，同时便于支架搭设和横梁的预应力施工。横梁施工支架可用大直径钢管支撑加贝雷架或万能杆件桁架形式，前者目前应用较多。

横梁一般采用两次浇筑一次张拉工艺，这样，不仅可以保证混凝土外表光滑，且下横梁与相应高度的塔柱的连接不会因浇筑混凝土过程的沉降变化而产生裂缝。即在第一次混凝土达到80%设计强度时对称张拉一部分底板预应力索，待第二次混凝土达到强度后，再张拉全部预应力索。南京长江第二大桥和岳阳洞庭湖大桥的横梁即采用了二次张拉工艺。

横梁底模安装时，必须综合考虑模板支撑系统的连接间隙压缩、弹性变形、支撑的不均匀沉降变形、混凝土构件与钢支撑间不同线膨胀等系数的影响，还须考虑日照温差对混凝土和构件的不同时间效应产生的不均匀变形等因素的影响，合理设置预拱度，同时在安装底模后，通过水箱压重等方法消除非弹性变形。

7.2.3 混凝土索塔施工注意事项

（1）混凝土斜拉桥的索塔多为A形、倒Y形及钻石形等。在这些塔柱形式中，下塔柱和中塔柱均有一定的倾斜度。在具有较大斜率的索塔施工过程中，索塔处于自由状态，自重和施工荷载等会在下塔柱或中塔柱根部形成较大的弯矩，从而产生较大的拉应力而引起混凝土开裂，并产生外侧压力严重不均匀，将使截面压应力或拉应力超出设计要求，从而影响索塔的使用寿命。因此，在施工时，必须采取必要的措施，把索塔截面的初始应力控制在设计允许范围之内。

（2）在索塔上除了有拉索锚固张拉部位的凹槽缺口外，通常还有用作检查的走道，及出于美观考虑等截面变化区，在模板设计时应充分考虑这些因素。

（3）索塔上除了设置本身施工需要的工作平台外，还需设置架设和张拉拉索用的脚手平台。

（4）由于索塔混凝土是就地浇筑的，随着高度的增大，施工用的机具、材料、起吊设备的搬运，拉索架设等宜采用爬升式塔架作为起重设备，并设置升降设备。浇筑时，可用塔吊和混凝土斗或混凝土泵车输送混凝土，如果用管道输送混凝土，应特别注意泵送混凝土的配合比设计、泵送设施的布置，泵送混凝土施工工艺特点等。

（5）横梁施工时，每次浇筑混凝土的供应量应保证在最先浇筑的混凝土初凝前完成全部浇筑，并应采取有效措施防止在早期养护期间及每次浇筑过程中由于支架的变形引起混凝土横梁开裂。

7.2.4 主梁施工方法

斜拉桥主梁的施工方法与采用的结构形式及主梁截面有着密切的关系，其施工方法大体上可分为悬臂法、顶推法、平转法、支架法等四种。大跨度斜拉桥的主梁一般采用悬臂法施工，但对于跨径不大的斜拉桥，根据施工条件，也可采用顶推法、平转法或支

斜拉桥主梁施工方法

架法施工。

一、悬臂法施工

现代大跨径斜拉桥主梁施工常用悬臂法,悬臂法可分为悬臂拼装法和悬臂浇筑法两种。

1. 悬臂拼装法

悬臂拼装法先在塔柱区现浇一段放置起吊设备的起始梁段,然后用起吊设备从塔柱两侧依次对称安装预制梁段,同时逐渐安装斜拉桥,使悬臂不断伸长直至合龙。该施工方法由于主梁是预制的,塔、梁可平行作业,因此,可以缩短施工周期,施工速度快,高空作业较少。主梁预制混凝土龄期较长,收缩、徐变变形小,梁段的断面尺寸和浇注质量易得到保证。但该法安装精度要求较高,而且需配备一定的吊装设备和运输设备,要有适当的预制和运输场地,因而和悬臂浇筑法相比总造价要高些。

我国已在广东九江大桥、宜昌夷陵长江大桥等少数桥梁中,采用过预制梁段、悬臂拼装法进行斜拉桥主梁施工。其常用的起吊设备为悬臂吊机、缆索吊机、大型浮吊、挂篮吊机及各种自制吊机拼装法。由于斜拉桥主梁相对于一般桥主梁的高度较小,有些自重较大的吊机难以满足施工荷载的要求,因此在选用悬拼起吊设备时需遵循自重轻、结构高度小、稳定性好的原则。

2. 悬臂浇筑法

主梁悬臂浇筑法,是从塔柱两侧用挂篮对称逐段就地浇筑主梁混凝土的一种施工方法。我国大部分混凝土斜拉桥主梁都是采用悬臂浇筑法施工的。该法梁段的制作和安装作业均在挂篮上进行,因此,不受河流水文、地质条件的影响,也不影响通航。悬臂浇筑法不需重型的吊运设备,节省施工场地,相对支架法而言模板可多次周转,施工用材较少,主梁接缝比较紧密,整体性好,施工简便。适用于任何跨径的斜拉桥主梁施工。但采用该法施工时,其主梁标高须考虑挂篮变形和混凝土收缩、徐变的影响,相对于悬臂拼装法而言,高空作业较多,施工周期长。

斜拉桥主梁的悬臂浇筑均匀采用挂篮施工,挂篮形式很多,各有特色,但常用挂篮形式归纳起来可以分为后锚点挂篮、劲性骨架挂篮和前支点挂篮三种。其中前支点挂篮因结构合理,能充分发挥斜拉索的效用而使用最为普遍。前支点挂篮也称为牵索式挂篮,它主要由承重系统、模板系统、牵索系统、锚固系统及行走系统五大部分组成。此种挂篮的受力原理是利用斜拉索作为挂篮前支点牵引索,后锚点锚于已浇梁段底板上,中支点用挂钩支撑于已浇主梁顶面,将后锚点挂篮的悬臂受力状态改变为前后支点的简支受力状态,从而减小了挂篮的挠度和弯矩,提高了挂篮的承载能力。对于梁段长的挂篮,还可在挂篮纵梁上设 2 根拉索,形成三支点连续梁受力状态,这样承载能力会更大。挂篮构造如图 7.21、图 7.22 所示。

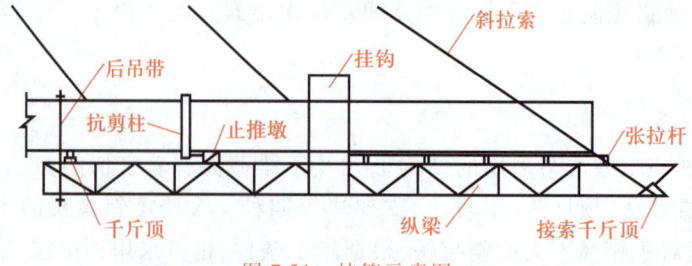

图 7.21 挂篮示意图

图7.22 挂篮实物图

二、其他施工工艺

1. 支架法

该法主要应用在桥下净空较低,搭设支架不影响交通,具有足够的搭设支架及设备的场地。如图7.23所示。优点是能够保证结构的设计形状和标高要求,在桥下净空较低时,施工费用较低。

2. 顶推法

顶推法进行混凝土斜拉桥主梁的施工,需在跨间设置若干临时支墩,且在顶推过程中,主梁要反复承受正、负弯矩。为了满足施工阶段内力要求,有时主梁需配置临时预应力束筋。该方法较适用于桥下净空较低、修建临时支墩造价不高、支墩不影响桥下交通、抗拉和抗压能力相同、能承受反复弯矩的钢斜拉桥主梁的施工。我国采用顶推法施工主梁的公路斜拉桥有湖南衡山公路大桥、广东海紫洞桥等,此外,法国米约高架桥采用了顶推法施工(图7.24)。

图7.23 支架法施工斜拉桥主梁 　　图7.24 法国米约高架桥顶推法施工

3. 平转法

平转法是将斜拉桥上部结构分别在两岸或河岸支架上现浇,在岸上完成所有的试安装和安装工序,并经落架调整其各点标高与索力后,分别整体旋转就位,再跨中合龙。如系独塔,则在平转到对岸支点后,再调整支点标高与内力。无论是独塔还是双塔,必须在平转就位后,卡紧转盘使其不能转动,以确保稳定。斜拉桥平转施工的转动中心一般设在主塔中心。对于塔

梁固结斜拉桥,其平转施工的转动中心一般设在墩顶;而塔墩固结或塔梁墩固结斜拉桥,则其转动中心一般在墩顶或基顶之间,如图7.25所示为总重量14 000吨的黑龙江省绥芬河市新华街立交斜拉桥,成功的水平转过70.2度角。

平转法施工适用于桥址地形平坦、河滩平整的情况下,或人工开挖的运河中,以及桥梁结构具有适合整体转动的结构体系和墩身较矮的桥梁施工中。

图7.25 黑龙江省绥芬河市新华街立交桥转体施工

综上所述,混凝土斜拉桥主梁的架设方法与斜拉桥的跨径和规模有密切关系,一般跨径及规模较小时常用支架法施工,跨径及规模较大时用悬臂法施工。

三、主梁施工注意事项

1. 塔梁临时固结措施

在斜拉桥主梁悬臂施工过程中,索塔两侧的梁体因自重荷载的不平衡将产生一定的不平衡力矩,且两侧斜拉索张拉索力的不对称也将产生一定的不平衡力矩。当漂浮和半漂浮体系的斜拉桥采用悬臂浇筑法进行主梁施工时,为确定结构在施工阶段的稳定,在施工过程中必须将塔梁临时固结,要解除时,须根据设计合龙程序中的规定,按步骤予以解除,对于塔梁固结的斜拉桥则不需临时固结。

塔梁临时固结措施,一般采用在索塔下横梁上设置四个混凝土临时支座,支座内植入螺纹钢筋,其下端预埋在下横梁中,上端锚固在主梁0号块的横隔梁内,钢筋的直径、数量和埋置深度均由计算确定。为便于拆除,可在支座内设置硫磺砂浆层。此法结构简单,安全可靠,但拆除较困难,如图7.26所示。

为方便临时固结的拆除,近年来施工单位设计了钢结构临时支撑。此类支座均用型钢组成,并用轧丝锚锚固于0号块顶面,其优点是拆除时采用氧割和解除预应力的方法,简便、省时。

此外,在不等跨结构的斜拉桥施工中,为满足施工工况的要求,如经计算需要,除设置临时支座外,还可在塔的两侧设置临时支承墩,以共同承担施工反力。临时支撑常用钢管桩或钢护筒。在下塔柱上设置预埋件作为临时支承的锚座。如果塔两侧的主梁不对称,拆除临时支承时漂浮体系会引起体系转换,导致梁向一端(通常是向岸端)水平移动,索力重新分布,当该水平位移特别大,而且是突然发生时,会引起事故,因此拆除支承时应特别注意。

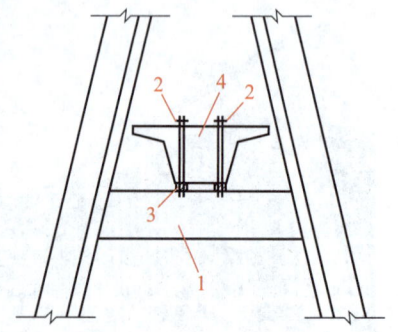

1—下横梁;2—锚筋;
3—临时固结支座;4—主梁0号块
图7.26 临时固结制作示意图

2. 无索区施工

无索区主梁一般需在支架或托架上施工。支架或托架安装好后,先进行预压,以消除非弹性变形,然后安装模板及钢筋,浇筑混凝土,待其强度达到要求后,施加预应力,然后拼装挂篮,进行主梁的悬臂浇筑。

3. 其他问题

采用悬臂浇筑法时,从有利于索塔和桥墩的受力出发,应严格按照设计所提供的施工阶段顺序,对称浇筑施工,不得随意更改施工步骤;挂篮在投入使用之前,须经过压重试验,以检验其强度和刚度,减小挂篮非弹性变形,确保施工安全。

在主梁节段施工周期之间要穿插进行拉索的安装(有时还要进行索塔的节段施工),在制订专项施工方案时,不应有妨碍拉索架设和索塔施工的地方。

主梁施工中应保证拉索的索力符合设计要求,由于主梁是逐次形成的,在安装完毕后,应使主梁的立面位置符合设计要求,不出现过大的偏差,因此施工中应进行控制和调整。

7.2.5 拉索施工

成型拉索由钢丝(或钢铰线)组成的钢索和两端的锚具两部分组成,而不同种类和构造的拉索两端需配装合适的锚具后才能成为可以承受拉力的拉索。斜拉索的锚具目前常用的有以下四种:热铸锚、墩头锚、冷铸墩头锚和夹片群锚。平行钢丝索一般采用冷铸墩头锚,而钢绞线拉索一般采用夹片群锚。

一、拉索的制作

制索工艺流程一般为:钢丝防锈→调直→应力下料→防护漆→穿锚→镦头→浇锚→烘锚→拉索防护→超张拉→标定。

若采用高密度聚乙烯管作拉索防护时,应在钢丝成索后即穿套聚乙烯管,然后再穿锚。应力下料时,同索钢丝索应在同一温度下下料,防止温差过大影响钢丝长度的精确。

二、放索及索的移动

1. 放索

为方便运输及运输过程中对索的保护,斜拉索起运前通常采用类似电缆盘的钢结构盘将拉索卷盘,然后运输。对于短索,也有采取自身成盘,捆扎后运输的情况。根据拉索不同的卷盘方式,现场放索时,常用的有立式转盘放索和水平转盘放索两种方式。

对于自身成盘的索,一般设置一个水平转盘,将索盘在转盘上,边转动边将索放出。而常用的立式放索盘,由于拉索一端有较重的锚头挂在索的外侧,使放索偏心,故放索时,索盘转速极易发生突变,产生冲击力,导致拉索散盘,损坏拉索的防护层,因此在放索盘上应设置制动装置。

2. 拉索在桥面上的移动

拉索从索盘上释放出来,进入梁端和塔端钢套管前,需在桥面上进行一段较长距离的移动。由于索自身弯曲,或者与桥面直接接触,因而移动过程中要注意保护好拉索的防护套。通常移动拉索常用的方法有:滚筒法、移动平车法、垫层拖拉法等。

(1)如果索盘是水上由驳船运来,对于短索一般直接将索盘吊到桥面上,利用放索支架放索,对于长索一般直接在船上设置放索支架放索。采用前者时要在梁上放置吊装设备,采用后者则需在梁端设置转向装置以利于索的移动。对于现浇梁,转向装置设在施工挂篮上,若是拼装结构则设在主梁上,要求转向装置的半径不小于索盘半径,与梁体保持一定间隔。

(2)滚筒法。在桥面上设置一条滚筒带,索放出后沿滚筒运动。滚筒之间要保持合适的距离,防止拉索因下垂而与桥面接触,以致刮伤防护套。滚筒固定在桥面上,防止拉索移动时倾覆。制作滚筒时,要根据拉索的刚柔程度,选择适宜的滚轴半径,以免滚轴弯折;滚轴宜做成凹槽形,用橡胶或塑料等柔性、半柔性的材料制成,以便于较好地保护拉索护套。

(3) 移动平车法。当拉索上桥后,每隔一段距离垫一个平车,由平车载索运动。主梁梁体顶面凹凸不平时会导致平车运动不便,所以平车的轮子不宜太小。与滚筒法一样,平车也要保持合理的距离。同时,拉索与平车之间要用软绳或卡箍临时固定,防止拉索从平车掉落到桥面上。

(4) 导索法。在索塔上部安装一根斜向工作悬索,当斜拉索上桥后,前端连接牵引索,每隔一段距离放置一个吊点,使拉索沿着导索运动,这种方法能省去大型牵索设备,可安装成卷的斜拉索。

(5) 垫层拖拉法。对于一些自重轻、长度短的拉索,可在梁面放索线上铺设麻袋、草包、地毯等柔软的垫层,就地拖拉。

三、拉索的挂设

挂索就是将成品拉索架设到索塔锚固点和主梁锚固点之间的位置上。一般情况下,可根据斜拉索张拉方式确定拉索的安装顺序,拉索张拉端位于塔部时可先安装梁部拉索锚固端,后安装塔部拉索锚固端;反之,先安装塔部,后安装梁部。斜拉桥挂索的顺序总是从短索进行到长索。挂索常用的挂设方法有四种:吊点法、硬牵引法、软牵引法和承重导梁法。

安装斜拉索前应计算出克服索自重所需的拖曳力,以便选择卷扬机、吊机及滑轮组配置方式。塔部安装张拉端时,先要计算出各施工阶段的索力,然后选择适当的牵引工具和安装方法进行拉索安装。由理论分析可知,当矢跨比小于 0.15 时,可以用抛物线代替悬链线来计算曲线长度。

索的垂度公式为

$$f_m = \sqrt{\frac{3(L'-L)L}{8}}$$

式中:f_m——计算垂度值;
  L——两锚固点之间的距离;
  L'——索长。

拖曳力的水平力公式为(未计入弹性伸长)

$$H = \frac{qL^2 \cos \alpha}{8f_m}$$

式中:q——索的单位重;
  α——索与水平面夹角。

1. 吊点法

主要利用卷扬机组安装,吊点法可分为单吊点法和多吊点法。

(1) 单吊点法。拉索上桥面后,从索塔孔道中放下牵引绳,连接拉索的前端,在离锚具下方一定距离设一个吊点,索塔吊架用型钢组成支架,配置转向滑轮。当锚头提升到索孔位置时,采用牵引绳与吊绳相互调节,使锚头尺寸准确,牵引至索塔孔道内就位后,穿入锚头固定,如图 7.27 所示。

单吊点法施工简便、安装迅速,缺点是起重索所需的拉力大,斜拉索在吊点处弯折角度较大,故一般应用于较柔软的短拉索。

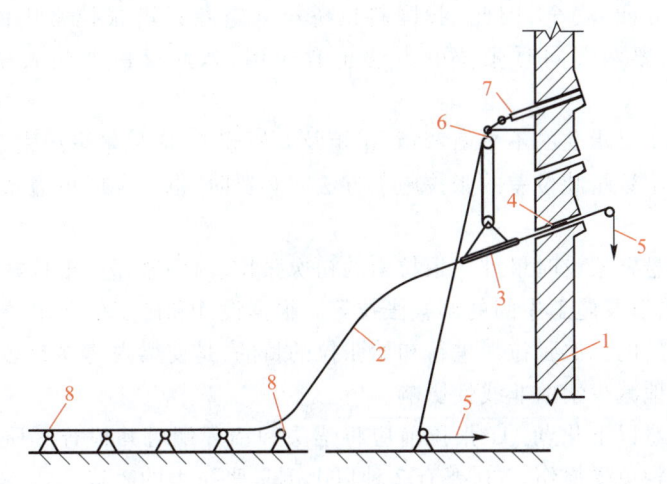

1—索塔；2—待安装拉索；3—吊运索夹；4—锚头；5—卷扬机牵引；6—滑轮；7—索孔吊架；8—滚轮

图 7.27 单吊点法安装拉索

起吊设备可利用塔吊、汽车吊或安装在塔顶的其他起吊设备。该方法能利用原有设备，设备投入量少，一般用于近塔柱的几根拉索或小跨径桥梁。

（2）多吊点法。同前所述单吊点法，只要将单吊点法中的牵引索从预穿索孔中引出即可，多吊点法吊点分散、弯折小，在统一操作指挥下，可使斜拉索均匀起吊，因吊点较多，易保持拉索保持直线状态，两端无需用大吨位千斤顶牵引。

2. 吊机安装法

采用索塔施工时的提升吊机，用特制的扁担梁捆扎拉索起吊。拉索前端由索塔孔道内伸出的牵引索引入索塔拉索锚孔内，下端用移动式吊机提升。吊机法操作简单快速，不易损坏拉索，但要求吊机有较大的起重能力，故一般适用于重量不大的短索安装。

3. 分步牵引法

根据斜拉索在安装过程中索力递增的特点，而分别采用不同的工具，将拉索安装到位。首先用大吨位的卷扬机将索张拉端从桥面提升到预留孔外，然后用穿心式千斤顶将其牵引至张拉锚固面。在这个阶段前半部，采用柔性张拉杆-钢绞线束，利用两套钢绞线夹具系统交替完成前半部牵引工作；牵引阶段的后半部，根据索力逐渐增大的情况，采用刚性张拉杆分步牵引到位。如图 7.28 所示。

四、拉索张拉

拉索的张拉是拉索完成挂索施工后导入一定的拉力，使拉索开始受拉而参与工作。通过对拉索的张拉可以对索力及桥面标高进行调整。所以拉索的张拉工艺、索力及标高的控制是斜拉桥施工的关键，张拉形式可分为三种：塔端张拉，梁端锚固；梁端张拉，塔端锚固和塔梁两端同时张拉。由于塔的刚度比梁大，塔腔内空间较梁体内空间大，千

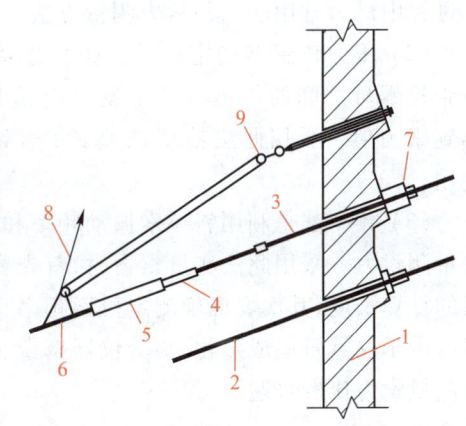

1—索塔；2—已安装拉索；3—钢绞线；4—刚性拉索；
5—拉索锚头；6—待安装拉索；7—千斤顶；
8—卷扬机；9—滑轮

图 7.28 分步牵引法

231

斤顶移动、安装较方便、安全，因此，我国斜拉桥拉索空腔索塔张拉常用的是塔端张拉，梁端锚固的方法。塔梁两端同时张拉的方法也有应用，如武汉白沙州大桥、安徽铜陵长江公路大桥。

为减少索塔和主梁承受的不平衡弯矩、扭矩及方便施工，应尽量采用索塔两侧平衡、对称、同步张拉或相差一个数量吨位差的张拉施工方法。必要时，也可考虑单边张拉，但必须要经过仔细的计算。

拉索张拉包括悬臂架设时最外一根拉索的初次张拉、内侧紧邻一根拉索的二次张拉、主梁合龙后的最终张拉，以及施工中间的调整张拉等。根据设计和施工的要求，一般可分为安装阶段的初始张拉和其后的二次张拉。进行初始张拉的目的，是使梁内建立起必要的应力储备，同时也是为了尽可能地减少索的非线性影响。

在张拉时应注意以下几点：① 张拉前应将锚头和锚环配对并检查其质量。② 穿束和张拉时应注意保护拉索免受损伤。③ 要有 2 种以上测量张拉力的手段。④ 锚环旋紧程度要一致，以免各束受力不均。⑤ 张拉应在严格对称的情况下进行。中、边跨或上、下游间的不平衡张拉力，应不超过一根拉索的初拉力值。⑥ 原则上不允许任意改变初张力大小来凑主梁标高，但在以后调整索力时，还要照顾标高而在允许范围内改变初张力。

五、索力的测定与调整

1. 索力量测

斜拉索的索力正确与否，是斜拉桥设计施工成败的关键之一，必须有可靠的方法准确测量索力。测定索力的方法很多，目前常用的索力测量方法有压力表测定法、压力传感器测定法和频率法三种。

（1）压力表测定法是利用张拉千斤顶的液压与张拉力之间的直接关系，通过测定张拉过程中的油压，而后换算成索力的一种索力测定方法。采用此法测定索力时，需使用 0.3~0.5 级精密压力表，使得压力表测定的索力精度达到 1%~2%。此法测量索力简单易行，是斜拉桥施工过程中最为常用的一种索力测量方法。

（2）压力传感器测定法是在张拉连接杆套一个穿心式压力传感器，张拉时处在千斤顶和张拉螺母之间的传感器受压发出电信号，在配套的二次仪表上读出千斤顶张拉力，从而得到索力值。采用此法精度较高，可达到 1% 以下，但价格比较昂贵，只能在特定条件下使用。

（3）频率法是利用斜拉索振动频率和索力之间的关系，通过测定频率，间接换算索力的办法量测索力。采用此法测量索力时，首先要根据不同工况及拉索相应的约束条件准确设定拉索的计算长度，其次要准确测定拉索频率，特别是低阶频率。当前，随着科技发展，测定拉索频率的电子仪器日趋成熟化，整套仪器携带、安装都十分方便，测量结果也比较可信。故采用此法测量索力比较普遍。

2. 索力调整

一般而言，斜拉桥从施工到成桥状态，需要通过索力调整达到控制标高和梁内应力的目的。索力调整一般与索力张拉在同一部位进行，如在梁端张拉拉索，则在梁端调整索力，在塔端张拉，则在塔端调整索力，张拉与调整共用一套设备，这样，施工支架、升降平台、千斤顶悬吊设施等均可共用，以节省成本与时间。

索力调整施工方法如下：

（1）计算好要调整的索的索力延伸量、主梁标高的变化值等数据。

（2）检查并调试好张拉设备的完好状态。

（3）将张拉设备、工具分别安装就位，张拉丝杆拧入冷铸锚杯，并拧合到位，不装工具锚圈，千斤顶与油泵油管接好。

（4）开动油泵，使千斤顶活塞无负荷空升少许，如在调索时要求提高索力，则空升3~5 cm即可，如要求降低索力，则空升值为拉索回缩值加3~5 cm。

（5）拧入工具锚圈，如索力检测采用拉杆拉力的方式，则应在工具锚圈与千斤顶垫圈之间安装穿心式压力传感器。

（6）按预先计算并确定调索的相应的张拉力，通过电动油泵进油或回油逐级调整索力，如果是降低索力，则先进油张拉至上次张拉的吨位，看锚圈是否有松动，如没有松动，则增加少许拉力，使锚圈松动，反时针拧松锚圈至大于拉索固缩量位置，油泵缓慢回油使拉索索力降低，直至满足设计要求，随即拧紧锚圈，测量并检查索力调整后各项数据是否符合设计要求；如果是增加索力，则缓慢进油张拉至设计索力值，随即拧紧锚圈。在调索过程中，如调索延伸量超过千斤顶行程，则第一次张拉达到千斤顶行程时，旋紧螺圈，千斤顶回移，重复进行下一行程的张拉。

调索过程中，应以检测、校核数据配合油表读数，共同控制张拉力，并随时观测，防止不正常情况的发生。

小结

斜拉桥主梁、索塔和拉索施工工艺。

操作与练习

【习题】

1. 填空题

（1）斜拉桥塔柱常见的施工方法主要有（　　）、（　　）、（　　）和（　　）四种。

（2）斜拉桥主梁常见的施工方法主要有（　　）、（　　）、（　　）和（　　）四种。

2. 问答题

（1）简述制索工艺流程。

（2）试述斜拉桥的施工工序。

【典型案例】

常泰长江大桥连接常州与泰兴两市，主跨1 176 m，为在建的世界最大跨度公铁两用斜拉桥。跨江大桥分上下两层，在长江上首次采用高速公路+城际铁路+普通公路"三位一体"的组合形式。大桥建设将实现"四个世界首创"，即首创台阶型减冲刷减自重沉井基础、首创温度自适应塔梁纵向约束体系、首创"钢-混"混合结构空间钻石型桥塔、首创"钢箱-核芯混凝土"组合索塔锚固结构。其中5号和6号墩采用大型沉井基础，大桥主塔高352 m，采用"空间钻石型"设计，下塔柱为四塔肢，单塔肢为正八边形截面。

任务 7.3　悬索桥的构造

7.3.1　悬索桥的组成与受力特点

一、悬索桥的主要组成

悬索桥，又称为吊桥，是一种古老的桥型。现代悬索桥通常由桥塔、主缆、吊索、加劲梁、锚碇及鞍座等主要部分组成，如图 7.29、图 7.30 所示。

图 7.29　悬索桥的主要组成

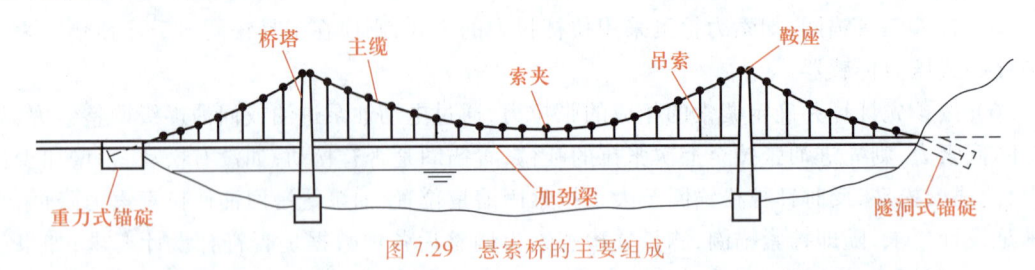

图 7.30　悬索桥

（1）桥塔。桥塔是支承主缆的重要构件，悬索桥全部活载和恒载（包括桥面、加劲梁、吊索、主缆及其附属结构等的重量）以及加劲梁支承在塔身上的反力，都将通过桥塔传递到下部的塔墩和基础至地基。桥塔的高度主要由主缆的垂跨比确定。已建的大跨度悬索桥中大多数桥塔采用钢结构。随着预应力混凝土和爬模施工技术的发展，造价经济且刚度大的混凝土桥塔采用得越来越多。

（2）主缆。主缆是悬索桥的主要承重构件，除承受自身恒载外，主缆本身又通过索夹和吊索承受作用在桥面的活载和加劲梁（包括桥面）的恒载。除此之外，主缆还要承担横向风载，并将它直接传递到桥塔顶部。主缆有钢丝绳钢缆和平行线钢缆等，由于平行线钢缆有弹性模量高，空隙率低，抗锈性能好等优点。因此，大跨度悬索桥的主缆常采用这种形式。

（3）吊索。也称为吊杆，是将活载和加劲梁的恒载传递到主缆的构件。吊索的布置形式有垂直式和倾斜式等，吊索上端与索夹相连，下端与加劲梁连接。吊索一般用有绳芯的钢丝绳制成，其组成可以是一根、二根或四根一组，这要视吊索所承受的荷载大小而定。

（4）加劲梁。主要提供桥面（行车、行人等）和防止桥面发生过大的挠曲变形和扭转变形。加劲梁是承受桥面活荷载、风荷载和其他横向水平力的主要构件。大跨度悬索桥的加劲梁均为钢结构，一般采用桁架或箱梁等形式。也有用预应力混凝土作为加劲梁的，但因其自重大、变形能力差等，一般仅适用于跨径在 500 m 以下的悬索桥。

（5）锚碇。用来锚固主缆的重要结构。锚碇将主缆中的拉力传递给地基。通常采用的有重力式锚碇和隧道式锚碇。重力式锚碇依靠巨大的自重来抵抗主缆的垂直分力,水平分力则由锚碇与地基之间的摩阻力或嵌固阻力来承担。隧道式锚碇则是将主缆中的拉力直接传递给周围的岩石。

(6)鞍座。是支承主缆的重要构件。通过它可以使主缆中的拉力以垂直力和不平衡水平力的方式均匀地传到塔顶或锚碇支架处。鞍座分为:塔顶鞍座,设置在桥塔顶部,将主缆荷载传到塔上;锚固鞍座(也称为扩展鞍座),设置在锚碇支架处,主要目的是改变主缆索的方向,把主缆的钢丝绳股在水平方向和竖直方向分散开来,并把它们引入各自的锚固位置。

二、悬索桥的主要受力特点

1. 静力特性

悬索桥是由主缆和加劲梁构成的一种柔性悬挂组合体系,兼有索和梁的受力特点。在外荷载作用下,主缆与加劲梁共同受力,主缆是这个组合体系的主要承重构件,在荷载作用下的变形直接影响到整个组合体系的受力分配和变形,静力特性可表述如下。

(1)主缆是几何可变体,只能承受拉力。主缆的承载方式除了通过自身的弹性变形(受力伸长外),还通过主缆的几何形状改变(曲线形状改变)来影响体系平衡,这种几何形状的改变对悬索桥受力的影响是不可忽略的,因此体系的平衡应建立在变形后的状态上。

(2)主缆在初始恒载作用下,具有较大的初拉力,使缆索保持着一定的几何形状。当外荷载作用时,缆索发生几何形状的改变,初拉力对外荷载作用下产生的位移存在着抗力,它和位移有关,反映出缆索的几何非线性性质。

(3)改变主缆的垂跨比将影响结构的内力,结构体系的刚度也将随之改变。一般来说,减小垂跨比,主缆的拉力将增大,从而起到减少挠度的作用,即增大体系的刚度。

(4)大跨度悬索桥的恒载相对较大,这使主缆中拉力增大,从而减少了悬索桥由于活载引起的竖向变形。也就是说,主缆依靠吊桥的恒载能够使其在活载作用下的变形减小,从而提高悬索桥的刚度。

(5)随着跨径的增大,从构造上来说,加劲梁的高跨比应越来越小,事实上增大加劲梁的抗弯刚度,对减少吊桥竖向变形的作用并不大,这是因为竖向变形是吊桥整体变形的结果。加劲梁的挠度是随着主缆的变形产生的,跨径的增大,使加劲梁在承受竖向活载方面的功能逐渐减少到只是将活载传递给主缆,其本身刚度的作用已没什么影响,这与其他桥型中的主要构件截面面积总是随着桥梁跨径的增加而显著增加不同。

(6)边跨的不同形式对吊桥有很大的影响。通常吊桥边跨与中跨之比对吊桥的挠度和内力有影响。当边跨与中跨比减小时,其中跨跨中及 $L/4$ 处的挠度和弯矩值减小,塔根弯矩也减小,而主缆拉力有所增加。此外,边跨若不悬吊对中跨挠度和弯矩有相同的影响。

2. 动力特性

与其他桥型相比,悬索桥的刚度小,固有频率低,而固有频率是抗风稳定性及动力特性方面的一个极其重要的因素,直接关系到结构的安全,因而对于悬索桥进行动力分析是十分重要的。

(1)大跨度悬索桥的自由振动特性。对于悬索桥这种柔性悬索组合结构体系,其结构的自由振动,可以分为竖直平面的纵向挠曲振动和竖向、水平方向、扭转振动组合的耦合挠曲扭转振动。提高结构体系挠曲振动的固有频率,有利于抵抗挠曲振动,而提高挠曲振动和扭转振动的固有频率,并尽可能拉开两者的差距,则有利于避免复杂的耦合振动。悬索组合结构体系

与固有频率存在着以下定性关系:

① 提高悬索桥自身的抗挠刚度和抗扭刚度,可以有效地提高其自振固有频率。需提出的是,通过增加恒载集度可以提高结构体系的刚度,但却会降低结构体系的固有频率。

② 增加加劲梁的抗弯刚度,对提高挠曲振动的固有频率影响不大;增加其抗扭刚度可显著地提高扭转振动的固有频率。对于桁架加劲梁,增加其抗扭刚度的最有效的措施是增加梁的高度。

③ 缩短边跨跨径,可以提高挠曲振动的固有频率,并能够改变结构体系的振型。

④ 主缆垂跨比加大后,挠曲振动固有频率将有所降低,扭曲振动固有频率相反地有所增加,从避免出现复杂的耦合弯扭振动的观点出发,增大垂跨比和减小垂跨比都是有利的。但从总的效果来说,还应根据其他有关因素一起来选定合适的垂跨比。

(2)风动力特性。在悬索桥设计中,风荷载所引起的作用往往成为控制设计的因素。这不仅仅是指在单纯的均匀静风荷载作用下桥梁结构反应(变形、应力)的增大,也包含着在风速、风向随时间、空间变化的风荷载作用下桥梁结构的稳定问题。19世纪以来,由于风害而产生的垮桥事故有记载的就有10多起。特别是1940年竣工的美国塔科玛海峡桥,虽然是根据当时最先进的吊桥设计理论——挠度理论设计的,但通车仅4个月后,就在19 m/s的风荷载作用下由于扭转自激振动而垮桥。此后桥梁结构的风动力特性研究迅速开展,并已取得了显著的成果。

桥梁结构对风的动态反应是十分复杂的,这种反应是若干种基本现象的复合,可以分为抖振、涡激振、跳跃驰振、扭转颤振和弯曲扭转耦合颤振等。

特大跨径悬索桥的风动力特性是保证其结构体系稳定安全的一个非常重要的内容,往往只有通过正确的理论分析和必不可少的风洞试验,才能正确掌握悬索桥对风的动力反应,并正确地进行抗风设计。

7.3.2 悬索桥的分类

一、按加劲梁的支承方式划分

(1)单跨两铰加劲梁悬索桥,如图7.31所示。

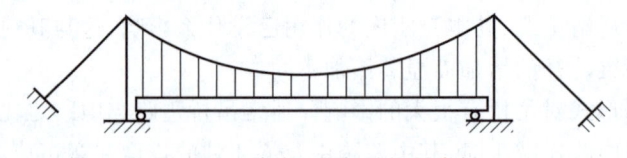

图7.31 单跨两铰加劲梁悬索桥

(2)三跨两铰加劲梁悬索桥,如图7.32所示。

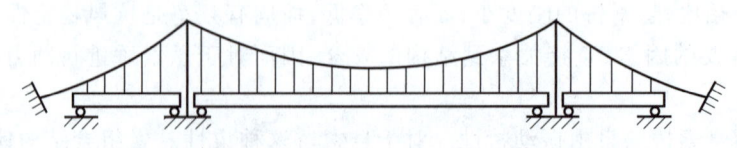

图7.32 三跨两铰加劲梁悬索桥

(3)三跨连续加劲梁悬索桥,如图7.33所示。

以上三种加劲梁支承形的悬索桥是现代大跨度悬索桥常采用的主要形式。三跨以上的多

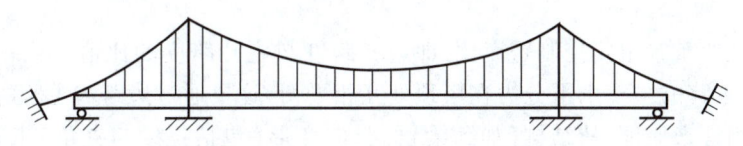

图 7.33　三跨连续加劲梁悬索桥

跨悬索桥,由于结构柔性大,固有振动频率低,以及在活荷载作用下桥塔和加劲梁都将产生较大的变位等原因,是悬索桥忌用的形式,目前在世界上尚无先例。单跨两铰和三跨两铰支承的加劲梁一般为钢桁架,该种加劲梁最早用在美国建造的悬索桥上,因此,称之为"美国式"悬索桥。三跨连续的加劲梁一般采用流线型扁平翼状钢箱梁,该种加劲梁最早在英国采用,称之为"英国式"悬索桥。

二、按主缆的锚固形式划分

（1）地锚式悬索桥。地锚式悬索桥主缆锚固在主跨两端的地基上,如图 7.29 所示。地锚式悬索桥是传统的悬索桥形式,它受力明确,主缆和吊索受拉,加劲梁以受弯为主。地锚式悬索桥是目前所有桥型中跨越能力最大的桥型。

（2）自锚式悬索桥。自锚式悬索桥的主缆锚固在加劲梁的两端,如图 7.34 所示,自锚式悬索桥是近几十年出现的一种悬索桥。与地锚式悬索桥相比,其最大特点是取消了两端庞大的地锚。该种悬索桥加劲梁受到主缆传来的巨大轴压力,加劲梁是一种受压为主的压弯构件,使得自锚式悬索桥受力复杂,加劲梁需要有足够的刚度来满足稳定性的要求;另外,自锚式悬索桥与地锚式悬索桥的施工顺序完全不同,它是要利用支架先架设加劲梁,然后再安装主缆,将主缆锚固在加劲梁的两端,安装吊索将加劲梁吊起,再拆除支架。在有通航或通车的情况下,会导致施工不便或影响通行,且施工过程复杂和难度大,因此,自锚式悬索桥跨径不宜太大。

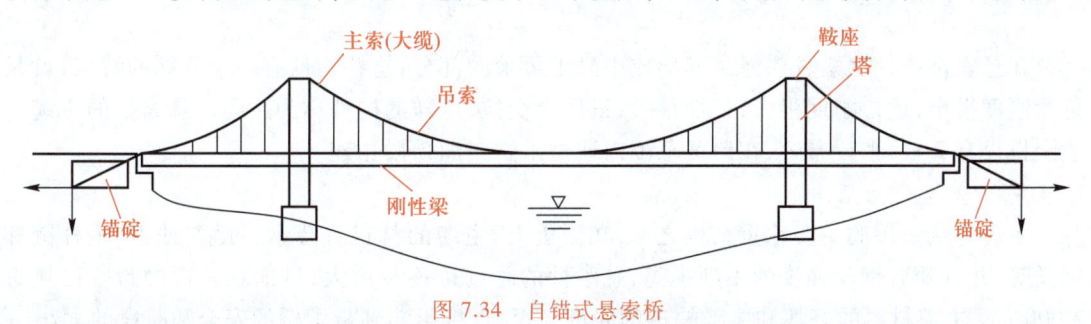

图 7.34　自锚式悬索桥

7.3.3　悬索桥的构造

悬索桥是以悬吊支撑于索塔、锚固于锚碇（边跨加劲梁）的缆索受拉为主要承重构件的桥式。除了主缆、索塔、锚碇（自锚式悬索桥不需要）,悬索桥还包括吊索（杆）、加劲梁和桥面结构等。一般来说,当桥跨大于 600 m 或更大时,采用悬索桥往往较其他桥式具有较强的竞争力。这是因为高强钢丝组成的主缆受拉最能发挥其材料性能因而较经济,而且其悬链线的曲线形状也能给人以舒缓柔和的美感。

一、悬索桥的总体布置

悬索桥具有跨越能力大、轻型美观等特点,已逐渐成为特大跨径（大于 1 000 m）桥梁的首选桥型。其总体布置主要包括跨径布置、主缆垂跨比和加劲梁的尺寸等。

1. 跨径布置

悬索桥跨径的布置主要控制跨度比,即边孔跨度与主孔跨度的比值。从总体受力角度来看,要求边跨与主跨的主缆水平分力在塔顶处互相平衡,这要通过边跨与主跨的主缆在塔顶两侧的夹角尽量相近来保证;从结构(加劲梁)的竖向变形(包括挠度与夹角)来看,则以减小跨度比为有利。在实际设计中,一般受具体桥位处的地形与地质条件制约。世界上已建三跨悬索桥的实例中,跨度比多取 0.25~0.50。而对于单跨悬索桥,由于取消悬吊的边跨加劲梁会导致结构的整体刚度下降,采用较小的跨度比来增加结构刚度是最省、最有效的办法。已建单跨悬索桥跨度比大部分为 0.2~0.32。

2. 主缆的垂跨比

悬索桥的垂跨比是指主缆主孔的垂度和主孔跨度的比值,垂跨比的大小直接影响着主缆中拉力大小、主缆的用钢量、结构整体刚度、主孔竖向和横向挠度等因素。并且垂跨比与主缆中的拉力和桥塔承受的压力成反比,与桥塔的高度成正比。一般情况下,大跨径悬索桥垂跨比为 1/12~1/9。

3. 加劲梁的尺寸

加劲梁尺寸主要是确定加劲梁的宽度和高度。一般情况下,在桥面宽度确定以后,梁高小一些,断面的流线型可以好一些,有利于风稳定。但高度大小会导致加劲梁的抗扭刚度削弱太多,容易导致涡振和抖振的产生,致使结构疲劳,从而也使人感到不适及行车不安全。因此,在设计加劲梁尺寸时,主要对两个密切相关的指标进行控制,即加劲梁的高度比和高跨比。所谓加劲梁的高宽比与高跨比就是,加劲梁的梁高和梁宽之比,以及梁高与主孔跨度之比。根据统计,悬索桥加劲梁的高度比一般为 1/12~1/5,高跨比为 1/60~1/40,国外修建的大跨径悬索桥加劲桁梁的高跨比达 1/200~1/80。

二、主缆的构造

在悬索桥中,缆、索、链、绳是其构成中必不可少的部分,这些构件有一个共同的特点,就是抗弯刚度很小,抗拉刚度很大,柔性很大,只适合受拉,这样的构件称为主缆。悬索桥的主缆一般全桥设有 2 根,平行布置,在跨度范围内通过吊索与加劲梁相连。

1. 主缆的基本要求

主缆是悬索桥的主要承重结构之一,在历史上,主缆的材料有藤索、竹索、铁索、眼杆链和钢丝等,并且随着钢丝强度的不断提高,悬索桥的跨度也逐步增大,目前悬索桥的跨度已接近 2 000 m。主缆材料的好坏和主缆构造的先进与否,直接影响到悬索桥的安全和跨度的大小。

因此,对悬索桥的主缆一般有以下基本要求:

(1) 单位有效截面积的抗拉强度大;
(2) 截面密度大;
(3) 结构延伸率小;
(4) 弹性模量大;
(5) 疲劳强度大,徐变小;
(6) 便于运输,便于架设;
(7) 易于锚固和防腐;
(8) 材料价格便宜。

以上基本要求在悬索桥主缆设计时,必须结合工程特点进行全面考虑。

2. 主缆的类型

目前,在悬索桥主缆设计中,主要采用钢丝绳和平行钢丝束两种类型。钢丝绳主缆一般用于中、小跨度悬索桥,它又可分为钢绞线绳、螺旋钢丝绳(SPR)和封闭式钢绞线索(LCR)。平行钢丝束主要用于大跨悬索桥,根据其制作方法不同,可分为空中绕线法的平行丝股主缆(AS)和预制丝股法的平行丝股主缆(PWS 或 PS)。前者是在施工现场通过移动的纺轮在空中编制而成;后者是预先在工厂按规定的钢丝根数及长度制成丝股,并做好锚头,绕在丝股盘上,然后运到现场通过牵引系统架设到设计位置。

根据对这两种主缆的经济性比较,目前在工程中,钢丝绳主缆用在 600 m 以下跨度的悬索桥,平行丝股主缆用于跨度在 400 m 以上的悬索桥。

(1) 钢丝绳主缆。钢丝绳由钢丝捻成股,然后再由股胫成绳。作为主缆的钢丝绳一般都是 7 股绳。每股的丝数可分为 7、9、37 和 61 等,丝捻成股的捻向与由股捻成绳的捻向相反,捻角在 18°左右。闭合型钢丝绳的截面呈梯形、Z 形。绳面光滑,不进水,截面密实,但价格较贵。

用钢丝绳制作主缆时,受吊运能力的限制,绳的截面不能太大,而且将若干绳制成缆时,密实度不高,弹性模量低。因此钢丝绳一般只能作为小跨度悬索桥的主缆。

(2) 平行钢丝束主缆。悬索桥的跨度越大,主缆所需要的索力越大,所要求的钢丝数量越多,为了减小主缆的直径和提高主缆的弹性模量,工程中常采用平行钢丝组成丝股,再由若干丝股组成密实的主缆。这样的主缆中各丝股之间能保证受力较为均匀,并且能架设成密实和理想的截面。

丝股的架设截面形式一般是正六边形,以保证丝股在架设过程中能保持稳定和相对密实。由丝股排列成主缆的截面外形有平顶型和尖顶型两种。平行钢丝大缆的丝股按设计排列架设完成后,将外层丝股的定型带去掉,将丝股打散,然后进行初整形;在初整形后,用紧缆机进行最终整形,将主缆紧固到要求的截面大小时,用软钢带将其捆扎,使其保持要求的形状和尺寸,全部紧缆完成后,再进行下一道工序。

3. 主缆的结构形式

大多数悬索桥都采用双面主缆,但也有单面主缆的。主缆的根数,一般是一侧布置一根。但因主缆太粗、架设困难或工期限制等原因,也有一侧用两根主缆的情况。如果在桥的每侧都用两根主缆,并让两主缆在立面的几何形状不同,这种情况称为复式主缆。

三、鞍座

鞍座(图 7.35)是设在塔顶及桥台上直接支撑主缆,并将主缆荷载传递给塔及桥台的装置。按其作用的不同,大致可分为塔顶主鞍座、支架副鞍座和展束锚固鞍座三种。鞍座一般由铸钢件构成,随着焊接技术的发展,目前的鞍座大多采用铸焊结合结构。鞍槽采用铸钢件,鞍槽下的支撑结构用厚钢板的焊接结构,鞍槽与支撑结构之间也采用焊接。

塔顶主鞍座设置在主缆越过塔顶的位置,承受主缆产生的巨大压力并传递给桥塔。其上座上设有索槽安设主缆。刚性桥塔上的塔顶主鞍座,一般在上座下设一排辊轴,辊轴下设下座底板,以把辊轴传来的集中荷载更好地分布在塔柱上。而柔性桥塔或摆柱式塔上的塔顶主鞍座,仅设上座,其通过螺栓与塔柱固定。

支架副鞍座是设在边跨靠岸端的墩架或钢排架顶上的鞍座,其作用是改变主缆在垂直面内的方向,使主缆对水平线倾角变陡,以便进入锚碇。因此,未设边墩支架的悬索桥就没有支架副鞍座。支架副鞍座有两种形式:一种是鞍座固定在墩架或钢排架的顶部,鞍座与墩架或钢

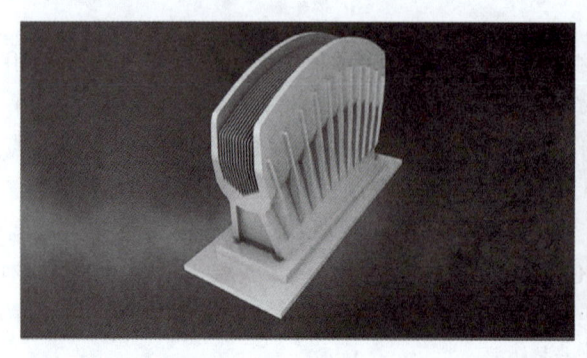

图 7.35　鞍座

排架顶部不发生相对位移；另一种是鞍座下设有辊轴或摇杆，容许鞍座与墩支架或钢排架顶部做相对移动。

展束锚固鞍座是让构成主缆的许多钢丝束绳股在水平向及垂直向分散开的支承鞍座，然后把各绳股引入各个锚固部分，一般设在桥台上。为了适应悬索桥成桥后，因活载而使主缆拉力变化引起鞍座纵向移动的需要，展束锚固鞍座设置在辊轴、摇轴或摆柱上。展束锚固鞍座的形状较复杂；在主缆进口端应有圆槽，以便与主缆截面相适应；在丝股出口处，应让外层各丝股的上端交汇于一点，下端指向锚块混凝土前锚面的指定丝股位置。

如果主缆在展索时不改变其总方向，则无须设置展束锚固鞍座只需设置展索套。展索套呈漏斗状，主缆从其小口进入，在大口处散开。为了便于安装，展索套做成两个半圆形铸件，然后用螺杆连接。为防止展索套沿主缆尚未散开的方向滑移，需要在展索套小口之外设置"挡圈"。挡圈套住主缆后用高强螺杆拧紧，依靠由此产生的摩擦力阻挡展索套向上移动。

四、吊索与索夹

悬索桥通过吊索将作用于加劲梁上的恒载及活载传给主缆，在主缆上安装索夹以保证传力途径安全可靠。现在悬索桥吊索一般可采用钢丝绳、平行钢丝束或钢绞线等材料制作，少数小跨度悬索桥采用刚性吊杆。刚性吊杆是由圆钢或钢管制成，在它的两端加工螺纹，用螺帽与加劲梁上伸出的连接件相连；或是两端焊上连接块，连接块上留有螺栓孔，用螺栓与索夹的吊耳及加劲梁上连接杆相连。索夹由铸铁制作而成，分成左右两半或上下两半，安装后用高强螺杆将两半拉紧，在索夹内壁对主缆产生压力，防止索夹沿主缆向低处滑动。

现代长、大悬索桥吊索与索夹的连接方式可分为倒 U 骑挂式和铰接式两种，如图 7.36 所示。倒 U 骑挂式是让吊索绕过索夹（此时为左右两半），让吊索骑挂在索夹上，这类吊索常用钢丝绳制作。铰接式是采用销钉连接，在索夹（此时是上下两半）下半的下垂板上设置销钉孔眼，吊索上端设开口套筒，两者通过销钉相连，这类吊索可采用钢丝绳或平行钢丝束。

悬索桥吊索的立面布置一般有垂直布置和斜向布置两种形式，如图 7.37 所示。将吊索设计成斜吊索的目的，是为了提高大跨度悬索桥振动时的结构阻尼值，提高振动能量的衰减率，增大小跨度悬索桥的竖向刚度。但是目前国外对斜吊索存在不同的看法，对其利弊正在探索和研究。

五、桥塔的构造

桥塔是由塔基和塔身组成，它的作用是支撑主缆。按其腹杆的组合形状，常见的可分为三种形式，分别为桁架式、刚构式和组合式，如图 7.38 所示。

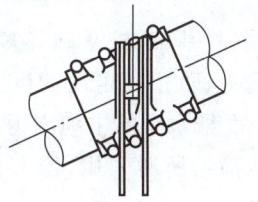

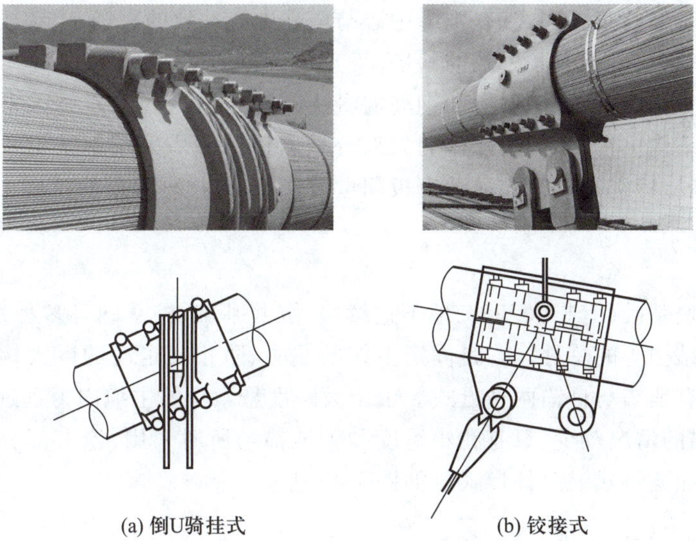

(a) 倒U骑挂式　　　　　(b) 铰接式

图 7.36　悬索桥吊索与索夹的连接

(a) 垂直布置　　　　　(b) 斜向布置

图 7.37　吊索布置形式

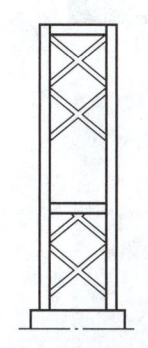

(a) 桁架式—日本濑户内海大桥 　　　(b) 刚构式—日本来岛海峡大桥

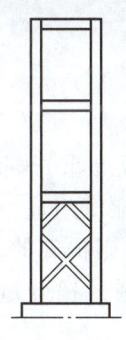

(c) 组合式—辽宁大连北大桥

图 7.38　桥塔的腹杆组合形式

按主缆在桥塔上的布置方式,有主缆中心与塔柱中心一致的直塔;主缆中心与塔柱中心偏心的直塔;主缆中心与塔柱中心一致的斜塔。

按材料可分为圬工桥塔、钢桥塔和钢筋混凝土桥塔。早期的悬索桥多采用由石料砌筑的门架形圬工桥塔结构。在20世纪修建的大部分悬索桥的桥塔采用钢结构。近几十年来随着混凝土技术的发展,特别是爬升式活动模板问世以来,大跨径悬索桥的桥塔大多采用钢筋混凝土结构。

六、锚碇的构造

锚碇是对锚块基础(有扩大基础、地下连续墙、沉井基础、桩基础等多种形式)、锚块、主缆锚固系统及防护结构等的总称。它是固定主缆的端头、防止其走动的巨大构件。悬索桥主缆两端的锚固方式有地锚与自锚两种方式。由于大跨度悬索桥的主缆内力远远超过其加劲梁的承受能力,故自锚的情况较少,只有在小跨度和无地锚场所时采用,绝大部分是地锚形式。地锚分为重力式锚和隧道式锚两种形式。如图7.39所示。

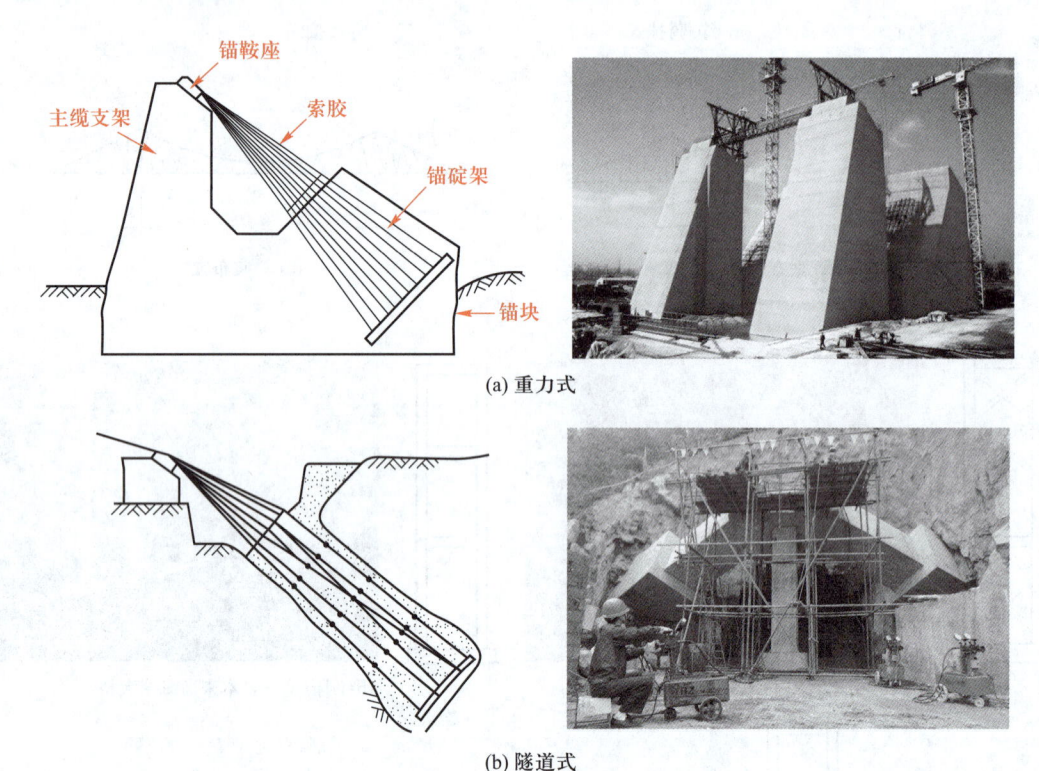

(a) 重力式

(b) 隧道式

图 7.39 锚碇的形式

重力式锚是凭借混凝土锚块的重量(再加上锚碇上的土重或配重)来固定主缆的两端。重力式锚碇一般由锚块基础、锚块、主缆的锚碇架及固定装置、遮棚等组成。重力式锚碇适用于持力层位于地面下 20~50 m,若坚实持力层的埋置深度很大,则锚碇的基础要采用沉箱、沉井、桩、管桩或沉井中套桩(或管桩)的联合基础等深基础。隧道式锚碇适用于锚碇处有坚实山体岩层可加以利用的情况。

在锚碇范围内,主缆的丝股从缠紧状态变为散开状态,其拉力通过锚碇的锚固传力系统分散到锚块内。若主缆是采用空中送丝法制作的,其丝股在散开的终端应套在靴根,各丝股所传的拉力经由靴根及销钉(或螺杆等)传给埋在混凝土锚块中的锚杆。靴根一般用铸铁或低碳钢制作,其作用是传力和调整丝股长度。锚杆常用预应力粗圆钢。若主缆采用预制平行丝股制作,则靴根用锚头铸钢件(常简称锚板)代替。这时,丝股的锚头传力于锚板,用螺杆穿过铸钢件与前锚板相连,凭借螺母来调整铸钢件位置,使丝股长度趋于一致,这种方式叫"前锚";让丝股穿过预埋在混凝土锚块中的套管,达到混凝土锚块的后锚面,让丝股力通过后锚面传给锚块,这种方式称为"后锚"。

在锚碇前墙处设置主缆支架以展开丝股并改变方向。主缆支架一般既可设置在锚碇之外,也可设置在锚碇之内。主缆支架可分为钢筋混凝土刚性支架、钢制柔性支架及钢制摇杆支架三种形式,如图7.40所示。

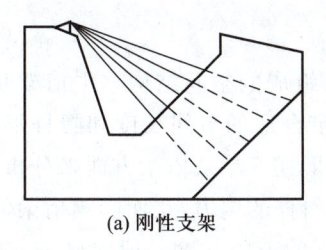

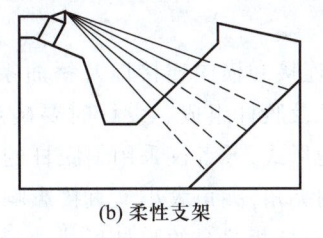

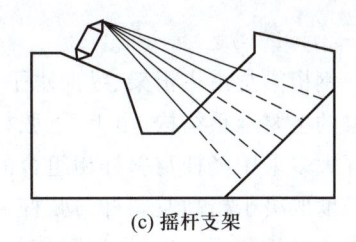

(a) 刚性支架　　　　(b) 柔性支架　　　　(c) 摇杆支架

图7.40　主缆支架

七、加劲梁的结构

1. 加劲梁的结构型式

悬索桥加劲梁主要起支承和传递荷载的作用。其结构型式有钢板梁、钢桁梁、钢箱梁、混凝土箱梁。

目前大跨悬索桥加劲梁,多采用阻风面积小的钢桁梁和流线型钢箱梁,小跨径悬索桥加劲梁采用钢板梁、钢箱梁和混凝土箱梁等型式。钢桁梁、钢箱梁和混凝土箱梁各有优缺点,相互之间的比较见表7.4。

表7.4　三类加劲梁优缺点比较

比较项目		加劲梁型式		
		钢桁梁	钢箱梁	混凝土箱梁
抗风性能	涡流激振	最不易发生	易发生	不易发生
	自激振动	—	可能性大	可能性小
	静态阻力系数	大	小	小
	风力产生的变形	大	小	小
	结构刚度	—	小	大
结构	梁高	高	低	低
	用钢量	最大	低	最低
	桥面板	一般与主梁分离	一般与主梁结合为整体	为主梁的一部分
	制造	杆件多,节点结构复杂,标准化大量生产困难	箱梁由板构件构成,标准化大量生产容易	工厂预制凶段,标准化生产容易

续表

比较项目		加劲梁型式		
^	^	钢桁梁	钢箱梁	混凝土箱梁
施工		架设方法有单根杆件平面构件立体节段多样化可选	只能采用节段法架设或与现浇节段并用	可采用预制节段法架设
养护	养护维修	构件多,油漆养护难	平板构件油漆养护方便	一般不需养护
^	桥面	非结合型损伤时易维修	与主梁结合损伤难维修	损伤时易维修

2. 钢桁梁的构造

钢桁梁是由主桁架、纵向水平连接和横向连接以及桥面系组成的空间结构。主桁架是钢桁梁的主要承重结构,由上、下弦杆及腹杆组成。设计时要确定合适的节间长度和腹杆形式。腹杆大多采用竖杆与斜杆相组合的形式,或者仅采用斜腹杆的形式。单从桁梁方面来分析,节间长度取决于桁高及斜杆与弦杆的夹角,夹角大小又直接影响斜杆的内力,从而影响桁梁的用钢量。经过分析,对于采用竖杆与斜杆相组合的腹杆形式,合理的节间长度一般取$(0.6\sim0.8)h$,h为桁梁高度。

纵向水平连接系,一般设置在钢桁梁的上下平面内,以保证钢桁梁具有足够的横向刚度。为了增加钢桁梁的抗扭刚度,还应沿纵向设置多道横向连接系。纵、横向连接系一般也是采用桁架形式。

3. 钢箱梁的构造

钢箱梁的截面基本上由四部分组成:上、下翼缘板,腹板和加劲构件。

为了增强钢箱梁的整体性,提高梁体抗失稳能力,每隔一定间距设置一个框架横梁或横向连系。框架横连的周边用电焊与翼缘板及腹板焊接。

为保证翼缘板及腹板的屈曲稳定,在受压区设置纵向加劲肋。纵向加劲肋截面的基本形式有开口式和闭口式两种。开口式纵向肋连接方便,便于工厂制造,而闭口式纵向肋有较大的抗扭刚度,屈曲稳定性较好。

腹板沿长度方向设置焊接或拴接的竖向接头,沿高度方向随尺寸而定。其上设置的横肋和纵肋是为了防止发生局部屈曲。

在钢箱梁中,上翼缘板同时起如下四方面的作用:① 作为桥面板,将荷载传给腹板。② 在对称竖向荷载作用下,作为加劲梁的上翼缘,承受弯矩。③ 在偏心竖向荷载作用下,作为钢箱梁截面的组成部分,抵抗弯曲和扭转。④ 在横向水平荷载作用下,作为水平纵连传递横向水平力。而下翼缘板的作用包括上述②、③、④项内容。

小结

桥梁设计的原则;桥梁作用的分类及典型代表;桥梁作用组合的原则。掌握悬索桥的组成及各自作用;熟悉悬索桥的分类及适用范围;能够根据要求制作悬索桥模型。

操作与练习

【习题】

1. 填空题

(1) 悬索桥主要由（　　）、（　　）、（　　）、（　　）、（　　）和（　　）六部分组成。

(2) 悬索桥按加劲梁的支承方式划分为（　　）、（　　）和（　　）等类型。

(3) 悬索桥按主缆的锚固形式划分（　　）和（　　）两类。

2. 问答题

(1) 简述加劲梁的结构型式并比较各自的优缺点。

(2) 简述悬索桥主缆的构造要求。

【典型案例】

> 深中通道伶仃洋大桥，采用孔跨（580+1 666+580）m，H型塔整体钢箱平面缆悬索桥，是世界最大跨径的三跨连续体系悬索桥，技术难度大，矢跨比1/9.8，边中跨比0.35，主缆间距42.1 m，为双塔三跨连续漂浮体系，两个桥塔处设置横向抗风支座、纵向限位阻尼装置，过渡墩处设置抗震竖向拉压支座和横向抗风支座。主梁采用钢箱梁内部构造，整箱方案，梁宽49.7 m，梁高4 m，吊索锚固于风嘴，风嘴外侧设置检修道和导流板，缆索系统主缆钢丝：主缆规格平行钢丝1 053~1 066 mm，抗拉强度2 060 MPa，吊索采用钢丝绳，平行钢丝。索塔门式造型，塔柱总高度270 m，设置中、上两道横梁及下横梁、塔冠。锚碇系统，锚体呈晶体切面形状，总长81.2 m，宽82.1 m，高51.5 m，采用可更换式挤压式成品索预应力锚固系统，锚碇基础采用8字形地下连续墙基础，直径65 m，基坑最大开挖深度50 m。主塔基础56根直径3 m的钻孔灌注桩基础。

任务7.4　悬索桥施工

7.4.1　施工特点

悬索桥的施工主要包括：锚碇、桥塔、主缆、吊索和加劲梁等的制作和安装。各部分的主要施工特点概述如下。

一、锚碇

锚碇是锚固主缆的重要结构。大跨径悬索桥的锚碇由锚块、锚块基础、主缆的锚碇架及固定装置、遮棚等组成。在小跨径悬索桥中，除了锚块外其他部分可作简化。锚块分为重力式和隧道式。重力式锚块混凝土的浇筑应按大体积混凝土浇筑的注意事项进行，锚块与基础应形成整体。对于隧道式锚块，在开挖岩石过程中不应采用大药量的爆破，应尽量保护岩石的整体性。锚板混凝土浇筑应注意水化热影响，防止锚板产生裂缝。岩洞式锚块应注意岩洞中排水和防水措施，对于岩洞周围裂缝较多的岩石应加以处理。岩洞内的岩面，开挖到设计截面后，应迅速加设衬砌，避免岩面风化，影响锚块质量。

二、桥塔

桥塔可采用钢桥塔和钢筋混凝土桥塔，但无论是钢桥塔还是钢筋混凝土桥塔，其施工方法均与斜拉桥的桥塔基本相同。仅有的区别是悬索桥的桥塔存在安装塔顶主鞍座的问题，而斜拉桥的桥塔则要考虑斜拉缆索的锚固问题。一般来说，悬索桥桥塔的施工除了截面庞大之外，其他并不比斜拉桥的复杂。

钢桥塔多作成空心桥塔，常在工厂制造，运至工地进行拼装。当桥塔不高时，可采用桥塔旁的悬臂吊机进行拼装。而对于较高的桥塔，则需要采用沿桥塔爬高的吊机进行拼装。钢筋混凝土桥塔一般采用滑模施工，也可采用预制拼装方法。桥塔的拼装或滑模现浇均应随时控制桥塔的准确位置，一般除了两个方向轴线位置要严格控制外，还应按施工进度控制桥塔各点高程，确保桥塔的尺寸准确。

三、主缆

在锚碇和桥塔建成后，进行主缆的安装，主缆的架设方式有空中架线法和预制绳股法。

（1）空中架线法。是指在工地通过送丝设备，当规定的丝数形成一股后，按规定的股数配置成六角形，每隔几米用镀锌软铁丝捆紧，形成圆形主缆。为了防锈，主缆外应涂黄油或加索套保护。

（2）预制绳股法。是指将在工厂预先制好的平行钢丝绳股绕在卷筒上，运至工地进行安装。其架设方法是，先架设一辅助缆索，利用牵引绳把各根绳股张挂在设置于锚碇处的一对锚头。在所有的绳股都正式就位后，进行紧缆作业，使主缆各绳股的总截面被压成圆形。

四、吊索

吊索在制造和安装中，都应尽量做到长度准确。在架设中，可用调节装置调整其长度，用测力计控制各吊索受力的均匀性。安装中还应注意防止索夹螺栓的松动，以保证吊索安装位置准确；当加劲梁安装后，应防止竖向吊索的偏移，并注意吊索的防锈处理。

五、加劲梁

悬索桥加劲梁的架设特点是，可以将先期架好的主缆作为一施工脚手架，这脚手架是柔性的，其几何开头随架设梁段的增加而改变。

悬索桥加劲梁的架设方法主要有两种：

（1）从桥塔向跨中对称安装加劲梁节段，加劲梁在跨中合龙，梁段的运输较方便。

（2）从跨中对称向两桥塔拼装，此法可避免跨中合龙问题，但预拼梁段的运输不如上法。

悬索桥的上部结构主要由桥塔、主缆和加劲梁等三部分组成；锚碇虽属基础部分，但其是悬索桥所特有的结构，故悬索桥的施工分为锚碇的施工、桥塔的施工、主缆的架设、加劲梁的架设等四部分。桥塔施工与斜拉桥基本相同，在此不做赘述。

7.4.2 锚碇的施工

一、锚碇的结构类型

锚碇按受力形式可分为重力式锚碇和隧道式锚碇。重力式锚碇依靠其巨大的重力抵抗主缆拉力，隧道式锚碇的锚体嵌入基岩内，借助基岩抵抗主缆拉力。隧道式锚碇只适合在基岩坚实完整的地区，其他情况下大多采用重力式锚碇。

二、锚碇基础施工

1. 基础类型

锚碇的基础有直接基础、沉井基础、复合基础、隧道基础等。

直接基础适宜于持力层距地面较浅的情况；复合基础和沉井基础适用于深持力层的地区；较为经济的隧道基础则可用于山体基岩坚实完整的地区。

2. 基坑开挖

锚碇基坑由于体积庞大,可采用机械开挖,也可采用爆破和人工开挖的方法。开挖应采取沿等高线自上而下分层进行。在坑外和坑底要分别设排水沟和截水沟,防止地面水流入,积留在坑内而引起塌方或基底土层破坏。在采用机械开挖时,应在基底标高以上预留15~30 cm厚土层用人工清理,以免破坏基底结构。在采用爆破方法施工时,对于深陡边坡,应使用如预裂爆破等方法,以免对边坡造成破坏。

3. 边坡支护

对于深大基抗及不良土质,应采用支护措施保证边坡稳定。支护方法一般有喷射混凝土支护法;喷锚联合支护法等。

4. 地下连续墙

地下连续墙系沿着深开挖的周边按类似于钻孔灌注桩的施工方法,用泥浆护壁开挖出一条狭长深槽,槽内放钢筋笼后灌注水下混凝土,筑成一个单元槽段,如此逐段进行,以一定的接头方式在地下筑成一道连续的钢筋混凝土墙壁。连续墙基础适合锚碇下方持力层高程相差很大的情况,不适宜于采用沉井基础的情况。其适应面广,可用于各种黏性土、砂土冲填土及50 mm以下的砂砾层中,不受深度限制。虎门大桥西锚碇因持力层岩面严重不平,高差达10.5 m,若采用沉井施工将会遇到极大困难,亦无法控制工期和保证质量,后改为地下连续墙基础,获得成功。

5. 沉井基础

在覆盖层较厚、土质均匀、持力层较平缓的地区可采用沉井基础,由于悬索桥锚碇的沉井基础极为庞大,设计和施工均有一定难度。在施工过程中要根据当地情况精心研究施工方案。如江阴长江大桥北锚碇施工的一些特点可以作为借鉴。

三、主缆锚固体系

1. 锚固体系的结构类型

根据主缆在锚块中的锚固位置可分为后锚式和前锚式。前锚式就是索股锚头在锚块前锚固,通过锚固系统将缆力作用到锚体。后锚式即将索股直接穿过锚块,锚固于锚块后面,如图7.41所示。前锚式因具有主缆锚固容易,检修保养方便等优点而广泛运用于大跨悬索桥中。

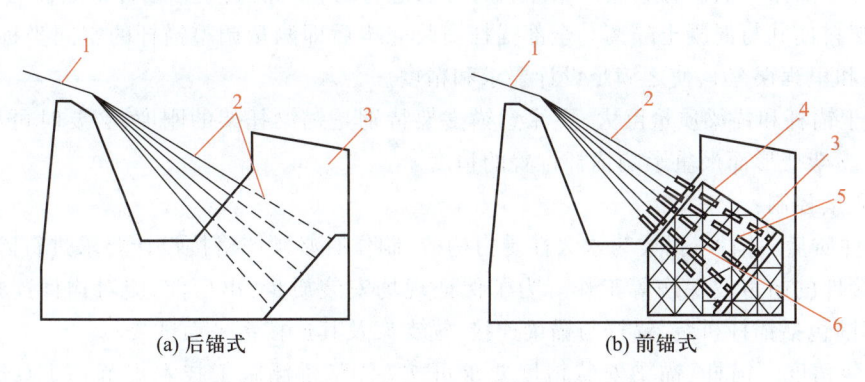

(a) 后锚式 (b) 前锚式

1—主缆;2—索股;3—锚块;4—锚支架;5—锚杆;6—锚梁

图7.41 主缆锚固系统

前锚式锚固系统又分为型钢锚固系统和预应力锚固系统两种类型。型钢锚固系统又有直接拉杆式(图 7.41)和前锚梁式(图 7.42)。预应力锚固系统按材料不同可分为粗钢筋锚固形式和钢绞线锚固形式,如图 7.43 所示。

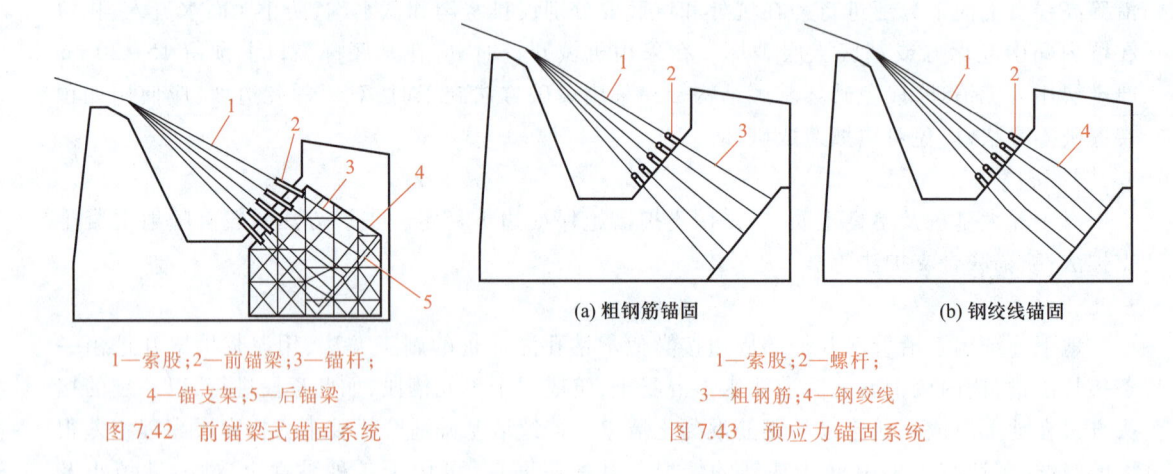

1—索股;2—前锚梁;3—锚杆;
4—锚支架;5—后锚梁

图 7.42 前锚梁式锚固系统

(a) 粗钢筋锚固 (b) 钢绞线锚固

1—索股;2—螺杆;
3—粗钢筋;4—钢绞线

图 7.43 预应力锚固系统

2. 型钢锚固系统施工

型钢锚固系统主要由锚架和支架组成。锚架包括锚杆、前锚梁、拉杆、后锚梁等,是主要传力构件。支架是安放锚杆、锚梁并使之精确定位的支撑构件。

(1)施工程序。锚杆、锚梁等工厂制造→现场拼装锚支架(部分)→安装后锚梁→安装锚杆(与锚支架)→精确调整位置→浇筑锚体混凝土。

(2)施工要点:

① 所有构件安装均应按照钢结构施工规范的要求进行。

② 锚支架安装,是将散件运至现场拼装而成,为了提高效率,可将若干杆件先拼接成片,然后再逐片安装。其中一部分支架安装工作与安装锚杆是穿插进行的,锚杆由下至上逐层安装,每安装完一层要拼装相应的支架与托架后才能安装另一层锚杆。

③ 根据设计要求,锚杆与混凝土之间可以是无黏结的或有黏结的。如果是前者的话,为了使锚杆能明确地将索力传递至锚梁,应使锚杆表面与混凝土处于无黏结状态。一般设计上采用在锚杆表面涂环氧沥青和喷涂铅涂料等方法进行防粘与防腐。在锚杆节点板处应包以木盒或泡沫塑料使其与混凝土隔离。全部锚杆安装完毕后即测量调整锚杆的空间坐标(横桥向偏位、标高和里程误差),使之满足设计要求和精度。

④ 由于锚杆和锚梁质量巨大,要注意锚支架特别是锚梁托架的刚度,必要时可采取加固措施,防止支架变形而严重影响锚杆位置的精度。

(3)质量控制:

① 构件质量。锚杆、锚梁为永久性受力构造,制作时必须严格按设计要求进行除锈、表面涂装和焊接件的超声波探伤等工作。为了保证现场安装质量,出厂前,应对构件连接进行试拼,试拼范围包括锚杆拼装、锚杆与锚梁连接、锚支架及其连接系平面试装。

② 安装精度。锚杆、锚梁安装精度要求可按《公路桥涵施工技术规范》(JTG/T 3650—2020)执行。

3. 预应力锚固体系施工

(1)预应力锚固体系的传力方式。索股锚头由两根螺杆和锚固连接器相连,再对穿过锚块混凝土的预应力束施加预应力,使锚固连接器与锚块连接成整体,承受索股的拉力,如图 7.44 所示。

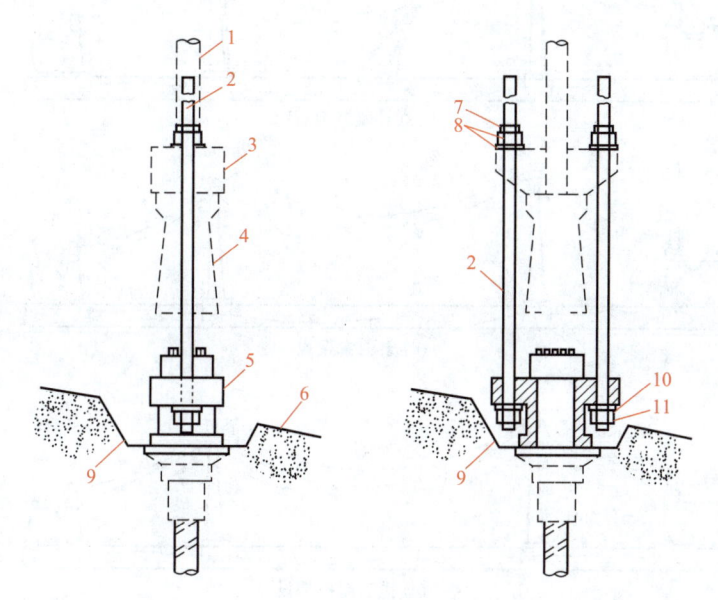

1—索股;2—拉杆;3—锚板;4—锚杯;5—单索股连接器;6—前锚面;
7—扣紧螺母;8—螺母与垫圈;9—锚面槽口;10—球面垫圈;11—球面螺母

图 7.44 索股锚固连接器

（2）施工程序。基础施工→安装预应力管道→浇筑锚体混凝土→穿预应力筋→安装锚固连接器→预应力张拉→预应力管道压浆→安装与张拉索股。

（3）施工要求。预应力张拉与压浆工艺,应严格按照设计与施工规范的要求进行。前锚面的预应力锚头要安装防护帽,并向帽内注入保护性油脂。构件必须进行超声波和磁粉探伤检查,在运输和堆放过程中须严加保护,不允许构件受到损伤。

4. 隧道式锚碇中的锚固体系

隧道式锚碇中的锚固体系类型与重力式锚碇的锚固体系大致相同。但由于洞内空间较小、坡度陡,安装难度相对较大。运送构件到洞内较多采用轨道滑溜的方法,然后采用小型起吊设备安装。长大构件的洞内位移、翻转困难,施工中,各构件应严格按从下而上的顺序搬运,随放随装。

四、锚碇体施工

悬索桥锚碇属于大体积混凝土构件,尤其是重力锚碇,体积十分庞大。在施工阶段水泥产生大量的水化热,引起体积变形及变形不均,从而产生温度应力及收缩应力。当此应力大于混凝土本身的抗拉强度时,就会产生裂缝,影响混凝土的质量。因此,水化热的控制是锚碇混凝土施工的关键问题。

7.4.3 主缆的架设

一、施工步骤

悬索桥缆索工程的施工步骤如图 7.45 所示。

(a) 导索渡海(江)

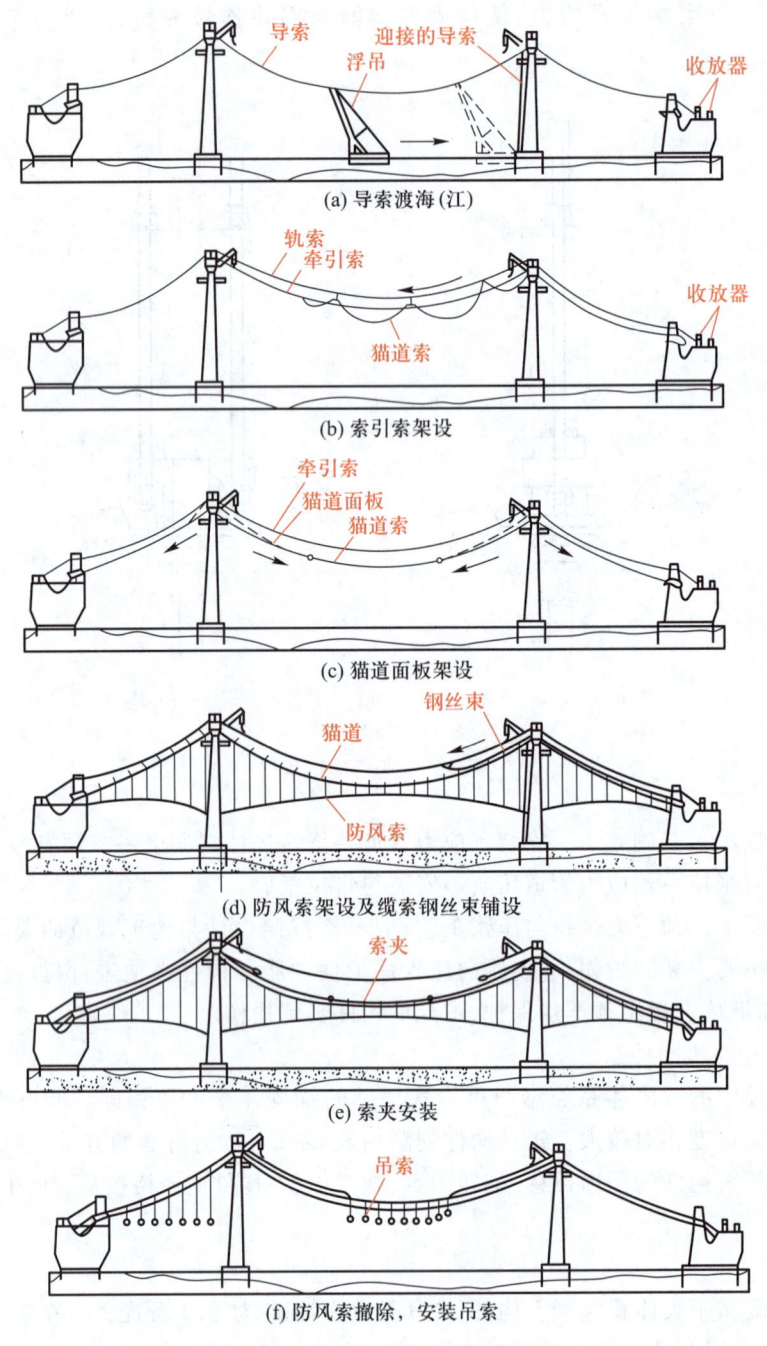

(b) 索引索架设

(c) 猫道面板架设

(d) 防风索架设及缆索钢丝束铺设

(e) 索夹安装

(f) 防风索撤除，安装吊索

图 7.45 缆索工程施工步骤示意图

二、准备工作

在架设缆索之前的准备工作有：安装塔顶吊机、塔顶主鞍座、支架副鞍座、展束锚固鞍座，以及包括各种绞车和转向设备等的驱动装置。

三、架设导索

导索是缆索工程中最先拉过江河（或海湾）的一根钢丝绳索，也是绳索工程中的第一道难度。一般架设导索有如下两种方法。

（1）浮子法。如图7.46a所示,将准备渡江(或海)的导索每隔一定距离装上一个浮子,使导索由浮子承重而不下沉水中。然后由曳船将导索的一端从始发墩旁浮拖至需到达的墩旁,再由到达墩的塔顶垂直下来的拉索直接拉到塔顶。此法在潮流速度缓慢且无突出岩礁等障碍物时,是较为可靠的。日本的关门桥和因岛桥均采用此法。

(a) 浮子法　　　　　(b) 自由悬挂法

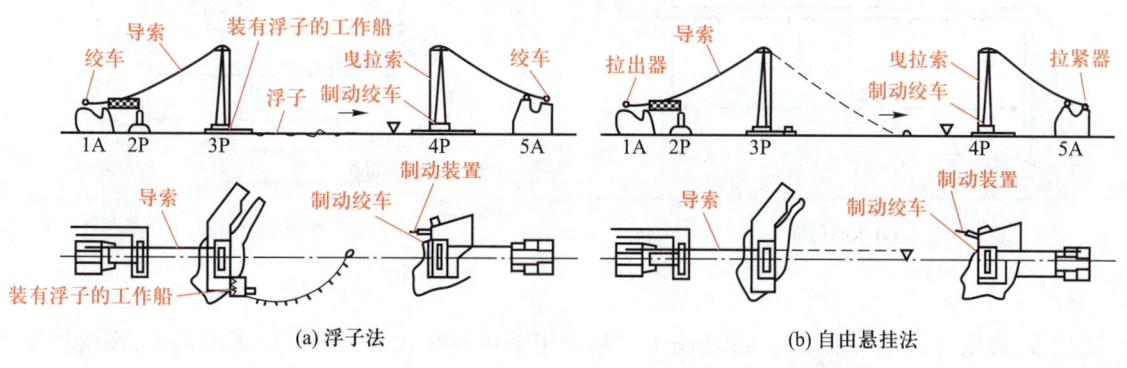

图 7.46　架设导索的两种方法

（2）自由悬挂法。当桥位处水流急时,采用浮子会使水面上拖运的导索流散得较远,同时导索所受水流的冲击力也大,故导索所需截面也大。另外,当桥位附近有岩礁时,导索流散越远,它被挂阻于岩礁的可能性也越大,此时就可用自由悬挂法。如图7.46b所示,自由悬挂法是在桥台锚碇墩附近设置一种可连续发送导索的装置,从此装置引拉出的导索经过塔顶后其前端固定在曳船上,随着曳船横越水面,可使连续发送出来的导索不沉落到水中,并在始终保持悬挂状态下完成导索的渡架。为提高安全度,可用重锤来作平衡重,以调整导索在引拉过程中的拉力。

无论是采用浮子法还是自由悬挂法,通常悬索桥两侧主缆的两根导索都用同法渡架。但当渡架作业较为困难时,也可只渡架一根导索,而另一根导索可直接在第一根完成后设法在高空横渡。当然,随着施工机械的发展,也有采用浮吊吊杆或直升机牵索渡架的施工方法。

四、架设牵引索及猫道

当导索架设完毕后,就可由它来架牵引索。牵引索是布置在两岸之间的一根环状无端头的钢丝绳索,可由两岸的驱动装置来使牵引索走动,从而一来一往地引拉其他需要架设的缆索或钢丝。

牵引索架设完毕后,首先要架设的就是猫道。所谓猫道,就是悬索桥架设施工中,为其空中架设的工作走道,它是主缆编制和架设必不可少的临时设施。每座悬索桥的施工一般设有两个猫道,每个猫道各供一侧主缆施工所需,它是由若干根猫道索来承载的。猫道是悬索桥施工的特有设备,下面将对此设备作简单介绍。

（1）猫道的构造与布置。猫道由承重索、扶手索、面层、横向通道及抗风索(或制振装置)、锚固体系等组成,如图7.47所示。

猫道横桥向与主缆轴线一般呈对称布置,在上下游对应于主缆中心线下方各设1幅猫道,猫道面板距中心线铅垂方向1~1.8 m,宽度一般为3~5 m。按猫道承重索在塔顶的跨越形式,通常又分为分离式和连续式两种构造布置形式。在日本,对应于PPWS法施工,一般采用分离

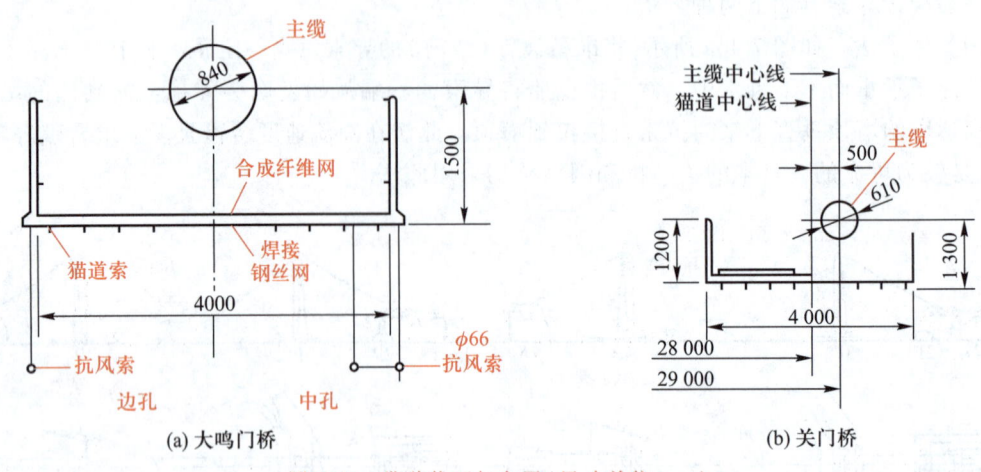

图 7.47　猫道截面与布置(尺寸单位:mm)

式较多,而欧洲国家所采用的 AS 法施工一般惯于采用连续式。不管采用哪种形式,都需根据施工情况进行长度调节,分离式需在承重索索端设置长度调节装置,连续式还需在塔顶设转索鞍等装置。

（2）猫道面板结构。当每个猫道的若干根猫道索由牵引索引拉架设好之后,即可铺设猫道面板及架设横向天桥。横向天桥是沟通每座悬索桥的两个猫道之间的空中工作走道,它除了工作所需之外,还有增加猫道横向稳定的作用。

（3）防风索的布置。设置防风索的目的是提高猫道的抗风稳定性,同时还可以调整猫道的曲线形状。猫道的抗风体系除防风索外,还包括连接猫道索与防风索之间的垂直吊索或斜吊索。

采用斜吊索时,抗风振动的减振性较好,也就是说抗风稳定性较优,但其安装调整较困难;采用垂直吊索时的抗风减振性虽然较差,但通过一些悬索桥的施工实践,证明可以满足实用上的要求。故施工中,一般尽可能采用垂直吊索的形式。

五、架设主缆

在猫道之下架设防风索后,猫道工程全部完成,就可在猫道上正式开始架设主缆。

六、架吊索

主缆架设完毕,将猫道转载于主缆后,拆除防风索,并在猫道上开始架设吊索。当吊索安装完毕后,即可拆除猫道。至此,悬索桥的缆索工程全部完成。

7.4.4　加劲梁的架设

一、悬索桥加劲梁的架设方法

悬索桥加劲梁的架设方法按其推进方式分,主要有两种:
（1）先从跨中节段开始向两侧主塔方向推进;
（2）从主塔附近的节段开始向跨中及桥台推进。

但无论采用哪种方法,均须考虑主缆变形对加劲梁线形的影响。故有条件时应在施工前作加劲梁施工架设的模型试验,根据试验资料来验证或修正架设工序。且一般在架设中,为使加劲梁的线形能适应主缆变形,架上的各加劲梁节段之间不应马上作刚性连接。待某一区段或全桥加劲梁吊装完毕后,再作永久性连接。

图 7.48 为加劲梁从跨中向两侧主塔推进的施工步骤,一般分如下 4 个阶段:

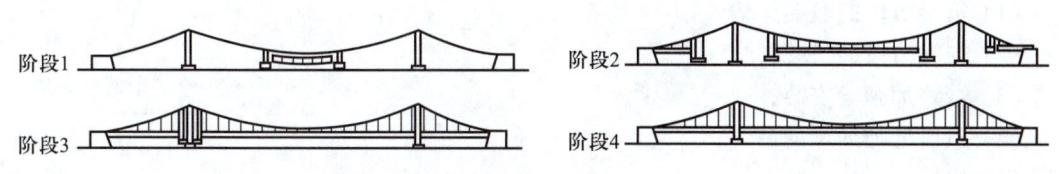

图 7.48　加劲梁从跨中向两侧主塔推进

（1）加劲梁从主跨中央开始架设,当加劲梁节段的重量逐段加于主缆时,梁的线形不断变化,所以,梁段间的连接仅作施工临时连接,以避免梁段的过分变形;
（2）边跨加劲梁开始架设,以减小塔顶水平位位移;
（3）主塔处加劲梁段合龙;
（4）加劲梁所有接头封合。

这种架设方法的特点是:靠近塔柱的梁段是在主缆刚达最终线形时就位的,这样,靠近塔柱的吊索索夹的最后夹紧可推迟到塔顶处主缆仅留有很小永久角度阶段,因而能减小主缆内的次应力。

图 7.49 是加劲梁从主塔向跨中架设方法的施工步骤。

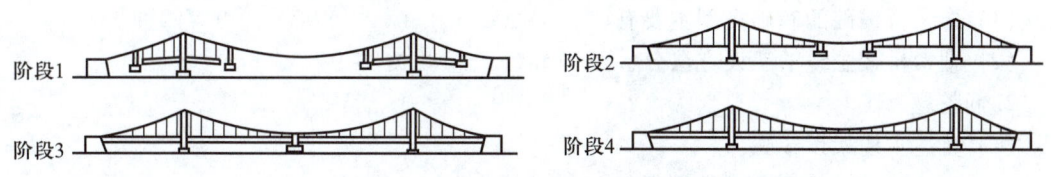

图 7.49　加劲梁从主塔向跨中推进

从图 7.49 可以看出,此法的施工步骤正好与图 7.48 中的相反。

但图 7.49 所示的架设方法有利于施工操作和管理。这是因为此方法中施工操作和管理人员可以很方便地从塔墩到桥面,而且很方便地在主跨和边跨之间往返。而图 7.49 所示方法中,工作人员必须通过狭窄的空中猫道才能达到主跨内已被架好的加劲梁段上。

如上所述,悬索桥加劲梁架设的特点是:可以将其先架设完成的主缆作为一悬吊的脚手架。但这脚手架是柔性的,它的几何形状随着梁段的逐渐增加而不断改变。其情况是:当所架梁段不多时,梁段的上弦和上翼缘板相互挤压,而梁段的下弦或下翼缘板互相分离而出现"张口"。若过早使下弦或下翼缘板闭合,则梁段结构或连接就有可能因强度不够而破坏。这就是前面所说先要作施工临时连接的原因。

二、钢桁梁式加劲梁架设

当悬索桥加劲梁是钢桁架时,其架设方法可与一般钢桁梁的架设方法相同,即可采用能沿桁架上弦或纵梁走行的德立克吊机安装。所不同的是,在每一梁段拼装后,不是靠已成梁段来承受后拼梁段的自重,而是立即将刚拼好的梁段通过吊索悬挂在主缆上,由主缆承担其自重。

从减轻施工内力和安全考虑,架设常分两期进行:第一期中将桥面系等尽量省去,仅将主桁架梁架拼装合龙;第二期再作加劲梁结构的其余部分施工,最后才浇注混凝土桥面。

三、扁平钢箱梁式加劲梁架设

扁平钢箱梁式加劲梁架设包括如下过程：

(1) 箱梁节段的驳船运输；

(2) 箱梁节段的吊装；

(3) 主跨加劲梁安装；

(4) 边塔处加劲梁的吊装；

(5) 焊接。

小结

悬索桥主塔施工方法；悬索桥主索、加劲梁、吊索等各组成部分的常用施工方法、施工工艺。

操作与练习

【习题】

1. 填空题

(1) 悬索桥锚碇的基础类型主要有（　　）、（　　）、（　　）和（　　）等四种。

(2) 悬索桥按主缆的架设方法分（　　）和（　　）两类。

2. 问答题

(1) 简述主缆架设步骤。

(2) 简述猫道的作用及常见类型。

(3) 简述加劲梁的架设方法及步骤。

【典型案例】

仙新路过江通道介于八卦洲长江大桥（二桥）和栖霞山长江大桥（四桥）之间，采用悬索桥方式建设，跨度布置为(580+1 760+580) m，采用单跨门型双塔整体钢箱梁悬索桥跨越长江，主跨1 760 m，一跨过江，是目前同类型桥梁中国内第一、世界第三大跨度的悬索桥。大桥北主塔基础采用66根直径2.8 m、桩长110 m、孔深122.5 m的超大超深钻孔灌注桩基础，塔高264 m。通道北主塔承台平面尺寸为74.8 m×39.8 m，面积比7个标准篮球场还大。承台高度为8 m，分2次浇筑，单次混凝土方量约1.2万立方米。该桥施工体现"体量巨大、构造复杂、技术难度大、工期时间紧"等特点。为了给桥墩的围堰封堵缝隙，潜水工要钻到15 m深的水下，一干就是两三个小时水下作业，环境恶劣考验着他们的耐受力，江面施工风雨、暴晒都在所难免。为了天堑变通途，建设者们舍小家，顾大家的无私奉献精神和吃苦耐劳精神值得我们学习。

任务 7.5 刚构桥概述

刚构桥的主要承重结构是梁与桥墩固结的刚架结构，由于墩梁固结，与连续梁相比使得梁和桥墩整体受力，桥墩不仅承受梁上荷载引起的竖向压力，还承担弯矩和水平推力。刚构桥在竖向荷载作用下,梁的弯矩通常比同等跨径连续梁或简支梁小,其跨越能力大于梁桥;墩梁固结省去了大型支座,结构整体性强、抗震性能好。因此,预应力混凝土刚构桥是目前大跨径桥梁的主要桥型,最大跨径已达 301 m(挪威 Stolma 桥)。

刚构桥按受力体系,可分为连续刚构桥、斜腿刚构桥、门式刚构桥和 T 形刚构桥四种主要类型,如图 7.50 所示。刚构桥的主梁一般均需承受正、负弯矩作用,横截面宜采用箱型截面,连续刚构桥主梁受力与连续梁基本相同,横截面形式和尺寸与连续梁也基本相同。

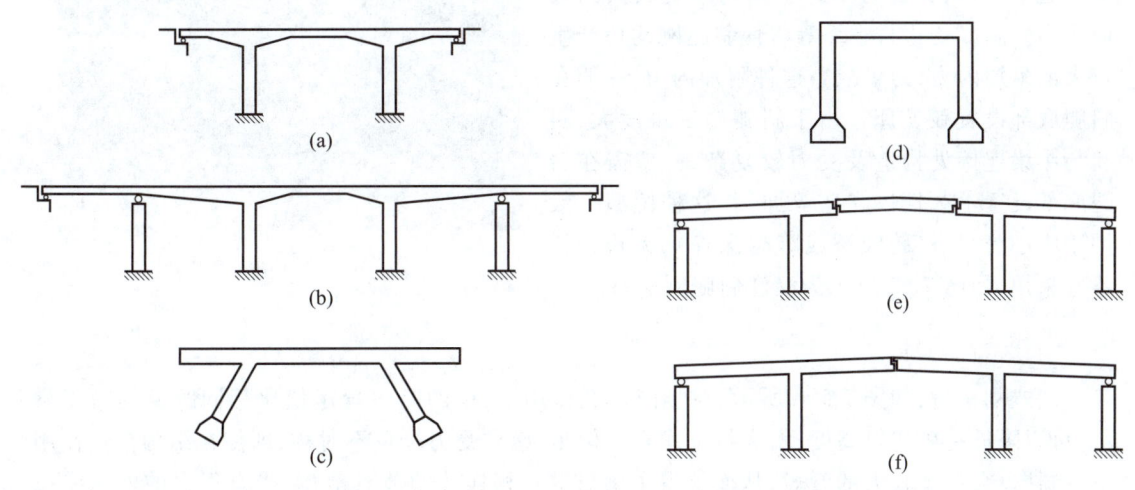

图 7.50 刚构桥的类型

7.5.1 连续刚构桥

连续刚构桥,如图 7.50a 所示,属于多次超静定结构,在大跨连续刚构桥中,由于体系温度变化、混凝土收缩等作用将使梁产生较大的纵向变形(伸长或缩短),从而导致墩顶产生较大的水平位移;为了减小墩顶水平位移产生的墩顶水平推力、墩底弯矩及结构中的其他附加内力,在设计中一般应减小墩顶的水平抗推刚度。因此,对于墩高较矮的连续刚构桥,通常采用水平抗推刚度小的双肢薄壁墩,高墩连续刚构桥则可采用双肢薄壁墩或单肢薄壁墩,如图 7.51 所示跨径 270 m 的虎门大桥辅航道桥即为双薄壁墩连续刚构桥。

对于跨数多连续长度很大的桥,为了减小桥墩对梁纵向位移的约束作用及在结构中产生的附加内力,往往在两侧的一个或多个边跨上设置滑动支座,成为刚构-连续组合体系桥,如图 7.50b 所示。

图 7.51 虎门大桥辅航道桥

连续刚构桥主梁连续无缝,行车平顺;特别适合悬臂法施工,并且高墩的柔性有利于减小温度变化产生的墩顶水平推力等结构附加内力;因此大跨预应力混凝土连续刚构桥是跨越深谷、河流的合理桥型。已建的湖北龙潭河大桥(跨径布置 106+3×200+106)m,最大墩高为 178 m,为目前国内外连续刚构桥中的最高墩的桥。

7.5.2 斜腿刚构桥

刚构桥的主墩斜置,称为斜腿刚构桥,如图 7.50c 所示,属于超静定结构。在竖向荷载作用下斜腿底端除承受竖向反力外,还存在较大的水平推力。中跨主梁与斜腿组成的部分,相当于折线形拱桥,其压力线接近于拱桥,因此受力状态也接近于拱桥,斜腿与中跨主梁均承受较大的轴向压力。温度变化与收缩等将使斜腿刚构桥产生较大的附加内力,为了减小这种附加内力,一般在斜腿底部设置铰支座。由于斜腿施工难度大,斜腿与主梁连接处构造及受力较复杂,一般需在斜腿底部设置永久性铰支座等原因,这种桥型一般用于中小跨径桥(跨线桥或跨越深谷),大跨径桥不常采用,如图 7.52 所示为汉江斜腿刚构桥。

图 7.52 汉江斜腿刚构桥

7.5.3 门式刚构桥

门式刚构桥,如图 7.50d 所示,在竖向荷载作用下,梁的跨中弯矩值比相同跨径的简支梁小,可以降低跨中建筑高度、增大桥下净空。但是,墩柱受力严重不对称,即使在结构自重作用下,墩柱也会产生较大的弯矩,从而使得主梁与墩柱相连接的节点部位,受有很大的外缘受拉的弯矩,节点外缘混凝土产生较大的拉应力,内缘混凝土产生较大的压应力,对于钢筋混凝土结构,节点往往容易产生裂缝。因此,这种桥型仅适用于桥下净空受到限制的小跨径跨线桥,并且目前较少采用。

7.5.4 T 形刚构桥

T 形刚构桥有跨中带孔和设剪力铰的两种基本形式(图 7.50e、f)。混凝土 T 形刚构桥是 20 世纪 50 年代至 70 年代曾经使用的一种桥型(图 7.53),属于静定或低次超静定结构。其受力特点是长悬臂体系,除挂孔以外,主梁以承受负弯矩为主;在混凝土徐变与车辆荷载共同作用下悬臂端的挠度较大,从而在悬臂端和挂梁(或剪力铰)的结合处形成折角,不仅导致伸缩缝与剪力铰容易损坏,且车辆在此跳动,行车不适;由于跳车影响,对桥梁动力冲击作用较大,使得结构受力不利,容易开裂与损坏;因此,这种桥型目前已较少使用。

图 7.53 重庆石坂坡复线 T 形刚构桥

小结

刚构桥特点及使用范围;刚构桥的类型;刚构桥与连续梁桥的区别。

操作与练习

【习题】

1. 填空题

(1) 常见的刚构桥有（　　）、（　　）、（　　）和（　　）等四种；

(2) 刚构桥的桥墩不仅承受梁上荷载引起的竖向压力，还承担（　　）和（　　）。

2. 问答题

(1) 简述各类刚构桥的特点及适用范围。

(2) 简述刚构桥与连续梁桥的区别。

【典型案例】

中(国)老(挝)昆(明)万(象)铁路阿墨江双线特大桥合龙，大桥主跨 216 m 的连续刚构梁，为同类铁路桥梁国内最大跨度，阿墨江双线特大桥位于云南省普洱市墨江县境内，全长 617 m，共有 9 个桥墩，其中 3、4 号主墩墩高均为 89.5 m，加上承台和下方 68 m 长的钻孔桩，整个构筑物超过 180 m，相当于 60 层楼的高度。一桥飞架阿墨江，南北天堑变通途。特大桥是中老铁路玉磨段施工组织难度最大、地质条件最复杂、安全风险最高的八大控制性工程之一。其主跨为 216 m 的连续刚构梁，为同类铁路桥梁国内最大跨度。施工组织难度大，大桥上游为水电站库区，主墩处平均水深达 39 m，常年水位变化高达 37 m，属典型的深水、高墩、超大跨度桥梁结构。加之作业空间狭小，雨期时间长，有效工期短等因素，施工组织困难。

模块 8

涵洞施工

模块描述：本模块内容包括两个部分，任务1涵洞构造与任务2涵洞施工。

学习要求：通过本模块学习，结合典型涵洞施工图纸和案例，学生应掌握涵洞的组成和分类，深入理解涵洞的适用范围；了解《公路桥涵施工技术规范》（JTG/T 3650—2020）《公路涵洞设计规范》（JTG/T 3365—02—2020）中关于涵洞施工相关内容，了解本课程的主要内容、要求和学习方法。

能力目标：能分析涵洞的类型和构造特点；会复核涵洞施工图；会计算涵洞的工程数量；会进行涵洞的施工放样；能根据施工图和现场的情况选择施工方法，并组织施工。

思政亮点：以涵洞施工及涵洞质量带来的安全事故为案例，充分说明涵洞施工质量的好坏与人民的生命财产和安全密不可分、息息相关。施工技术人员必须掌握工程图纸和施工要求，要严格地按照法律法规和施工技术规范操作，从而提高工程的质量以及安全生产系数，对施工过程中发生的意外事故采取必要措施减少损失，促进我国经济建设的发展。

任务8.1 涵洞构造

8.1.1 涵洞的分类

涵洞（culvert）是指为保证地面水流能够横穿公路而设置的小型排水构造物，一般由基础、洞身、洞口建筑组成，如图8.1所示。

图8.1 涵洞

一、按建筑材料分类

1. 石涵(masonry-stone culvert)

石涵是以石料为主要材料建造的涵洞。石涵按力学性能不同又有石盖板涵、石拱涵等类型;按构成涵洞的砌体有无砂浆分为浆砌和干砌两种类型。

2. 混凝土涵(concrete culvert)

混凝土涵是以混凝土为主要材料建造的涵洞。按力学性能不同,混凝土涵洞又有四铰管涵、混凝土圆管涵、混凝土盖板涵、混凝土拱涵之分。

3. 钢筋混凝土涵(reinforced-concrete culvert)

钢筋混凝土涵是以钢筋混凝土为主要材料建造的涵洞。由于钢筋混凝土材料坚固耐用、力学性能好,是公路上常用的结构类型。

4. 其他材料组成的涵洞

对于小孔径涵洞有时也可以采用其他材料建造,如砖、陶瓷、铸铁、钢波纹管、石灰三合土等。这类涵洞有砖涵、陶瓷管涵、波纹管涵、石灰三合土涵等,在正式公路工程中很少使用。

二、按构造形式分类

1. 圆管涵(pipe culvert)

圆管涵主要由管身、基础、接缝及防水层组成。圆管涵受力性能和适应基础的性能较好,不需要墩台,圬工数量少,造价较低,适于有足够填土高度的小跨径暗涵。

2. 盖板涵(slab culvert)

盖板涵主要由盖板、墙身、基础、出入口铺砌、伸缩缝及防水层等部分组成。盖板涵构造简单,维修容易,有利于在低填土路基上设置,且能做成明涵。一般用钢筋混凝土盖板。

3. 拱涵(arched culvert)

拱涵主要由拱圈、护拱、拱上结构、墙身、基础、铺底、沉降缝及排水设施等组成。拱涵承载能力大,砌筑技术易掌握,但自重引起的恒载也较大,施工工序多。适于跨越深沟或高路堤时采用。

4. 箱涵(box culvert)

箱涵主要由钢筋混凝土涵身、翼墙、基础、变形缝等部分组成。箱涵整体性好,自重小,适用于软土地基。但施工困难,用钢量大,造价较高。

三、按涵洞顶填土高度分

1. 暗涵(culvert with top-fill)

当涵洞洞顶填土高度大于或等于 0.5 m 时为暗涵,一般用在高填方路段。

2. 明涵(culvert without top-fill)

当涵洞洞顶填土高度小于 0.5 m 时为明涵,常用在低填方或挖方路段采用。当涵洞洞顶填土不能满足大于或等于 0.5 时,必须按明涵设计。

四、按水力性质分

1. 无压力式涵洞(inlet unsubmerged culvert)

洞身全长的水流处于无压流动状态下的涵洞。

2. 半压力式涵洞(inlet submerged culvert)

进口被水流淹没,洞身内只有部分段落承受水头压力的涵洞。

3. 压力式涵洞（outlet submerged culvert）

进、出洞口都被水流淹没，洞身涵长范围内全断面过水且洞内顶部承受水头压力的涵洞。

4. 倒虹吸管（inverted siphon）

路基两侧水流都高于涵洞进、出水口，且靠水流压力通过形似倒虹吸的涵洞。

8.1.2 洞身和洞口建筑

一、洞身构造

洞身是形成过水孔道的主体，它应具有保证设计流量通过的必要孔径，同时又要求本身坚固而稳定。洞身的作用是：一方面保证水流通过；另一方面也直接承受荷载压力和填土压力，并将其传递给地基。洞身通常由承重结构（如拱圈、盖板等）、墙身、基础以及防水层、伸缩缝等部分组成。

1. 圆管涵

圆管涵洞身主要由各分段圆管节和支承管节的基础垫层组成。当整节钢筋混凝土圆管涵无铰时，称为刚性管涵。刚性管涵在横断面上是一个刚性圆环。管壁内钢筋有内外两层，钢筋可加工成一个个的圆圈或螺旋筋（图8.2）。当管节沿横截面四周对称加设四个铰时，称为四铰管涵。铰通常设置在弯矩最大处，即涵洞两侧和顶部、底部。四铰管涵可布置在天然地基或砂垫层上。

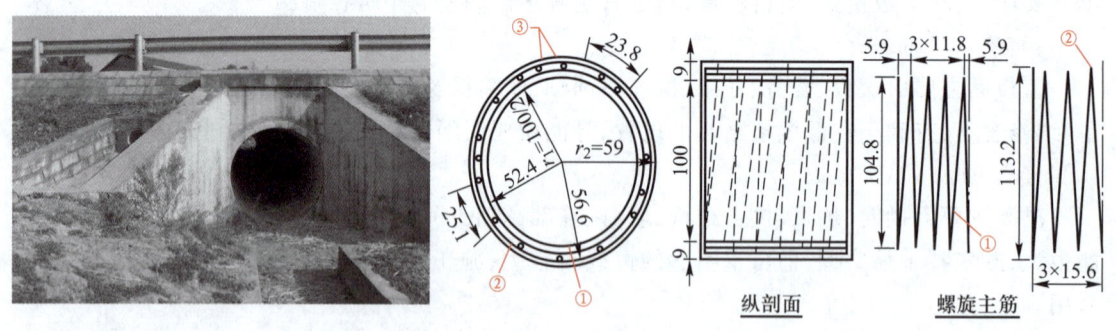

图 8.2　钢筋混凝土圆管涵洞（单位：cm）

圆管涵常用孔径为 75 cm、100 cm、125 cm、150 cm、200 cm，对应的管壁厚度分别为 8 cm、10 cm、12 cm、14 cm、15 cm。基础垫层厚度应根据基底土质确定：当为卵石、砾石、粗中砂及整体岩石地基时，可无基础垫层；当为亚砂土、黏土及破碎岩层地基时，基础垫层厚度为 15 cm；当为干燥地区的黏土、亚黏土、亚砂土及细砂的地基时，基础垫层厚度为 30 cm。

2. 盖板涵

盖板涵洞身由墙身、基础和盖板组成（图8.3）。盖板一般为钢筋混凝土盖板。

钢筋混凝土盖板涵跨径为 150 cm、200 cm、250 cm、300 cm、400 cm 等，相应的盖板厚度 d 为 15～22 cm。圬工墙身的临水面一般采用垂直面，背面采用垂直或斜坡面，墙身顶面可做成平面，也可做成 L 形，借助盖板的支撑作用来加强墙身的稳定。同时在墙身顶面预埋栓钉，使盖板与墙身加强连接。

基础有分离式（即基础与河底铺砌分离）和整体式（即基础与河底铺砌连成整体）两种，前者适用于地基较好的情况，后者适用于地基较差的情况。当基础采用分离式时，河底铺砌层下应垫 10 cm 厚的砂垫，并在基础与河底铺砌间设纵向沉降缝。

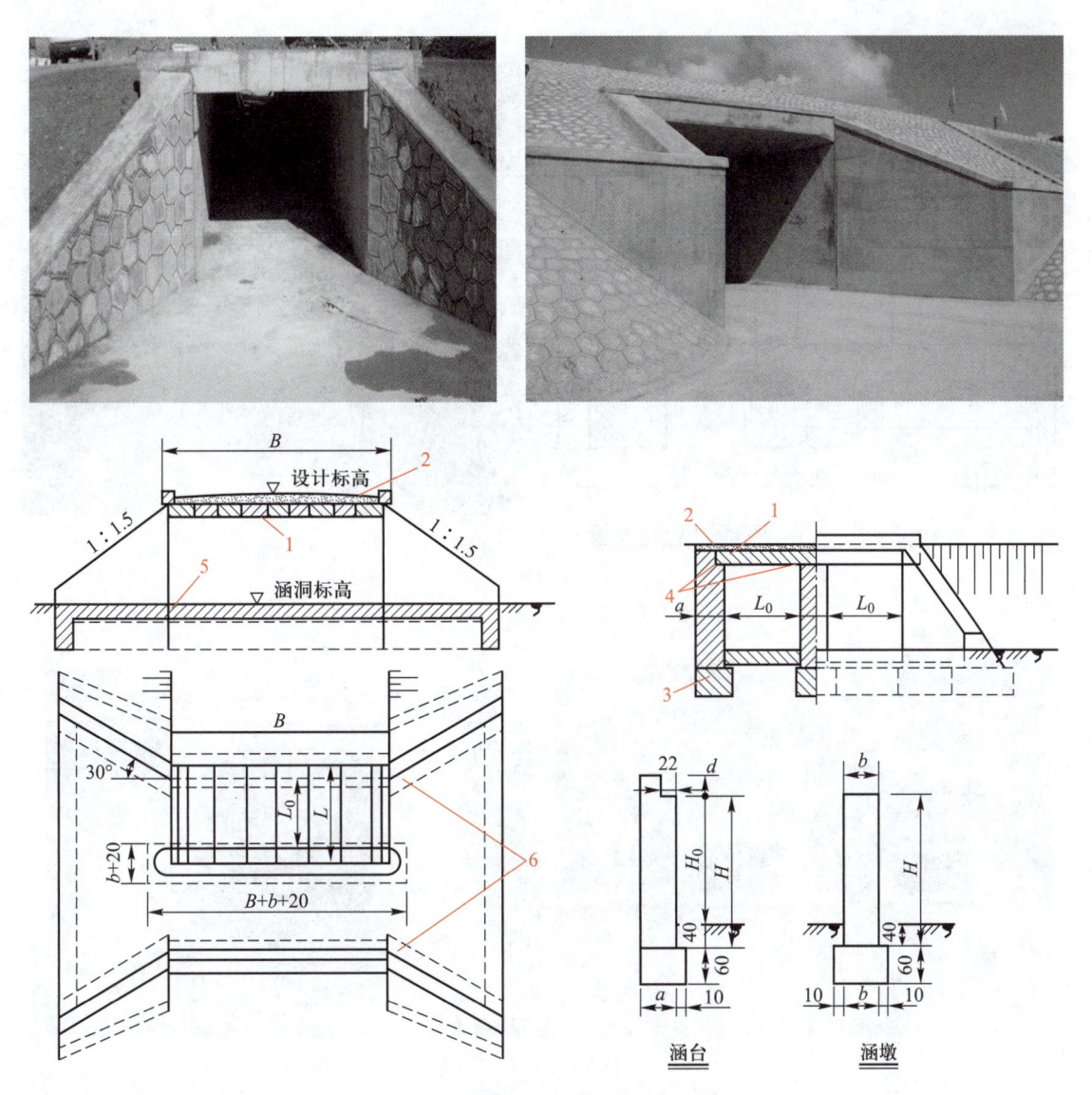

1—盖板;2—路面;3—基础;4—砂浆填平;5—铺砌;6—八字墙

图 8.3　盖板涵构造(单位:cm)

分离式基础为加强基础的稳定,基础顶面间设置数道支撑梁。

3. 拱涵

拱涵洞身主要由拱圈、墙身及基础组成,如图 8.4 所示。拱圈一般采用等截面圆弧拱。跨径 L 为 100 cm、150 cm、200 cm、250 cm、300 cm、400 cm、500 cm 等,相应拱圈厚度为 25～35 cm。墙身临水面为竖直面,背面为斜坡,以适应拱脚水平推力的要求。基础有整体式和分离式两种。

4. 箱涵

箱涵指的是洞身以钢筋混凝土箱形管节修建的涵洞(图 8.5)。箱涵由一个或多个方形或矩形断面组成,所以也称为巨型涵洞或者框架涵洞,一般由钢筋混凝土或圬工制成,但钢筋混凝土应用较广,当跨径小于 4 m 时,采用箱涵。

261

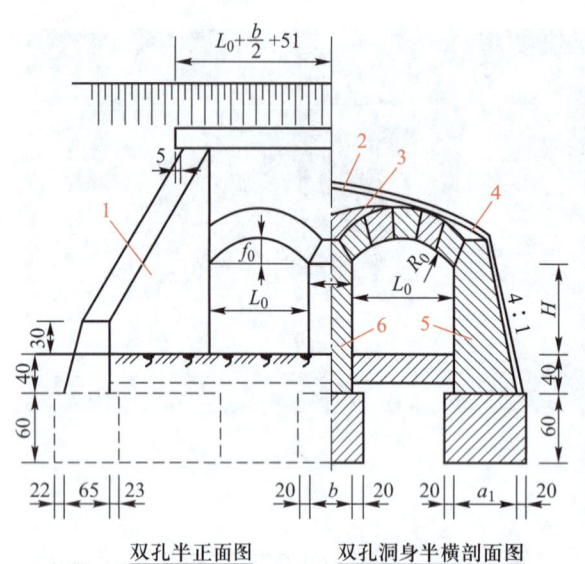

双孔半正面图　双孔洞身半横剖面图

1—八字翼墙；2—胶泥防水层；3—拱圈；4—护拱；5—边墙；6—中墙

图 8.4　拱涵构造图（单位：cm）

图 8.5　钢筋混凝土箱涵

5. 倒虹吸管

倒虹吸管是用以输送渠道水流穿过河渠、溪谷、洼地、道路的压力管道（图8.6）。常用钢筋混凝土及预应力钢筋混凝土材料制成，也有用混凝土、钢管制作的，主要根据承压水头、管径和材料供应情况选用。倒虹吸管由进口段、管身段、出口段三部分组成。倒虹吸管实际上就是一个连通器，流水在障碍物的下方，利用高差，从下面的封闭管道中流过。因为像一个倒置的虹吸管，故称为"倒虹吸"。

在水工工程中经常使用倒虹吸管，小的如通过一条公路的下方，大型的如南水北调的穿越黄河的倒虹吸管。

图 8.6　倒虹吸管身段

二、洞口建筑

洞口是洞身、路基、河道三者的连接构造物。洞口建筑由进水口、出水口和沟床加固三部分组成。洞口的作用是:一方面使涵洞与河道顺接,使水流进出顺畅;另一方面确保路基边坡稳定,使之免受水流冲刷。为使水流安全顺畅地通过涵洞,减小水流对涵底的冲刷,需对涵洞洞身底面及进出口底面进行加固铺砌。

常用的洞口形式有端墙式、八字式、走廊式和平头式 4 种。无论采用何种形式,河床必须铺砌。

按涵洞与路线相交形式,可分为正交涵洞和斜交涵洞。涵洞沿纵轴线方向和路线轴线方向相互垂直时为正交涵洞;不相互垂直时为斜交涵洞。

1. 正交涵洞的洞口建筑

(1) 端墙式。端墙式洞口由一道垂直于涵洞轴线的竖直端墙以及盖于其上的帽石和设在其下的基础组成(图 8.7a)。这种洞口构造简单,但泄水能力小,适用于流速较小的人工渠道或不易受冲刷影响的岩石河上。

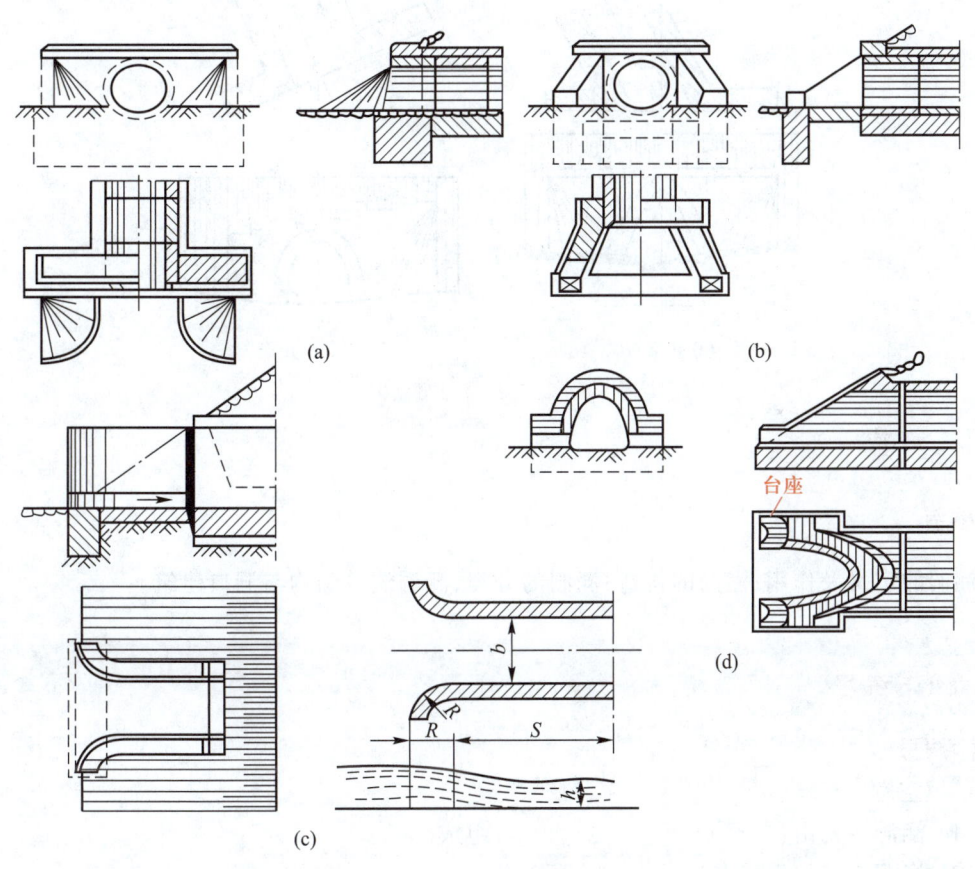

图 8.7 正交涵洞的洞口构造

(2) 八字式。八字式洞口两侧设张开成八字形的翼墙(图 8.7b)。为缩短翼墙长度并便于施工,可将其端部建成平行于路线的矮墙。八字翼墙与涵洞轴线的夹角,按水力条件最适宜的角度设置,但习惯上都按 300 设置。这种洞口工程数量小、水力性能好、施工简单、造价较低,因而是最常用的洞口形式。

(3) 走廊式。走廊式洞口建筑是由两道平行的翼墙在前端展开成八字形或成曲线形构成的(图8.7c)。这种洞口使涵前壅水水位在洞口部分提前收缩跌落,可以降低涵的设计高度,提高了涵洞的宣泄能力。但是由于施工困难,目前较少采用。

(4) 平头式。又称领圈式,常用于混凝土圆管涵(图8.7d)。因为需要制作特殊的洞口管节,所以模板耗用较多。但它较八字式洞口可节省材料45%~85%,而宣泄能力仅减少8%~10%。

2. 斜交涵洞的洞口建筑

(1) 斜交斜做(图8.8a)。涵洞洞身的端部与路线平行,这种做法称为斜交斜做。此法费工较多,但外形美观且适应水流,较常采用。对于盖板涵和箱涵,运用斜交斜做比较普遍。这种情况下,除洞口建筑外,还需对盖板及箱涵涵身的两端进行设计,以适应斜边的需要。

(2) 斜交正做(图8.8b)。涵洞洞口与涵洞纵轴线垂直,即与正交时完全相同。此做法构造简单,在圆管涵或拱涵中,为避免两端圆管或拱的施工困难,可采用斜交正做处理洞口。

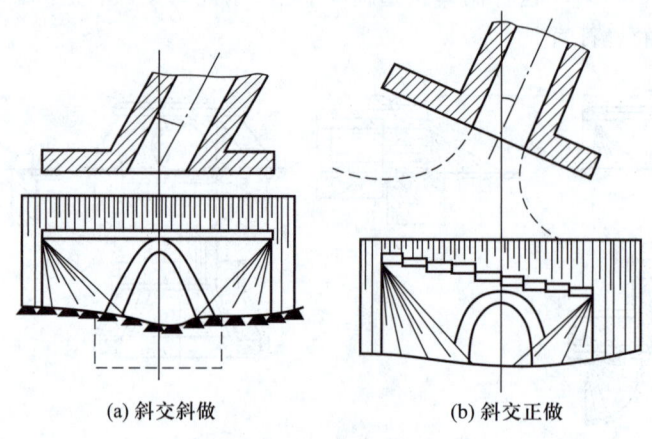

(a) 斜交斜做　　(b) 斜交正做

图8.8　斜交涵洞的洞口构造

小结

涵洞的定义及作用;涵洞的构造;涵洞的分类;涵洞洞身结构与洞口建筑。

操作与练习

【习题】

1. 填空题

(1) 涵洞主要由(　　)、(　　)和(　　)组成。

(2) 涵洞洞口的组成有(　　)、(　　)、(　　)、(　　)和(　　)。

2. 问答题

(1) 简述涵洞的分类及适用条件。

(2) 简述圆管涵、盖板涵和拱涵的构造特点。

(3) 涵洞常用的洞口形式有哪几种?各有什么特点?

【典型案例】

图 8.9 所示为整体式基础钢筋混凝土盖板暗涵一般布置图。设计荷载公路-Ⅰ级,涵洞主要由整体式基础、帽石、八字洞口(或一字翼墙洞口)、涵身、盖板等组成。其中:涵台及基础均采用 C25 混凝土,涵底铺砌采用 C20 片石混凝土;预制盖板按 99 cm 宽度施工,盖板与涵身间隙采用 C20 小石子混凝土填满捣实。涵台每 4~6 m 设沉降缝一道,沉降缝贯穿整个洞身断面,其方向与板的跨径方向一致;缝宽 1~2 cm,用沥青麻絮或其他有弹性的防水材料填塞。盖板上最小填土厚度为 0.5 m。

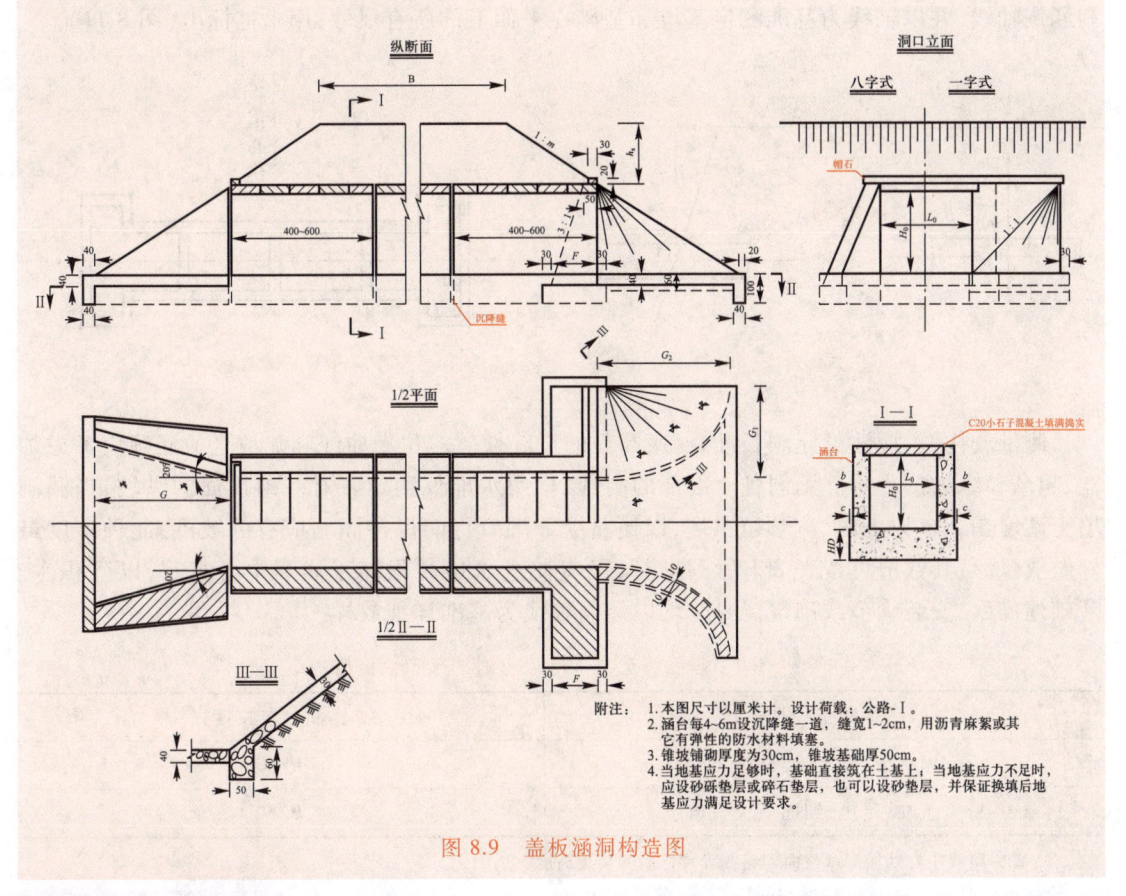

图 8.9 盖板涵洞构造图

任务 8.2 涵洞施工

8.2.1 施工准备工作和施工放样

一、准备工作

1. 现场核对

涵洞开工前,应根据设计资料,结合现场实际地形、地质情况,对其位置、方向、孔径、长度、出入口高程以及与灌溉系统的连接等进行核对。核对时,还需注意农田灌溉的要求,需要增减涵洞数量、变更涵型和孔径时,应向监理报告,按照合同有关规定办理变更设计。

2. 施工详图

若原设计文件、图纸不能满足施工要求时,例如地形复杂处的陡峻沟谷涵洞,斜交涵洞,平曲线或大纵坡上的涵洞,地质情况与原设计资料不符处的涵洞等应先绘出施工详图或变更设计图,然后再依图放样和施工。

二、施工放样

涵洞施工设计图是施工放样的依据,根据设计中心里程,在地面上标定位置并设置涵洞纵向轴线。当涵洞位于路线的直线部分时,其中心应根据路线控制桩的方向和附近百米桩里程测定,位于曲线部分时,应按曲线测设方法测定。正交涵洞的轴线垂直于路线中线,斜交涵洞的轴线与路线中线前进方向的右侧成斜交角 θ(图 8.10),θ 与 90°之差称为斜度 ϕ。涵洞轴线确定后量出上下游涵长,考虑进出口是否顺畅,当无须改善时,用小木桩标定涵端,用大木桩控制涵洞轴线,并以轴线为基准测定基坑和基础在平面上的所有尺寸,用木桩标出(图 8.11)。

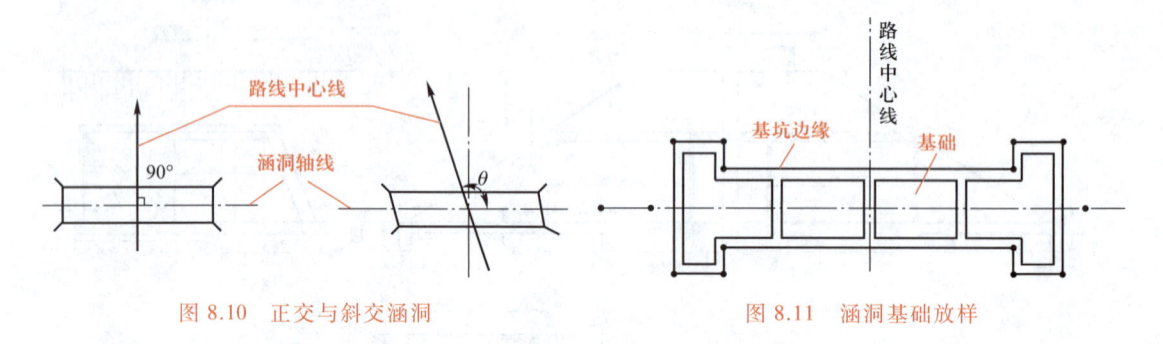

图 8.10 正交与斜交涵洞

图 8.11 涵洞基础放样

测量放样时,应注意涵洞长度、涵底高程的正确性。对位于曲线和陡坡上的涵洞应考虑加宽、超高和纵坡的影响。涵洞各个细部的高程,均用水准仪测定。对基础顶面的纵坡,当涵洞填土高度在 2 m 以上时,应预留拱度,以便路堤下沉后仍能保持涵洞应有的坡度,此种拱度最好做成弧形,其数值可按表 8.1 所列计算,但应使进水口高程高于涵洞中心高程,以防积水。基础建成后,安装管节或砌筑涵身时均以涵洞轴线为基准详细放样。

表 8.1 涵洞填土在 2 m 以上时的预留拱度值

基底土种类	涵洞建筑拱度
卵石土、砾石土、砂类土	$H/80$
粉质土、黏质土、细黏质土及黄土	$H/50$

注:H 为路线中心处涵洞水槽面到路线设计标高的填土高度。

8.2.2 管涵施工

公路工程中的管涵有混凝土管涵和钢筋混凝土管涵,目前我国公路工程中多采用钢筋混凝土管涵。公路管涵的涵管一般预制成管节,每节长度多为 1 m,然后运往现场安装。

一、涵管的预制和运输

预制混凝土圆管可采用振动制管法、离心法、悬辊法和立式挤压法。鉴于公路工程中涵管一般为外购,故对涵管预制不再进行详细说明,但涵管进场后必须对其质量进行检验。

管节成品的质量检验分为管节尺寸检验和管节强度检验。

(1)涵管强度试验应按规范要求的方法进行,其抽样数量及合格要求为:

① 涵管试验数量应为涵管总数的 1%~2%,但每种孔径的涵管至少要试验 1 个。

② 如首次抽样试验未能达到试验标准时,允许对其余同孔径管节再抽选 2 个重新试验。

只有当2个重复试验的管节达到强度要求时,涵管才可验收。

③ 在进行大量涵管检验性试验时,是以试验荷载大于或等于裂缝荷载(0.2 mm)时还没有出现裂缝者为达到标准。北方冬季寒冷冰冻地区的混凝土涵管还应进行吸水率试验,要求钢筋混凝土和无筋混凝土涵管的吸水率不得超过干管质量的6%。

(2)管节运输与装卸过程中,应注意下列问题:

① 待运的管节其各项质量应符合前述的质量标准,应特别注意检查待运管节的顶填土高度是否符合设计要求,防止错装、错运。

② 运输管节的工具,可根据道路情况和设备条件采用汽车、拖拉机拖车。

③ 管节的装卸可根据工地条件,使用各种起重设备:龙门吊机、汽车吊和小型起重工具滑车、链滑车等。

④ 在装卸和运输过程中,应小心谨慎。运输途中每个管节底面宜铺以稻草,用木块圆木楔紧,并用绳索捆绑固定,防止管节滚动、相互碰撞破坏。管节运输固定方法可参考图8.12。

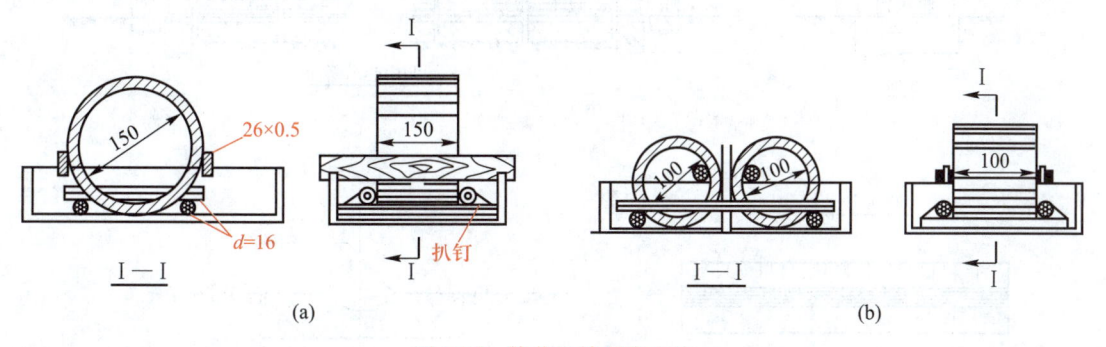

图 8.12 管节运输固定方法

⑤ 从车上卸下管节时,应采用起重设备。严禁由汽车上将管节滚下,造成管节破裂。

二、管涵施工程序

管涵可分为单孔、双孔的有圬工基础和无圬工基础管涵,常用有圬工基础管涵,现将其施工程序简介如下。

1. 单孔有圬工基础管涵(图8.13)

(1)挖基坑并准备修筑管涵基础的材料。

(2)砌筑圬工基础或浇筑混凝土基础。

(3)安装涵洞管节,修筑涵管出入口端墙、翼墙及涵底(端墙外涵底铺装)。

(4)铺设管涵防水层及修整。

(5)铺设管涵顶部防水黏土(设计需要时),填筑涵洞缺口填土及修建附属工程。对于单孔无圬工基础的管涵,可参考图8.14的程序进行施工。

2. 涵底陡坡台阶式基础管涵

沟底纵坡很陡时,为防止涵洞基础和管节向下滑移,可采用管节为台阶式的管涵。每段长度一般为3~5 m,台阶高差一般不超过相邻涵节最小壁厚的3/4。如坡度较大,可按2~3 m分段或加大台阶高度,但不应大于0.7 m,且台阶处的净空高度不应小于1.0 m。此时在低处的涵顶上应设挡墙,以掩盖可能产生的缝隙,如图8.15所示。

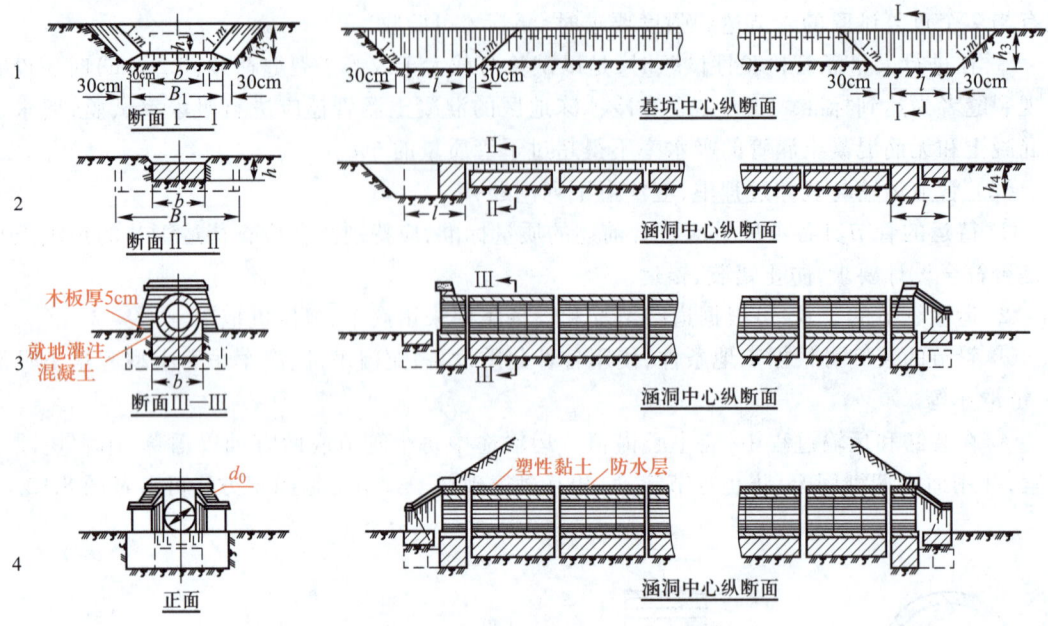

图 8.13 单孔有圬工基础管涵施工程序

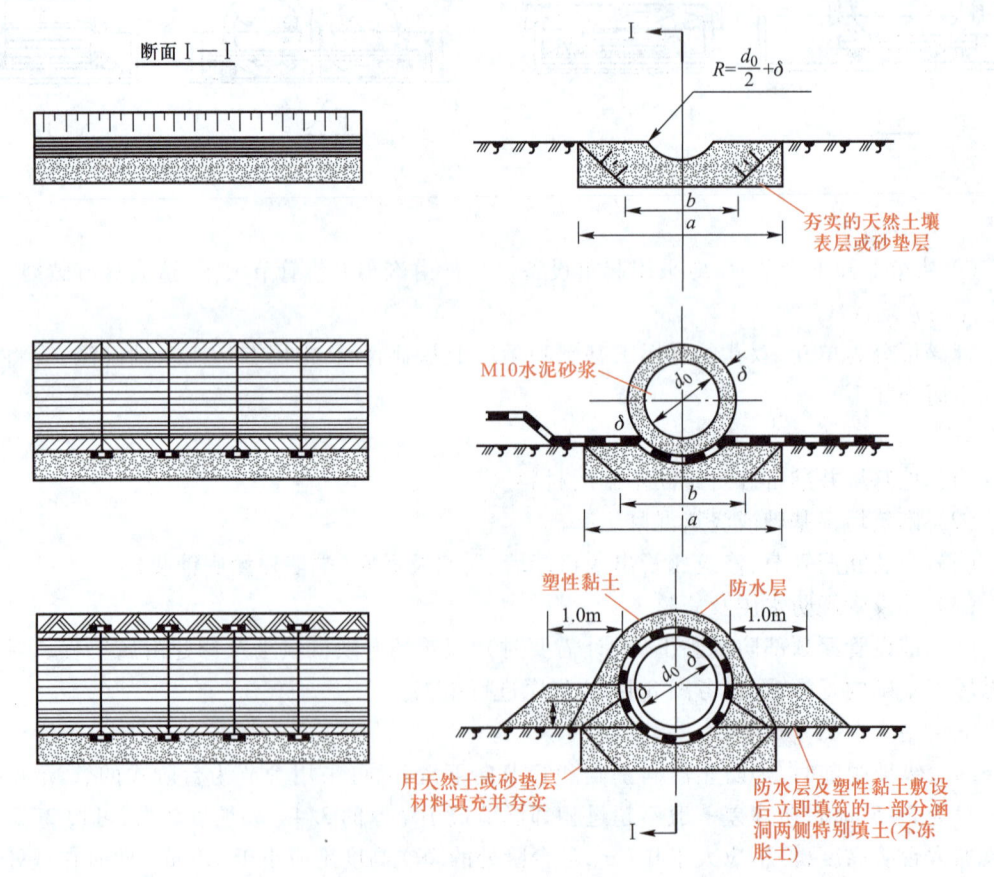

图 8.14 单孔无圬工基础管涵施工程序

注：砂垫层宽，非严重冰冻地区为 b；严重冰冻地区为 a，即上下同宽。

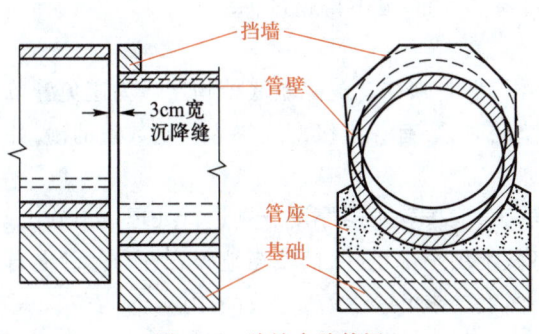

图 8.15　陡坡台阶管涵

三、管涵基础修筑

1. 地基土为岩石

管节下采用无坞工基础时,管节下挖去风化层或软层后,填筑 0.4 m 厚砂垫层;出入口两端墙、翼墙下,在岩石层上用 C15 混凝土作基础,埋置深度至风化层以下 0.15~0.25 m,且最小等于管壁厚度加 5 cm。风化层过深时,可改用片石坞工,最深不大于 1 m。管节下为硬岩时,可用混凝土抹成与管节密贴的垫层。

2. 地基土为砾石土、卵石土或砂砾、粗砂、中砂、细砂或匀质黏性土

管节下也可采用无坞工基础,对砾、卵石土先用砂填充地基土空隙并夯实,然后填筑 0.4 m 厚砂垫层;对粗、中、细砂地基土表层应夯实;对匀质黏性地基土应做砂垫层;出入口两端端墙、翼墙的坞工基础埋置深度,设计无规定时为 1.0 m;对于匀质黏性土,负温时的地下水位在冻结深度以上时,出入口两端端墙、翼墙坞工基础埋置深度为 1.0~1.5 m,当冻结土深度不深时,基础埋深宜等于冻结深度的 0.7 倍,当此值大于 1.5 m 时,可采用砂夹卵石在坞工基础下换填至冻结深度的 0.7 倍。

3. 地基土为黏性土

管节下应采用 0.5 m 厚的坞工基础,出入口两端端墙、翼墙基础埋置深度为 1.0~0.5 m;当冻结深度不深时,埋深应等于冻结深度;当冻结深度大于 1.5 m 时,可在坞工基础下用砂夹卵石换填至冻结深度。

4. 必须采用有坞工基础的管涵

（1）管顶填土高度超过 5 m。
（2）最大洪水流量时,涵前壅水高度超过 2.5 m。
（3）河沟经常流水。
（4）沼泽地区深度在 2.0 m 以内。
（5）沼泽地区淤积物、泥炭等厚度超过 2.0 m 时,应按特别设计的基础施工。
（6）土质地基。

5. 严寒地区的管涵基础施工

常年最冷月份平均气温低于 -15 ℃ 的地区称严寒地区。

（1）匀质黏性土和一般黏性土的基础均须采用坞工基础。
（2）出入口两端端墙、翼墙基础应埋置在冻结线下 0.25 m。
（3）一般黏性土地区的地下水位在冻结深度以上时,管节下埋置深度应为 $H/8$（H 为涵底

模块 8　涵洞施工

至路面填土高度），但不小于 0.5 m，也不得超过 1.5 m。

6. 基础砂垫层材料

可采用砂、砾石或碎石，但必须注意清除基底植物层。为避免管节承受冒尖石料的集中应力，当使用碎石、卵石作垫层时，要有一定级配或掺入一定数量的砂，并夯捣密实。

7. 软土地区管涵地基处理

管涵地基土如遇到软土，应按软土层厚度分别进行处理。当软土层厚度小于 2.0 m 时，可采取换填土法处理，即将软土层全部挖除，换填当地碎石、卵石、砂夹石、土夹石、砾砂、粗砂、中砂等材料并碾压密实，压实度要求 94%～97%。如采用灰土（石灰土、粉煤灰土）换填，压实度要求 93%～95%，换填土的干密度宜用重型击实试验法确定。碎石或卵石的干密度可取 2.2～2.4 t/m³。换填层上再砌筑 0.5 m 厚的圬工基础。

当软土层超过 2 m 时，应按软土层厚度、路堤高度、软土性质做特殊设计处理。

四、管节安装

管节安装应从下游开始，使接头面向上游；每节涵管应紧贴于垫层或基座上，使涵管受力均匀；所有管节应按正确的轴线和图纸所示坡度敷设。如管壁厚度不同，应使内壁齐平。在敷设过程中，要保持管内清洁无脏物、无多余的砂浆及其他杂物。

管节的安装方法通常有滚动安装法、滚木安装法、压绳下管法、龙门架安装法、吊车安装法等，可根据施工现场实际情况选用。

五、管涵施工注意事项

（1）有圬工基础的管座混凝土浇筑时应与管座紧密相贴，浆砌块石基础应加做一层混凝土管座，使圆管受力均匀，无圬工基础的圆管基底应夯填密实，并做好弧形管座。

（2）无企口的管节接头采用顶头接缝，应尽量顶紧，缝宽不得大于 1 cm，严禁因涵身长度不够，将所有接缝宽度加大来凑足涵身长度。管身周围无防水层设计的接缝，须用沥青麻絮或其他具有弹性的不透水材料从内、外侧仔细填塞。设计规定管身外围做防水层的，按前述施工工序施工。

（3）长度较大的管涵设计有沉降缝的，管身沉降缝应与圬工基础的沉降缝位置一致。缝宽为 2～3 cm，应用沥青麻絮或其他具有弹性的不透水材料，从内、外侧仔细填塞。

（4）长度较大、填土较高的管涵应设预拱度。预拱度大小应按设计规定设置。

（5）各管节设预拱度后，管内底面应成平顺圆滑曲线，不得有逆坡。相邻管节如因管壁厚度不一致（在允许偏差内）产生台阶时，应凿平后用水泥环氧砂浆抹补。

8.2.3　拱涵、盖板涵和箱涵施工

混凝土和钢筋混凝土拱涵、盖板涵、箱涵的施工分为现场浇筑和在工地预制安装两大类。

一、就地浇筑的拱涵和盖板涵

1. 支架和拱架

（1）钢拱架和木拱架。

钢拱架是用角钢、钢板和钢轨等材料在工厂（场）制成装配式构件，在工地拼装使用。图 8.16 所示是用钢轨制成的跨径 1.5～3.0 m 拱涵的钢拱架。

木拱架主要是由木材组合而成，拆装比较方便，但这种拱架浪费木材，应尽量避免使用。

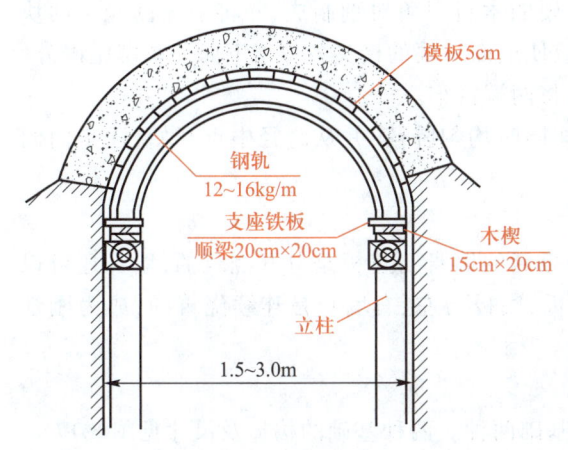

图 8.16　拱涵钢拱架

（2）土牛拱胎（土模）。在水流不大的情况下，小桥涵施工可以用土牛拱胎代替拱架，这种方法既能节省木料，又有经济、安全的特点。但土牛拱胎有施工速度慢，施工质量相对较低的缺点，现已很少使用。

2. 拱涵与盖板涵基础、墙身、拱圈、盖板的施工

拱涵与盖板涵基础、墙身、拱圈、盖板构件施工时应按下列要求进行：

（1）涵洞基础。一般采用圬工基础，施工前必须先对下卧层地基土进行检查验收。地基土承载力或密实度符合设计要求时，方可进行基础施工。对于软土地基应按照设计规定进行加固处理，符合要求后，方可进行基础施工。

对孔径较宽的拱涵、盖板涵兼作行人和车辆通道时，其底面应按照设计用圬工加固以承受行人和车辆荷载及磨耗。圬工基础的施工工艺和技术要求可参照本书圬工结构部分有关要求进行。

（2）涵洞墙身。涵洞墙身的施工工艺和技术要求可参照本书桥梁墩台部分的有关要求进行。

（3）涵洞拱圈和钢筋混凝土盖板。拱圈和盖板浇筑或砌筑施工应注意：拱圈和端墙的施工，应由两侧拱脚向拱顶同时对称进行；拱圈和盖板混凝土的现场浇筑施工，应连续进行，尽量避免施工缝；当涵身较长时，可沿涵长方向分段进行，每段应连续一次浇筑完成；施工缝应设在涵身沉降缝处。

3. 拱架和支架的安装和拆卸

（1）安装的一般要求。拱架和支架支立牢固，拆卸方便（可用木楔作支垫），纵向连接应稳定，拱架外弧应平顺。拱架不得超越拱模位置，拱模不得侵入圬工断面。

拱架和支架安装完毕后，应对其位置、顶部高程、节点连系、纵横向稳定性进行检查，不符合要求者，立即进行纠正。

（2）拆卸的一般要求：

① 拱圈圬工强度达到设计值的 85% 时，即可拆除拱架，但必须达到设计值 100% 后方可填土。

② 当拱架未拆除，拱圈强度达到设计值的 85% 时，可进行拱顶填土，但应在拱圈达到强度设计值 100% 时，方可拆除。

③拱涵拆除拱架可用木楔,木楔用比较坚硬的木料斜角对剖制成,并将剖面刨光。两块木楔接触面的斜度为1∶6~1∶10。在垫楔时应使上面一块的楔尖各伸出下面一块楔尾以外,这样在拆架时敲击木楔比较方便。木楔垫好后将两端钉牢。

④拆卸拱架时应沿涵洞整个宽度上将拱架同时均匀降落,并从跨径中点开始,逐步向两边拆除。

二、就地浇筑的箱涵

箱涵又称矩形涵,它与盖板涵的区别是:盖板涵的墙身与盖板是分开浇筑的,墙身还可以采用砌石圬工,成为简支结构。而箱涵上下顶板、底板与左、右墙身是连续浇筑的,成为刚性结构。

1. 箱涵基础

箱涵基础分为有圬工基础和无圬工基础两种。两种基础的构造及尺寸见图8.17。

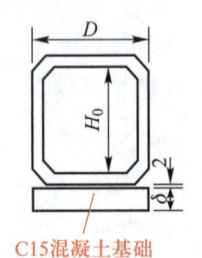

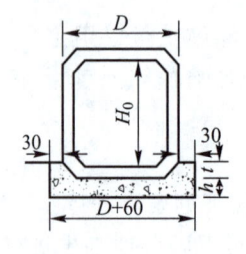

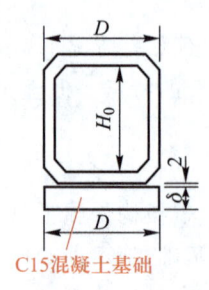

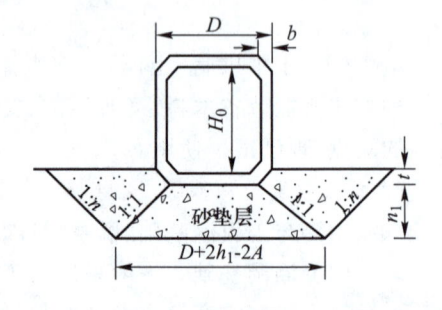

图8.17 箱涵基础类型(单位:cm)

2. 箱涵身混凝土的浇筑

箱涵身的支架、模板可参照现浇混凝土拱涵和盖板涵的支架、模板制造安装。浇筑混凝土时注意事项与浇筑拱涵与盖板涵相同。

三、装配式拱涵、盖板涵和箱涵

1. 预制构件结构的要求

(1)拱圈、盖板、箱涵节等构件预制长度,应根据起重设备和运输能力决定,但应保证结构的稳定性和刚性,一般不小于1 m,但亦不宜太长。

(2)拱圈构件上应设吊装孔,以便起吊。吊孔应考虑平吊及立吊两种,安装后可用砂浆将吊孔填塞。箱涵节、盖板和半环节等构件,可设吊孔,也可于顶面设立吊环。吊环位置、孔径大小和制环用钢筋应符合设计要求,并要求吊钩伸入吊环内和吊装时吊环筋不断裂。安装完毕,吊环筋应锯掉或割掉。

(3)若采用钢丝绳捆绑起吊可不设吊孔或吊环。

2. 预制构件的模板

预制构件的模板有木模、钢模、钢丝网水泥模板、拼装式模板等。无论采用何种模板都应保证满足规范要求,尤其是有预埋件时,应采取措施,确保预埋件的预埋位置正确。

3. 构件运输

构件必须在达到设计强度后,经过检查质量和大小符合要求,才能进行搬运。搬运时应注意吊点或支承点的设置,务必使构件在搬运过程中保持平衡、受力合理,确保构件在搬运过程中的安全。

4. 施工和安装

（1）基础。与就地浇筑的涵洞基础施工方法相同。

（2）拱涵和盖板涵的墙身。涵洞墙身一般采用砌筑结构或混凝土结构，可按照就地浇筑的墙身施工方法施工，如采用装配式结构时，可按照装配式墩台相关的要求施工。

（3）上部构件的安装。拱圈、盖板、箱涵节的安装技术要求如下：

① 安装之前应再检查构件尺寸、墙身尺寸和墙身间距离，并核对其高程，调整构件大小位置使其与沉降缝重合。

② 拱座接触面及拱圈两边均应凿毛（沉降缝处除外）并浇水湿润，用灰浆砌筑。灰浆坍落度宜小一些，以免流失。

③ 构件砌缝宽度一般为1 cm，拼装每段的砌缝应与设计沉降缝重合。

④ 构件可用扒杆或汽车吊进行吊装。

8.2.4 涵洞附属工程施工

一、防水层

涵洞的钢筋混凝土结构设置防水层的作用是防止水分侵入混凝土内，使钢筋锈蚀，缩短结构寿命。北方严寒地区的无筋混凝土结构需要设置防水层，防止侵入混凝土内的水分冻胀造成结构破坏。

防水层的材料多种多样。公路涵洞使用的主要防水材料是沥青，有些部位可使用黏土，以节省工料费用。

1. 防水层的设置部位

（1）各式钢筋混凝土涵洞（不包括圆管涵）的洞身及端墙在基础以上被土掩埋的部分，均须涂以热沥青两道，每道厚1~1.5 mm。

（2）混凝土及石砌涵洞的洞身、端墙和翼墙的被土掩埋部分，只需将圬工表面凿平，无凹入存水部分，可不设防水层。但北方严寒地区的混凝土结构仍需设防水层。

（3）钢筋混凝土圆管涵管节接头采用平头对接，平接管安装的接缝宽度宜为10~20 mm，其接口表面应平整，并应采用有弹性的不透水材料嵌塞密实，不得采用加大接缝宽度的方式满足涵洞长度要求。管节的接缝不得有间断、裂缝、空鼓和漏水等现象。

（4）钢筋混凝土盖板明涵的盖板部分表面可先涂抹热沥青两次，再于其上设2 cm厚的防水水泥砂浆或4~6 cm厚的防水混凝土。其上可按照设计铺设路面。墙身防水层按照上述方法办理。

（5）砖、石、混凝土拱涵的上部结构防水层敷设，可参见拱上附属工程相关内容。

2. 沥青的敷设

沥青可用锅、铁桶等容器以火熬制，或使用电热设备。铁桶装的沥青，应打开桶口小盖，将桶横倒搁置在火炉上，用温火使沥青熔化后，从开口流入熬制用的铁锅或大口铁桶中。熬制用的铁锅或铁桶必须有盖，以便在沥青飞溅或着火时，用以覆盖。熬制处应设在工地下风方向，与一般工作人员、料堆、房屋等保持一定距离，锅内沥青不得超过锅容积的2/3。熬制中应不断搅拌至沥青全部为液态为止。熔化后的沥青应继续加温至175 ℃（不得超过190 ℃）。熬好的沥青盛在小铁桶中送至工点使用。使用时的热沥青温度宜低于150 ℃。涂敷热沥青的圬工表面应先用刷子扫净，消除粉屑污，涂冷底子油。涂敷工作宜在干燥温暖（温度不低于5 ℃）的天气进行。

3. 沥青麻絮、油毡、防水纸的浸制方法和质量要求

沥青麻絮（沥青麻布）可采用工厂浸制的成品或在工地用麻絮以热沥青浸制。浸制后的麻絮,表面应呈淡黑色,无孔眼、无破裂和叠皱,撕裂断面上应呈黑色,不应有显示未浸透的布层。

油毡是将一种特制的纸胎（或其他纤维胎）用软化点低的沥青浸透制成,浸渍石油沥青的称石油毡,浸渍焦油沥青的称焦油沥青油毡。

防水纸（油纸）是用低软化点的沥青材料浸透原纸做成的,除沥青层较薄,没有撒防粘层外,其他性质与油毡相同。

油毡和防水纸一般从市场上采购,其外观质量应符合以下要求：

① 油毡和防水纸外表不应有孔眼、断裂、叠皱及边缘撕裂等现象,油毡的表面防粘层应均匀地撒布在油毡表面上。

② 毡胎或原纸内应吸足油量,表面油质均匀,撕开的断面应是黑色的,无未浸透的空白纸层或杂质,浸水后不起泡、不翘曲。

③ 气温在 25 ℃ 以下时,把油毡卷在 2 cm 直径的圆棍上弯曲,不应发生裂缝和防粘层剥落等现象。

④ 将油毡加热至 80 ℃ 时,不应有防粘层剥落、膨胀及表面层损坏等现象。夏季在高温下不应粘在一起。

铺设油毡和防水纸所用粘贴沥青应和油毡、防水纸有同样的性能。煤沥青油毡和防水纸必须用煤沥青粘贴。同样,石油沥青油毡及防水纸,也一定要用石油沥青来粘贴。否则,过一段时间油毡和防水纸就会分离。

二、沉降缝

1. 沉降缝设置的目的

结构物设置沉降缝的目的是避免结构物因荷载或地基承载力不均匀而发生不均匀沉陷,产生不规则的多处裂缝,而使结构物破坏。设置沉降缝后,可限定结构物发生整齐、位置固定的裂缝,并可事先对沉降缝处予以处理；如有不均匀沉降,则将其限制在沉降缝处,有利于结构物的安全、稳定和防渗（防止管内水流渗入涵洞基底或路基内,造成土质浸泡松软）。

2. 沉降缝设置的位置和方向

涵洞洞身、洞身与端墙、翼墙、进出水口急流槽交接处必须设置沉降缝,但无圬工基础的圆管涵仅于交接处设置沉降缝,洞身范围不设。具体设置位置视结构物和地基土的情况而定。

（1）洞身沉降缝。一般每隔 4～6 m 设置 1 处,但无基础涵洞仅在洞身涵节与出入口涵节间设置,缝宽一般 3 cm。两端与附属工程连接处也各设置 1 处。

（2）其他沉降缝。凡地基土质发生变化,基础埋置深度不一,基础对地基的荷载发生较大变化处,基础填挖交界处,采用填石垫高基础交界处,均应设置沉降缝。

（3）岩石地基上的涵洞。凡置于岩石地基上的涵洞,可不设沉降缝。

（4）斜交涵洞。斜交涵洞洞口正做的,其沉降缝应与涵洞中心线垂直；斜交涵洞洞口斜做的,沉降缝与路基中心线平行；拱涵与管涵的沉降缝,一律与涵洞轴线垂直。

3. 沉降缝的施工方法

沉降缝的施工,要求做到使缝两边的构造物能自由沉降,又能严密防止水分渗漏,故沉降缝必须贯穿整个断面（包括基础）。沉降缝具体施工方法如下：

（1）基础部分。可将原基础施工时嵌入的沥青木板或沥青砂板留下，作为防水之用。如基础施工时不用木板，也可用黏土填入捣实，并在流水面边缘以 1∶3 的水泥砂浆填塞，深度约为 15 cm。

（2）涵身部分。缝外侧以热沥青浸制的麻筋填塞，深度约为 5 cm，内侧以 1∶3 水泥砂浆填塞，深度约为 15 cm，视沉降缝处圬工的厚薄而定。缝内可以用沥青麻筋与水泥砂浆填满，如太厚，亦可将中间部分先填以黏土。

（3）沉降缝的施工质量要求为：沉降缝端面应整齐、方正，基础和涵身上下不得交错，应贯通，嵌塞物应紧密填实。

（4）保护层。各式有圬工基础涵洞的基础襟边以上，均顺沉降缝周围设置黏土保护层，厚约 20 cm，顶宽约 20 cm。对无圬工基础涵洞，保护层宜使用沥青混凝土或沥青胶砂，厚度 10~20 cm。沉降缝构造如图 8.18 所示。

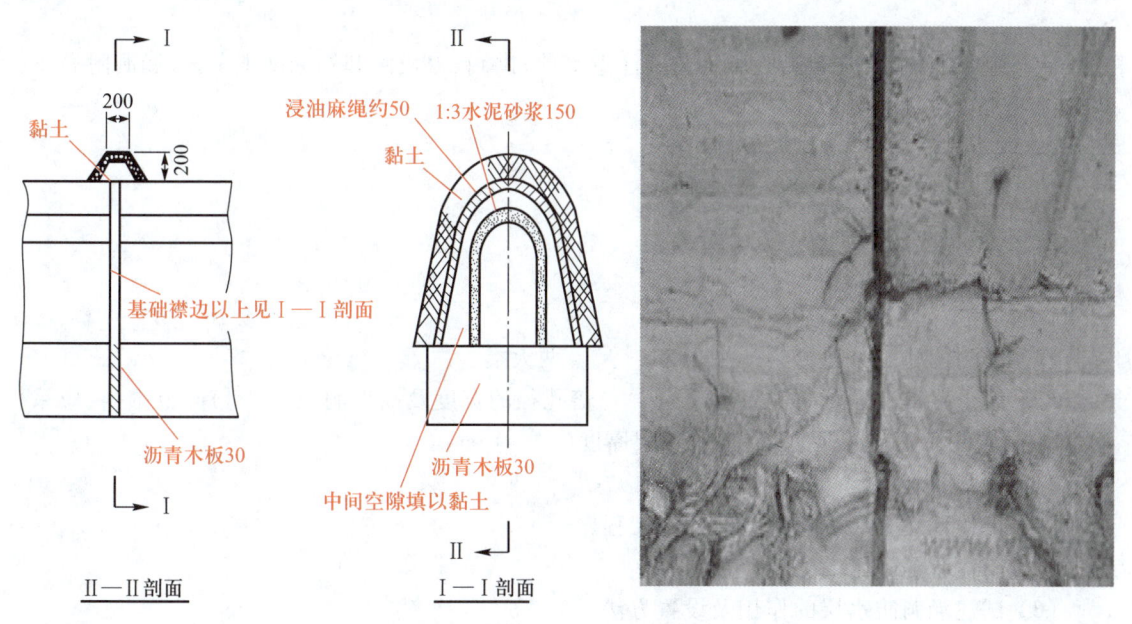

图 8.18　涵洞沉降缝构造（单位：cm）

4. 平原区的处理工程

涵洞出入口的沟床应整理顺直，与上、下排水系统（天沟、路基边沟、排水沟、取土坑等）的连接应圆顺、稳固，保证流水顺畅，避免排水损害路堤、村舍、农田、道路等。

5. 山丘区的处理工程

在山丘区的涵洞底纵坡超过 5% 时，除进行上述整理外，还应对沟床进行干砌或浆砌片石防护。翼墙以外的沟床当坡度较大时，也应铺砌防护。防护长度、砌石宽度、厚度、形状等，应按设计图纸施工。如设计图纸漏列，应按合同规定向监理提出，经批准后作出变更设计。

三、涵洞缺口填土

（1）建成的涵管、圬工达到设计要求的强度后，应及时回填。回填土要切实注意质量，严格按照有关施工规定和设计要求办理。若是拱涵，回填土时，应按照施工部有关规定施工。

（2）填土路堤在涵洞每侧不小于 2 倍孔径的宽度及高出洞顶 1 m 范围内，应采用非膨胀的土从两侧分层仔细夯实，每层厚度 10~20 cm。特殊情况亦可用与路堤填料相同的土填筑。

管节两侧夯填土的密实度标准:高速公路和一级公路为95%;其他公路为93%。管节顶部其宽度等于管节外径的中间部分填土,其密实度要求与该处路基相同。如为填石路堤,则在管顶以上1.0 m的范围内应分3层填筑:下层为20 cm厚的黏土;中层为50 cm厚的砂卵石;上层为30 cm厚的小片石或碎石。在两端的上述范围及两侧每侧宽度不小于孔径的2倍范围内,码填片石。对于其他各类涵洞的特别填土要求,应分别按照有关的设计要求办理。

(3) 用机械填筑涵洞缺口时,须待涵洞圬工达到容许强度后,涵身两侧用人工或小型机具对称夯填,高出涵顶至少1 m,然后再用机械填筑。不得从单侧偏推、偏填,使涵洞承受偏压。

(4) 冬季施工时,涵洞缺口路堤、涵身两侧及涵顶1 m内,应用未冻结土填筑。

(5) 回填缺口时,应将已成路堤土方挖出台阶。

小结

涵洞施工准备工作;管涵施工工艺及注意事项;拱涵、盖板涵和箱涵施工工艺;涵洞附属工程施工工艺及注意事项。

操作与练习

【习题】

1. 填空题

(1) 涵洞的施工方法分为(　　)和(　　)两大类。

(2) 填土路堤在涵洞每侧不小于(　　)倍孔径的宽度及高出洞顶(　　)m 范围内,应采用(　　)从(　　)侧分层仔细夯实,每层厚度(　　)cm。

2. 问答题

(1) 试述单孔有圬工基础管涵的施工程序。

(2) 简述管涵施工的注意事项。

(3) 试述涵洞防水层的作用及设置方法。

(4) 涵洞为何要设置沉降缝?如何设置?

(5) 试述钢筋混凝土框架涵洞的施工程序。

【典型案例】

南水北调中线1期工程天津干线天津市1段工程施工TJ5-2标段,设计流量为45 m/s,加大流量为55 m/s,为3孔4.4 m×4.4 m钢筋混凝土箱涵。桩号为135+759~136+167,全长0.408 km,其中顶进箱涵长度为72 m,京沪高速公路交汇里程为DK93+600。箱涵顶进前首先进行施工降水、支护灌注桩、搅拌桩止水帷幕施工以及管幕洞门土体加固,然后进行土方开挖、注浆加固、管幕施工,同时开挖箱涵顶进坑。箱涵顶进基坑开挖到设计高程后,进行滑板、后背梁施工,同时开始底排管幕施工,滑板浇注完成后进行隔离润滑层、预制顶进箱涵。箱体预制成型后,当混凝土强度达到设计强度方可进行正式顶进作业,箱涵的顶进采用吃土顶进法施工,边顶进边出土,箱体底、侧、顶刃脚始终吃土顶进。顶进时在箱涵外侧土体内注浆,减少摩阻力。每一顶程都应观测前、后端高程,如出现偏差应及时处理。顶进中需做好记录。

模块 9

桥面施工

模块描述：本模块内容包括两个部分,任务1桥面构造与任务2桥面施工。

学习要求：通过本模块学习,结合典型桥面施工图纸和案例,学生应掌握桥面的组成和分类,深入理解不同桥面的适用范围;了解《公路桥涵施工技术规范》(JTG/T 3650—2020)中关于桥面施工相关内容,了解本课程的主要内容、要求和学习方法。

能力目标：能正确识读桥面施工图;掌握桥面各部件名称及各自作用;掌握桥面施工工艺与注意事项;能根据施工图和现场的情况选择施工方法,并组织桥面施工。

思政亮点：以桥面施工及桥面施工质量带来的安全事故为案例,充分说明桥面施工质量的好坏与人民的生命财产和安全密不可分、息息相关。施工技术人员必须掌握工程图纸和施工要求,要严格地按照法律法规和施工技术规范操作,从而提高工程的质量以及安全生产系数,对施工过程中发生的意外事故采取必要措施减少损失,促进我国经济建设的发展。

任务 9.1　桥面构造

桥面构造包括行车道铺装、排水防水系统、人行道(或安全带)、缘石、栏杆、护栏、照明灯具和伸缩装置等。图9.1展示出了桥面的一般构造。

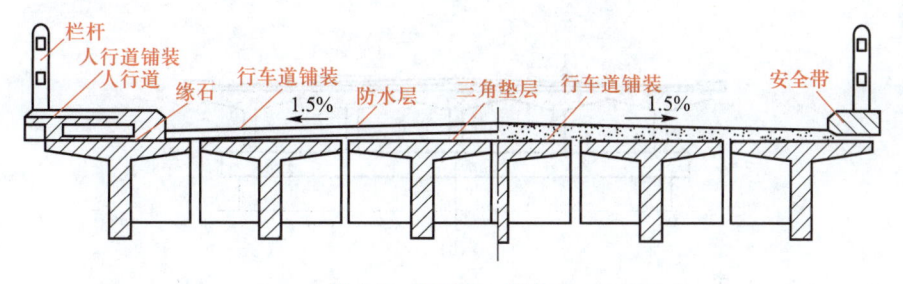

图 9.1　桥面的一般构造

桥面构造直接与车辆、行人接触,它对桥梁的主要构造起保护作用,使桥梁能正常使用。同时,桥面构造多属外露部位,其选择是否合理、布置是否恰当直接影响桥梁的使用功能、布局和美观。特别是现代化高速交通体系的迅猛发展,更显示它的重要性。由于桥面构造工程量小,项目复杂,往往在设计和施工中得不到应有的重视,从而造成桥梁使用中的弊病,甚至会中断交通。因此,必须要了解桥面构造各部件的工作性能,合理选择,认真设计,精心施工。

9.1.1 桥面铺装

桥面铺装（bridge deck pavement）即行车道铺装，亦称桥面保护层，它是车轮直接接触的部分。桥面铺装的作用在于防止车辆轮胎或履带直接磨耗行车道板，保护主梁免受雨水侵蚀，并对车辆轴重的集中荷载起分布作用，为使铺装层具有足够的强度和良好的整体性（能起联系各主梁共同受力的作用），一般宜在混凝土中设置直径为 4~6 mm 的钢筋网。因此，行车道铺装要求有抗车辙、行车舒适、抗滑、不透水（和桥面板一起作用时）、刚度好等性能。

行车道铺装可采用水泥混凝土、沥青混凝土、沥青表面处治和泥结碎石等各种类型材料。水泥混凝土和沥青混凝土桥面铺装应用较广，能满足各项要求。水泥混凝土铺装的耐磨性能好，适合重载交通，但养护期长，以后修补较麻烦。沥青混凝土桥面铺装维修养护方便，但易老化和变形。沥青表面处治和泥结碎石桥面铺装，耐久性较差，仅在中级和低级公路桥梁上使用。

9.1.2 桥面纵横坡

1. 纵坡（grade of deck）

桥面设置纵坡，以利雨水迅速排除，防止或减少雨水对铺装层的渗透，从而保护了行车道板，延长桥梁使用寿命。

桥面上设置纵坡有利于排水，同时，在平原地区，还可以在满足桥下通航净空要求的前提下，降低墩台标高，减少引桥跨长或桥头引道土方量，从而节省工程费用。

2. 横坡（lateral slope of bridge deck）

桥面的横坡，一般采用 1.5%~3% 坡度。通常有三种设置形式：

（1）对于板桥（矩形板或空心板）或就地浇筑的肋板式桥梁，为节省铺装材料并减少恒载重力，可以将横坡直接设在墩台顶部，而使桥梁上部构造形成双向倾斜，此时，铺装层在整个桥宽上做成等厚的，如图 9.2a 所示。

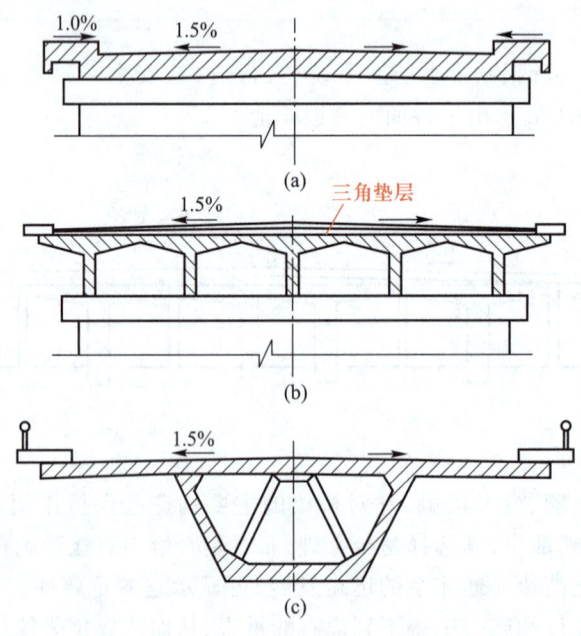

图 9.2 桥面横坡设置

(2) 在装配肋板式桥梁中,通常横坡直接设在行车道板上。先铺设一层厚度变化的混凝土三角垫层,形成双向倾斜,再铺设等厚的混凝土铺装层,如图 9.2b 所示。

(3) 在比较宽的桥梁(或城市桥梁)中,一般将行车道板做成倾斜面而形成横坡,如图 9.2c 所示。它的缺点是主梁构造复杂,制作麻烦。

9.1.3 防水层

桥面的防水层(bridge deck waterproofing),设置在行车道铺装层下边,它将透过铺装层渗下的雨水汇集到排水设备(泄水管)排出。

按现行《公路沥青路面设计规范》的有关条文,沥青铺装由黏结层、防水层及沥青面层组成。为提高桥面使用年限,减少维修养护,应在黏结层上设置防水层。

防水层有三种类型:

(1) 撒布薄层沥青或改性沥青,其上撒布一层砂,经碾压形成沥青涂胶下封层;

(2) 涂刷聚氨酯胶泥、环氧树脂、阳离子乳化沥青、氯丁胶乳等高分子聚合物涂料;

(3) 铺装沥青或改性沥青防水卷材,以及浸渍沥青的无纺土工布等。

9.1.4 桥面排水系统

为了迅速排除桥面积水,防止雨水积留与桥面并渗入梁体而影响桥梁的耐久性,在桥梁设计时要有一完整的桥面排水系统(bridge deck drainage system)。在桥面上除设置纵横坡排水外,常常需要设置一定数量的泄水管,泄水管常采用铸铁管或塑料管(图 9.3)。

通常当桥面纵坡大于 2%,而桥长小于 50 m 时,一般能保证从桥头引道上排水,桥就可以不设置泄水管。此时,可在引道两侧设置流水槽,以免雨水冲刷引道路基。

当桥面纵坡大于 2%,而桥长大于 50 m 时,为防止雨水积留,桥面就需要设置泄水管,每隔 12~15 m 设置一个。

当桥面纵坡小于 2%时,泄水管就需要设置更密一些,一般每隔 6~8 m 设置一个。

图 9.3 桥面泄水管

9.1.5 伸缩装置

桥梁在气温变化时,桥面有膨胀或收缩的纵向变形,车辆荷载也将引起梁端的转动和纵向位移。为使车辆平稳通过桥面并满足桥面变形,需要在桥面伸缩缝处设置一定的伸缩装置。这种装置称为桥面伸缩装置(bridge expansion and contraction installation)。

1. 伸缩装置的要求

(1) 能够适应桥梁温度变化所引起的伸缩。除了考虑年度温差变化所引起的伸缩外还必须考虑施工时温度变化所需调整的量,以便在全部的预期温度范围内都能可靠地工作。

(2) 桥面平坦,行驶性良好的构造。伸缩装置与前后桥面必须取平,包括伸缩装置在内的前后桥面平整度,在 3 m 长范围内,必须保证误差在 ±3 mm 内。

(3) 施工安装方便且与桥梁结构连为整体。

(4) 具有能够安全排水和防水的构造,防止产生支座生锈与雨水下漏等弊病。

(5) 承担各种车辆荷载的作用。

(6) 养护、修理与更换方便。

(7) 经济价廉。

2. 伸缩装置的类型

到目前为止,我国公路桥梁和城市桥梁工程上使用的伸缩装置可分成五大类,即对接式伸缩缝、钢制支承式伸缩缝、橡胶组合剪切式伸缩缝、模数支承式伸缩缝和无缝伸缩缝。

(1) 对接式伸缩缝。根据其构造形式和受力特点的不同,可分为填塞对接型和嵌固对接型两种。填塞对接型伸缩缝目前已不多见了。嵌固对接型伸缩缝,利用不同形状的钢构件将不同形状的橡胶条(带)嵌牢固定,并以橡胶条(带)的拉压变形来吸引梁体的变形,其伸缩缝体可以处于受压状态,也可以处于受拉状态。该类伸缩装置被广泛应用于伸缩量在 80 mm 及以下的桥梁工程上。图 9.4 为 W 形伸缩装置。

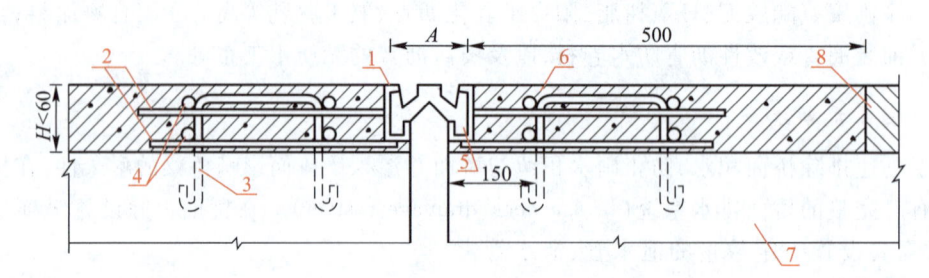

1—用钢板弯制 L 钢;2—锚固钢筋;3—预埋钢筋;4—水平加强钢筋;5—W 形橡胶条;
6—现浇 C30 混凝土;7—行车道上部构件;8—桥面铺装

图 9.4 W 形伸缩装置横断面图

(2) 钢制支承式伸缩缝。是用钢材装配制成的,能直接承受车轮荷载的一种构造。钢制支承式伸缩缝的形状、尺寸和种类繁多,其中有面层板成齿形,从左右伸出桥面板间隙处相互才能啮合的悬臂式构造,或者,面层板成悬架的支承式构造,统称为钢梳形板伸缩装置。国内常见的为梳齿形板型。面层板成为矩形的叠合悬架式的构造,叫作钢板叠合式伸缩装置,如图 9.5 所示。

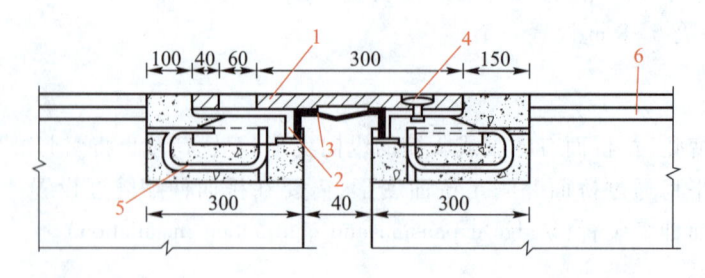

1—钢板;2—角钢;3—排水导槽;4—沉头螺钉;5—锚固钢筋;6—桥面铺装

图 9.5 钢板叠合式伸缩装置构造示意图(尺寸单位:mm)

(3) 橡胶组合剪切式(板式橡胶)伸缩缝。板式橡胶伸缩装置是利用橡胶材料剪切模量低的原理设计制造而成的。剪切型橡胶伸缩体设有上下凹槽,橡胶体内埋设承重钢板和锚固钢板,并设有预留螺栓孔,通过螺栓与梁端连成整体。它是依靠上下凹槽间的橡胶体剪切变形来满足梁体结构的相对位移;橡胶伸缩体内预埋钢板,跨越梁端间隙,承受车辆荷载。构造如图 9.6 所示。

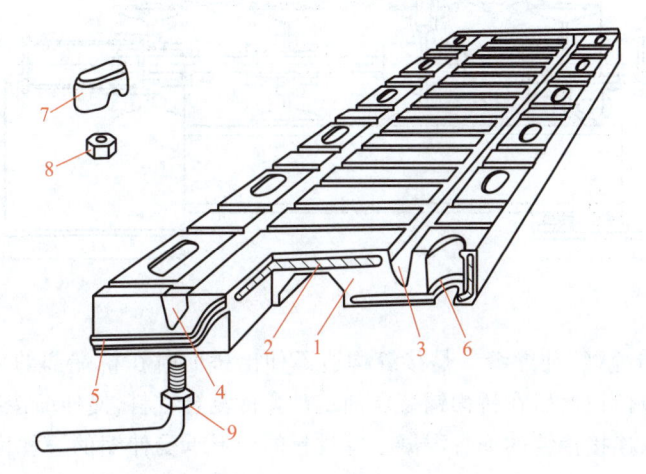

1—橡胶;2—加强钢板;3—伸缩用槽;4—止水块;5—嵌合部;6—螺帽垫板;7—腰形盖帽;8—螺帽;9—螺栓
图 9.6 板式橡胶伸缩装置一般构造(尺寸单位:mm)

(4)模数支承伸缩缝。是利用吸震缓冲性能好又容易做到密封的橡胶材料,与强度高刚性好的异行钢材组合,在大位移量情况下能承受车辆荷载的各种类型的模数支承式(模数式)桥梁伸缩装置系列(图 9.7、图 9.8)。这类伸缩装置,其构造相同点是,均由 V 字形截面或其他截面形状的橡胶密封条(带),嵌接于异形边钢梁内组成可伸缩的密封体,异形钢梁直接承受车辆荷载,且可根据要求的伸缩量,随意增加中钢梁和密封橡胶条(带),加供组装成各种伸缩量的系列产品。其不同点仅在于承受异形钢梁和传递伸缩力的传动机构形式及原理。异形钢有采用钢板或型钢焊接而成,有挤压成形,也有轧钢坯经车轧成形或局部分段(层)轧制焊接成形的。

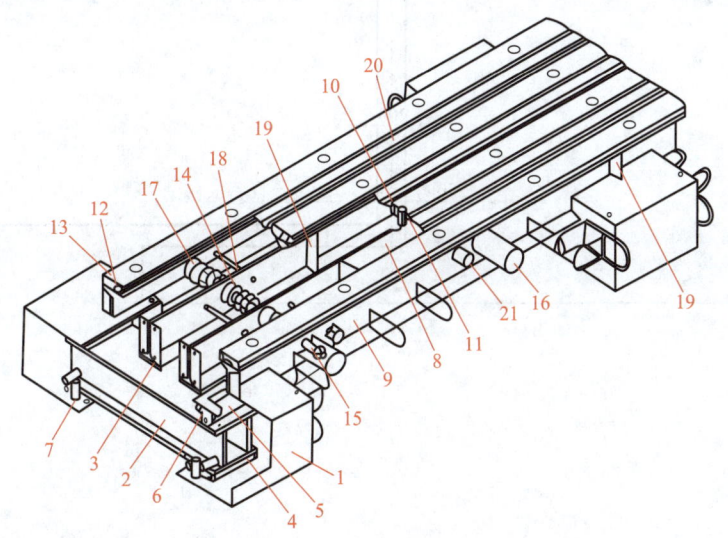

1—横梁支承箱;2—活动横梁;3—滑板;4—四氟板橡胶支承垫;5—橡胶滚轴;6—滚轴支架;7—限位栓;
8—工字形中间梁;9—工字形边梁;10—弹簧;11—下盖板;12—边上盖板;13—钢梁;14—弹簧;15—钢穿心杆;
16—套筒;17—弹簧插座;18—限位栓;19—腹板加劲;20—橡胶伸缩带;21—限位栓
图 9.7 SG 型伸缩装置构造图

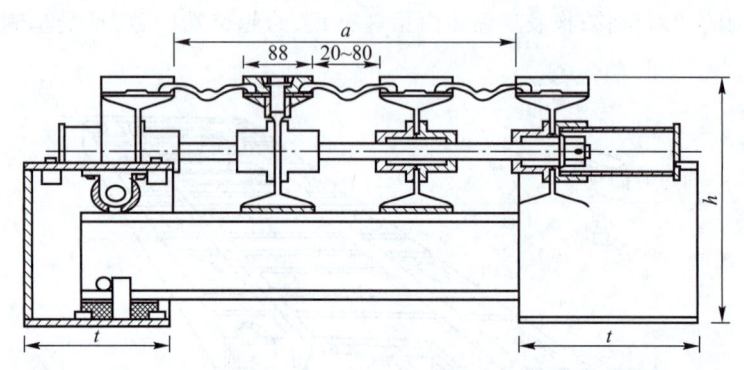

图 9.8　SG 型伸缩装置横断面图

（5）无缝式（暗缝型）伸缩缝。是接缝构造不伸出桥面时在桥端部的伸缩间隙中填入弹性材料并铺上防水材料，然后在桥面铺装层铺筑黏弹性复合材料，使伸缩接缝处的桥面铺装部分形成一连续体，以连接接缝的沥青混凝土等材料的变形承受伸缩的一种构造（图 9.9），这类伸缩装置的主要特点为：① 能适应桥梁上部构造的伸缩变形和小量转动变形；② 将使桥面铺装形成连续体，行车时不致产生冲击、振动等，舒适性较好；③ 防水性较好；④ 在寒冷地区，易于机械化除雪养护，不致破坏接缝；⑤ 施工简单，一般易于维修和更换。鉴于这类形式是在路面铺装完成后再用切割器切割路面，并在其槽口内注入嵌缝材料而成的构造，这种接缝仅适应于较小的接缝部位，适用范围有所限制。

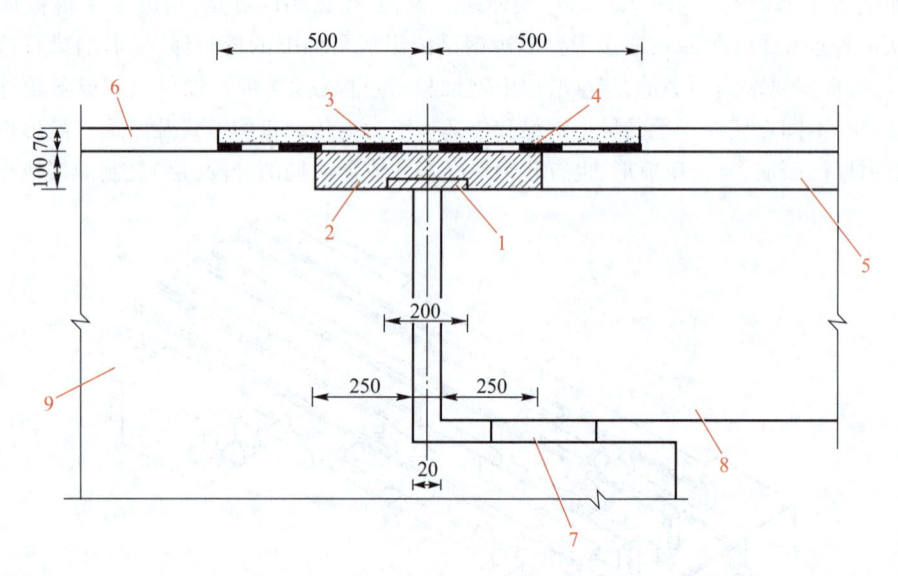

1—钢板；2—Ⅰ型改性沥青混凝土；3—Ⅱ型改性沥青混凝土；4—编织布；5—桥面现浇混凝土层；
6—沥青混凝土铺装；7—板式橡胶支座；8—预制板；9—背墙

图 9.9　GP 型桥面连续构造

9.1.6　人行道、栏杆、护栏与灯柱

行人稀少地区可不设人行道，为保证交通安全，在行车道边缘设置高出行车道的带状构造物——安全带。

一、安全带

不设人行道的桥上,两边应设宽度不小于 0.25 m,高为 0.25~0.35 m 的护轮安全带。为了保证行车安全,安全带的高度宜超过 0.4 m。

安全带可以做成预制块或与桥面铺装层一起现浇。预制的安全带有矩形截面和肋板式截面两种(图 9.10),以矩形截面最为常用。现浇的安全带宜每隔 2.5~3 m 做一断缝,以免参与主梁受力而被破坏。

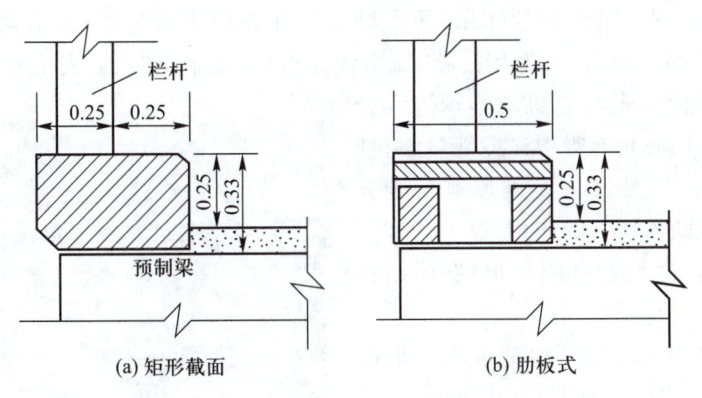

图 9.10 安全带(尺寸单位:m)

二、人行道(pedestrian-way)

人行道是用设施路缘石或护栏及其他类似设施加以分隔的专门供人行走的部分。

桥面铺装中若设贴式防水层,就要在人行道内侧设置缘石,以便把防水层伸过缘石底面,从人行道与缘石之间的砌缝里向上叠起。

人行道在桥面断缝处也必须做伸缩缝。现代桥梁人行道伸缩缝与行车道伸缩缝是连在一起的。

三、栏杆、灯柱(column、light pilla)

栏杆(图 9.11)既是桥面上的安全设施,要求坚固;又是桥梁的附属建筑,要求艺术造型高。栏杆的高度一般约 0.8~1.2 m,标准设计为 1.0 m;栏杆的间距一般为 1.6~2.7 m,标准设计为 2.5 m。

在城市及城郊行人和车辆较多的桥梁上,要有照明设施,一般采用灯柱(图 9.12)在桥面上照明。

图 9.11 桥面栏杆

图 9.12 桥面灯柱

灯柱可以利用栏杆柱,也可单独设在人行道内侧。照明用灯一般高出车道 5 m 左右。灯柱的设计要经济合理,要确实能起到照明作用,同时也要符合在全桥的立面上具有统一的格调。近年来在公路桥上也有低照明和用发光建筑材料层标记,亦可考虑选用。

四、护栏(guard fence)

一般桥梁上的栏杆,当设于人行道上时,主要作用是给行人以安全感,遮挡行人,防止其掉入桥下;当无人行道时,其主要作用与高填路堤或危险路段所设护栏相仿,用以诱导视线,起到标示轮廓的作用,使车辆尽量在路幅之内行驶,并给驾驶员以安全感。用于高速公路、一级汽车专用公路、城市快速道路、主干道路、立交工程等的护栏是用以封闭沿线两侧,不使人畜与非机动车辆进入公路的隔离设施,它同时具有吸引碰撞能量、迫使失控车辆改变方向并使其恢复到原有行驶方向,防止其越出或跌落桥下的作用。

防撞护栏按防撞性能有刚性护栏、半刚性护栏和柔性护栏之分。

刚性护栏(图 9.13)是一种基本不变形的护栏结构。混凝土护栏是刚性护栏的主要形式,它是一种以一定形状的混凝土块相互连接而组成的墙式结构,它通过使失控车辆碰撞后爬高并转向来吸收碰撞能量。

图 9.13 刚性护栏

半刚性护栏是一种连续的梁柱式护栏结构,具有一定的刚度和柔性。波形护栏(图 9.14)是半刚性护栏的主要代表形式,它是一种以波纹状钢护栏板相互拼装并由立柱支撑而组成的连续结构,它利用土基、立柱、波形梁的变形来吸收碰撞能量,并迫使失控车辆改变方向。

柔性护栏(图 9.15)是一种具有较大缓冲能力的韧性护栏结构。缆索护栏是柔性护栏的主要代表形式,它是一种以数跟施加初张力的缆索固定于立柱上而组成的结构,它主要依靠缆索的拉应力来抵抗车辆的碰撞,吸收碰撞能量。

图 9.14 波形护栏

图 9.15 柔性护栏

小结

桥面的分类及作用;桥面的构造、分类及各部件的作用。

操作与练习

【习题】

1. 填空题

(1) 桥面的构造主要包括(　　)、防水排水系统、(　　)、(　　)、(　　)、(　　)和(　　)。

(2) 桥面的护栏可分为(　　)、(　　)和(　　)。

2. 问答题

(1) 简述桥面各组成部件的作用。

(2) 简述伸缩缝的作用与分类。

【典型案例】

图 9.16 所示装配式后张法预应力混凝土简支空心板桥上部构造。设计荷载公路-I 级，空心板桥横截面宽度 28 m，分左右两幅，各由 10 片底部宽度为 1.24 m 的空心板梁组成，空心板间距 1 cm，板梁高 95 cm。护栏以组合式护栏和波形护栏为主，桥面铺装层自上而下分别是 100 mm 厚沥青混凝土桥面铺装、防水层、100 mm 厚 C40 桥面现浇层，同时自中间向两侧设置 2% 斜坡，方便排水。

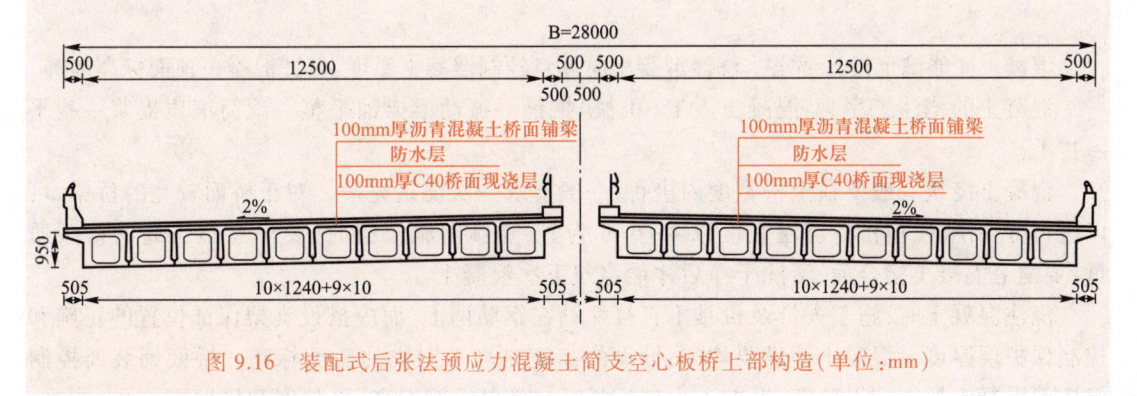

图 9.16 装配式后张法预应力混凝土简支空心板桥上部构造(单位:mm)

任务 9.2　桥面施工

桥面施工项目多且杂，但是对工程质量乃至整个桥梁的外观要求都很重要，会严重影响桥梁结构的使用年限，所以要精心组织施工，确保施工质量。

9.2.1　桥面铺装施工

桥面铺装三度(厚度、强度、平整度)和裂缝是桥面铺装施工的控制关键，尤其是平整度和裂缝的控制，它将直接影响沥青混凝土面层的施工质量，乃至影响今后行车的稳定性、舒适性、安全性和桥梁的使用寿命。

一、施工准备和铰接缝施工

主要是相关的施工人员、机具、材料等的准备。施工人员数量足够，安排合理；施工机具状态良好，无故障；相应的材料要准备到位，保证需要。

在桥面铺装层施工之前要进行梁间灌缝施工,在接缝处要吊底模。浇筑铰缝混凝土前,要清除结合面上的浮皮,并用水冲洗净后,方可浇筑铰缝内混凝土及水泥砂浆,铰缝混凝土及砂浆必须振捣密实。灌缝结束以后进行梁面清扫,必须将堆积的水泥砂浆或混凝土残渣等清除干净。

二、清洗桥面

将梁板面预埋钢筋调整规范,清除主梁片上残留的混凝土、砂浆及油污、杂物并对表面冲洗处理,保持桥面湿润,以有利于铺装层混凝土与梁面的结合。

三、桥面标高复测

在施工桥面混凝土铺装层前,应复测梁面标高,复测桥跨中和支点处的中线和边线标高。并做好标记。

四、绑扎钢筋

按照设计要求,安装钢筋网。要保证钢筋的正确位置,根据里程控制点确定钢筋的位置,绑扎牢固,不易移位。绑扎时要求纵横间距相等、平直。钢筋接头要错开,并垫好保护层垫块,保证钢筋网的牢固性和保护层厚度。注意各类预留钢筋或构件的位置准确。同时注意预留泄水管、伸缩装置的位置。

五、安装模板

模板表面平整并均匀涂刷脱模剂,接缝要严密,不漏浆,以保证结构物线形优美。安装模板时,要保证模板位置准确,牢固可靠,做到在混凝土浇筑时不跑模,不移位。同时要拆卸方便,以便重复使用。

六、浇注混凝土

混凝土性能满足设计要求。浇注混凝土时注意控制混凝土厚度,保证混凝土顶面标高准确。

混凝土的浇注工序为:混凝土人工(机械)摊铺→振动梁摊铺平整→滚筒滚压提浆→找平→拉毛。

混凝土浇筑一般要在全桥宽度内进行,一般要求一次浇筑完毕。对于桥面较宽的桥梁,可以进行分块浇注,横桥向浇注宽度以 4~6 m 为宜,要预留施工缝时,要注意施工缝的接头质量,要凿毛混凝土接合面,清洗干净后才能浇筑下次混凝土。

浇注混凝土时,施工人员及机具不直接踩踏在钢筋网上,而应搭设支架保证位置的正确和控制保护层厚度。混凝土铺要均匀,铺设的高度略高于完成的桥面标高。桥面铺装要控制好桥面混凝土标高和平整度,误差不大于±10 mm,确保桥面标高、平整度和横坡度。

七、混凝土养护

混凝土养护条件根据当地气温、湿度等条件确定。天气寒冷地区要采用保温措施。确保混凝土强度,同时不能出现裂缝。混凝土强度达到规定拆模要求时,拆除模板。

八、泄水孔安装

安装泄水管要求如下:

(1)桥面泄水管按图纸要求进行加工留设,泄水管周围须设置聚水槽来汇集桥面的积水。

(2)在浇筑桥面板时应预留泄水管安装孔,桥面铺装时应避免泄水管预留孔堵塞。

(3)泄水管顶面应略低于桥面铺装底面,下端应伸出结构物底面 100~150 mm,或按图纸所示将其引入地下排水设施。

9.2.2 伸缩装置施工

目前伸缩装置大部分是从厂家购买成品,预埋锚固钢筋,现场安装。其基本程序如下:浇筑钢筋混凝土(沥青)桥面→铺砂垫层,铺筑沥青混凝土面层→切缝机切割沥青混凝土面层,并清理渣料→焊接定位钢板、固定异型钢位置→立模→浇筑混凝土→拆除定位横梁及模板、安装橡胶密封条。

伸缩装置安装时应注意以下事项:

(1) 检查桥面板端部预留空间尺寸、钢筋,注意不受损伤。

(2) 根据安装时的环境温度计算橡胶板伸缩装置的模板宽度与螺栓间距。

(3) 将混凝土表面清洁后,涂防水胶黏材料。利用调整压缩的工具,将伸缩装置安装就位。安装各种伸缩装置时,定位值均应通过计算决定,伸缩缝间隙大小应与安装时的桥梁平均温度相适应。现浇混凝土时,要防止定位的构件变位。

9.2.3 防水层的施工

防水层的基层要求平整、清洁和干燥;无凸凹不平、蜂窝、麻面、浮碴、浮灰、油污。基层平整度的要求:用 1 m 直尺检查,空隙不大于 5 mm,且空隙只允许平缓变化。防水涂料的配置及施工按厂家说明书和施工图纸进行。当气温低于 0 ℃时,要采取措施,但严禁明火加热。防水涂料应配比准确、搅拌均匀、涂刷均匀,无漏刷现象。

铺设防水层时应注意以下事项:

(1) 防水层材料应经过检查,在符合规定标准后方可使用。

(2) 防水层通过伸缩缝或沉降缝时,应按设计规定铺设。

(3) 防水层应横桥向闭合铺设,底层表面应平顺、干燥、干净。沥青防水层不宜在雨天或低温下铺设。

(4) 水泥混凝土桥面铺装层当采用油毛毡或织物与沥青黏合的防水层时,应设置隔断缝。

9.2.4 其他附属工程施工

桥面其他附属工程包括人行道、桥面防护(栏杆、防撞护栏)、泄水管、灯柱、桥面防水、桥头搭板等施工。

一、防撞护栏施工

1. 钢筋施工

在绑扎防撞墙钢筋的同时,要特别注意防撞墙内的预埋件,预埋件包括制作栏杆钢扶手安装灯柱的预埋钢板以及设置照明、监控预埋件预埋管道等,要保证预埋件位置的准确。

2. 模板施工

防撞墙的外边线必须与桥面边线平行一致,要求尺寸准确,线形和顺,外观不能有明显的折角,故在安装模板时应认真放样定位,注意防撞栏杆在每跨端头及伸缩缝处均设接缝。

3. 混凝土施工

防撞墙一般采用 C30 混凝土,坍落度控制在 5~7 cm,防撞墙内侧钢筋净保护层厚度为 50 mm,其余保护层为 25 mm。分层浇筑混凝土,分层厚度控制在 20 cm 左右,振捣棒在振捣时要格外注意预埋件周围混凝土密实度,防止混凝土出现空洞。特别是防撞墙伸缩缝要与桥面伸缩缝保持在一条直线上,浇捣时保证伸缩缝不歪斜。混凝土浇筑完毕后,立即进行养护。

二、人行道、栏杆施工

人行道、栏杆通常采用预制块件安装施工方法,预制时要严格按照设计尺寸制模成型,保证强度。

施工时宜注意以下几点：

(1) 悬臂式安全带和悬臂式人行道构件必须与主梁横向连接或拱上建筑完成后才可安装。

(2) 安全带梁及人行道必须安放在未凝固的 M20 稠水泥砂浆上，并以此来形成人行道顶面设计的横向排水坡。

(3) 人行道板必须在人行道梁锚固后才可铺设。对设计无锚固的人行道梁，人行道板的铺设应按照由里向外的次序。

(4) 栏杆块件必须在人行道板铺设完毕后才可安装。安装栏杆柱时，必须全桥对直、校平（弯桥、坡桥要求平顺）、竖直后用水泥砂浆填缝固定。

(5) 在安装有锚固的人行道梁时，应对焊接认真检查，注意施工安全。

(6) 为减少路缘石与桥面铺装层中渗水，路缘石宜采用现浇混凝土，使其与桥面铺装的底层混凝土结为整体。

三、灯柱安装

灯柱通常只在城镇设有人行道的桥梁上安装，灯柱的设置位置有两种：一种是设在人行道上；一种是设在栏杆立柱上。

规范要求灯柱安装应按设计位置安装，必须牢固，线条顺直，整齐美观，电路必须安全可靠。

小结

桥面铺装施工工艺；伸缩装置施工；防水层施工；其他附属工程施工。

操作与练习

【习题】

1. 填空题

(1) 桥面铺装的三度是（   ）、（   ）和（   ）。

(2) 混凝土的浇注工序可分为（   ）、（   ）、（   ）、（   ）和（   ）。

2. 问答题

(1) 简述桥面铺装施工工艺。

(2) 简述伸缩缝的施工工艺及注意事项。

【典型案例】

桥面排水管是与泄水管顺接将雨水引流至桥底的排水系统；泄水管是现浇梁、预制梁浇筑前预埋于梁两侧或中间、底板的排水系统。施工作业内容主要包括预埋件安装、泄水管连接、管盖安装、排水管安装等。

排水管施工是对已有泄水管的桥面一种集中引流，其施工主要是梁两侧排水管安装与两端排水安装。泄水管道施工主要是在现浇梁和预制梁上提前预埋，泄水管安装一般分三步：先是预埋梁上管道，再安装引流出水口的接管，最后安装管盖。

参 考 文 献

[1] 薛有利,吴杰,张晓云.桥梁施工技术与管理实务[M].北京:中国石化出版社,2021.
[2] 卢文良,季文玉,许克宾.桥梁工程[M].北京:中国建筑工业出版社,2018.
[3] 赵巧明,孙虎,赵树青.桥梁施工技术[M].武汉:华中科技大学出版社,2019.
[4] 王保群.桥梁施工技术[M].北京:人民交通出版社,2021.
[5] 李彩霞.桥梁施工技术[M].北京:人民交通出版社,2019.
[6] 贾亚军.桥梁施工技术[M].北京:水利水电出版社,2012.
[7] 黄志刚.桥梁施工监测与控制[M].北京:人民交通出版社,2020.
[8] 魏红一,王志强.桥梁施工及组织管理[M].北京:人民交通出版社,2016.
[9] 郭海军,瞿世学,杨李.桥梁施工技术[M].郑州:黄河水利出版社,2019.
[10] 郭发忠.桥涵工程[M].北京:人民交通出版社,2022.
[11] 孙媛媛.桥涵施工技术[M].武汉:武汉大学出版社,2019.
[12] 徐俊.桥涵基础工程施工[M].武汉:武汉理工大学出版社,2016.
[13] 杨玉衡.桥涵施工[M].北京:中国建筑工业出版社,2019.
[14] 伍哲成.桥涵工程施工[M].天津:天津大学出版社,2020.
[15] 黄新,金菊良,李帆.桥涵水文[M].北京:人民交通出版社,2017.
[16] 程青现.桥涵施工技术[M].北京:机械工业出版社,2018.
[17] 刘江,王云江.市政桥梁工程[M].北京:北京大学出版社,2020.
[18] 李宝昌.市政桥梁工程施工[M].北京:中国建筑工业出版社,2011.
[19] 张喜刚,杨文孝,王仁贵等.多塔斜拉桥关键技术研究与实践[M].北京:人民交通出版社,2021.
[20] 王成,宁宏翔.矮塔斜拉桥施工技术[M].成都:西南交通大学出版社,2018.
[21] 葛耀君.大跨度斜拉桥抗风[M].北京:人民交通出版社,2019.
[22] 娄冬.钢筋混凝土结构[M].北京:清华大学出版社,2021.
[23] 石雪飞.现代桥梁工程[M].北京:人民交通出版社,2021.
[24] 姚玲森.桥梁工程[M].3版.北京:人民交通出版社,2021.
[25] 申爱国.桥梁工程施工技术[M].武汉:武汉大学出版社,2016.
[26] 邵旭东.桥梁工程[M].5版.北京:人民交通出版社,2019.
[27] 孙海霞.桥梁工程BIM技术及工程应用[M].北京:化学工业出版社,2022.
[28] 中华人民共和国交通部.JGT B01—2014公路工程技术标准[S].北京:人民交通出版社,2014.

[29] 中华人民共和国交通部.JTGT 3650—2020 公路桥涵施工技术规范[S].北京:人民交通出版社,2020.

[30] 中华人民共和国交通部.JTG 3362—2018 公路钢筋混凝土及预应力混凝土桥涵设计规范[S].北京:人民交通出版社,2018.

[31] 中华人民共和国交通部.JTG 3363—2019 公路桥涵地基与基础设计规范[S].北京:人民交通出版社,2019.

郑重声明

高等教育出版社依法对本书享有专有出版权。任何未经许可的复制、销售行为均违反《中华人民共和国著作权法》，其行为人将承担相应的民事责任和行政责任；构成犯罪的，将被依法追究刑事责任。为了维护市场秩序，保护读者的合法权益，避免读者误用盗版书造成不良后果，我社将配合行政执法部门和司法机关对违法犯罪的单位和个人进行严厉打击。社会各界人士如发现上述侵权行为，希望及时举报，我社将奖励举报有功人员。

反盗版举报电话　　(010)58581999　58582371
反盗版举报邮箱　　dd@hep.com.cn
通信地址　　北京市西城区德外大街4号　高等教育出版社法律事务部
邮政编码　　100120

读者意见反馈

为收集对教材的意见建议，进一步完善教材编写并做好服务工作，读者可将对本教材的意见建议通过如下渠道反馈至我社。

咨询电话　　400-810-0598
反馈邮箱　　gjdzfwb@pub.hep.cn
通信地址　　北京市朝阳区惠新东街4号富盛大厦1座
　　　　　　高等教育出版社总编辑办公室
邮政编码　　100029

防伪查询说明（适用于封底贴有防伪标的图书）

用户购书后刮开封底防伪涂层，使用手机微信等软件扫描二维码，会跳转至防伪查询网页，获得所购图书详细信息。

防伪客服电话　　(010)58582300